OEUVRES COMPLÈTES

DE

A. F. OZANAM

AVEC

UNE PRÉFACE PAR M. AMPÈRE
de l'Académie française

TROISIÈME ÉDITION

TOME SEPTIÈME

MÉLANGES

I

PARIS. — IMP. SIMON RAÇON ET COMP., RUE D'ERFURTH, 1.

MÉLANGES

REL GION

PHILOSOPHIE, POLITIQUE, JURISPRUDENCE, BIOGRAPHIES
DISCOURS, VOYAGES

PAR

A. F. OZANAM

PROFESSEUR DE LITTÉRATURE ÉTRANGÈRE A LA FACULTÉ DES LETTRES DE PARIS

I

PARIS
LIBRAIRIE JACQUES LECOFFRE
ANCIENNE MAISON PERISSE FRÈRES DE PARIS
LECOFFRE FILS ET CIE, SUCCESSEURS
RUE BONAPARTE, 90

1872

UN PÈLERINAGE

AU

PAYS DU CID

1855

MÉLANGES.

UN PÈLERINAGE

AU

PAYS DU CID

BURGOS

C'était une dévotion favorite de nos pères d'aller en pèlerinage à Saint-Jacques de Compostelle. Dans quelques provinces du midi de la France, à Poitiers par exemple, les pèlerins de Saint-Jacques se trouvaient encore assez nombreux au siècle dernier pour former une confrérie qui avait sa chapelle à quelque distance de la ville, sur la route d'Espagne. Mais, avant de regagner leur pays, ces pieux voyageurs avaient coutume de visiter, à quatre lieues de Compostelle, la plage où, selon la légende, le corps du saint apôtre fut jeté par la mer. Ils y ramassaient les larges coquilles dont ils ornaient leur chaperon et leur manteau, celles qu'ils rapportaient à leurs enfants, et que les amis et les voisins se passaient de mains en mains pendant les longues veillées d'hiver. Moi aussi j'ai rêvé le pèlerinage de Saint-Jacques. Je me réjouissais de voir la vieille Espagne chrétienne, cette Espagne libre, pauvre, délaissée, qui subit moins profondément l'empreinte de l'étranger. Là m'attendait Burgos, la ville de Notre-Dame, la ville des rois et des héros ; Oviedo et ses vallées, vierges de la conquête musulmane ; enfin Sant-Iago, dont la basilique, dépouillée par les révolutions, conserve du moins la majesté de sa gigantesque architecture. Mais une volonté qui dispose de nous sans nous devait m'arrêter à la première station, et mon pèlerinage finir, non plus au tombeau de saint Jacques, mais au pays du Cid. Je suis donc revenu les mains vides de coquilles, mais pleines de ces feuilles légères où le voyageur a crayonné ses premiers souvenirs, se promettant vainement de les retoucher plus tard. Je ne puis rien offrir de plus à mes amis, à ceux de mon voisinage : j'entends ce voisinage de l'esprit et du cœur qui unit aujourd'hui beaucoup de chrétiens, et qui leur fait prolonger ensemble la veillée avec confiance, malgré de bien mauvaises nuits.

I

AVANT-SCÈNE, LES PYRÉNÉES ET LA MER.

Gavarnie, 21 août; Biarritz, 1ᵉʳ septembre 1852.

En Italie et sur les bords du Rhin, ma pensée était distraite par les ouvrages des hommes. Dans ce pays-ci, où l'homme a peu fait, je ne vois plus que les œuvres de Dieu. Vraiment Dieu n'est pas seulement le grand législateur, le grand géomètre, il est aussi le grand artiste. Ne méprisons plus la poésie comme le rêve des imaginations malades, ou comme le passe-temps des sociétés blasées. Dieu est l'auteur de toute poésie, il l'a répandue à pleines mains dans la création, et, s'il a voulu que le monde fût bon, il l'a aussi voulu beau. Quel poëte a jamais conçu, quel architecte a jamais dessiné un sanctuaire comparable à celui que l'Éternel s'est bâti à lui-même au plus profond des Pyrénées, dans un lieu où il n'était adoré que par des pâtres? On l'appelle le *Cirque de Gavarnie*. Mais plutôt qu'un cirque, représentez-vous l'abside d'un temple, taillée à pic dans les rochers hauts de deux mille quatre cents pieds. Quand nous arrivâmes au bas de ces murailles prodigieuses, des nuages rougis par le soleil couchant en voilaient le sommet, et flottaient comme une draperie. Puis quand le vent eut dissipé ces vapeurs, le faîte de l'édifice parut couronné de neiges éternelles sous le pavillon bleu du firmament. La voix des cascades gémissait comme une prière sans fin : s'il restait encore des athées, c'est ici que je voudrais les amener pour les voir tomber à genoux, terrassés et ravis. Rien n'égale ce spectacle, si ce n'est le chaos qu'on traverse pour y arriver. Là des blocs énormes de trente, quarante pieds de haut, s'écroulent les uns sur les autres, depuis la cime de la montagne jusqu'au fond du précipice où rugit le gave. On dirait les restes du combat décrit par Milton, quand les esprits bons et mauvais arrachèrent les collines du ciel pour s'entr'écraser. Mais les spectacles pathétiques sont plus rares dans les Pyrénées que dans les Alpes. Les Pyrénées n'ont pas les horreurs sublimes du mont Blanc : elles ont plus d'élégance que de majesté. Les beautés des Pyrénées, ce sont celles de la vallée d'Ossau, de la vallée d'Argelès et du pont d'Espagne. Peu de glaciers, mais de riants mamelons que baignent des gaves limpides; des croupes arrondies et couronnées de verdure, des pics qui montent vers le ciel avec une légèreté merveilleuse, et dont la crête de granit rose se noie dans l'éclatante lumière du midi. Nulle part on ne voit de plus belles eaux. Ce ne sont plus, il est vrai, les grands lacs de la Suisse; mais la Suisse n'a pas plus de cascades, elle n'a pas dans les flancs de tous ses rochers des torrents si abondants et si purs. Je trouve en effet comme un sentiment de pureté morale sur ces hauteurs que le pied de l'homme souille rarement, au bord de ces eaux qui ne désaltèrent que l'isard et l'aigle, au milieu de ces plantes qui ne fleurissent que pour parfumer la solitude. David avait vu de près les sommets du Liban, quand il s'écriait : « Le Seigneur est admirable sur les lieux hauts : *Mirabilis in altis Dominus.*. »

Si les hommes des Pyrénées n'ont pas entrepris de lutter de hardiesse avec les pics qui les environnent, il ne faut pas croire non plus qu'ils n'aient bâti que des taupinières. Souvent un fier donjon s'élance du rocher pour garder l'entrée de ces vallées délicieuses où nos pères marchaient avec moins de sécurité que nous. Tous les caprices de la Renaissance ont décoré le château de Pau, et l'art ogival n'a peut-être jamais achevé des nefs plus harmonieuses, plus heureusement éclairées que celles de la cathédrale de Bayonne. Dans ce coin de terre il y a deux peuples historiques, deux peuples conservés, les Béarnais et les Basques. Il faut visiter dans leurs jours de fêtes ces Béarnais, qui font gloire d'être restés « fins, féaux et courtois. » Pendant que les provinces environnantes subissent peu à peu l'ignominie de la blouse et du pantalon, les paysans de la vallée d'Ossau ont le bon esprit de garder le costume de leurs ancêtres : les femmes, le capulet qui voile si bien leurs têtes pudiques; les hommes, le béret, la veste rouge, la ceinture éclatante, la culotte courte et la guêtre, qui donnent à toute la personne un tour vif et dégagé. Jamais on ne vit gens plus lestes à la danse, pendant que le ménétrier, trônant du haut de son tonneau, exécute un air mélancolique et monotone, sur une espèce de guitare à quatre cordes qu'il frappe d'un tampon, à peu près comme on se figure la cithare et le *plectrum* des anciens. Mais jamais aussi on ne vit gens plus recueillis à la procession, et je ne saurais oublier ces deux longues files de montagnards qui se déroulaient au chant des hymnes sur la place de Laruns le soir de la Notre-Dame d'août. J'admirais surtout de grands vieillards, droits comme les pins de leurs forêts, portant avec dignité des manteaux qu'on ne voit plus que dans les peintures du moyen âge. Derrière, venaient le maire et les adjoints en habits de paysans ; l'écharpe officielle se nouait sur leur pourpoint violet ; de longs cheveux encadraient leurs visages respectables et fins, types de cette race ingénieuse et polie, aussi habile, assure-t-on, à poursuivre une affaire en justice qu'une bête fauve dans la montagne. Le peuple basque a moins de charme et plus de gravité. Sans doute c'est plaisir de suivre les jeunes gens à ces jeux de paume où deux villages, deux cantons, se livrent un combat de vigueur et d'adresse. Les anciens siégent au banc des juges, et pourquoi tairais-je qu'une fraîche retraite, ménagée dans le mur, garde la bouteille, conseillère des cas difficiles ? Mais plus encore que son jeu de paume, chaque village entretient avec jalousie son cimetière : ce lieu de deuil est tout planté de rosiers ; on y voit peu de sépultures délaissées, et nul n'entre à l'église sans avoir prié sur la tombe des siens. Le culte des morts est le signe des races qui vivent longtemps, qui ne laissent perdre ni l'esprit de famille ni l'héritage des traditions. Chaque année des centaines de Basques, séduits par les beaux vaisseaux mouillés à Bayonne ou au Passage, vont tenter la fortune en Amérique. Enrichis, ils ont hâte de revoir la maison de leur père, d'envoyer un jeune frère s'enrichir aux mêmes colonies, et d'orner de leurs présents l'église à l'ombre de laquelle ils dormiront à côté des aïeux. Quoi d'étonnant si des hommes qui ne savent pas oublier gardent religieusement la langue de la patrie, si les prêtres et les lettrés veillent sur elle comme sur un feu sacré, si les Basques de nos jours parlent encore l'idiome des vieux Ibères, ces aînés des Germains et des Celtes, et l'un des premiers peuples qui aient quitté le voisinage de Babel pour voir coucher le soleil dans les mers de l'Occident ?...

Les montagnes sont toutes divines ; elles portent l'empreinte de la main qui les a pétries. Mais que dire de la mer, ou plutôt que n'en faut-il pas dire ? La grandeur infinie de la mer ravit dès le premier aspect ; mais il faut la contempler longtemps pour apprendre qu'elle a aussi cette autre partie de la beauté qu'on appelle la grâce. Homère le savait bien, et c'est pourquoi, s'il donnait à l'Océan des dieux terribles et des monstres, il le peuplait en même temps de nymphes et de sirènes enchanteresses. J'ai vu le jour s'éteindre au fond du golfe de Gascogne, derrière les monts Cantabres, dont les lignes hardies se découpaient nettement sous un ciel très-pur. Ces montagnes plongeaient leur pied dans une brume lumineuse et dorée qui flottait au-dessus des eaux. Les lames se succédaient azurées, vertes, quelquefois avec des teintes de lilas, de rose et de pourpre, et venaient mourir sur une plage de sable, ou caresser les rochers qui encaissent la plage. Le flot montait contre l'écueil et jetait sa blanche écume, où la lumière décomposée prenait toutes les couleurs de l'arc-en-ciel. Les gerbes capricieuses jaillissaient avec toute l'élégance de ces eaux que l'art fait jouer dans les jardins des rois. Mais ici, dans le domaine de Dieu, les jeux sont éternels. Chaque jour ils recommencent et varient chaque jour, selon la force des vents et la hauteur des marées. Ces mêmes vagues, si caressantes maintenant, ont des heures de colère où elles semblent déchaînées comme les chevaux de l'Apocalypse ; alors leurs blancs escadrons se pressent pour donner l'assaut aux falaises démantelées qui défendent la terre. Alors on entend des bruits terribles, et comme la voix de l'abîme redemandant la proie qui lui fut arrachée aux jours du déluge. Au delà de cette variété inépuisable, apparaît l'immuable immensité. Pendant que des scènes toujours nouvelles animent le rivage, la pleine mer s'étend à perte de vue, image de l'infini, telle qu'au temps où la terre n'était pas encore et quand l'esprit de Dieu était porté sur les flots. David avait aussi admiré ce spectacle, et peut-être du haut du Carmel son regard embrassait-il les espaces mouvants de la Méditerranée, lorsqu'il s'écriait : « Les soulèvements de la mer sont admirables : *Mirabiles elationes maris.* »

Tout ceci est peut-être bien solennel pour un début de voyage; mais on sait que les pèlerinages s'ouvrent par des psaumes.

II

LE CHEMIN DE SAINT-JACQUES.

Fontarabie, le 16 novembre. — Miranda de Ebro, le 17.

Le 16 novembre, par une tiède matinée, nous passions la Bidassoa, et nous laissions fuir derrière nous l'île des Faisans, à demi détruite par les eaux, sans que la France ni l'Espagne aient rien fait pour sauver le coin de terre où fut signée la paix des Pyrénées. La route suivait la côte du Guipuzcoa. D'un côté s'étageaient les cimes abruptes, les pentes boisées, les coteaux cultivés qui rattachent les Pyrénées aux Asturies. De l'autre côté, de fréquentes échappées de vue laissaient apercevoir la mer. Ces grands aspects, la douceur de l'air, la verdure encore toute vive et fraîche dans une saison si avancée, faisaient de ce pays un paradis terrestre, mais un paradis ensanglanté par les passions des hommes; car nous apercevions de loin le château et les bastions démantelés de Fontarabie. Gardez-vous de laisser à l'écart cette petite et vaillante cité. On y entre comme il convient d'entrer en Espagne, par des ruines, par une porte menaçante et des remparts croulants. Devant vous monte une rue, la plus espagnole que vous trouverez d'ici jusqu'à Tolède, toute bordée de maisons antiques, avec les armoiries sur la porte, avec les balcons, les galeries, les grilles d'où les dames de céans voient et se laissent voir. Au haut de la rue s'élèvent deux nobles édifices, le château de Charles V, dont la masse noire et cyclopéenne a essuyé nos boulets; l'église, seule intacte au milieu de cette ville délabrée, comme pour rappeler que le Dieu des ruines est aussi celui des résurrections. Fontarabie ne se tient pas pour morte; les pêcheurs de sardines y forment une tribu fière de la pureté de son sang et de l'honnêteté de ses filles. Les palais n'y sont plus que des masures, mais des masures pleines de soleil, d'enfants et de joyeuses chansons.

A quelques milles de Fontarabie, les rochers du rivage s'ouvrent, et les collines s'arrondissent pour former le port du Passage. Quand l'Espagne régénérée aura reconstruit ses flottes, elles trouveront un abri sûr dans ce Gibraltar du Nord. Voici le riche village de Renteria, et des vergers de pommiers dignes d'une ferme de Normandie. Bientôt une longue chaussée conduit aux portes de Saint-Sébastien. Quoi de plus pittoresque et de mieux posé que cette ville au pied de sa montagne pressée de trois côtés par la mer? Pourquoi faut-il que les vieilles habitations biscayennes, brûlées et rasées par les Anglais, aient fait place à des rues monotones, toutes tirées au cordeau, toutes jaunissantes du même badigeon? Seules se détachent de cette perspective les deux églises de la Vierge et de Saint-Vincent. Leurs voûtes hautes et larges reposent sur d'élégants piliers de la Renaissance. Saint-Vincent a déjà un de ces grands retables qui font l'orgueil des églises espagnoles, et qui montent jusqu'à la voûte, portant toute une épopée religieuse dans leurs tableaux, tout un paradis dans leurs sculptures. Je n'oublierai pas non plus la place du marché, animée par des groupes de vigoureux paysans, et de paysannes qui laissent tomber jusqu'aux talons leur longue natte. Les fruits du pays, les vins enfermés dans des outres, arrivent sur des chariots à bœufs, dont les roues pleines et sans rayons représentent assez bien les équipages d'Alaric et d'Attila. Cependant l'alguazil fait sa ronde sous les arcades, tout de noir vêtu, letricorne en tête, le manteau sur les épaules,

les culottes courtes : on le prendrait pour un familier de la Sainte Inquisition.

En quittant Saint-Sébastien, on s'éloigne de la mer, et l'on s'engage dans une vallée semblable à celles des Basses-Pyrénées, verte encore et arrosée d'un gave rapide. C'est la même nature, le même peuple basque avec son industrie et son activité. Pas un pouce de terre perdu sur ces hauteurs ; les villages se succèdent nombreux et bien bâtis. Là des filatures et des forges, ici la maison de l'émigrant qui a fait fortune en Amérique et qu'on appelle l'*Indien*. Le gros bourg de Tolosa marque cette première rampe d'un escalier de géants. Au delà, le pays devient plus sévère, la route plus escarpée : nous la poursuivons cependant au grand trot de nos mulets.

Qui n'a entendu parler des attelages espagnols, de cette longue file de mules attachées deux à deux, que le *mayoral* gouverne du haut de son siège avec autant de dextérité que de hardiesse, mais non sans les animer par une conversation soutenue, par des noms flatteurs, des cris pathétiques : « *Brava, Capitana ! Adelante, Catalana ! Animo, Pastora !* » Tant fut procédé du geste et de la voix, que *Pastora* tomba sur le flanc, et ne se releva que sous les sifflements du fouet. O pays de Garcilaso et de Montemayor ! terre classique de l'églogue, pouvez-vous supporter cette profanation du nom de vos bergères ! Enfin les bœufs viennent renforcer tardivement nos haquenées, et nous font franchir le rude passage de Salinas. La nuit nous dérobe la florissante ville de Vittoria, et le jour nous surprend à Miranda de Ebro, sur la frontière de la vieille Castille. Nous pouvons nous croire sur la frontière de Sibérie.

Il faut se figurer l'Espagne comme une montagne immense dont les pentes se plongent dans des mers tièdes ou brûlantes, et dont le sommet porte une vaste plaine sillonnée à son tour par d'autres montagnes. Ce plateau forme les deux Castilles, l'Estramadure et la Manche, élevé de deux mille pieds au-dessus de l'Océan, dévoré tour à tour par les feux du soleil et par des vents glacés. Les Espagnols disent : « Six mois d'enfer, six mois d'hiver. » Les mois d'hiver commençaient. Au lieu des chaudes brises qui caressaient hier le golfe de Biscaye, nous trouvions ici le souffle des frimas et des neiges.

Le paysage était triste et saisissant : aussi loin que s'étendait la vue, une campagne nue, sans arbres, depuis longtemps dépouillée de ses récoltes; au levant et au couchant deux chaînes âpres et noires découpant leurs arêtes sur un ciel nuageux; à nos pieds, l'Èbre roulant ses eaux avec le caprice d'un torrent; aux deux bouts du pont qui le traverse, les rues de Miranda, étroites, misérables, déshonorées de haillons et d'immondices. L'église de Saint-Nicolas, avec son abside romane, sa nef humble et basse, ses fenêtres avares de lumière, rappelle le temps où les chrétiens pauvres, peu nombreux, moins occupés de bâtir que de combattre, disputaient encore ce coin de terre aux mécréants.

Des groupes animés consolaient la tristesse de la scène. C'étaient des pâtres accoutrés de peaux de moutons, chassant devant eux ces troupeaux voyageurs qui vont chaque année de la Sierra-Nevada aux Pyrénées ; des muletiers à la ceinture éclatante, à la veste brodée, jetant sur leur épaule la couverture de laine aux mille couleurs ; c'étaient des mendiants drapés dans leurs guenilles avec moins de grâce que les Italiens, mais avec plus de fierté. Ce peuple ne ressemble plus à celui des provinces basques. Nous avons affaire à une race pauvre et paresseuse, mais originale et forte, aux Castillans nobles comme le roi, et trop bien nés pour rien faire s'ils ont du pain, « aux bons vieux Castillans, » *Castellanos rancios y viejos.*

Le premier aspect du pays ne se dément pas. Seulement les deux chaînes qui bornaient la vue à l'est et à l'ouest se rapprochent et enferment la route entre deux murs de rochers, dont les crêtes semblent découpées par la foudre. Ce sont les gorges de Pancorbo, teintes du sang des infidèles au neuvième siècle : les restes d'un château dominent la bourgade désolée. On dirait que la guerre vient de passer sur ces villages en ruines, sur ces maisons sans vitres, quelquefois sans portes, et cependant bâties en pierres de taille comme pour soutenir des siéges. Cette route mélancolique et menaçante était cependant la plus fréquentée des pèlerins qui se rendaient de France ou d'Italie à Saint-Jacques de Compostelle. Que de pauvres gens y cheminèrent dans les larmes, allant chercher la rémission de leurs péchés, la guérison d'un malade, la délivrance d'un captif! Et à travers quels périls, quand les bandes sarrasines battaient le pays, quand les eaux débordées emportaient les chaussées et les ponts! On lit dans la légende de sainte Bonne, vierge de Pise, que, faisant le pèlerinage de Saint-Jacques avec une grande troupe de fidèles réunis par le même danger, elle arriva au bord d'un torrent dont le pont était ruiné de telle sorte, que nul de la compagnie n'osait le franchir. Et le Christ apparaissant à la sainte, lui dit: « Lève les bras vers le « ciel et passe. » Or, comme elle commençait à marcher sur les poutres chancelantes, ses compagnons lui criaient: « Madame, ne vous hasardez « point: car vous vous noierez sans faute. » Mais au même moment une multitude de saints descendirent du ciel, papes, évêques, la mitre en tête et couverts de leurs ornements, et ils se rangèrent dans le torrent des deux côtés du pont: et la pèlerine passa. Quand elle fut sur l'autre rive, le Christ lui dit encore: « Appelle tes compagnons, car nul « d'entre eux ne périra, si tu tiens les mains le- « vées au ciel tandis qu'ils traverseront les eaux. » Quelques-uns des pèlerins hésitaient à s'acheminer sur la parole de la sainte ; mais un autre, plus pur et dont les yeux étaient dessillés aux choses du ciel, déclara qu'il voyait les bienheureux papes et évêques rangés des deux côtés, et, s'avançant le premier d'un pas rapide, il entraîna toute la bande après lui.

Il ne fallait pas moins qu'une garde toute céleste pour rassurer les pèlerins du douzième siècle. Les carabiniers de la reine d'Espagne, qui nous escortent depuis hier, nous tranquillisent moins qu'ils ne nous alarment, en nous rappelant que nous voyageons en compagnie de dix-sept millions de réaux, par des chemins où l'on n'est pas sans rencontrer quelque soir six escopettes derrière un buisson. Toutefois la solitude se peuple, les noms historiques se succèdent sur la route. Nous laissons à l'écart les montagnes d'Auca dont les évêques siégèrent aux premiers conciles d'Espagne. Voici l'enceinte murée de Briviesca, où le roi Jean Ier convoqua les Cortès de 1388. Enfin le riche hameau de Gamonal annonce les approches de Burgos ; et les tours de la cathédrale qui se découvrent publient qu'un jour, sur cette terre aride et indigente, l'inspiration chrétienne est descendue.

III

LA VILLE DES HÉROS.

Burgos, le 18 novembre 1852.

Le premier abord de Burgos n'a rien d'héroïque. On y entre par le faubourg qui suit la rive gauche de l'Arlanzon, en tout semblable à nos faubourgs, bordé d'auberges et d'entrepôts, et qui n'a d'espagnol que les clochers des églises et les galeries suspendues au dernier étage de quelques maisons. Un pont de pierre, fortement assis sur le lit capricieux de la rivière, conduit à la rive droite. Là se déploie la cité de Burgos, avec tous les dehors d'un chef-lieu de province de second ordre : un large quai (*espolon*) orné d'arbres maigres et de statues médiocres ; plus loin, la *plaça mayor*, entourée de portiques, où ne cessent d'errer des groupes de Castillans jeunes et vieux, aussi fièrement enfoncés dans leur oisiveté que dans leur manteau. Derrière la place, se prolonge la rue de la Colombe (*calle de la Paloma*), nom poétique et trompeur du quartier mercantile, où toute empreinte nationale s'efface sous les progrès de la civilisation européenne. Ici les maisons ont des portes, des vitres presque entières, et jusqu'à des cheminées. Mais, si vous conservez une âme chimérique, si vous êtes épris de ruines et d'infortunes, consolez-vous. Cette prospérité apparente ne fait que vous cacher des rues abandonnées, des espaces déserts où quelque décombre garde un grand nom. Prenez pour guide un de ces enfants en haillons, je ne jure point qu'il refusera vos maravédis, mais assurez-vous qu'il sera fier de vous montrer la ville des héros.

Au nord de la ville moderne, et en redescendant vers l'ouest, se déroule l'antique ceinture de murailles, à demi détruites, mais larges encore et menaçantes, couronnées de créneaux, et percées de portes dont l'arcade en fer à cheval rappelle le temps des Maures. La tradition s'attache comme le lierre à ces vieux débris. On dit qu'en 884, un chef chrétien, Diegos Porcellos, ayant défait les Sarrasins dans les gorges de Pancorbo, bâtit cette enceinte pour y mettre à l'abri les femmes, les enfants, le butin de ses soldats, et la nomma du nom germanique de *Burgos* (*Burg*, château). Ce fils des Goths voulut retremper sa race dans le sang des hommes du Nord. Sa fille, Sulla Bella, épousa un seigneur allemand, venu en pèlerinage à Saint-Jacques de Compostelle, et retenu dans ces contrées par le pieux désir de combattre les mécréants. De cette union seraient descendus à différents degrés Nuño de Rasura, le comte Fernan Gonzalez, les sept infants de Lara, le Cid. La légende a trouvé le moyen de réunir en une seule lignée tous les héros de la Castille.

La légende a ses raisons : en faisant remonter dans la nuit des temps la généalogie de ses héros, elle cherche à les affranchir de la suzeraineté des rois. Elle personnifie ainsi l'antique rivalité du comté de Castille et du royaume de Léon. L'histoire de ces temps obscurs laisse voir les princes de Léon étendant jusqu'à Burgos une autorité mal affermie. Mais la légende prend soin de leur en faire trancher les nœuds par un crime; Ordoño II invite à une fête les chefs des Castillans et les met à mort. Le peuple soulevé abjure les rois et se donne des juges. Nuño de Rasura et Laïn Calvo jugent dans Burgos, comme autrefois Josué et Gédéon dans Israël. On ne sait rien de leur gouvernement. Mais comment douter de leur existence, quand on vous aura montré, dans une des salles de l'Ayuntamiento, la chaise de bois, basse et sans ornement, d'où ils prononçaient leurs sentences selon les *fueros* de la nation (1)?

Un monument plus considérable, mais d'un moindre caractère, marque le lieu où fut la maison de Fernan Gonzalez. Qui croirait que Philippe II, l'ombrageux monarque, érigea cet arc de triomphe en l'honneur du grand comte de Castille qu'on voit souvent armé contre les infidèles, mais toujours l'épée au poing contre les rois? Il est chanté dans

---

(1) Ici et pour ce qui va suivre, je consulte souvent une récente et instructive notice, *Apuntes sobre Burgos*, publiée dans cette ville avec des *illustrations* qui ne manquent ni de goût ni de fidélité.

les ballades comme l'infatigable chef qui conquiert un à un les châteaux voisins de Burgos, refoulant les musulmans au midi, les Navarrais au nord, et réunissant la Castille, au dixième siècle, en un seul comté libre et héréditaire. Le ciel le seconde contre les infidèles, et l'amour de sa femme contre ses ennemis chétiens. A Piedrahita, il combat depuis trois jours sans pouvoir rompre les escadrons des mécréants, quand l'apôtre saint Jacques apparaît à ses côtés, monté sur un coursier blanc, armé d'une étincelante épée, et frappant d'estoc et de taille jusqu'à ce qu'il ait fixé la victoire. Deux fois trahi par les rois de Navarre et de Léon, et jeté dans les cachots de leurs châteaux, Fernan Gonzalez en sort deux fois par les artifices de sa femme doña Sancha et par le dévouement de son peuple. A la nouvelle de sa captivité, tous les hommes de Burgos se sont levés. « Tous ont fait le jurement, tous d'une seule
« voix, de ne point rentrer en Castille, sans le Comte
« leur Seigneur. A leur tête, ils mènent sur un
« chariot son image taillée en pierre ; ils ont ré-
« solu, s'il ne revient pas, qu'ils ne reviendront
« point eux-mêmes, non !... et comme de bons vas-
« saux, ils cheminent au bord de l'Arlanzon, au pas
« des bœufs, et mesurant leurs journées sur le so-
« leil... Il s'agit d'affranchir la Castille du cens
« féodal qu'elle doit à Léon (1). » En effet, le grand

---

(1)   Juramento llevan hecho,
     Todos juntos a una voz,

Comte n'a pas d'autre pensée. Convoqué aux cortès de Léon, il s'y rend hardiment sans peur de cette prison où il a langui de si longs jours ; il s'y rend, montant un cheval de prix et portant sur le poing un vigoureux faucon. Le roi convoite ces animaux superbes et les achète pour une somme payable à terme fixe, et qui doit doubler par chaque jour de retard. Livraison faite, la discorde éclate entre les deux contractants. Après plusieurs années de guerre, Fernan, victorieux, demande pour toute condition le prix de ses bêtes. Les arbitres désignés reconnaissent que tous les trésors du royaume n'y suffiraient pas; et Fernan obtient en échange de sa créance l'indépendance absolue de son comté. « Le « Comte le tint pour bon, car il lui pesait beaucoup « de baiser la main d'un autre homme, et il ren- « dait à Dieu beaucoup de grâces pour avoir déli- « vré de l'allégeance de Léon la glorieuse Cas- « tille (1). » Ainsi chante la ballade espagnole; les peuples mêlent volontiers à leurs origines la ruse et l'héroïsme. Carthage se souvenait de la peau

(1)
De no volver a Castilla
Sin el Conde, su señor.
La imagen suya de piedra
Llevan en un carreton,
Resueltos, si atras no vuelve,
De no volver ellos, non!...

El Conde lo hubo por bien,
Porque mucho le pesaba
De besar mano a ninguno;
Y a Dios muchas gracias daba
Por sacar de subjecion
De Leon a Castilla honrada.

de bœuf qui avait mesuré son territoire, et toute la Grèce mettait à côté d'Achille l'artificieux Ulysse.

Si maintenant votre guide, plus jaloux de suivre l'ordre de la légende que de ménager vos pas, vous fait descendre de la hauteur solidaire où s'élève l'arc de Fernan sur la place de la cathédrale, il vous montrera au portail du noble édifice une file de têtes sans corps. La tradition veut que cette sinistre décoration rapelle les sept têtes coupées des sept infants de Lara. Ne craignez pas que j'abuse de mes avantages, et pour avoir acheté tout à l'heure l'*Histoire véritable des sept infants de Lara*, au coin du marché aux herbes, chez une marchande de ballades qu'entourait une nombreuse clientèle de muletiers, ne pensez pas que je menace de vous répéter d'un bout à l'autre ce long récit. Je remarque seulement que la scène s'ouvre, comme celle des Niebelungen, par la querelle de deux femmes au milieu d'une noce : doña Lambra veut être vengée sur l'époux et les sept fils de sa rivale. Déjà, par ses artifices, Gonzalo Bustos de Lara, le loyal chevalier, est tombé aux mains d'Almanzor, roi de Cordoue; il vit captif, mais dans une captivité honorée à la cour du musulman. Cependant ses sept fils, les sept infants, traîtreusement engagés dans une embuscade, succombent sous le nombre, et leurs têtes coupées arrivent à Cordoue. « A la table d'Almanzor
« est assis don Bustos de Lara : car il est bien digne
« de manger avec les rois, l'illustre seigneur. Et

« après lui avoir servi mille viandes, selon l'usage,
« le roi lui dit : « Ami Gonzalo, un mets précieux
« nous fait faute. » Le noble hidalgo répondit en
« découvrant ses glorieux cheveux blancs : « A
« votre table, seigneur, on ne saurait avoir faute
« de rien. » Là-dessus vint un large bassin couvert
« d'une nappe, et dessus, sept têtes, rameaux morts
« de ce tronc dépouillé. Gonzalo considère le bassin
« et dit : « Ah! fruits précoces! qui vous a trans-
« portés de Burgos aux champs des infidèles (1)? »
Tout le monde sait le reste, et comment Mudarra
le Bâtard poursuivit la vengeance de ses frères. Les
gens de Burgos montrent la tour, d'où la première
ouvrière de tant de maux, doña Lambra, se précipita de désespoir. On l'appelle encore la tour de la
Suicidée.

Mais ces légendes guerrières ne sont à vrai dire
que les préludes de l'épopée castillane. Tout le génie de la vieille Castille a passé dans l'histoire du
Cid. L'action commence à Burgos au manoir paternel du héros ; elle s'achève près de Burgos, au
sanctuaire national de Saint-Pierre de Cardeña. Au
bord d'une rue déserte, jadis retentissante du bruit

---

(1) En este vino una fuente
Que cubria una toalla,
Y en ella siete cabezas,
De aquel tronco muertas ramas.
Mira la fuente Gonzalo
Y dice : « Ay fruta temprana
Quien vos trasportó de Burgos
A los campos de Arabiana? »

des hommes et des chevaux, un pilier de pierre, entre deux petits obélisques, s'élève sur l'emplacement de la maison où naquit l'invincible batailleur. Ainsi l'atteste l'inscription :

> En este sitio estuvo la casa y nació el año de MXXVI Rodrigo Diaz de Vivar llamado el Cid Campeador.

Si la *chronique* du Cid semble placer son fief héréditaire au bourg de Vivar, les ballades lui donnent maison de ville et pignon sur rue. Là, sans doute, il jura de venger l'outrage de son vieux père. Là il introduisit Chimène, en descendant du château de Burgos, où furent célébrées ses noces. Là souvent la noble dame languit dans l'attente du guerrier :

> En los solares de Burgos
> A su Rodrigo aguardando.

Quelques pas encore, et vous êtes au pied de l'église de Sainte-Agathe (*Sant' Agueda*), restaurée au quinzième siècle, mais dont l'étroite nef rappelle les proportions des premières basiliques espagnoles. Sainte-Agathe était cependant un sanctuaire vénéré, une des trois *Iglesias juraderas*, où les accusés se purgeaient par serment. Franchissez le seuil, et vous assistez au second acte du poëme espagnol, à la lutte du Cid contre le roi. L'indépendance de la Castille, si bien acquise par Fernan Gonzalez, n'a duré qu'un siècle. Les princes de Léon, fortement

établis dans Burgos, poussent leurs chevauchées royales à travers la contrée, levant le tribut et forçant la noblesse au service féodal. De leur côté les *Ricos hombres* se retranchent dans leurs coutumes défiantes et jalouses. L'antagonisme des chefs de guerre et du souverain politique se fait jour en Espagne comme en Grèce ; la dispute éclate entre le Cid et Alfonse VI, comme entre Achille et Agamemnon. Mais la colère du Cid est chrétienne, elle éclate dans une église et pour de graves soupçons : le roi Alfonse VI, accusé par la rumeur publique d'avoir fait mourir son frère don Sanche, est requis de se justifier. « Et le jour que le roi devait jurer,
« étant à Sainte-Agathe, le Cid prit dans ses mains
« le livre des saints Évangiles, et le posa sur l'autel.
« Et le roi don Alfonse étendit les mains sur le livre,
« et le Cid commença à l'interroger en ces termes :
« Roi don Alfonse, vous venez jurer, touchant la
« mort du roi don Sanche votre frère, que vous ne
« l'avez pas tué, que vous n'avez pas été dans le
« secret du meurtre. Dites : « *Je le jure*, » vous et ces
« autres hidalgos (1). » Et le roi et ses hidalgos
« répondirent : « Nous le jurons. » Et le Cid ajouta :
« Si vous en avez su ou ordonné quelque chose,
« puissiez-vous mourir de la mort du roi don Sanche,
« votre frère ! qu'un vilain vous tue, et non le fils
« d'un noble ! qu'il vienne d'une autre terre, et

---

(1) On reconnaît ici les *conjuratores* des anciennes lois germaniques.

« non de Castille ! Le roi et les fils de nobles qui « juraient avec lui répondirent : *Amen.* » Et le Cid voulut que le roi répétât par trois fois le même serment. La seconde fois le roi changea de couleur ; la troisième, il fut très-irrité contre le Cid et désormais il ne l'aima plus (1). La tradition, qui souvent se dégrade en descendant le cours des siècles, a gâté ce beau récit. Elle prête aux contemporains du Cid une superstition triviale, et les fait jurer, non plus sur l'Évangile, mais sur un verrou (*el verrojo*), qu'on montre encore à la porte de l'église.

Or Alfonse VI n'avait pas oublié son ressentiment ; et, comme un jour le Cid était venu le trouver entre Burgos et Vivar, le roi lui dit : « Ruy Diaz, sortez de ma terre. » Le Cid donna des éperons à sa monture et sauta dans une terre de son patrimoine : « Seigneur, lui dit-il, je ne suis pas sur votre terre, « mais sur la mienne. » Le roi reprit fortement courroucé : « Sortez de tous mes royaumes et sans « délai. » — Ici commence l'exil du Cid. C'est à Burgos qu'il en faut lire l'histoire, près de cette porte moresque par laquelle le banni passa, sur les ruines de ces murs vers lesquels il retourna les yeux. Il la faut lire dans le *Poëme du Cid*, plus ancien que les *Romances*, plus ancien que la *Chronique*, et dont le texte mutilé débute par la disgrâce du

---

(1) *Cronica del Cid*, cap. LXXVIII et LXXIX.

héros : « Mon Cid Ruy Diaz entrait dans Burgos ; il
« menait en campagne soixante bannières. Hommes
« et femmes sortent pour le voir. Les gens de Bur-
« gos sont aux fenêtres, pleurant de leurs yeux, tant
« ils ont de douleur ; et de leurs bouches tous
« disent une même parole : « Dieu ! quel bon vassal,
« s'il avait un bon seigneur ! » Mais nul n'osait l'in-
« viter. Le Campeador s'achemina vers son gîte ;
« quand il y arriva, il trouva la porte bien fer-
« mée... Les gens du Cid crient d'une forte voix :
« ceux du logis ne veulent répondre mot. Mon Cid
« poussa son cheval ; il était à la porte, il retira le
« pied de l'étrier, il frappa. La porte ne s'ouvrit
« point, elle était bien close. Une fille de neuf ans
« se fit voir : « Campeador, bénie est l'heure où
« vous avez ceint l'épée ! Mais le roi l'a défendu.
« Hier au soir, vint sa lettre avec grande solennité
« et scellée fortement. Pour rien au monde nous
« n'oserions vous ouvrir ni vous héberger : sinon,
« nous perdrions notre avoir, nos maisons et de plus
« les yeux de nos têtes. Cid, à notre mal vous n'avez
« rien à gagner ; mais puisse vous aider le Créa-
« teur avec toutes ses saintes vertus ! » Ainsi dit
« l'enfant, et elle rentra dans la maison. Le Cid vit
« maintenant qu'il n'avait nulle grâce à espérer du
« roi. Il s'éloigna et chemina rapidement par Burgos.
« Il arriva à Sainte-Marie. Aussitôt il descendit de
« sa monture, il se jeta à genoux et pria de cœur. La
« prière faite, aussitôt il chevaucha, sortit par la

« porte et prit gîte au bord de l'Arlanzon. Près
« de la ville, sur la grève, il campa et planta sa
« tente (1). »

Quand l'exilé s'agenouillait à Sainte-Marie, avant de sortir par la porte du fleuve, l'humble église était encore bien loin du moment où, sous les auspices de saint Ferdinand, elle devait élargir ses murailles, élever ses voûtes et devenir Notre-Dame de Burgos. Pourtant la cathédrale puissante garde avec piété le souvenir du héros humilié qui pria sur ses dalles. Dans une des salles capitulaires, un grand coffre est suspendu comme la châsse d'un saint. Au-dessous on a placé le portrait du Cid, tout bardé de fer, comme pour soutenir envers et contre tous le récit que vous allez lire. Il était beau de sortir de son fief accompagné de soixante bannières. Mais il fallait nourrir ceux qui les suivaient. « Alors le Cid prit à
« part Martin Antolinez, son neveu, et l'envoya
« trouver à Burgos deux juifs, Rachel et Bidas, avec
« lesquels il avait coutume de trafiquer de son bu-
« tin ; il leur mandait qu'ils vinssent le trouver au
« camp. Cependant il fit prendre deux coffres grands
« et garnis de fer, munis chacun de trois serrures,
« si lourds qu'à peine quatre hommes pouvaient en
« soulever un, même vide. Et il les fit remplir de
« sable, et couvrir la surface d'or et de pierres pré-
« cieuses. Et quand les juifs furent venus, il leur

(1) *Poema del Cid*, vers 15 y sgg.

« dit qu'il avait là quantité d'or, de perles et de
« pierreries, et que, ne pouvant emporter ce grand
« avoir avec lui, il les priait de lui prêter sur ces
« deux coffres ce dont il avait besoin. Et les juifs
« lui prêtèrent trois cents marcs d'or et trois cents
« d'argent. » Mais, quand le Cid eut pris Valence,
il renvoya les trois cents marcs d'argent et les trois
cents d'or pour dégager ses deux coffres de sable,
« priant Rachel et Bidas de lui pardonner, car il
« l'avait fait avec chagrin (1). » — Ce dernier trait
me touche. Je croyais le Castillan ravi d'avoir
joué un si bon tour à deux infidèles. Mais son
honneur chrétien en souffre, et il a besoin de
pardon.

L'Achille de l'Espagne ne restera pas en repos
sous sa tente; au bout de sa lance désormais libre
et souveraine, il porte la guerre aux mécréants. Il
n'aura pas de paix qu'il n'ait enlevé Valence,
« l'honneur et la joie des Maures, la ville aux fortes
murailles, dont les blancs créneaux reluisaient de
loin au soleil (2). » Le siége sera long et la famine
cruelle. « Le père ne donne plus de conseil au fils,
« ni le fils au père, ni l'ami à l'ami; ils ne peuvent
« se consoler. C'est une mauvaise condition, sei-
« gneurs, de manquer de pain, de voir mourir de

(1) *Cronica del Cid*, cap. xc et ccxiv. Je reviens ici à la *Chronique* dont le récit est plus court.
(2) Expressions d'une complainte arabe sur la prise de Valence, publiée pour la première fois dans la préface du *Cancionero de Baena*.

« faim enfants et femmes (1). » Le poëme suit don Rodrigue dans ses conquêtes. Nous l'attendons au terme de toutes les choses humaines, au tombeau qu'il s'est choisi non loin du manoir de ses aïeux. A deux lieues au sud-est de Burgos s'élève l'abbaye de Saint-Pierre de Cardeña, la plus ancienne colonie de l'ordre de Saint-Benoît en Espagne : une princesse de la race royale des Goths la fonda en 537 pour y déposer les restes de son fils. C'est aussi une maison glorieuse, et qui a pris sa part de la lutte nationale contre les Sarrasins. En 872, les infidèles la saccagèrent et massacrèrent sous ses cloîtres l'abbé Étienne avec deux cents moines. En 899, Alfonse III releva le monastère; mais on dit que pendant six cents ans, au jour anniversaire du massacre, le sang des martyrs reparut sur les pierres où il avait été versé. On ajoute qu'il cessa de se montrer en 1492, quand la prise de Grenade eut lavé pour toujours l'injure des chrétiens. Ce lieu fut aimé du Cid. C'est à l'abbé de Cardeña qu'il confia sa Chimène et ses deux filles en partant pour l'exil; c'est à Saint-Pierre qu'il veut avoir sa sépulture. C'est là que sa veuve et ses amis le ramènent de Valence, embaumé, lacé dans son armure, dressé sur son cheval de guerre. C'est là qu'ils le dépo-

(1) *Poema del Cid :*

    Nin da consejo padre a fijo, nin fijo a padre ;
    Nin amigo a amigo ; no se pueden consolar
    Mala cuenta es, señores, aver mengua de pan,
    Fijas e mugieres verlos morir de fambre.

sent, non point couché dans une tombe comme le vulgaire des morts; mais assis sur un escabeau, enveloppé dans son manteau, et la main sur son épée. Quatre ans après, doña Chimène fut ensevelie à ses pieds. « Et, quand le bon cheval Babieça mourut aussi, l'écuyer qui en prenait soin, ne pouvant l'ensépulturer dans le monastère, l'enterra à la porte à main droite, et planta deux ormes, l'un aux pieds, l'autre à la tête, et ces arbres devinrent très-grands. » Plus tard le roi Alfonse X éleva au Cid un tombeau dans le chœur de l'église, avec cette inscription, qui sent plus le soldat que le grand clerc :

> Belliger, invictus, famosus morte, triumphis,
> Clauditur hoc tumulo magnus Didaci Rodericus.

Mais les siècles n'ont pas épargné le monument du Cid. Les bénédictins de Cardeñas le transférèrent du chœur à la sacristie, de la sacristie au chœur, puis à la chapelle de Saint-Sisebut. En même temps le vandalisme des restaurations modernes défigura l'église. Ce fut merveille qu'on laissât au portail la statue équestre du Cid, foulant aux pieds de son cheval un Sarrasin. Cependant le vieux banni ne devait pas trouver d'asile assuré contre les caprices des hommes. Les Français emportèrent sa tombe à Burgos pour en décorer la promenade publique. La Restauration la rétablit sous les voûtes de Saint-Pierre. Enfin, quand une loi violente ferma les portes des couvents, l'ayuntamiento de Burgos, craignant qu'un touriste anglais n'enlevât les os de Rodrigue et de Chimène demeurés sans gardien, les retira de l'antique abbaye et les déposa à la chapelle de l'Hôtel de Ville dans un cercueil de bois de noyer. Ce n'était pas sans quelque doute sur leur authenticité, mais ce n'est pas non plus sans mélancolie, que je contemplais ces restes, montrés pour deux réaux par un valet qui leva le drap funéraire et ouvrit le cercueil. J'ai horreur de ce qui viole le secret de la mort; et je ne puis souffrir le spectacle de ces ossements desséchés, à moins que la sainteté n'ait jeté sur eux un vêtement impérissable. L'Église elle-même entre dans ces délicatesses, et lorsqu'elle expose les reliques des Saints, c'est de loin qu'elle les fait voir au peuple, enchâssés dans l'or, sous un voile de cristal et sous un nuage d'encens.

Les magistrats de Burgos, il y a trois cents ans, savaient mieux honorer leurs grands hommes. Lorsque la bataille de Villalar eut ruiné la cause des *Comuneros* pour laquelle Burgos avait tiré l'épée, la ville voulut conjurer la colère de Charles V en lui élevant un arc de triomphe. Mais elle a voulu en même temps montrer qu'elle n'avait rien perdu de sa fierté, et le monument de sa soumission fut aussi celui de ses vieilles gloires. Ne m'accusez plus de m'arrêter à des inscriptions, à des pierres en désordre, à des débris sans art. Après sa cathédrale,

Burgos n'a peut-être pas d'édifice plus frappant que celui-ci, plus inspiré du vieil esprit castillan, plus libre des traditions classiques. A l'extrémité du quai de la rive droite et en face du pont, s'ouvre une porte féodale entre deux tours saillantes, d'un style sévère et orné. Au-dessus de la large voûte, des niches ont reçu les images du fondateur de la cité, Diego Porcellos, et des juges de Castille, Nuño de Rasura et Laïn Calvo. Au second étage, la statue de Charles V sur un socle plus élevé, à sa droite et à sa gauche Fernan Gonzalez, le grand Comte, et le Cid, sa bonne épée à la main, sur sa poitrine sa longue barbe chantée par les poëtes. Au-dessus du puissant empereur, et pour lui rappeler un pouvoir plus grand encore que les rois, la figure d'un ange armé du glaive exterminateur. Enfin, au sommet de l'édifice, entre les quatre tourillons crénelés qui le couronnent, la Vierge avec l'Enfant, pour attester que la grâce est encore plus puissante que le glaive (1).

(1) C'est peut-être ici le lieu de tracer la généalogie fabuleuse qui réunit les héros de la Castille en une seule famille, comme l'arc de Sainte-Marie réunit leurs images en un seul monument.

DON DIEGO PORCELLOS.
Sa fille
SULLA BELLA
est mère de deux fils.

Nuño Rasura, juge de Castille,		Gustio Gonzalez, aïeul des sept infants de Lara.
Son fils Nuño Fernandez est père de Fernan Gonzalez.	De sa fille mariée à Laïn Calvo, descend Diego Lainez, père du Cid.	

Voilà les temps héroïques de la Castille dans leur force et leur rudesse, tempérées par la douceur du christianisme. J'y remarque trois grands traits : d'abord la foi religieuse qui conduisait la guerre contre les mécréants. Car on ne se représente pas assez les prodiges de dévouement et de persévérance, au prix desquels il fallait sauver la nationalité chrétienne, « alors que, selon l'expression d'un « ancien chroniqueur, la lutte contre les Maures « était dans toute son horreur, alors que tous les « rois, les comtes, les nobles et tous les chevaliers « avaient l'écurie de leurs chevaux dans la cham- « bre où ils dormaient avec leurs femmes, afin « que, s'ils entendaient le cri de guerre, ils pussent « trouver bêtes et armes sous la main et chevau- « cher sur-le-champ. » Ensuite vient la passion de l'indépendance, non-seulement de l'indépendance personnelle, mais des libertés castillanes. C'est elle qui tient ces juges, ces comtes et Fernan Gonzalez, et le Cid, en querelle éternelle avec le roi de Navarre et de Léon. Il ne faut point voir en eux, comme on l'a trop fait, des factieux, des ennemis de toute loi. Ils se portent, au contraire, pour les défenseurs des lois anciennes, des *Fueros*, que le peuple défendra encore contre Alfonse X, contre ses légistes et son code des *Siete partitas*. Enfin j'admire ici les affections domestiques dans toute leur simplicité et toute leur énergie. C'est la main d'un frère vengeant les sept infants de Lara ; c'est le dévouement d'une femme rompant deux fois les chaînes de Fernan Gonzalez. C'est le Cid, comme fils, lavant la honte de son père, comme mari, gardant fidèlement à Chimène cette main qu'il lui a tendue sanglante ; comme père poursuivant l'injure de ses filles. Voyez dans le poëme, quand le héros banni quitte Saint-Pierre de Cardeña, l'admirable scène des adieux. « Il prit ses filles « dans ses bras, il pleura de ses yeux, tant il sou- « pirait profondément : « Ah ! Chimène, ma femme « si accomplie, je vous aimais comme mon âme ! « Vous le voyez, il faut nous séparer en cette « vie. J'irai et vous resterez. Plaise à Dieu et à « sainte Marie que de mes mains je puisse un « jour établir mes deux filles que voici ! Plaise à « Dieu de me donner bonne fortune et quelques « jours de vie, et de faire que vous, femme hono- « rée, vous ayez bon service de moi. » Mon Cid et « sa femme vont à l'église. Doña Chimène se jette « à genoux sur les marches de l'autel, priant le « Créateur, du mieux qu'elle sait, de garder de tout « mal le Cid Campeador : « Tu es le Roi des rois, « dit-elle, et le Père du monde. Je t'adore et crois « en toi de toute ma volonté, et je prie saint Pierre « qu'il m'aide à prier pour mon Cid Campeador. « Que Dieu le garde de malheur ! Puisque aujour- « d'hui nous nous quittons, qu'il nous fasse retrou- « ver dans la vie ! » La prière était faite et la messe « achevée. Voilà qu'il faut chevaucher. Le Cid

« embrasse doña Chimène, et Chimène va baiser la
« main du Cid, pleurant de ses yeux ; car elle ne sait
« que faire. Et lui, il recommençait à regarder ses
« filles : « Je vous recommande à Dieu, mes filles,
« et à votre mère, et à votre père spirituel. » Ainsi
« se séparèrent-ils, comme l'ongle se sépare de la
« chair (1). » Vous ne retrouverez rien ici de ces sentiments affadis où se complaît l'art des troubadours. La nature n'a pas besoin de subtilités et de raffinements; elle a des cris pour remuer jusqu'au fond les entrailles des hommes. Vous reconnaissez l'accent des adieux d'Andromaque et d'Hector, avec la majesté chrétienne de plus ; de moins, une grâce et un éclat dont la muse grecque a le secret. Dans le poëme du Cid comme dans les épopées homériques, nous touchons au fond primitif de toute poésie. De même que sous l'œuvre d'Homère, on découvre les chants guerriers dont il a recueilli, transformé, et fait vivre les débris ; de même l'épopée castillane, écrite au treizième siècle, a recueilli l'écho des chansons non écrites où l'on célébrait déjà l'invincible Rodrigue :

Ipse Rodericus, *mio Cid* semper vocatus,
De quo cantatur quod ab hostibus haud superatur.

(1) Salieron de la eglesia ya quieren cavalgar.
El Cid a doña Ximena ibala abrazar,
Doña Ximena al Cid la mano 'l va a besar,
Lorando de los ojos, que non sabe que se far.
E el a las niñas tornó las à catar,
« A Dios vos acomiendo, fijas;
« E a la mugier é al padre spiritual... »
Asi s' parten unos d' otros como la uña de la carne.

Il ne nous est pas donné de creuser plus avant dans les origines de la littérature espagnole. Ce sont les beautés simples, qui commencent les grandes littératures, comme les mœurs fortes et chastes fondent les grands empires. Burgos, la ville des héros, deviendra la capitale des rois.

Pendant que j'erre ainsi à travers les ruines et les souvenirs, je m'aperçois que j'inquiète mes amis. Vous avez ouï beaucoup médire de l'Espagne, et vous craignez qu'au retour de tant de courses je ne trouve guère meilleure chère que les compagnons du Cid, campés sur la grève de l'Arlanzon. Mais laissez-moi venger ce beau et trop calomnié pays. Si l'on n'y admire pas les splendides hôtels où l'hospitalité moderne rançonne le visiteur de Londres et de Paris, on y dort sous des toits honnêtes et sur des couches décentes ; et, si les chambres sont tout au plus bourgeoises, les cuisines sont encore héroïques. Jamais je ne vis suspendue au plancher une plus riche collection de lèchefrites, de casseroles et de chaudrons. Je contemplais surtout des files de marmites qui me rappelaient (pardonnez-moi encore cette réminiscence d'Homère) la longue file des servantes de Pénélope que Téléque pend à la même corde en punition de leur perfidie. Au milieu de la pièce se projette en saillie le manteau de la cheminée patriarcale, où le voyageur mouillé et transi trouve accueil, sans scandaliser un essaim de cuisinières, habituées à la bienheureuse familiarité des mœurs espagnoles. Là son œil sera consolé par la bonne mine des œufs frits, des perdrix qui se dorent au feu clair, et du brun chocolat qui écume sous le fouloir. Si votre sobriété se contente à ce prix, si vous ne redoutez pas le parfum d'outre qui donne le cachet de l'authenticité à ce flacon de Malaga, si votre estomac n'a pas la dangereuse curiosité de toucher aux pois chiches qui nagent dans la chaudière voisine, ou aux viandes arrosées d'huile rance, soyez en paix : Nous vivrons. Nous vivrons, et vous ne m'en voudrez pas d'être redescendu de mes hauteurs poétiques à ces utiles réalités. Nous n'avons pas même, à vrai dire, quitté la littérature espagnole; car, si le poëme du Cid naît sur les champs de bataille, c'est d'une cuisine d'auberge que don Quichotte sort chevalier pour combattre les géants et redresser les torts.

IV

LA VILLE DES ROIS.

Burgos, le 19 novembre 1852.

Les critiques, toujours en garde contre l'enthousiasme des voyageurs, m'accuseront d'avoir admiré l'Espagne à la lueur de ses légendes et sous le prestige de son soleil. J'ai hâte de protester contre l'accusation. Quatre fois j'ai vu le jour éclairer l'horizon de la Vieille-Castille, jamais je n'y vis l'astre qui passe pour ramener le jour. Je suis, hélas! du nombre de ceux qui vont demandant la santé à cet astre et le cherchant sous des cieux trop vantés. Les poëtes cependant avaient pris soin de m'avertir. Devais-je m'étonner des neiges de Rome, et des eaux du Tibre grossissant sous les orages, quand Horace déjà s'en prenait à Jupiter de l'opiniâtreté des frimas, et croyait revoir sous Auguste le déluge de Deucalion (1)! Et lorsque Dante au troisième cercle de son Enfer, décrit la pluie « éternelle, maudite, froide et triste, »

> Eterna, maladetta, frédda e grave (2),

certainement il en trouve l'image sur les bords de l'Arno, à Pise, où moi, son indigne commentateur, pour l'éclaircissement de ce seul vers, j'ai vu pleuvoir cinquante jours. L'autre péninsule n'est pas mieux traitée du ciel. Le chancelier Ayala, grand homme d'État et grand homme de lettres, se plaint du climat de la Navarre. Le poëte castillan Ferrus lui répond : « Annibal aurait-il conquis l'Espagne « s'il eût redouté la neige et la grêle? et si le fa-

---

(1) Horace, *Od.*, lib. I :

> Jam satis terris nivis atque diræ
> Grandinis misit Pater...

(2) Dante, *Inferno*, cant. 6.

« meux Cid avait eu peur des averses, aurait-il
« vaincu tant de comtes et tant de rois (1)? »
Pour moi, je n'aurais pas réveillé les vieux morts
de Burgos, si je n'avais bravé les tempêtes déchaînées pour défendre leur solitude. Il est vrai, j'ai
vu la ville royale sous un voile, mais sous un voile
de pluie peu favorable aux illusions. Heureusement,
si du temps des héros il ne reste plus que les murs
et des souvenirs, l'époque des rois a laissé des monuments qui n'ont pas besoin de prestige.

Quand la royauté vint s'établir dans l'enceinte
guerrière de Diego Porcellos, assurément elle n'y
apporta pas la liberté, mais elle y apporta la grandeur. Burgos s'accrut avec cette monarchie prédestinée, qui, sortie des gorges des Asturies, toucha
bientôt au bord du Tage, puis du Guadalquivir, puis
de l'Océan. La noble ville prenait les titres de *Caput
Castellæ, madre de Reyes, y restauradora de Reinos.*
Elle portait et elle porte encore pour armoiries
une demi-figure de roi couronné, sur un écusson
de gueules, avec seize châteaux d'or en sautoir. Aux
cortès, ses députés tenaient la droite du roi, ceux
de Léon la gauche ; lorsque Tolède prétendit au
premier rang, elle ne réussit pas à déposséder
Burgos, et ses représentants durent se contenter
d'avoir leur siége en face du trône.

Les restes du château des rois occupent le som-

(1) *Cancionero de Baena.*

met de la colline qui domine la ville ; sombre et funeste demeure, et comparable à la tour de Londres par le sang qui s'y versa. Là se consommèrent ces luttes fratricides qui furent si longtemps le crime de l'Espagne devant Dieu, son opprobre devant la chrétienté et sa faiblesse devant les infidèles. Là Alfonse le Sage fit mourir son frère don Fadrique, et Sanche le Brave, son frère don Juan. Les mêmes murs virent les orgies et les fureurs de Pierre le Cruel; et dans un siècle plus humain, sous Charles V, les libertés publiques y furent ensevelies avec les derniers chefs des *Comuneros*. Du haut de cette citadelle les rois tenaient en respect l'aristocratie des *Ricos hombres*, établie militairement dans les maisons seigneuriales de la *calle San Juan*, de la *calle San Lorenzo*, de la *calle d'Avellanos*. Plusieurs de ces maisons, rajeunies il est vrai au quinzième siècle, s'annoncent comme des donjons et cachent des palais, des cours ornées de portiques et de colonnades. La demeure du connétable Hernandez de Velasco déploie encore sa formidable façade, qui semble bâtie pour soutenir des siéges. Le collier de l'ordre Teutonique, lourdement sculpté, se déroule autour du portail. Mais franchissez la porte menaçante, et le *Patio* s'ouvrira devant vous entouré d'élégantes galeries, couronné de larges terrasses, dont la balustrade à jour semble dessinée par un crayon florentin. Ajoutez-y à profusion les draperies et les fleurs, les orchestres et les groupes magnifiquement vêtus, et tout ce qui répandait ici la vie, le mouvement et la grâce, et vous croirez cette maison bâtie pour les plaisirs et pour les fêtes.

Mais c'est l'honneur de la royauté et de la noblesse castillanes d'avoir pris moins de soin de leur demeure que de la maison de Dieu. Habitués à passer leur vie sous la tente ou sous le ciel des champs de bataille, qu'avaient-ils besoin de voûtes magnifiques et de lambris dorés? Ils réservaient ce luxe pour les églises où résidait leur Maître, et pour les monastères où ils abritaient leurs veuves et leurs filles. De là le grand nombre de sanctuaires et de fondations religieuses qui faisaient l'ornement de Burgos : Saint-Esteban, beau vaisseau gothique, décoré des plus gracieux caprices de la renaissance; Saint-Gil et ses chapelles aux voûtes hardies; Saint-Nicolas et son retable, où revit sculptée en pierre toute la légende du saint. Partout des autels, des mausolées, de pieuses images, attestant la foi de ces familles orgueilleuses, violentes, mais après tout capables de foi et de repentir. La piété des rois a laissé sa trace dans deux grandes fondations qui résument trois cents ans d'histoire : l'abbaye de la Huelgas et la chartreuse de Miraflores.

Au sud-ouest de Burgos, et sur la rive gauche de l'Arlanzon, au bout de quelques allées vertes qui consolent la vue de la nudité des campagnes voisines, s'élève une forteresse monastique entourée d'une double enceinte crénelée. Son clocher religieux et féodal, surmonté d'une croix, mais garni de mâchicoulis, commande la plaine. Au-dessous du clocher se dessine le portail latéral de l'église ; à côté de l'église, une porte ogivale donne sur une vaste cour, au fond de laquelle cinq grilles ferment l'entrée des cloîtres. Nous avons devant nous *Santa Maria la Real de las Huelgas*, deux fois célèbre, à cause des souvenirs qui s'attachent à ses origines, et parce que nulle part dans la chrétienté on ne vit un si grand pouvoir ecclésiastique remis aux mains d'une femme (1).

La tradition populaire, qui a ses caprices et qui maltraite souvent ses favoris, s'est plu à jeter un nuage sur la vie d'Alfonse VIII, surnommé le Noble et le Bon. « Il s'éprit d'une juive, dit la « ballade. Belle était son nom, et le nom convenait « au visage. Pour elle le roi oublia la reine ; avec « elle il s'enferma sept ans (2). » Les grands, touchés de l'injure de la reine, poignardent la juive,

---

(1) Sur l'abbaye de *las Huelgas*, j'ai consulté l'excellent mémoire de M. l'abbé Calvos, l'un des chapelains de cette maison. M. l'abbé Larran a publié une intéressante notice sur le même sujet dans les *Annales archéologiques* de M. Didron.

(2)   Pagòse de una Judia,
       Della esta enamorado :
       Fermosa habia por nombre,
       Cuadrale el nombre llamado.
       Olvidó el Rey a la Reyna,
       Con aquella se ha encerrado.
       Siete años estaban juntos
       Que no se habian apartado.

et un ange, apparaissant au roi, le menace des derniers châtiments. Peu de temps après, toutes les gorges de la Sierra Morena vomissaient des torrents d'infidèles sur la Castille, et l'armée chrétienne succombait à Alarcos (1195). La tradition veut qu'Alfonse, enfin repentant, ait fondé le monastère de las Huelgas; dix-sept ans plus tard, Dieu l'en récompensa par la victoire de las Navas de Tolosa (1212). Alors les trois rois de Castille, d'Aragon et de Navarre réunirent leurs armes; et le monde chrétien, averti par le Souverain Pontife, se tint en prières. Alors le Ciel intervint : un inconnu, qui fut pris pour un ange, indiqua aux chrétiens des chemins ignorés de l'ennemi; une croix lumineuse parut dans les airs, pendant que les évêques exhortaient les soldats. Deux cent mille mécréants mordirent la poussière. Cependant leur chef, l'émir Amsir, que les Espagnols appellent le Miramolin, se tenait dans son camp, assis sur un bouclier, couvert d'un manteau noir, ayant une main sur son cimeterre, l'autre sur l'écrin d'or enrichi de pierreries, où il gardait son Alcoran. Or l'émir demeurait impassible, sans donner aucun ordre, et sans dire autre chose que ces mots : « Dieu « seul est vrai, et Satan est perfide. » En ce moment un Arabe lui amena une jument, l'émir monta la jument, et l'Arabe son cheval, et ils s'enfuirent, enveloppés dans le nuage de ceux qui fuyaient. L'infidèle laissa aux vainqueurs son étendard, et l'écrin de son Alcoran. Ces riches dépouilles furent données au monastère de *las Huelgas*. L'écrin disparut en 1808 ; mais l'étendard est resté, et se déploie encore chaque année à l'anniversaire de la bataille. Cet anniversaire est devenu fête de l'Église, le 16 juillet, sous le titre de Triomphe de la Croix : ce jour-là le tombeau d'Alfonse VIII est orné de lumière et de fleurs.

Le vrai et le faux se mêlent dans ces récits. L'épisode de la belle juive n'a rien d'historique, et le monastère ne s'éleva point pour apaiser le courroux du ciel, déclaré par la défaite d'Alarcos ; car il la précéda de plusieurs années. Vers 1180, Alfonse VIII, sur les instances de la reine Éléonor, avec le concours de ses filles Urraque et Bérengère, résolut de fonder une abbaye de femmes, au lieu même où les rois de Castille avaient une résidence moins austère que le château de Burgos, et qu'ils appelaient « leurs loisirs, » *las Huelgas del Rey*. En 1187, il fit donation de la maison et des grands biens qu'il y attachait, à doña Maria Sol, religieuse cistercienne, et à ses compagnes. Enfin, par un diplôme du 14 décembre 1199, muni du sceau royal, avec la signature de dix évêques et de onze *Ricos hombres*, il renouvela la donation entre les mains de Guy, abbé de Cîteaux, en ajoutant cette promesse : « De plus nous promettons audit « abbé que nous et nos descendants, s'ils veulent « obéir à nos conseils et commandements, nous

« aurons notre sépulture dans ledit monastère de
« Sainte-Marie la Royale; et, s'il arrive que de notre
« vivant nous voulions embrasser l'état de religion,
« nous nous engageons à recevoir l'habit de Cîteaux,
« et non pas aucun autre. »

Les successeurs d'Alfonse VIII achevèrent son œuvre. Alfonse X régla que le nombre des religieuses serait de cent, toutes nobles, *todas hijas d'algo*. Les concessions des rois, les constitutions des papes et des abbés de Cîteaux, assurèrent à Sainte-Marie de las Huelgas les richesses, la juridiction canonique et civile qui firent marcher ses abbesses au premier rang de la noblesse castillane et de la hiérarchie chrétienne.

Au civil, les Dames de las Huelgas avaient la seigneurie de cinquante et un bourgs et villages, avec l'*imperium merum et mixtum*; connaissance des causes civiles et criminelles, nomination des alcades, écrivains, alguazils. Les officiers de justice de Burgos ne pouvaient pénétrer chez elles verges levées. Ils baissaient les verges en entrant ou les laissaient à la porte. Au contraire, l'abbesse avait un juge à Burgos pour la conservation de ses droits sur le blé et les légumes qui se vendaient au marché. Saint Ferdinand y avait ajouté la moitié des droits régaliens sur les eaux de l'Arlanzon pendant le jour, et la totalité pendant la nuit.

Au canonique, l'abbaye de las Huelgas, affranchie de toute autorité épiscopale (*nullius diœcesis*), maison mère de tous les couvents de religieuses cisterciennes dans les royaumes de Castille et de León, exerce une juridiction légitime sur les monastères, églises, ermitages de son obéissance, juridiction dérogatoire à celle des archevêques et évêques diocésains. L'abbesse, par ses délégués, a la connaissance en première instance de toutes les causes bénéficiaires; droit de pourvoir aux cures et chapellenies; droit d'examen, approbation, et concession de titres pour célébrer, prêcher, confesser, exercer charge d'âmes. Elle connaît des violations de clôture, immunités des églises, translations de couvents, érections de confréries. Elle donne des démissoires pour les saints ordres.

Sans doute les abbesses de Chelles et de Fontevrault écartelèrent plus d'une fois leur blason monastique avec les lis de France, elles menèrent à leur suite un nombreux cortége de barons et de chevaliers, elles envoyèrent leurs procureurs aux états généraux et leur contingent sous les drapeaux des rois. L'Allemagne eut de superbes religieuses, devant lesquelles l'empereur mettait pied à terre, et qui siégeaient dans les diètes. Mais les canonistes ne connaissent pas d'autre exemple du pouvoir exorbitant exercé par les Dames de las Huelgas, en face de l'archevêque de Burgos, au bout du pont qui les séparait de ce puissant métropolitain. La politique des rois devait agrandir une maison qu'ils regardaient comme la leur, où ils avaient leurs tombeaux, où les princesses de leur sang trouvaient une retraite, soit qu'elles prissent le voile, soit qu'elles cherchassent seulement pour quelques années le repos du cloître. On y vit six infantes de Castille, trois d'Aragon, une de Navarre, une de Portugal, une d'Autriche. De leur côté, les papes ne purent refuser ces honneurs étranges aux filles d'une race royale qui soutenait contre les infidèles une croisade de huit cents ans. Nulle part plus qu'en Espagne les femmes n'eurent besoin d'être protégées par le respect, parce que nulle part ne leur manqua davantage la protection de l'épée, le rempart de la famille; nulle part elles ne furent condamnées à une plus longue solitude, à des veuvages plus certains, quand une guerre éternelle retenait leurs maris et leurs frères. Le moyen âge honora partout les femmes chrétiennes : en France et en Italie, il mit à leur service des guerriers et des poëtes; en Castille, il rangea sous leurs lois des religieux et des prêtres (1).

Vous me reprochez probablement de discourir devant les grilles de l'abbaye, au lieu de vous laisser

---

(1) Il faut voir, dans le mémoire de M. l'abbé Calvo, l'ordonnance royale du 22 janvier 1728 par laquelle le roi Philippe V confirme les priviléges de l'abbaye de las Huelgas, en rappelant les concessions des papes Clément III, Grégoire IX, Innocent IV, Innocent VIII, Léon X, Pie V, Urbain VIII. Il est vrai qu'on ne donne pas le texte de ces concessions, et qu'en même temps on voit la royale abbaye plaider contre les archevêques, se faire délivrer des consultations par les docteurs; ce qui prouverait que ses droits pouvaient être contestés.

pénétrer sous ses cloîtres dont vous avez ouï décrire les merveilles. On vous a vanté surtout les *Claustrillas* et leurs arcades romanes, reste du palais d'Alfonse VIII, les portes chargées de décorations moresques, le grand cloître ogival. Ici toutes les époques de l'architecture espagnole ont laissé leurs traces ; mais vous le croirez, s'il vous plaît, sur la parole des archéologues. Les grilles ne s'ouvriront pas. Une clôture éternelle les tient fermées, hormis pour le roi et pour la reine d'Espagne. Quand un de ces souverains visite la maison, sa suite y entre avec lui ; alors toute la ville est de la suite, et quelque heureux étranger, amené ce jour-là par son étoile, trouve le temps de crayonner les lignes élégantes, les ornements capricieux qui font maintenant votre envie et votre désespoir.

L'église nous reste, et encore la même loi sévère nous en dérobe la moitié. Le portail latéral s'ouvre sur un *atrium* appelé la *nave de los caballeros*. Là, sous des tombes nues, ou grossièrement sculptées, les vieux chevaliers castillans gardent leurs rois morts, comme de bons serviteurs couchés à la porte de leurs maîtres. Entrons dans la basilique ; oublions les décorations modernes qui déshonorent le sanctuaire ; pardonnons à la grille qui nous empêche de visiter, mais qui nous permet de contempler le chœur des religieuses, les dix arcades de la grande nef et les tombeaux. Nous trouverons que le génie de saint Ferdinand, l'intrépide et pieux monarque, le preneur de villes et le fondateur de tant d'églises, respire encore dans ce bel édifice qu'il rebâtit. Le plan dessine une croix latine. Avant l'achèvement de sa cathédrale, Burgos n'avait rien de plus grave et en même temps de plus hardi que ce vaisseau, où la sévérité byzantine sert pour ainsi dire de tige au premier épanouissement de l'architecture gothique. On comprend que les souverains du treizième siècle en aient fait l'église royale, la basilique de leurs fêtes et de leurs triomphes, le lieu de leur sépulture, en un mot le Saint-Denis de la Vieille-Castille.

Pendant cent cinquante ans, les successeurs d'Alfonse VIII ne connurent guère les loisirs qui font la splendeur d'un règne et la prospérité d'une capitale. On voit les rois s'enfermer dans Tolède pour surveiller de plus près les mouvements des infidèles, forcer les portes de Séville, de Xérès, de Gibraltar. Mais c'est presque toujours à Burgos, c'est à Sainte-Marie de las Huelgas qu'ils viennent chercher la couronne, la bénédiction de leurs noces, et la seule paix qu'ils connaissent, celle du sépulcre. Là, saint Ferdinand se fit armer chevalier; l'évêque Maurice avait béni les armes, Ferdinand prit lui-même l'épée sur l'autel, mais le doux jeune homme se la fit ceindre des mains de sa mère. Là, Alfonse XI, Henri II, Juan Ier, célébrèrent leur couronnement. Et, pour finir par où les grandeurs finissent, le tombeau d'Alfonse VIII et celui de sa femme Éléonor s'élevèrent au milieu du chœur. Le reste de la grande nef et les nefs latérales ont reçu les dépouilles d'Alfonse VII, de Sanche III, d'Henri Ier, d'Alfonse X, de cinq reines, onze infants et dix-huit infantes. Les mausolées sont pour la plupart très-simples, soutenus ordinairement par des lions, ornés seulement d'arabesques et de statuettes rangées dans leurs niches. Mais cette longue suite de rois et de princes console encore le veuvage de la vieille cité de Burgos, et lui rappelle que ses palais ne furent pas toujours abandonnés (1).

Le fondateur de las Huelgas avait pourvu au repos de ses descendants, mais il eut la touchante pensée de pourvoir en même temps au repos des pauvres voyageurs, des pèlerins qui de tous les points de la chrétienté se rendaient à Saint-Jacques de Compostelle. Auprès de l'abbaye royale et sous son obédience, il établit l'*Hospital del Rey*; treize religieux et plusieurs religieuses y servaient les pèlerins au nom de l'abbesse qui recevait leurs vœux. Pour honorer leur ministère, on leur avait donné l'habit de Calatrava, avec le titre de *Comendadores* et de *Comendadoras*. L'hôpital avait cent douze lits et nourrissait au dehors quatre cents personnes. Les

---

(1) Sur l'architecture de l'église de las Huelgas, il faudrait consulter une savante notice de M. Didron dans les *Annales archéologiques* de 1849. L'exil où je suis me prive de cette lumière comme de beaucoup d'autres.

révolutions ont bouleversé l'économie de ce vieil hospice, et les restaurations en ont défiguré l'architecture. Pourtant, qui ne s'arrêterait encore devant la porte élégante (*puerta de los Romeros*) où le voyageur fatigué voyait en arrivant les images de ses célestes protecteurs, saint Jacques majestueusement assis dans une niche, et plus haut l'archange saint Michel foulant aux pieds le dragon? La tradition veut que cette entrée de l'hôpital ait eu pour portier le bienheureux saint Amaro. Il venait de France, dit-on, et, après avoir accompli son vœu à Compostelle, il voulut achever ses jours au service des pèlerins, lavant leurs pieds, pansant leurs plaies, allant au-devant des plus fatigués pour les rapporter sur ses épaules. Une profonde obscurité enveloppa la vie de ce juste, mais, la nuit de sa mort, une clarté du ciel environna l'*Hospital del Rey*. Les gens de Burgos accoururent, croyant qu'un incendie dévorait la maison, et trouvèrent que Dieu avait voulu honorer des vertus ignorées. L'Église éleva des autels à saint Amaro, et le peuple lit encore avec amour la légende de ce serviteur du peuple. Il faut reconnaître ici un des caractères de l'Espagne catholique : la charité à côté de la grandeur. Le Cid pourfend les Sarrasins, mais il fait asseoir le lépreux à sa table et le couche dans son lit. Les abbesses de las Huelgas règnent derrière leurs grilles, qui ne s'ouvrent que pour les têtes couronnées; mais les portes de leur hospice ne sont jamais fermées aux pauvres (1).

Sainte Marie de las Huelgas garde la ville de Burgos du côté de l'occident. La Chartreuse de Miraflores la protége à l'orient. Les cités du moyen âge aimaient à jeter ainsi à leur droite et à leur gauche des camps monastiques où veillaient les serviteurs et les servantes de Dieu, sentinelles de la prière et de la pénitence :

Nisi Dominus custodierit civitatem, frustra vigilat qui custodit eam.

La Chartreuse est assise sur une colline qui domine le pays, mais elle n'y découvre que des champs monotones d'orge et de blé. Que ce gracieux nom de Miraflores ne nous trompe pas : on ne voit ici d'autres fleurs que de pâles mauves épargnées par les vents d'automne. Il y a longtemps que j'ai dû renoncer à la Castille de mes rêves, à celle dont je me figurais les jardins étincelants, les grenadiers empourprés, les citronniers pliant sous leurs fruits d'or, pendant que les blancs jasmins s'entrelaçaient aux grilles des balcons. Je ne manquais guère d'y ajouter un palmier couronnant de son feuillage triomphal la riche végétation du Midi.

De Burgos à la Chartreuse, la route est longue, et j'en profite pour vous entretenir du roi Juan II,

(1) *Apuntes sobre Burgos.*

non sans quelque justice, puisque nous allons visiter des lieux pleins de sa mémoire, puisque la splendeur poétique de son règne se réfléchira sur les œuvres d'art qui nous charmeront. Vous me soupçonnerez de glisser ici, sous le couvert d'un voyage, les chapitres détachés d'une histoire de la littérature espagnole. Me garde le ciel de cet excès de perfidie! Mais comment nierai-je que pour moi l'attrait, la magie du voyage est de me transporter non-seulement dans d'autres lieux, mais en d'autres siècles? Ces grandes contrées historiques ne seraient à mes yeux que de lamentables cimetières, si je ne faisais revivre en passant les générations qui les ont peuplées. Et je ne sais enfin ranimer ces générations qu'en leur rendant la parole, surtout la parole des poëtes, qui exprime, avec plus de naïveté, de verve et d'éclat, la pensée de tous.

Nous voici donc en plein quinzième siècle. Nous n'entendons plus ces poëtes guerriers que saint Ferdinand menait avec lui dans les combats, ces chansons de geste que les anciens chevaliers faisaient chanter à leur table. Peu à peu les ballades héroïques, avec la simplicité de leur style, avec l'irrégularité de leur versification, n'ont plus réuni, autour de quelque chanteur aveugle, qu'un auditoire ignorant de paysans et de soldats. Une autre poésie est venue faire le passe-temps d'une société riche, délicate et exigeante. Les troubadours de Provence hantent les cours d'Aragon et de Castille. Ils y ont trouvé d'abord des admirateurs, ensuite des disciples. Les *ricos hombres* s'évertuent à composer des *sirventes* et des *canzons*. Le Consistoire de la Gaie Science à Barcelone ouvre des concours qui rivalisent avec les Jeux Floraux de Toulouse. En même temps, les Espagnols ont passé la mer; ils reviennent de leurs conquêtes de Sicile et de Naples, l'oreille encore pleine des chants de la muse italienne, gagnés par cette passion de l'antiquité qui agitait les savants de Rome et de Florence; deux traductions de la *Divine Comédie*, en catalan et en castillan, paraissent la même année (1428). D'autres imitent Pétrarque ou traduisent Tite Live. Mais la culture savante de la Provence et de l'Italie ne pouvait s'acclimater qu'à l'ombre des palais. Il lui fallait la protection d'un prince bienveillant, lettré, ingénieux, plutôt que grand. Le Médicis de la renaissance castillane fut Juan II.

L'histoire a jugé ce prince, qui régna quarante-huit ans et ne sut jamais régner, esclave de son favori Alvaro de Luna, puis des factieux qui lui firent signer la mort de son favori, mourant enfin avec le sentiment de sa faiblesse et de son inutilité, et se condamnant lui-même par ces dernières paroles : « Plût à Dieu que je fusse né fils d'un artisan, « et que j'eusse vécu moine du couvent de l'A- « brojo! » Cependant cet homme, impuissant à gouverner les volontés, à contenir les brigues et les soulèvements, devait se faire un règne paci-

fique dans le monde des intelligences, dans les arts et les lettres. Un grand peintre de mœurs, Fernan Perez de Gusman, traçait ainsi le caractère littéraire du roi Juan II : « Il connaissait les gens et distin-
« guait ceux qui conversaient avec sagesse et avec
« grâce. Il se plaisait à écouter les hommes de
« sens et remarquait ce qu'ils avaient dit. Il en-
« tendait le latin et le parlait. Il lisait bien, il
« aimait les livres et les histoires, il goûtait les
« poésies des beaux esprits et discernait les vers
« mal faits. Il prenait grand plaisir aux entretiens
« gais et spirituels, et pouvait y mettre sa
« part. Il comprenait aussi la musique, chan-
« tait et jouait des instruments. » Lui-même ne dédaignait pas de composer, et il en savait assez pour chanter en rimes légères la puissance de l'amour et la cruauté d'une dame. Toutefois le mérite de Juan II fut surtout de rassembler, d'encourager, de multiplier par conséquent les talents poétiques, et d'en former une pléiade qui eut sa splendeur. Autour de ce trône orageux, sur ses marches ensanglantées, on n'entend que chants et vers de toute mesure. Le grand connétable Alvaro de Luna dicte des couplets, en même temps qu'il médite les desseins qui le mènent à l'échafaud. Le marquis de Villena rédige un Art poétique (*Arte de trobar*). Le marquis de Santillane compte, de sa main gantée de fer, les syllabes cadencées de ses sonnets. Le commandeur Calavera propose à tous

venants une joute poétique : il s'agit de concilier la Providence et la liberté de l'homme. Sept poëtes lui répondent, parmi lesquels un moine et un mahométan. Un désordre fécond, une bienfaisante égalité, confondent tous les rangs, dès qu'on met la main au métier des vers. Des évêques, des hommes d'État, correspondent avec Montoro le fripier, Juan le harnacheur, Mondragon le palefrenier, Juan de Valladolid, fils d'un bourreau et d'une servante d'auberge. Le démon des vers remue toute la nation castillane jusqu'à la fange ; il la possède, il la travaille, mais (chose étrange !) il ne l'inspire pas. Il en fait sortir une école laborieuse, élégante, spirituelle, mais une école froide et vide, et cependant une école nécessaire (1).

Le quinzième siècle est encore un siècle tragique. Les chrétiens d'Espagne se déchirent et s'entretuent, pendant que sur les tours de Grenade les infidèles veillent en attendant l'heure de se jeter sur la Castille épuisée. Pourtant le *Cancionero de Baena*, qui réunit les compositions de cinquante auteurs, ne garde presque nulle trace des guerres civiles, ni des guerres saintes, où ces poëtes et leurs Mécènes jouaient leur tête. Les plus sérieux s'attachent à une poésie savante, dont ils trouvent l'exemple

---

(1) Ticknor, *History of spanish litterature*, t. I. Voyez aussi la savante introduction de M. Pidal au *Cancionero de Baena*, et un article de M. Leopoldo de Cueto, *Revue des Deux Mondes*, du 15 mai 1853.

chez Dante, désormais établi en maître sur le Parnasse castillan (1). Ceux-ci ne manquent guère de s'égarer dans quelque forêt, d'y rencontrer un personnage mystérieux qui leur sert de guide, et les conduit en un lieu d'où ils découvrent l'ensemble des choses divines et humaines. Cependant, comme on n'approche pas impunément des grands modèles, Juan de Mena doit à l'imitation de la *Divine Comédie* une élévation de pensée qui le porte bien au-dessus de ses contemporains. Les esprits légers en plus grand nombre s'engagent à la suite des Provençaux; ils préfèrent cette poésie galante qui allume tant de feux, aiguise tant de flèches, mais qui d'ordinaire ne coûte pas la vie à ses adeptes. Si le trop sensible Macias mourut victime de sa passion, ce cas unique fit l'admiration de la postérité, et les heureux versificateurs de la cour de Juan II rimaient en paix les *Mandements d'amour*, les *Plaids d'amour*, les *Pénitences d'amour*, la *Prison d'amour*, et même l'*Enfer d'amour*. Après les grands récits de l'épopée nationale, ces jeux d'esprit sont misérables, et cet art d'imitation ne semble plus qu'un art de décadence. Mais ici, comme souvent, la décadence cache un progrès. Le culte

---

(1) *Cancionero de Baena,* pag. 261. Requesta de Alfonso Alvares contra Ferrant Manuel :

    A Dante, el poeto, gran componedor,
    Me disen, amigo, que reprehendistes.
    Si este es verdad, en poco tuvistes
    Lo que el mundo tiene por de gran valor.

poétique des femmes ajoutait à la vaillance castillane la bonne grâce et la délicatesse. Il introduisait sinon dans toutes les âmes, au moins dans le langage et dans les mœurs, ces beaux sentiments qui firent de la société espagnole une école d'honneur et de courtoisie, et qui passèrent les Pyrénées avec Anne d'Autriche pour donner le dernier poli à la société française. Mais surtout le quinzième siècle, en s'appliquant à reproduire les rhythmes des Italiens et des Provençaux, en poussant jusqu'à l'excès la ciselure du vers et de la stance, faisait subir un travail nécessaire à la rude langue du Cid. Cette poésie, qui s'était contentée de mesures incorrectes et d'assonances faciles, devait s'assouplir et se montrer capable de la dernière précision et de la plus exquise mélodie. Il fallait qu'elle passât par un long apprentissage avant d'arriver au moment où Caldéron, retrouvant l'inspiration des plus beaux temps chrétiens, lui donnerait tout le prestige d'un langage étincelant et musical, intraduisible pour nous, éternellement enchanteur pour l'oreille des Espagnols. Il fallait enfin ce coup d'œil rapide sur la cour lettrée de Juan II, pour faire une intelligente visite à son tombeau. La renaissance castillane peut maintenant dérouler devant nous ses merveilles de sculpture : nous savons quel souffle a fait fleurir le marbre et la pierre.

Tout en devisant, nous venons de franchir le portail ogival qui marquait la limite du parc royal de Miraflores. Juan II, accomplissant un vœu de son père Henri III, offrit aux Chartreux le parc, le pavillon où se reposaient les rois quand ils poussaient leur chasse de ce côté, et enfin les fonds suffisants pour élever un monastère à l'ombre duquel il voulait avoir sa sépulture. Le jour de la Pentecôte de l'an 1442, la communauté se constitua, et au bruit joyeux d'un rendez-vous de chasse succéda le silence de la règle de saint Bruno. Mais Juan II ne vit pas s'achever les constructions de la nouvelle Chartreuse. Il fallait que la grande Isabelle y mît la main, la même main qu'elle mettait aux affaires de l'Espagne et du monde. Deux architectes allemands, Jean et Simon de Cologne, et deux Espagnols, Garcia Fernandez Martienzo et Diego de Mendieta, bâtirent l'auguste et gracieuse église. Mais, avant que les voûtes en fussent fermées, Isabelle avait pourvu à la sépulture de son père. En 1483, elle s'était rendue à Miraflores; là elle s'était fait présenter le cercueil de Juan II provisoirement déposé dans les caveaux, elle avait voulu voir le corps à découvert et lui baiser les pieds. Bientôt après elle appelait le sculpteur Gil de Siloé et le chargeait de dessiner les deux mausolées de Juan II, d'Isabelle de Portugal, sa seconde femme, et de l'infant don Alfonse, leur fils. Les dessins furent soumis à la reine, et le sculpteur, ayant mis le ciseau dans le marbre en 1489, le poussa avec tant de vigueur, qu'en moins de cinq ans il eut achevé les deux tombes (1).

L'église de Miraflores n'est donc qu'une grande châsse où la piété d'Isabelle a voulu recueillir les restes de son père, de sa mère et du jeune frère dont la mort prématurée lui avait donné la couronne. Au dehors, l'édifice s'annonce comme un catafalque : point de clocher, point de transsept ; à la façade, point d'autre ornement que les blasons qu'on met sur le drap mortuaire des rois ; la toiture arrondie comme le couvercle d'un cercueil ; au front, le crucifix ; et tout autour, quarante aiguilles de trois grandeurs différentes, comme trois rangs de candélabres autour de l'appareil funèbre. Mais entrez dans ce séjour de la mort : vous y trouverez toute la splendeur des espérances chrétiennes. La pensée se dégage de la terre et s'élève avec les voûtes ogivales. La promesse de l'immortalité rayonne avec les quatorze faisceaux de pierre, qui jaillissent aux angles de l'abside, et dont les nervures, travaillées à jour, pendent en festons charmants au-dessus du sanctuaire. Dix-sept fenêtres garnies de vitraux peints répandaient une clarté mystérieuse et riche comme celle de la foi. La pluie et le soleil conjurés ont terni ces beaux verres. Ils n'ont pas effacé la Vie du Sauveur, qui en fait le sujet, et qui est bien vraiment la seule lumière

(1) Arias, *Apuntes historicos sobre la Cartuja de Miraflores*. J'ai beaucoup profité de ce livre excellent.

capable de dissiper pour nous les ombres de la mort.

Un marchand de Burgos avait été chargé de faire exécuter en Flandre les verrières de Miraflores : il crut bien faire d'y joindre en présent un vitrail timbré de ses armes. Isabelle s'informa de ce blason inconnu, et, prenant l'épée d'un de ses gentilshommes, elle brisa la vitre : « Dans cette maison, dit-« elle, je ne veux point d'autres armes que celles « de mon père. » Elle-même, qui avait élevé les murs et les tombeaux, n'inscrivit son nom nulle part ; mais à vrai dire tout y parle d'elle. Au sommet du retable en bois doré qui domine l'autel le Christ en croix apparaît, non plus accompagné du pape et de l'empereur, comme on le représente souvent au moyen âge, mais soutenu, d'un côté par un pape ceint de la tiare, et de l'autre par une reine couronnée. Et comment oublier encore qu'au moment où la reine faisait exécuter cet ouvrage, elle recevait dans Burgos Christophe Colomb, revenu du nouveau monde dont elle lui avait ouvert le chemin ? Le grand homme fit son entrée, menant à sa suite une grande troupe de sauvages, couronnés de plumes éclatantes ; il offrit à Isabelle un diadème, une chaîne, des bracelets et des lingots de l'or le plus pur. La reine consacra ces richesses au service de Dieu, et voulut que le retable de Miraflores fût doré des prémices de l'Amérique (1).

(1) Arias, *Apuntes*, pag. 71, 77, 78. — Il s'agit ici du second retour de Christophe Colomb, en 1496.

Dans un lieu moins riche en merveilles, on s'arrêterait aux stalles des moines, et au dais qui surmonte le siége du prieur. Mais je n'ai plus de regards que pour le monument qui s'élève au milieu du chœur devant l'autel. Les deux statues de Juan II et d'Isabelle de Portugal y sont couchées sur un soubassement octogone. Les têtes sont belles, les attitudes nobles et calmes, les costumes magnifiques. Le roi paraît bien tel que les contemporains l'ont représenté : « Grand de taille et beau de corps,
« d'un aspect tout royal, les jambes, les mains et
« les pieds parfaitement faits ; d'ailleurs, franc et
« gracieux, dévot et vaillant, grand clerc et très-
« attrayant de sa personne. » Mais, à bien considérer la douceur un peu molle de ses traits, on retrouve aussi le prince timide, devenu le jouet des partis ; les factions de son règne semblent rappelées par les deux lions qui se battent à ses pieds. La reine repose auprès du roi, mais elle se penche un peu du côté opposé, comme par un mouvement de pudeur. Ses yeux se baissent sur un livre qu'elle a dans les mains : elle y cherche l'oubli des pompes et des inquiétudes royales. A ses pieds, un lion, un chien et un enfant, jouent ensemble, comme pour opposer au souvenir des discordes civiles une image de paix domestique. Autour de ces deux souverains abattus par la mort, les quatre évangélistes sont assis sur des trônes que le temps ne renverse pas. L'artiste leur a donné des airs de tête d'une

fierté tout espagnole, et qui semble défier les musulmans et les juifs. Entre ces figures, et aux huit angles du soubassement, des anges s'élancent en ouvrant leurs ailes ; le soubassement lui-même est tout un monde de statues et de statuettes, assises ou debout, saillantes ou enfoncées dans des niches, ou voilées sous des feuillages. Seize personnages occupent la place principale : du côté du roi, huit justes de l'Ancien Testament; du côté de la reine, les vertus théologales et cardinales, et la Vierge tenant le Christ mort sur ses genoux, pour rappeler que les âmes royales ont aussi leurs douleurs. Tout autour, au-dessus, au-dessous, des docteurs méditent enveloppés de leur manteau, des moines prient sous leur capuchon, un berger caresse ses brebis. On dirait que l'art a cherché dans toute la création, depuis les anges et les vertus du ciel jusqu'aux bêtes de la terre, tout ce qu'il y a de plus saint et de plus intelligent, de plus fort et de plus pur, pour soutenir le poids de ce roi et de cette reine, qui furent chrétiens, mais qui furent pécheurs.

Si iniquitates observaveris, Domine,
Domine, quis sustinebit?

Leur fille n'a pas voulu les laisser seuls dans la tombe: ils sont entourés, défendus devant le Seigneur par tout ce peuple de pierre qui semble intercéder pour eux.

Malgré les beautés d'un si grand ouvrage, de bons

juges admirent davantage le tombeau de l'infant. Les jours de ce jeune homme furent courts et mauvais. Au temps de son frère aîné Henri IV l'impuissant, qui sépare les deux règnes de Juan II et d'Isabelle, Alfonse tomba au pouvoir des factieux. Les chefs de la noblesse castillane n'eurent pas horreur de mettre une main violente sur un enfant, de l'engager dans une lutte fratricide, pour l'assouvissement de leurs ambitions. C'est lui qui figure dans cette scène mémorable, racontée par un contemporain : « Dans la plaine auprès d'Avila, on dressa un échafaud, sur lequel fut placée une effigie du roi Henri, assis sur un trône et en habits de deuil. On lut ensuite devant la foule immense les griefs qu'on avait contre le roi, et on le déclara indigne de régner ; alors l'archevêque de Tolède s'approcha de l'effigie et lui ôta la couronne. On le déclara indigne de rendre la justice, et le comte de Placencia lui ôta l'épée. On le déclara indigne de gouverner, et le comte de Benavente lui arracha le sceptre. Enfin on le précipita du trône ignominieusement. Puis l'infant don Alfonse y fut placé, l'étendard royal déployé ; et tout le peuple cria : « Castille, « Castille pour le roi Alfonse (1) ! » Mais le jeune

(1) Henrique del Castillo, traduction de M. Ternaux. Calderon a transporté cette scène dans sa belle tragédie, *el Principe dé Fez*, quand le prince musulman, à la veille de se faire chrétien, poursuivi par les prestiges du démon, voit en songe son peuple soulevé contre lui, son effigie précipitée du trône, et son jeune fils couronné à sa place.

Alfonse mourut bientôt, et les honneurs de cette fausse royauté furent moins glorieux pour sa mémoire que la sépulture élevée par la volonté d'Isabelle et par le ciseau de Gil de Siloé. La base porte l'écusson de Castille et de Léon flanqué de deux guerriers, tout bardés de fer, appuyés sur leurs lances : à leur visage menaçant, on reconnaît bien ces grands vassaux, qui étaient moins les gardiens de la couronne que son péril et son inquiétude éternelle. Au-dessus l'infant don Alfonse est agenouillé sur des coussins, le chaperon sur les épaules, drapé d'un riche manteau ; devant lui, sur un tabouret, un livre est ouvert. Une guirlande sculptée flotte au-dessus du jeune prince, comme un rideau qui va tomber. L'arcade qui encadre cette scène se termine par une image de Notre-Dame avec l'enfant Jésus. Des deux côtés du monument, deux légères pyramides découpées à jour sont habitées par des groupes de figurines d'une exécution parfaite. On ne finirait pas si l'on voulait décrire les capricieuses arabesques, les poétiques épisodes qui enrichissent cette composition. Parmi d'autres tableaux charmants, un jeune garçon va mettre la main sur une grappe qui semble mûrir pour lui : mais un écureuil plus agile descend de la treille et dévore le raisin. N'est-ce pas l'image de cet enfant né pour la couronne, mais prévenu par une rapide destinée? Virgile pleura en vers immortels les courtes années du jeune Marcellus : le sculpteur castillan fait soupirer le marbre pour le jeune Alfonse ; le même gémissement sort du poëme et du tombeau.

> Ostendent terris hunc tantum fata, nec ultra
> Esse sinent. . . . .

Et qu'on ne m'accuse point de prêter des intentions au caprice des artistes, d'introduire l'allusion et le symbole là où ils ne mirent que la liberté de leur imagination et la délicatesse de leur ciseau. Ce n'est pas nous qui sommes en fonds pour prêter de l'esprit au quinzième siècle et à ses artistes, les plus spirituels qui furent jamais, les plus subtils, les plus amoureux d'allégories. Lorsque Juan de Mena menait le fil de son poëme allégorique jusqu'à composer trois cents octaves, comment le sculpteur n'aurait-il pas ajouté à son sujet ces emblèmes, compris, aimés de tous ses contemporains? le même goût, le même raffinement, la même patience qui assouplissaient la parole et qui entrelaçaient les rimes, faisaient sortir de la pierre les enroulements, les feuillages et les fleurs. Ici enfin, comme dans les lettres, le génie castillan s'est formé aux leçons de l'étranger. Ces Allemands venus de Cologne pour bâtir la Chartreuse, héritiers des traditions gothiques, ont pu apprendre aux Espagnols comment la théologie chrétienne peut se traduire en bas-reliefs et en statues. Les moines et les docteurs du Mausolée de Juan II me semblent bien les frères des pleureurs et des pleureuses de Notre-Dame de Brou. Les arabesques du tombeau de l'infant me rappellent les plus aimables fantaisies des sculpteurs italiens. Ainsi l'histoire de la poésie se répète dans l'histoire des arts ; ou plutôt c'est le même génie poétique qui tient la plume et le ciseau. Mais en Espagne le ciseau fut d'abord plus puissant que la plume. Il fit plus que répandre la grâce et l'élégance, il donna l'âme et la pensée. La seule église de Miraflores, ce monument funèbre, contient plus de vie que le cancionero de Baena ; et la renaissance espagnole a déjà rencontré le beau dans les arts, qu'elle le cherche encore dans les lettres. Toutefois, en descendant un peu au-dessous du roi Juan II, je trouve le souvenir de son temps dans des vers qui ne sont pas indignes d'être cités ici, et qui font revivre un moment la splendeur de cette cour savante et frivole :

« Qu'a-t-on fait du roi don Juan? Les infants
« d'Aragon, qu'en a-t-on fait? Qu'est-il resté de
« tant de galanterie, de tant d'invention qu'ils por-
« taient dans leurs jeux? Les joutes et les tournois,
« les parures et les broderies, et les cimiers, autant
« de rêves. Que furent ces choses, sinon la verdure
« des jardins?

« Qu'a-t-on fait des nobles dames, de leurs coif-
« fures, de leurs vêtements et de leurs parfums?
« Que sont devenues les flammes des foyers allumés
« chez ceux qui aimaient? Qu'a-t-on fait de cet art
« des troubadours, de ces instruments bien accordés?

« Qu'a-t-on fait de ces danses, et des étoffes qu'on « traînait, lamées d'or et d'argent?

« Les largesses démesurées, les édifices royaux « remplis d'or, les vaisselles si bien travaillées, les « écus et les réaux du trésor, les chevaux et les « caparaçons des gens du roi, et leurs riches orne- « ments, où les irons-nous chercher? Que furent « ces choses, sinon la rosée des prairies (1)? »

En effet, le règne de Juan II marqua la fin des grandeurs de Burgos. Isabelle visita plusieurs fois la capitale et le tombeau de son père, Charles V s'y montra; peu à peu les rois s'éloignaient de la

---

(1) Jorge Manrique, *Coplas a la muerte de su padre.*

¿Que se hizo el rey Don Juan?
Los infantes de Aragon
¿Qué se hicieron?
¿Qué fué de tanto galan,
¿Qué fué de tanta invencion
Como trajeron?

Las justas y los torneos,
Paramentos, bordaduras,
Y cimeras
¿Fueron sino devaneos?
¿Que fueron sino verduras
De las eras?...

Las davidas desmedidas
Los edificios reales
Llenos de oro,
Las bajillas tan febridas,
Los henriques y los reales
Del tesoro,

Los jaeces y caballos
De su gente y atavios,
Tan sobrados,
¿Donde iremos a buscallos?
¿Que fueron, sino rocios
De los prados?

vieille cité et ne parurent plus à Miraflores qu'en passant. Mais les moines restaient, gardiens des sépultures et de l'hospitalité. La Chartreuse était le grenier d'abondance de l'indigent, la ressource des années de famine. Outre les secours dus aux grandes calamités publiques, les religieux donnaient tous les jours le dîner à quinze pauvres, pris sur une liste de vingt hommes honorables et de trente-deux étudiants qui devaient prouver leur besoin, leur application et leur bonne conduite. Mais les Chartreux eux-mêmes, ces derniers mandataires des rois, ont disparu à leur tour. Les plus jeunes ont gagné les solitudes glacées des Alpes, d'où descendit la règle de saint Bruno. Trois vieillards sécularisés restent seuls sous les cloîtres vides. Le chant des psaumes, qui depuis trois cents ans ne se taisait ni le jour ni la nuit, a cessé autour des tombeaux. La Chartreuse ne serait plus qu'un beau corps sans âme, si chaque jour encore Dieu n'y descendait sur l'autel pour le repos des morts qui l'ont bâtie, et pour le pardon des vivants qui l'ont profanée.

Au moment de quitter la ville des rois, j'oubliais de me donner le spectacle royal d'un combat de taureaux. Cependant je connais trop bien mes devoirs pour omettre cet épisode obligé d'un voyage en Espagne. La *plaza mayor* de Burgos, avec ses portiques et les rangs égaux de ses fenêtres, se transforme chaque année en amphithéâtre. Malheureusement nous avions laissé passer le temps des fêtes, et la lice n'était plus traversée que par des femmes qui allaient à la fontaine, la cruche sur la tête, en chantant quelque joyeux refrain. Il me fallait pourtant mon combat, et je devais le trouver ailleurs. Moi aussi j'ai donc vu le noir taureau de Navarre se précipiter en avant, les cornes basses, et fouillant du pied la terre ! J'ai vu les coureurs déployer devant lui une draperie éclatante, l'exciter, l'attendre, et d'un bond disparaître derrière la palissade qui ferme l'arène. Mais la bête fougueuse la franchissait après eux, et lorsque, resserrés dans cette galerie étroite, je les croyais perdus, ils reparaissaient dans l'arène tous à leur poste, calmes et fiers. Je ne me lassais pas d'admirer ces hommes, dont la bonne mine ressortait à merveille sous le pourpoint et le haut-de-chausse taillade, si forts et si lestes, que la grâce de leurs mouvements éloignait jusqu'à la pensée du péril. Mais quand, le combat s'échauffant, un essaim de *banderilleros* est venu harceler l'intrépide animal et planter entre ses cornes le dard qui faisait jaillir son sang ou la fusée qui l'enveloppait de feu ; lorsqu'aveuglé, ne voyant plus ses ennemis, il courait au hasard, poussant de sourds mugissements, et qu'enfin le *matador*, en habits brochés d'or et d'argent, mettant un genou en terre et l'épée à la main, demandait la permission de frapper ; alors, je l'avoue, je passais tout entier du côté du taureau ;

je n'avais pas le courage de considérer si le coup était porté selon les règles, je détestais cette boucherie, et je m'enfuyais de l'amphithéâtre, pendant que six mules entraînaient dans la poussière le corps sanglant, au bruit des fanfares et aux applaudissements d'une foule enivrée.

V

LA VILLE DE LA VIERGE.

Burgos, le 20 novembre 1852.

Si les rois ont délaissé Burgos, la vieille ville a gardé une reine qui la fait vivre, qui n'a pas cessé d'y habiter une magnifique demeure. Cette reine est la Vierge Marie. En effet la capitale de l'Ancienne-Castille, abandonnée de sa noblesse, sans commerce, sans industrie, aurait péri depuis longtemps, si elle n'avait conservé sa vie ecclésiastique, son rang de métropole, et son incomparable cathédrale. La puissance de cet archevêché et les fondations religieuses qui s'étaient multipliées à son ombre y retinrent un clergé nombreux et lettré. Tant d'églises et de couvents entretenaient une population d'employés, d'ouvriers, de pauvres mêmes, trop assurés peut-être de trouver la soupe à la porte du lieu saint. Aujourd'hui le sanctuaire a perdu ses richesses, mais non pas ses lumières.

Tandis que le célèbre père Cyrille, élevé au siége de Burgos, s'y repose d'une destinée agitée, autour de lui, aux plus hauts rangs de la hiérarchie, on voit plusieurs de ces hommes savants et bons qui ont fait la juste réputation du clergé espagnol. Je trouvais ce caractère chez le vénérable M. Orteaga y Ercilla, archidoyen du chapitre (*arcideano*), théologien consommé, promoteur de toute œuvre charitable, animant de son exemple et de son concours une troupe de jeunes laïques ardents au bien. Avec quels regrets nous entretenions-nous ensemble de ce profond et judicieux Balmès, enlevé si jeune, non pas seulement à son pays, mais à l'Église, à la philosophie chrétienne ! Avec quelles espérances nous attachions-nous à cet esprit moins sûr, mais généreux et brillant, à cette pensée hardie, à cette parole éloquente de Donoso Cortès, bien éloigné de croire que sitôt allait s'éteindre la seconde étoile du ciel d'Espagne ! Toutefois je ne craindrai jamais les ténèbres éternelles pour un pays catholique, où la science est comptée parmi les dons du Saint-Esprit et parmi les devoirs du prêtre. Le collége de Saint-Jérôme à Burgos conserve l'enseignement des langues anciennes et des langues orientales. La ville a deux bonnes écoles primaires pour les garçons ; et je n'ai pas vu sans plaisir nombre de campagnards acheter des romances et des légendes, littérature d'un peuple simple, j'en conviens, mais enfin d'un peuple qui sait lire.

J'ai dit que la Vierge Marie est reine de ce peuple. En effet, dans la pensée du moyen âge, le domaine d'une église épiscopale appartient au saint titulaire de la cathédrale : c'est lui qui paraît dans les actes pour recevoir les legs et donations ; il a la garde du patrimoine ecclésiastique, et le soin d'en châtier les profanateurs. Burgos était donc du domaine de Notre-Dame, et voici comment. La légende rapportait que l'apôtre saint Jacques, évangélisant l'Espagne, s'était arrêté à Saragosse, où il convertit huit païens. Fatigué peut-être de la dispute, il s'endormit au pied d'une colonne : tout à coup, porté par un groupe d'anges, la Vierge descendit des airs sur la colonne, et, s'adressant à l'apôtre, le remplit d'une nouvelle ardeur. Alors saint Jacques s'enfonça plus avant dans le pays, pénétra au cœur de la Vieille-Castille, jusque dans la ville d'Auca, et y laissa pour évêque son disciple Indalecius. Mais Auca et son siège épiscopal, emportés dans l'invasion musulmane, disparaissent jusqu'en 1075, où l'évêque Ximeno transporte à Burgos les ossements de ses prédécesseurs et l'antique image de la Vierge, devant laquelle ils avaient prié. On lui consacra d'abord un oratoire humble et pauvre. Mais, quand furent venus les jours glorieux de saint Ferdinand, ce grand roi, qui élevait les cathédrales de Tolède, d'Osma, de Tuy, d'Orense, abandonna sans regret son palais à l'évêque Maurice pour bâtir Notre-Dame de Burgos. Maurice posa la première pierre le 20 juillet 1221 ; il traça les proportions de l'édifice. Il les voulut imposantes, spacieuses, telles qu'elles convenaient à la capitale d'un peuple vainqueur. Mais la grandeur même de son dessein ne lui permit pas d'en voir l'achèvement. Les Espagnols, qui ne se presseront jamais, qui mirent huit cents ans à reconquérir leur patrie, voulurent plus de deux siècles pour achever leur cathédrale. Il semble même que la Vierge, gourmandant la lenteur des vieux chrétiens, alla tirer d'une race méprisée l'homme destiné à terminer l'œuvre de saint Ferdinand : ce fut l'évêque Alonso, juif converti, d'une famille étroitement attachée à la secte pharisienne, et cependant qui se faisait gloire d'être issue de la même race que Marie, mère de Jésus. Baptisé dans sa jeunesse avec son père et ses quatre frères, il s'engagea dans les ordres, devint évêque de Burgos et l'un des flambeaux de l'Église d'Espagne. Il la représenta noblement au concile de Bâle, et ramena des bords du Rhin l'architecte Jean de Cologne, qui reprit en 1442 les constructions interrompues, éleva la façade et la flanqua de ses deux tours (1).

Lorsqu'on vient de visiter les murs de Diego Porcellos, ce qui reste du château des rois et l'arc de Fernan Gonzalez, en quittant ces quartiers délabrés et déserts, on découvre tout à coup la façade

---

(1) Dom Pedro Orcajo, *Historia de la catedral de Burgos.* — Pons, *Viage.*

de la cathédrale et ses deux flèches. A la vue de cet édifice toujours jeune, on bénit Dieu d'avoir mis sur la terre une puissance plus durable que les héros et les rois.

En effet, la cathédrale de Burgos s'annonce d'abord comme un édifice jeune, élancé, qui n'est pas sans majesté, mais qui a surtout l'élégance et la grâce. Je ne parle pas des premières assises de la façade, ni de la porte principale, défigurées par le vandalisme moderne. Mais au-dessus de ce soubassement dégradé rayonne la rosace : plus haut une riche galerie ouvre ses arcades sous lesquelles huit statues des rois sont rangées comme une garde d'honneur ; de là partent deux longues fenêtres ogivales, et le front de l'édifice se termine par un balustre merveilleusement découpé, dont le dessin forme cette inscription : *Tota pulchra es et decora*. Des deux côtés les tours s'élancent et portent à une hauteur prodigieuse des flèches découpées à jour. Ces deux pyramides égales montent à trois cents pieds ; elles défient les ouragans de la Castille ; et cependant rien n'égale la délicatesse de leur réseau. La broderie de pierre qui les entoure forme d'un côté ces mots : *Agnus Dei*; de l'autre, *Pax vobis*. Ces paroles pacifiques proclamées dans un siècle violent n'étaient pas moins miraculeuses que les deux flèches dressées au milieu des orages.

Maintenant il faut monter la *calle alta* qui mène au portail septentrional : là paraît d'abord le por=

tail même, somptueusement orné : les douze apôtres y veillent aux pieds du Christ ; puis, tout le chevet de la cathédrale, avec ses deux rangs de fenêtres, ses contre-forts, ses clochetons, et tout autour une balustrade élégante, gardée de distance en distance par des anges qui déploient leurs ailes. Une imagination complaisante supposerait volontiers que ces habitants du ciel sont les vrais architectes de l'aérienne cathédrale, et qu'ils veillent à sa défense. Ce serait assez pour faire une belle église. Mais celle de Burgos a deux ornements qui la distinguent entre toutes. A l'endroit où la nef et le transsept se coupent pour former la croix, une large tour octogone (*el Crucero*) s'élève jusqu'à la hauteur de deux cent trente pieds. Deux rangs de fenêtres l'éclairent, et des huit angles se détachent huit petites tours, toutes découpées, toutes peuplées de saints, toutes terminées par de fines aiguilles. Derrière l'église, la coupole de la *Chapelle du Connétable*, moins élevée, mais toujours octogone, reproduit la même décoration. Ce sont comme deux diadèmes que porte cette reine des basiliques espagnoles. On raconte que Charles V, à la vue de *Crucero*, fut frappé d'admiration. « Il faudrait, dit-il, « mettre ce joyau dans un écrin, et le traiter « comme une chose qui ne se voit pas tous les jours « et qui se fait désirer. » Assurément l'étranger qui passe ne forme pas le même vœu que Charles V ; mais, ravi de cette cathédrale, il ne peut s'empêcher de lui adresser ces mots qu'elle porte au front, en l'honneur de la Vierge Marie : « Vous êtes toute belle et gracieuse. »

Dieu sait si volontiers nous achèverions le tour, si nous resterions longtemps suspendus devant les fines sculptures dont la Renaissance a décoré la petite porte de la *Pellegeria*, devant le portail du sud où une main plus ancienne a représenté en style byzantin le Juge éternel et autour de lui les symboles des quatre évangélistes ! Il est temps de franchir le seuil : alors cet édifice, qui par sa légèreté semblait un joyau, devient immense et semble un monde.

Mais c'est un monde que Dieu remplit, et en effet un symbolisme divin a remué ces pierres, et leur a donné la pensée, ou, ce qui est plus encore, la force de vous faire penser, vous et les générations qui avant vous s'agenouillèrent ici. Le dogme de la Rédemption a dessiné la croix latine qui fait le plan de l'édifice. Le mystère de la Sainte-Trinité préside à toutes les proportions : trois nefs, la principale divisée en neuf travées, trois pour le vestibule, trois pour le chœur, trois pour le sanctuaire. Enfin toute l'économie de la vie chrétienne semble se reproduire dans la distribution de l'édifice, à mesure qu'on s'avance du porche imposant et sévère jusqu'aux splendeurs de l'abside.

Le premier aspect de la nef est d'une majesté rare, mais d'une majesté pesante, où l'on reconnaît l'effort de l'art gothique pour se dégager des formes byzantines. Les tribunes s'ouvrent larges et basses, et l'arcade massive qui les surmonte n'est percée que d'un petit nombre de trèfles. S'il faut prêter un langage à ces murs, ils ne parlent encore que de recueillement et de pénitence, premier degré de l'initiation catholique. Nous sommes en effet dans l'espace que les règles de l'ancienne liturgie réservaient aux pénitents et aux catéchumènes.

A la quatrième travée commence le chœur. De chaque côté, deux rangs de stalles d'un beau travail représentent les scènes principales de la Bible et les légendes des saints. D'élégantes statuettes couronnent cette boiserie qui anime la nudité des murailles (1). Mais déjà le chœur est éclairé par le jour plus brillant du transsept, de même qu'après les exercices laborieux de la pénitence, commencent les clartés de la contemplation. Ici encore la lumière vient d'en haut, elle descend par torrents de la tour octogone du *Crucero*, dont nous avons admiré l'extérieur : mais l'intérieur a plus de hardiesse. Quatre piliers d'un essor merveilleux s'élèvent pour soutenir cette large coupole, de longues ogives la découpent, des faisceaux de nervures la décorent et vont se réunir au sommet pour dessiner

---

(1) Aujourd'hui le chœur est séparé du vestibule par une lourde décoration. Le cardinal Zapata la fit élever au commencement du dix-septième siècle pour y adosser le siége archiépiscopal. Ce siége, d'un travail tout classique, représente l'*Enlèvement d'Europe*.

une étoile qui plane ainsi sur l'édifice, comme l'étoile des Mages s'arrêta sur la crèche de Bethléem, la première, la plus pauvre et la plus sainte des cathédrales.

Encore un degré dans la vie mystique, et l'âme arrive à l'union intime avec son Dieu. Encore quelques pas, et nous sommes au milieu du sanctuaire où s'accomplit dans l'Eucharistie le suprême embrassement du Christ avec l'humanité. Le sanctuaire de Burgos, dégagé de boiseries, ouvre aux cérémonies sacrées un espace lumineux et magnifique. Six grands candélabres d'argent décorent les marches de l'autel. Derrière l'autel le retable ferme la perspective et monte jusqu'à la voûte. Les deux sculpteurs flamands qui menèrent à fin cet ouvrage voulurent y figurer le triomphe de Notre-Dame, patronne de Burgos. Onze bas-reliefs en bois doré retracent l'histoire de la Vierge, depuis les noces de saint Joachim et de sainte Anne jusques au couronnement de la Reine du ciel. Mais, pour bien marquer que son triomphe, comme celui de toute âme chrétienne, s'accomplit par la douleur, toute cette composition est surmontée par l'image de Marie au pied de la croix. De grandes statues séparent les bas-reliefs ; elles représentent les anges, les évangélistes, les apôtres. Tout autour se suspendent des plantes symboliques, qui enveloppent dans leurs enroulements les médaillons et les noms d'une multitude de saints, martyrs, docteurs, pontifes, gloires de l'Église d'Espagne : saint Vincent, saint Isidore, saint Dominique. Tous ces grands hommes attendent une femme aussi grande qu'eux, qui vivait encore quand fut dessiné le retable de Burgos : je veux dire sainte Thérèse.

Maintenant, si l'architecte ne s'est point trompé dans son dessein ; si cette prédication de la pierre et du bois qui vous a saisi dès l'entrée, vous a poursuivi jusqu'ici toujours plus pressante, vous n'admirez plus, vous priez, humilié, anéanti comme le pauvre Espagnol qui déroule son rosaire à vos côtés. Vous avez assez vu pour un jour.

Mais il n'est pas facile d'en finir avec les grands monuments chrétiens.

Quand on a mesuré de ses pas les nefs latérales, et contemplé les belles perspectives que forment les longs bras de la croix; quand on croit connaître enfin la cathédrale de Burgos, on s'aperçoit qu'il reste à visiter un cloître superbe, et une longue suite de chapelles, dont plusieurs sont devenues comme autant d'églises autour de l'église principale. Les unes touchent par leurs souvenirs, les autres étonnent par la richesse de leurs autels et de leurs sépultures. A Burgos, comme dans quelques-unes des grandes basiliques d'Italie, comme à Venise, à Padoue, à Florence, on n'a jamais fini de voir parce que l'art chrétien n'a jamais fini de créer. Dieu s'est reposé le septième jour : ce qu'il avait fait était bien, et réalisait pleinement son idée créatrice. Mais l'art chrétien ne se repose jamais, parce qu'à ses yeux ce qu'il a fait n'est pas bien et demeure éternellement au-dessous de l'idéal.

Je ne puis pas oublier le cloître tout habité de morts illustres et silencieux, et de vivants obscurs mais très-bruyants. Voici les images de saint Ferdinand et de sa femme Béatrix. Après eux une longue suite de saints, d'évêques, de jurisconsultes. Mais voici en même temps un essaim de *Seigneurs étudiants*, qui vont toujours enfoncés dans leurs manteaux, répétant à haute voix leur leçon. Heureusement la leçon est latine, et si les pauvres morts en entendent quelque chose, rien ne leur prouve qu'ils ont changé de siècle.

Je ne vous entraînerai pas dans la visite des chapelles : autant vaudrait dénombrer avec Homère les vaisseaux des Grecs! Mais comment tairais-je l'oratoire de Saint-Grégoire et celui du Crucifix, avec les belles légendes qui s'y rattachent? La chapelle de Saint-Grégoire conserve la châsse de sainte Casilde, l'une des patronnes de la Vieille-Castille, et dont l'histoire rappelle ces temps où deux religions, deux peuples, vivaient sur le même sol dans une lutte éternelle. Donc, au onzième siècle, le roi musulman de Tolède avait une fille uniquement aimée : Casilde était son nom. Au milieu des fêtes dont son père l'entourait, elle se prit de pitié pour les prisonniers chrétiens qui languissaient dans les cachots du château, et chaque jour elle leur portait quelque nourriture. On dit qu'un soir son père la rencontra cachant dans un pan de sa robe le pain et le vin des captifs; et, comme il la pressait de questions : « Je porte des roses, » dit-elle, et, laissant retomber son vêtement, elle répandit une pluie de fleurs. Les prisonniers remerciaient leur bienfaitrice en lui chantant leurs cantiques : elle apprit à connaître le Christ et la Mère du Christ. Mais une inflexible fatalité semblait lui fermer les portes de l'Église. Dieu les lui ouvrit en la frappant d'un mal qui résistait à tous les soins. Une vision l'avertit qu'elle ne trouverait la santé que dans les eaux du lac de Saint-Vincent, près de Briviesca, en terre chrétienne. Le père éperdu consentit au voyage. Mais il voulut que sa fille partît avec une suite nombreuse et chargée de présents pour le roi Ferdinand Iᵉʳ, qui régnait dans Burgos. Ferdinand fit à la musulmane un accueil royal. Bientôt après elle se plongeait dans les eaux du lac Saint-Vincent; elle en sortit guérie et demanda le baptême. Puis, congédiant son cortége, elle se bâtit près du lac une cellule, où elle acheva sa vie dans la pénitence. Chaque année, le 17 avril amène à l'ermitage de Sainte-Casilde les laboureurs et les pâtres des montagnes voisines : ils ramassent avec respect, aux lieux où la pénitente châtiait son corps, de petites pierres rouges qu'ils croient tachées de son sang.

Il ne faut point hausser les épaules à ces bonnes gens, ni s'emporter contre la superstition du peuple espagnol : les Espagnols, parce qu'ils sont hommes, aiment les dévotions qui tombent sous les sens. Ils ont un culte familier pour la Vierge et les saints ; mais leur piété la plus ardente s'attache à ce qu'il y a de plus immatériel dans le christianisme, c'est-à-dire le sacrifice du Christ. De là ce grand nombre d'hommes, soldats, paysans, gens de métier, gens de loisir, qui entendaient la messe aux jours d'œuvre dans la cathédrale de Burgos. De là aussi la foule qui se pressait dans la chapelle du Crucifix. Ce crucifix (*el santisimo Cristo de Burgos*) a sans doute une histoire toute miraculeuse. On le tenait pour un ouvrage du disciple Nicodème et d'un bois dont la plante ne croissait pas sur la terre. On ajoutait qu'après des vicissitudes inconnues, les vents avaient poussé la sainte image, des bords de la Palestine dans le golfe de Biscaye, où un marchand de Burgos la trouva flottante sur les eaux. La tradition lui attribuait beaucoup de prodiges, dont voici le plus touchant. On avait placé sur la tête du Christ une couronne d'or, mais cette tête sainte la secoua, ne voulant être couronnée que d'épines, et le riche diadème resta à ses pieds. Assurément un tel récit ne peut inspirer que de saintes pensées, et il me semble que devant ce crucifix, au milieu de cette multitude recueillie, mes lèvres répètent d'elles-mêmes deux stances d'un vieux poëte où je trouve toute la profondeur du sentiment chrétien : « Dieu immense, qui dures « toujours, qui créas tout l'univers, Dieu vrai, et « qui, ému d'amour jusqu'aux entrailles, expiras « pour nous sur le bois ! — Puisqu'il te plut de « souffrir pour nos fautes une telle passion, ô « Agneau de Dieu ! fais-nous monter où est le bon « larron que tu sauvas, seulement pour t'avoir dit : « *Souvenez-vous de moi* (1). »

Nous avons réservé jusqu'ici la merveille de la Castille, celle à qui le voyageur consacre une heure, quand il s'arrête une heure seulement à Burgos ; je veux dire la *chapelle du Connétable*, qu'on cite comme le type de la renaissance espagnole, de même que la renaissance anglaise a le sien dans la *chapelle de Henri VII* à Westminster. Ce monument est si connu, le crayon et le burin en ont si bien popularisé les beautés, que je me trouve à peu près dispensé de décrire encore, après tant de descriptions, des détails indescriptibles, et de lais-

---

(1) Ces vers sont de Juan Tallante, poëte du quinzième siècle.

¡Imenso Dios, perdurable
Que el mundo todo criaste,
   Verdadero,
Y con amor entrañable
Por nosotros espiraste
   En el madero!

Pues te plugo tal pasion
Por nuestras culpas sufrir,
   O Agnus Dei!
Lleva nos do está el ladron
Que salvaste por decir
   Memento mei.

ser les lecteurs dans la confusion, quand je voudrais les jeter dans le ravissement. J'aurai fini ma tâche si j'ébauche les grands traits de l'édifice, et si j'y place avec honneur ceux qui l'ont fondé. En 1487 le connétable Hernandez de Velasco et sa femme doña Mencia demandèrent, pour la rémission de leurs péchés, à rebâtir l'oratoire de Saint-Pierre au chevet de la cathédrale. L'architecte dessina la nouvelle chapelle de forme octogone. Extérieurement, il l'assortit au style de la cathédrale, dont il reproduisit les principaux ornements. Intérieurement, il lui donna toute la hardiesse du gothique avec la grâce de la renaissance. Une arcade ornée de bas-reliefs admirables, et dont la grille même est un chef-d'œuvre, conduit de l'église à la chapelle. Après avoir franchi ce vestibule, on se voit tout à coup sous un dôme élevé, lumineux. De fines colonnettes en marquent les angles et montent d'un jet jusqu'au point où elles se partagent et se courbent pour encadrer l'ogive des fenêtres, et pour former l'étoile à huit pointes qui ferme la voûte. Au-dessous des fenêtres, s'ouvrent les tribunes, fièrement surmontées d'autant de figures de guerriers, la lance au poing. Tout autour pend un feston de pierre qui défie les plus somptueuses broderies. Cette décoration splendide n'a rien de superflu; elle laisse même à nu de grands espaces que les fondateurs léguaient sans doute à la piété de leurs enfants. Pour eux, ayant assez fait, ils sont venus se reposer au milieu du noble édifice. Le soubassement de leur mausolée n'est qu'un bloc de marbre, sans aucune des décorations qui enrichissent les sépultures de Miraflores. Mais les figures du connétable et de la comtesse sont très-belles, l'armure et les draperies travaillées avec une rare délicatesse. Je ne trouve pas le nom du sculpteur: on dit seulement que les deux statues furent exécutées en Italie vers 1542. « Ci-gît le « très-illustre seigneur don Pedro Hernandez de « Velasco, connétable de Castille, vice-roi de ce « pays pour les Rois Catholiques, mort à l'âge de « soixante-six ans, l'an 1492, — et avec lui la « très-illustre dame doña Mencia, comtesse de « Haro, fille de don Lopez de Mendoza et de doña « Catalina de Figueroa, marquis et marquise de « Santillane, morte à l'âge de soixante-dix-neuf « ans en l'an du Christ 1500. » Les deux épitaphes réunissent les plus grands noms du moyen âge espagnol, qui semble descendre tout entier dans ce tombeau, mais y descend avec sérénité. Nous reconnaissons ici, comme à Miraflores, dans les monuments comme dans les chants des poëtes, le génie castillan tel qu'il était sorti du sol national. Nous le voyons religieux, chevaleresque, fastueux, mais en même temps aimable et serein, sans aucune trace de cette tristesse solennelle, de cette grandeur sombre qu'il prit sous la domination étrangère, quand les princes autrichiens voulurent faire porter à l'Espagne l'empire du monde, et l'écrasèrent sous le fardeau.

Et cependant le moment est venu de prendre congé de ces beaux lieux que je ne reverrai plus, et auxquels je vais laisser suspendue une partie de mes affections et de mes regrets, comme j'en ai déjà laissé à tant de vieilles villes, de montagnes et de rivages. Il y a quelque part en Sicile des tronçons de colonnes, ombragés d'un bouquet d'oliviers, à Rome un oratoire dans les catacombes, au pied des Pyrénées une chapelle cotoyée par des eaux limpides qui fuient sous un pont voilé de lierre, il y a sur les côtes de Bretagne des grèves mélancoliques, où mes souvenirs retournent avec un charme infini, surtout quand l'heure présente est triste et l'avenir inquiet. J'ajouterai Burgos à ces pèlerinages de ma pensée, qui me consolent quelquefois du pèlerinage douloureux de la vie. Souffrez donc que j'embrasse d'un dernier regard l'ensemble de la cathédrale, que je m'agenouille dans le radieux sanctuaire, devant la Vierge du retable ; et, si la prière d'un catholique vous scandalise, ne m'écoutez pas.

« O Notre-Dame de Burgos ! qui êtes aussi Notre
« Dame de Pise et de Milan, Notre-Dame de Co-
« logne et de Paris, d'Amiens et de Chartres, reine
« de toutes les grandes cités catholiques, oui vrai-
« ment, « vous êtes belle et gracieuse : » *Pulchra es*
« *et decora*, puisque votre seule pensée a fait des-

« cendre la grâce et la beauté dans ces œuvres des
« hommes. Des barbares étaient sortis de leurs
« forêts, et ces brûleurs de villes ne semblaient
« faits que pour détruire. Vous les avez rendus si
« doux, qu'ils ont courbé la tête sous les pierres,
« qu'ils se sont attelés à des chariots pesamment
« chargés, qu'ils ont obéi à des maîtres, pour vous
« bâtir des églises. Vous les avez rendus si patients,
« qu'ils n'ont point compté les siècles pour vous
« ciseler des portails superbes, des galeries et des
« flèches. Vous les avez rendus si hardis, que la
« hauteur de leurs basiliques a laissé bien loin les
« plus ambitieux édifices des Romains, et en même
« temps si chastes, que ces grandes créations
« architecturales avec leur peuple de statues ne
« respirent que la pureté et l'immatériel amour.
« Vous avez vaincu jusqu'à la fierté de ces Castil-
« lans qui abhorraient le travail comme une image
« de la servitude ; vous avez désarmé un grand
« nombre de mains qui ne trouvaient de gloire
« que dans le sang versé ; au lieu d'une épée, vous
« leur avez donné une truelle et un ciseau, et vous
« les avez retenus pendant trois cents ans dans vos
« ateliers pacifiques. O Notre-Dame ! que Dieu a
« bien récompensé l'humilité de sa servante ! et
« en retour de cette pauvre maison de Nazareth, où
« vous aviez logé son Fils, que de riches demeures
« il vous a données ! »

Une femme chrétienne qui visitait aussi la cathédrale de Burgos, et qui avait prié de même à beaucoup de sanctuaires, demandait ce que Dieu ferait, au dernier jour, de ces admirables ouvrages, élevés à sa louange par la tendre piété de tant de générations. Le feu qui doit purifier la terre foudroiera-t-il ces tours qui montaient pour le conjurer, ces chevets d'églises gardés par les anges, ces madones si pures, et ces saints si humblement prosternés devant elles? Et ailleurs, Celui qui fait gloire de s'appeler le Souverain Artiste aura-t-il le courage de détruire tant de mosaïques et de fresques où rayonne l'éternelle beauté? — Pourquoi ces monuments n'auraient-ils pas aussi leur immortalité ou leur résurrection? Et qui sait si, miraculeusement sauvés, ils ne devraient pas faire l'ornement de la Jérusalem Nouvelle, que saint Jean nous représente toute resplendissante de jaspe et de cristal?

VI

Pont de Béhobie, le 21 novembre.

L'hiver venu sur l'aile des vents nous ferme décidément la route de Compostelle. Les conseils de nos amis ne nous permettent pas de pousser jusqu'à Madrid. Quoi! pas même un détour pour voir Pampelune et les gorges où les Basques se vantent d'avoir défait Charlemagne et ses douze preux? Il est vrai que j'ai la conscience en paix à l'endroit de Roland, ayant contemplé de mes yeux la brèche que fit son épée à la montagne voisine de Gavarnie, et les empreintes que laissèrent les deux fers de son cheval dans le rocher.

L'impitoyable prudence nous ramenait donc par le chemin le plus court. Toutefois, depuis que nous retournions vers le nord, nous retrouvions la verdure, le soleil et un reste d'été. Déjà nous redescendions le rude passage de Salinas. C'était le dimanche matin, la vallée s'éveillait riante au son des cloches, et les paysans commençaient à se grouper joyeux sous les porches des églises. Ici reparaît dans toute sa liberté la bonne humeur de la vieille Espagne. Aujourd'hui, si nous entendons chanter un muletier ou une servante d'auberge, l'air est vif et gai. Il arrive même qu'à la grand'-messe, dans l'église principale de Tolosa, l'organiste nous fait les honneurs d'une polka très-animée. Cependant cette musique indévote ne troublait pas la piété des fidèles : je voyais se prosterner, dans une adoration profonde, de beaux jeunes gens fort capables de discuter les *fueros* de la province, et de les soutenir le mousquet au poing. Les femmes se pressaient à l'offrande, chacune avec un pain blanc et un cierge; d'autres, c'étaient les veuves, agenouillées sur un tapis noir entre deux flambeaux, demandaient des prières pour leurs pauvres morts.

A mesure que nous approchons de la frontière, nos souvenirs de voyage nous deviennent plus chers, et nous n'en voulons rien perdre. Et pourrions-nous passer sous silence la petite ville d'Irun, qui représente en raccourci l'Espagne moderne, comme nous avons vu l'ancienne dans les ruines de Fontarabie? Voici donc l'église d'Irun, spacieuse, pleine d'une foule recueillie; à l'ombre du clocher, les écoles communales dont la fraîche propreté inviterait à l'étude les enfants les plus mutins; le marché tout bourdonnant d'actives et malicieuses paysannes. Le palais de l'Ayuntamiento ne manque pas d'élégance dans ses justes proportions; au devant, sur une colonne, s'élève l'image de saint Jean-Baptiste, patron de la petite cité; enfin de blanches maisons laissent voir dans leurs cours les lauriers et les jasmins que je rêvais ailleurs. Oh! que ce serait bien le lieu de disserter, pendant qu'avec une lenteur solennelle on vise nos passe-ports! Et pourquoi, dans un temps où les peuples ont tant de conseillers, refuserais-je mes conseils à un peuple que je connais depuis huit jours? Je dirais à l'Espagne qu'elle a fait avec le saint-siége une paix bonne et sage, qu'elle a noblement défendu son indépendance contre les intéressés qui la voulaient mettre en tutelle; qu'enfin elle a enseigné à des nations plus expérimentées qu'elle comment on peut maintenir la tradition de l'autorité sans étouffer les libertés publiques. Il lui reste à reprendre, parmi les puissances chrétiennes, la grande fonction qui lui fut assignée. Ce n'est pas en vain qu'un de ses rivages regarde l'Italie, elle n'y doit plus rêver de conquêtes, mais elle n'y doit pas permettre les invasions du Nord. Un autre rivage se tourne vers l'Amérique, dont Christophe Colomb n'a pas trouvé les clefs, pour qu'elles tombent aux mains des marchands de houille et de coton. En moins de vingt-cinq ans, la Turquie a réparé les désastres de Navarin; l'Espagne ne peut pas laisser éternellement fumer les débris de Trafalgar. Enfin, d'un troisième côté, l'Espagne découvre l'Afrique, où l'Alcoran vaincu essaye de ranimer le fanatisme de ses sectaires. Les Espagnols justifient leurs combats de taureaux comme une école de courage qui entretient les qualités militaires de la nation. Ils ont à leur portée et nous leur avons fait voir une meilleure école du soldat; les côtes du Maroc leur sont promises; et leur armée se retremperait dans la croisade civilisatrice qui achèverait de faire de la Méditerranée un lac chrétien.

Mais l'Espagne ne m'entend plus : nous sommes au pont de Béhobie, où les deux drapeaux, castillan et français, se regardent comme deux vieilles connaissances qui se sont vues en bon lieu, au milieu de la poudre et des balles. Avant de toucher au sol de France, et pour remercier Notre-Dame qui nous ramène sains et saufs, permettez que je répète un vieux chant du poëte Gil Vicente. Mais, comme on ne saurait avoir tant voyagé sans apprendre quelque peu la langue du pays, je vous dirai en espagnol ces vers, dont la naïveté et l'harmonie ne se traduiraient pas.

1.

¡Muy graciosa es la Doncella!
¡Cómo es bella y hermosa!

2.

Digas tú, el marinero,
Que en las naves vivias,
¿Si la nave, ó la vela, ó la estrella,
   Es tan bella.

3.

Digas tú, el caballero,
Que las armas vestias,
¿Si el caballo, ó las armas, ó la guerra,
   Es tan bella.

4.

Digas tú, el pastorcito,
Que el ganadico guardas,
¿Si el ganado, ó las valles, ó la sierra,
   Es tan bella.

Voici pour les lecteurs exigeants un essai de traduction :

Très-gracieuse est la Vierge, comme elle est belle et charmante!

Parle, toi le marinier, qui vis sur les navires, si ta nef, ou ta voile, ou la mer, est aussi belle!

Parle, toi le chevalier qui revêts les armes, si ta monture, ou ton armure, ou la guerre, est aussi belle!

Parle, toi le petit pâtre qui gardes ton troupeau, si ta bergerie, ou la vallée, ou la montagne, est aussi belle!

Nous avions commencé notre pèlerinage par un psaume. Il convenait de le finir par un cantique.

DU PROGRÈS

PAR

LE CHRISTIANISME

1855

DU PROGRÈS

PAR

LE CHRISTIANISME

Estote perfecti.

I

La société qui nous environne nous offre un étonnant assemblage de grandeur et de faiblesse. Jamais peut-être n'exista-t-il tant d'inspirations généreuses, tant de nobles ambitions et de sublimes désirs ; et jamais non plus des volontés si fragiles, des instruments si imparfaits et des œuvres si chétives. Jamais la semence des grandes pensées ne fut jetée dans de si nombreuses intelligences ; mais jamais ces germes précieux ne furent d'une si pénible culture et ne portèrent des fruits si amers. Jamais il n'y eut tant de douloureuses luttes entre l'impétuosité de l'idée au dedans et l'impuissance de l'expression au dehors ; tant de vérités senties, mais non comprises ; de créations artistiques, conçues, mais non réalisées ; de vertus rêvées, mais non accomplies. Jamais enfin le poids et la chaleur du jour présent ne furent portés avec plus de tristesse, et la terre promise de l'avenir saluée avec plus d'amour. Ce sont des milliers d'âmes jeunes et impatientes qui viennent à chaque heure verser dans le creuset de l'activité commune leurs talents, leurs sueurs et leurs larmes pour recueillir au fond un de ces deux trésors : Gloire ou Bonheur : puis, quand tout est consumé, il ne se trouve ni bonheur ni gloire, mais seulement des cendres mêlées quelquefois d'un peu d'or : et plusieurs de ces pauvres âmes déçues, ayant ainsi épuisé d'un seul coup ce qui leur avait été donné de provisions et de forces pour traverser le désert de la vie, s'arrêtent avant le terme et cherchent dans la mort un repos désespéré. C'est une multitude inquiète et souffrante qui voit dans un songe prophétique l'image de la perfection rayonner au sommet d'une lumineuse échelle : elle voudrait gravir cette échelle sacrée et se perdre dans ses splendeurs ; elle s'agite convulsive sur sa couche devenue trop étroite ; elle brise dans ses mouvements tumultueux les institutions politiques sur lesquelles elle s'appuyait et qui ont cessé d'être à sa mesure ; mais toujours ses forces défaillantes trahissent son vouloir, et toujours elle retombe sur elle-même, fatiguée de ses efforts, infatigable d'espérance. Car la société ne saurait mourir de mort volontaire : balancée entre l'immensité de ses vœux et la nullité de sa puissance, il ne lui est pas loisible de se réfugier dans le néant. Mais dans l'immensité de ses vœux elle trouve le pressentiment qu'il est pour elle une loi de perfectibilité, et la nullité de ses efforts lui apprend qu'elle doit recevoir d'un enseignement supérieur la connaissance de cette loi. Ainsi ce malaise profond, cette inquiétude solennelle, dont elle est dévorée, s'explique de soi-même et se résout en un besoin glorieux parce qu'il est infini : besoin de Croyance et de Progrès.

II

Qui répondra à ce besoin ? Quelle doctrine, embrassant dans ses spéculations toute l'étendue des destinées humaines, viendra dévoiler aux générations présentes la série des développements qu'elles ont à parcourir, et donner à leur volonté une impulsion victorieuse ?

Les écoles philosophiques n'ont pas été sourdes à cet appel. Du fond des doctes retraites où elles disputaient entre elles, elles ont entendu les clameurs confuses de la foule, qui ne sait ni d'où elle vient, ni où elle va, et qui répète avec angoisses des questions sans réponses. Joyeuses de sortir de leur isolement, elles se sont offertes tour à tour à cette foule pour lui servir de guides, et ont essayé de s'en faire un cortége magnifique, en lui faisant un échange de magnifiques promesses. La première de ces écoles qui ont tenté de rallier autour d'elles la société moderne est celle des Encyclopédistes. Ces hardis penseurs avaient pris le phénomène de la sensation pour fondement de leur système ; ils n'accordaient de valeur qu'aux notions acquises par l'intervention des organes. Ils devaient dès lors considérer le monde moral comme une région chimérique où l'homme s'était égaré, durant dix-huit siècles, sous la conduite du christianisme. Il fallait donc que l'homme retournât sur ses pas pour entrer dans la voie véritable ; et cette voie, c'était le développement progressif des facultés et la multiplication proportionnelle des jouissances, la réhabilitation des penchants physiques, et l'exploitation du globe à leur profit, et, dans une lointaine perspective, la prolongation peut-être indéfinie de la vie terrestre. Toutefois, un jour, la société se sentant honteuse d'écouter cette école, une autre a pris sa place. Plus calme et plus savante, celle-ci s'est réconciliée avec le passé. Parmi les débris des doctrines antiques, elle est allée glaner de quoi donner une pâture aux intelligences modernes ; elle a cherché, dans une combinaison meilleure, des lois diverses qui ont gouverné les siècles écoulés, la loi qui devra régner sur les siècles futurs : des pages déchirées de l'histoire elle s'est fait des prophéties, et des écrits mutilés des anciens sages elle a composé son évangile. C'est pourquoi on l'a nommée Éclectique; et un temps est aussi venu où l'on s'est lassé de l'entendre. Aujourd'hui, une troisième école existe sous des noms divers. A ses yeux, l'humanité est un grand corps qu'anime un principe divin, se développant par une suite de révélations dont le principe est en elle, et dont chacune, ajoutant à celle qui l'a précédée, est dépassée à son tour par celle qui la suit. Chaque forme que l'humanité a revêtue a été légitime parce qu'elle était nécessaire; mais les formes ultérieures qu'elle prendra seront meilleures, parce qu'elles auront été plus tardives. Et tous les éléments dont elle est composée, la science et l'amour, l'esprit et la chair, participent à cette perfectibilité et doivent se confondre dans une glorification commune. — Ces trois écoles ont des théories différentes, mais leur point de départ est identique. Soit en effet qu'elles s'attachent aux indications de la sensibilité, soit qu'elles s'appuient sur l'expérience des âges qui ne sont plus, soit qu'elles invoquent un instinct révélateur, c'est toujours dans l'humanité même qu'elles placent le siége de cette sensibilité, de cette expérience, de cet instinct; c'est dans elle qu'elles placent le principe générateur de ses développements; c'est toujours par la raison qu'elles en constatent l'existence; c'est dans la raison qu'elles trouvent à la fois la source, la mesure et la preuve du progrès social. Nous pouvons donc réunir ces doctrines sous le nom général de philosophie rationaliste et les soumettre ensemble à un rapide examen.

Et d'abord, de quelle manière la raison peut-elle reconnaître l'existence d'une loi de progrès ? — Elle a, dit-elle, interrogé la nature, et dans les entrailles du globe elle a découvert les traces d'une lente et successive élaboration ; elle a vu les choses créées former entre elles une vaste hiérarchie dont la matière brute est la base, et l'homme le couronnement ; elle a même remarqué que chaque animal n'arrivait au degré de perfection assigné à son espèce qu'après avoir parcouru tous les degrés inférieurs de l'animalité ; et elle en a conclu que la loi du progrès est la loi de la nature. Pourtant n'aurait-elle pas dû s'apercevoir que depuis de longs siècles les révolutions du globe ont eu leur terme ; qu'après avoir fait l'homme le Grand Ouvrier s'est reposé ; que toute créature est captive dans de certaines limites d'espace et de temps ; que les corps célestes roulent dans une orbite fermée, et que ce serait folie, pour avoir vu le soleil monter sur l'horizon aux heures qui suivent l'aurore, d'annoncer que cet astre ne se couchera pas ? La raison a cherché dans l'histoire des présages plus favorables et plus sûrs ; elle a remonté le cours des âges, elle a surpris le genre humain à son berceau, elle a vu cet enfant de noble origine secouer ses langes, grandir d'abord en force, puis en beauté et en sagesse, étendre sans cesse autour de soi le domaine de sa pensée, et multiplier les œuvres de ses mains. Elle l'a suivi dans ses plus rudes épreuves, et toujours elle l'en a vu sortir meilleur, et elle a conclu que la loi du progrès est la loi de l'histoire. Pourtant, à supposer incontestables les faits qu'elle allègue et qui peuvent être controversés ; si le passé a été témoin de la jeunesse et de la croissance du genre humain, l'avenir ne pourrait-il pas l'être de sa décadence et de sa vieillesse ? Toute vie qui commence au berceau ne doit-elle pas aboutir à une tombe, et n'est-ce pas téméraire, quand les prémisses n'embrassent que six mille ans, d'en vouloir faire sortir une conséquence éternelle ? La raison se réfugie dans le sanctuaire de la conscience; elle y rencontre ce sentiment mystérieux, ce besoin de la perfection qui tourmente le cœur ; elle écoute comme un oracle cette voix intérieure qui ne cesse d'en appeler à l'avenir ; elle assemble toutes les aspirations secrètes de l'âme vers un état plus heureux, et elle en conclut encore que la loi du progrès est la loi de la conscience. Et toutefois, quand cette voix serait un oracle, qui sait si cet oracle n'est point trompeur, si ces aspirations ne sont pas les songes d'un malade et quelque mystérieuse folie ? Qui sait si cette souffrance du cœur n'est pas un châtiment, cette image confuse de la perfection un souvenir, un dernier vestige d'une existence antérieure dont nous sommes déchus, le vide qu'a laissé à sa place un trésor qui nous a été ravi? Ainsi du moins l'enseignent les plus vieilles croyances des peuples; ainsi le pensèrent les plus beaux génies de l'antiquité : Platon, et Cicéron après lui, ont éloquemment parlé de ces ruines de l'âme. Jamais, avant le Christianisme, la philosophie n'affirma, même en tremblant, la perfectibilité humaine. La raison, tant qu'elle demeure solitaire, ne saurait trouver nulle part la certitude de la loi du progrès.

Mais, si elle ne peut en administrer la preuve, peut-elle au moins en donner la mesure? — Lorsqu'un voyageur marche au grand jour et que la lumière du ciel l'investit de tous côtés, il peut regarder derrière lui et savoir le chemin qu'il a fait; devant lui, et connaître le chemin qui lui reste à faire : mais, s'il va dans les ténèbres tenant un flambeau à la main, ce flambeau marche avec lui, éclairant à peine la pierre que son pied quitte et celle sur laquelle il va le poser; et, n'apercevant ni son point de départ ni son but, le voyageur qui pour la première fois fait cette route ne sait ni quelle distance il a parcourue ni quelle distance il doit parcourir encore. Ainsi, tandis que l'homme poursuit sa marche ici-bas, il faut qu'il existe hors de lui une lumière intelligible, un ensemble d'idées absolues qui l'éclairent, et qui ne s'obscurcissent jamais, dans lesquelles il se meuve et qui demeurent immuables, à la faveur desquelles il puisse apprécier ce qu'il fut, ce qu'il est et ce qu'il doit être, et mesurer sur cette triple connaissance l'emploi de ses facultés. Or la raison variable et progressive ne peut s'assurer qu'elle possède ces notions immuables et absolues, et qu'elle n'a pas altéré ce précieux dépôt ; elle ne découvre le monde moral qu'à la lueur mouvante du sens intime, elle n'aperçoit les choses passées et les choses futures que dans le rayon et sous la couleur de ses idées présentes ; elle mesure tout à elle-même, et ne saurait se mesurer à rien. Aussi dans les doctrines rationalistes, la vérité et la vertu sont-elles relatives, susceptibles de transformations comme l'humanité en qui elles résident ; l'humanité n'a donc pas hors d'elle-même d'unité fixe qui puisse lui servir à connaître sa grandeur et à déterminer la portée de ses efforts : elle est privée de ce point d'appui qu'il faudrait à son levier pour soulever l'univers.

Cependant c'est peu pour la raison de prétendre offrir la preuve et la mesure du progrès, elle veut encore en être la source. — Qu'est-ce donc que le progrès ? C'est une tendance de l'homme qui le fait sortir de sa situation actuelle pour s'élever à une condition meilleure ; c'est une expansion de sa nature, une ascension continue vers un type de bonté souveraine. De même que les corps entrent en mouvement, se dilatent et s'unissent par une force d'attraction, la volonté humaine ne saurait être ébranlée que par une puissance d'amour, et l'effet de cette puissance est d'assimiler celui qui aime à celui qui est aimé. L'amour suppose la vie dans ceux qu'il unit; on n'aime point des idées abstraites, et le type parfait qui attire la volonté, si vivante et si active, doit être vivant comme elle. Le progrès, dans son acception la plus haute, est donc l'essor spontané de l'homme vers un être qui vaut mieux que lui. La raison, au contraire, quand elle s'empare de la direction de l'homme et veut le soumettre à la rigueur de ses procédés logiques, le rappelle d'abord de toute contemplation étrangère, recueille ses forces et les concentre dans l'étude du *moi*. C'est dans le *moi* qu'elle veut découvrir l'élément générateur de ses connaissances et le mobile suprême de ses déterminations. Enfermée dans cette étroite enceinte, elle ne connaît les objets extérieurs que par les modifications qu'elle en reçoit, c'est-à-dire par leurs ombres; elle ne saurait, sans abandonner son principe, sans sortir d'elle-même, affirmer qu'à ces ombres correspondent des réalités, et à ces modifications qu'elle éprouve, des causes indépendantes. Cause, substance, esprit, matière, Dieu, monde, société, ce sont autant de conceptions du *moi*, de transformations du *moi*, c'est toujours le *moi* : toute existence vient s'abîmer dans l'existence personnelle, et les fondements sont jetés d'un monstrueux panthéisme. Celui qui ne connaît que soi ne peut aimer autre chose; il faut qu'il se fasse foyer de ses affections comme il s'est fait centre de ses idées. Devenu Dieu, il ne voit autour de lui que des victimes, et sa vie n'est qu'une longue fête durant laquelle le sang, l'or et les parfums doivent couvrir son autel. Enfin, cet égoïsme immense porte en lui-même sa punition. Quelle que soit la situation actuelle de l'homme, et quelque séduisante que lui apparaisse une condition différente, il ne peut abandonner la première pour passer à la seconde qu'en s'appuyant sur l'espérance; et l'espérance implique à son tour la notion d'une loi providentielle et d'un pouvoir protecteur. Celui donc qui s'est divinisé dans sa pensée, qui ne se sent protégé par aucun pouvoir supérieur au sien, et que rien n'assure de la légitimité de ses prévisions, celui-là serait insensé de délaisser un présent qu'il possède pour un avenir que peut-être il n'atteindra pas, et de se mouvoir quand le mouvement peut causer la mort. Le voilà donc condamné à rester face à face avec soi-même, éternellement assis et pétrifié en quelque sorte, dans la position fatale où la pensée de l'égoïsme est venue le saisir :

> . . . . . Sedet æternumque sedebit
> Infelix Theseus.

Si la raison individuelle n'arrive point toujours à ces funestes résultats, c'est qu'elle n'a pas le malheureux courage d'être conséquente, c'est qu'entraînée par le torrent elle s'est attachée à quelque plante du rivage. Mais la raison élevée à son plus haut degré d'intensité, la raison formulée dans les doctrines philosophiques, ne recule jamais devant les conséquences : comme un flot que des milliers d'autres flots pressent, et qui, ne pouvant remonter vers sa source, vient se briser contre le rocher ; ainsi la philosophie rationaliste, pressée par la succession rigoureuse des idées, poussée en avant par la force des principes qu'elle a laissés derrière elle, entraînée de siècle en siècle, d'école en école et de système en système, vient se briser un jour contre ces trois écueils inévitables : Panthéisme, Égoïsme, Fatalisme. Tel fut le sort de l'ancienne école théosophique de l'Inde, alors que dans la première effervescence de sa liberté la raison construisit ces vastes systèmes dont les dimensions étonnent la faiblesse de nos regards. La doctrine de l'émanation appliquée à la société engendra l'organisation des castes ; appliquée à la morale individuelle, elle produisit le quiétisme : et pendant quatre mille ans la moitié de l'Asie est restée stationnaire dans sa captivité. Tel fut aussi le terme de la philosophie grecque quand elle vint, sous la forme du gnosticisme ou de l'éclectisme alexandrin, expirer dans une lutte impuissante contre le Christianisme naissant. En vain le rationalisme moderne s'est-il débattu durant trois siècles sous la verge de cette logique inexorable qui l'entraîne au panthéisme ; maintenant il lui faut subir la loi commune. Ne voyez-vous pas sur la terre d'Allemagne ce fantôme du panthéisme surgir à la lueur de la lampe qui éclaira les méditations de Kant, de Fichte et de Schelling? Ne l'avez-vous pas vu poindre en France dans les savants travaux des disciples de Hegel, et se montrer sans voile et sans nuages dans les prestigieuses théories des fils de Saint-Simon? En même temps le fatalisme s'est emparé de la politique et de l'histoire; et l'égoïsme, faisant l'homme déshérité de ses croyances maître absolu de sa vie, lui a remis dans une main la coupe des orgies, et dans l'autre le glaive du suicide. Donc les doctrines rationalistes qui se glorifiaient de recéler en elles le principe générateur du progrès, et de conduire l'humanité à ses fins immortelles, demeurent circonscrites elles-mêmes dans un cercle qu'il leur est interdit de franchir, pareilles à ces âmes coupables que le poëte florentin vit aux enfers, tournant sans relâche dans une zone ténébreuse et désolée.

Heureusement la société a une longue mémoire, elle se souvient des pas et des sueurs qu'elle a perdus en suivant de semblables guides; elle se souvient de l'abîme qui l'attend au bout du chemin; elle se souvient de sa dignité, et commence à comprendre que sa nature est trop grande pour être expliquée, et ses désirs trop vastes pour être satisfaits par l'enseignement de quelques hommes. Elle ne veut ni du panthéisme, ni de l'égoïsme, ni du fatalisme, parce qu'elle se sent faite pour être croyante, aimante et libre ; et, ne trouvant rien dans les doctrines des philosophes qui puisse la rendre telle, elle sent qu'il faut chercher ailleurs. Elle comprend que, si elle est fille du ciel, comme il lui semble se le rappeler, elle doit en avoir reçu quelque patrimoine, et peut-être quelque tradition ; elle se souvient aussi du Christianisme, qu'elle connut autrefois, et qui habite encore au milieu d'elle, et elle se demande si ce n'est pas de lui qu'elle doit entendre cette parole de progrès dont elle a faim. Ainsi, quand Rome, au milieu de ses conquêtes, recevait tout à coup d'étonnantes nouvelles, et se prenait à douter de son destin ; alors, si le sénat se troublait, si ses vieillards restaient muets sur leurs chaises curules, si les magistrats sans conseils ne savaient plus sauver la république, on faisait apporter dans la curie les livres de la Sibylle, et Rome se rassurait en y lisant l'oracle qui lui donnait l'empire de la terre.

III

Le genre humain, dans son existence terrestre, se compose d'une série de générations qui couvrent tour à tour la face du globe d'une multitude vivante, pour la couvrir ensuite d'une poussière sépulcrale. Si c'est là toute sa destinée, on ne conçoit pas cette unité mystérieuse qui est en lui, cette sollicitude providentielle des ancêtres pour la postérité, ce souvenir respectueux et reconnaissant de la postérité pour les ancêtres, ces monuments, ces livres, ces traditions, par lesquels ceux qui ne seront plus ambitionnent d'instruire ceux qui seront un jour. Jamais la prévoyance des animaux les plus intelligents s'étendit-elle au delà de leurs petits ? Mais, si tout ne finit pas avec la vie, si chaque génération ne laisse ici-bas ses dépouilles mortelles que pour entrer dans une autre existence, si à ce rendez-vous solennel les premières arrivées doivent attendre les plus tardives, et les plus jeunes rejoindre les plus anciennes ; alors, entre ces êtres innombrables, destinés à former ensemble une société définitive, on conçoit qu'il existe des liens, on conçoit que ceux qui, les premiers, ont habité cette terre de passage, songeant à ceux qui devaient venir après, aient laissé pour eux des tentes dressées et des sillons ensemencés ; on comprend la généalogie des siècles et l'unité du genre humain.

Il y a donc deux mondes : l'un invisible, qui se découvre à la pensée comme infini et éternel, vers lequel toutes les générations des hommes marchent en vertu d'une vocation commune, devant l'immensité duquel elles sont égales, comme elles sont du même âge devant son éternité : l'autre visible, fini, soumis aux lois du nombre, du temps et de l'espace, que toutes les générations traversent comme un lieu d'épreuves, chacune profitant de ce qui a été fait avant elle, et devant travailler à son tour pour celle qui suivra, chacune recevant à la fois, et un héritage plus grand, et une tâche plus laborieuse.

Puisque tous les hommes marchent vers un monde invisible, il faut qu'à tous ce monde soit révélé, et, puisqu'il est immuable, il faut qu'il y ait quelque chose d'immuable dans la révélation qui en sera faite. Mais aussi, puisque les hommes traversent un monde fini, où tout est phénoménal et successif, puisqu'ils s'y trouvent placés dans des circonstances différentes selon les temps, puisque leur tâche va s'agrandissant toujours, l'action de leurs facultés et les œuvres qui en résultent doivent être diverses et progressives.

Comme le monde infini enveloppe le monde fini, la vocation éternelle du genre humain doit déterminer son action temporelle; le feu qui animera la terre doit être dérobé aux cieux, et la révélation immuable sera le principe moteur et régulateur du progrès. Mais, comme elle ne saurait présider au progrès et harmoniser l'exercice des facultés qu'en se mettant à leur portée qui varie, il faut qu'elle-même, en demeurant immuable dans son essence, soit progressive dans son application.

Toutefois, si l'application de cette révélation était abandonnée à la liberté de l'homme, il y aurait péril d'erreur ; le centre de gravité venant à se perdre, l'équilibre des facultés serait rompu, et qui pourrait le rétablir ? Il faut donc qu'un pouvoir supérieur soit le gardien et le dépositaire des notions révélées; que d'une part il en maintienne l'intégrité, et que de l'autre il en étende l'interprétation et les conséquences, versant sur tous les esprits le même jour, mais le leur mesurant plus abondant et plus vif, à proportion que leur âge est plus mûr, leur situation plus périlleuse, et plus difficile leur labeur. La liberté cependant garde ses droits. Si elle se soumet à sa vocation éternelle, si elle reçoit d'en haut l'impulsion qui la fait marcher; il lui appartient d'en doubler à son gré la force et la vitesse, et d'en multiplier les effets; elle demeure indépendante dans l'exercice temporel de ses facultés et maîtresse de ses actes. Elle est ici-bas comme une noble étrangère à qui il est permis d'aller où il lui plaît et de faire ce qu'elle veut ; mais qui, dans toutes ses courses et dans toutes ses actions, conserve le souvenir et la dignité de sa patrie.

Tels sont les axiomes sur lesquels le Christianisme s'appuie ; et, s'élançant dans les splendeurs du monde invisible, il en soulève le voile et fait apparaître la majesté de Dieu. Dieu se révèle sous la triple notion de Vérité, de Bonté et de Beauté. Sa Vérité, c'est son Être éternel et nécessaire contemple par son Intelligence ; sa Bonté, c'est son vouloir souverainement parfait dans lequel il se repose avec Amour ; sa Beauté, c'est l'accord admirable de son être et de son vouloir ; accord dont il jouit, se possédant lui-même par sa Toute-Puissance.

Or, cette idée magnifique de la Divinité, le Christianisme la propose à l'homme comme le modèle de la perfection suprême vers laquelle il se sent entraîné ; il lui apprend que l'objet inconnu de ses vœux continuels, que cette nourriture dont son âme avait besoin, n'étaient autre chose que la Vérité, la Bonté, la Beauté infinies.

Ce serait néanmoins un triste bienfait d'avoir montré aux regards de l'âme le pain qu'elle demande sans lui laisser y porter les lèvres ; de lui avoir ouvert les portes du sanctuaire sans lui conférer l'initiation qui donne le droit d'en franchir le seuil.

Le Christianisme donc initie l'homme aux choses divines, il le fait entrer en communication avec l'Intelligence souveraine, et lui laisse entrevoir une portion de la Vérité qui y réside. Cette vision se nomme Foi. Il l'élève ensuite à la source de l'éternel Amour, et l'associe à quelques-uns de ces mystères de Bonté qui en découlent sans cesse, et cette association se nomme Charité. Mais il ne le met pas de la même manière en possession de sa Beauté infinie. Car la terre est un séjour d'exil et d'épreuve, et il n'y aurait plus d'exil le jour où l'homme verrait son Père céleste face à face, ni d'épreuve lorsqu'il aurait déjà reçu le prix. Il faut que le rideau reste suspendu devant lui et lui dérobe cet accord admirable des attributs de Dieu, dont la vue immédiate fera un jour son bonheur. Mais, pour consoler cet exilé sublime et pour charmer ses tristesses, un présent lui a été fait : c'est l'Espérance.

La Vérité, aperçue par la Foi, se formule et devient Dogme. La Charité, s'associant aux desseins de la Bonté divine, s'épanche au dehors et produit les Œuvres. L'Espérance prend son essor vers cette Beauté parfaite qui se cache à ses yeux, et elle se donne deux ailes, la prière et le sacrifice : elle essaye de représenter par les signes ce qu'elle ne voit pas, et elle crée le symbole. De la prière, du sacrifice et du symbole, se compose le culte.

Foi, Espérance, Charité : voilà les trois anneaux de la chaîne merveilleuse qui rattache l'existence présente à l'existence future, et qui pour cela s'appelle Religion. Ces trois anneaux ne sauraient être séparés ; ces trois éléments essentiels de la vie morale sont immuables en eux-mêmes et cependant progressifs dans leur expression. La Foi s'explique par l'interprétation successive du Dogme ; la Charité s'applique par la multiplication perpétuelle des Œuvres, et, à mesure que le Culte se développe, l'Espérance se fortifie.

Mais ce progrès n'est pas laissé au caprice et à la faiblesse de l'humanité. Il se fait par une intervention de Dieu. L'intervention de Dieu a été diverse selon les âges. Au temps de l'enfance de l'humanité, il conversa avec elle par des prodiges ; il lui parla dans la nuée et dans le buisson ardent, par des apparitions et par des Anges. Plus tard, il lui envoya des ambassadeurs, rares en nombre et extraordinaires dans leur langage, qui furent salués du titre de Prophètes. Et quand elle eut grandi, Dieu, comme si en même temps eût grandi son amour, descendit vers elle, et désormais il communiqua avec elle, non plus par des messages surnaturels qui apportaient toujours quelque terreur, mais par une étroite union et par un entretien de tous les jours comme l'Époux avec l'Épouse : et l'Épouse, c'est l'Église. Sous cette autorité protectrice, l'humanité, s'avançant chaque jour plus près du but sacré, le voit chaque jour entouré de plus de splendeur, depuis cette époque lointaine où Abraham recevait la promesse obscure de la rédemption dans l'horreur d'un songe nocturne, et depuis ces siècles d'attente où Israël écoutait la lyre d'Isaïe rendre des sons plus clairs aux approches d'un avenir déjà voisin ; jusqu'au temps où la parole évangélique coula limpide et majestueuse de la bouche du Sauveur ; jusqu'à ses conciles de Nicée, de Latran et de Trente, où la doctrine chrétienne se précisa dans toute sa force, et se déploya dans toute son immensité (1).

Et désormais nous avons retrouvé ces deux conditions, sans lesquelles le progrès ne saurait exister et dont les systèmes rationalistes nous offraient l'absence : un type vivant de perfection auquel l'homme soit attiré, et une lumière placée hors de lui qui l'éclaire et le conduise. La révélation du monde invisible, donnée par le Christianisme, va devenir le principe générateur et régulateur du progrès dans le monde visible.

La création est empreinte de trois caractères qui sont les reflets de la gloire divine : le vrai, le bien et le beau. Le vrai, dans les choses créées, c'est la nature même des choses telle que Dieu l'a conçue ; le bien, c'est la fin des choses telle qu'il l'a voulue ; le beau, c'est l'harmonie qu'il a mise entre la nature de chaque chose et la fin qu'il lui a prescrite.

L'homme est le représentant du Créateur : fait à son image, il porte en lui les trois attributs d'intelligence, d'amour et de puissance.

Par son intelligence, l'homme s'élève à la connaissance du vrai, et le résultat se nomme science ; par l'amour, il tend vers le bien des êtres, et par-

(1) In quo (Christo Jesu) omnis ædificatio constructa *crescit* in Templum sanctum... Donec occurramus omnes in unitatem fidei in mensuram ætatis plenitudinis Christi... (S. Paul, *Épître aux Éphésiens.*) — Il est inutile de reproduire le texte si connu de saint Vincent de Lérins, sur le *Progrès dans l'Église.*

ticulièrement des êtres libres, aimants et responsables comme lui, et le résultat est la vie sociale ; par sa puissance enfin, l'homme, qui a perçu les rapports au moyen desquels les créatures sont coordonnées à leur fin, et l'harmonie, qui en fait la beauté, ambitionne de reproduire ces rapports et cette harmonie : et le résultat, c'est l'art.

De même donc que la vérité, la bonté et la beauté dans le monde sont le reflet des perfections de Dieu ; ainsi, pour l'homme, la foi, l'espérauce et la charité dominent les trois facultés d'intelligence, de puissance et d'amour, et président à leur action dans la science, dans l'art et dans la vie sociale.

Voici donc devant nous un imposant spectacle : la Religion parcourant toutes les sphères de l'activité humaine pour y faire jaillir du chaos la fécondité, l'ordre et la vie. Nous n'essayerons pas de comprendre toute l'étendue de cette opération merveilleuse, ni d'en décrire les innombrables effets. Nous nous contenterons d'en signaler les traits principaux, et de suivre de loin, dans chacune de ces sphères, le sillage brillant qui annonce que l'envoyée du Ciel a passé par là.

Premièrement, quelle peut être, sur les progrès de la science, l'influence bienfaisante de la foi ? Comme l'aigle enlève son aiglon dans les airs pour lui apprendre à fixer des yeux le soleil, et de même qu'habitué à contempler face à face l'astre brûlant, le jeune oiseau plonge un regard plus assuré vers la terre et distingue plus aisément sa proie au fond de l'abîme : de même la foi, s'emparant de l'esprit humain dès l'heure de son premier réveil, le fait planer dans les régions les plus élevées de la pensée, accoutume son œil aux contemplations les plus éblouissantes et exerce ses forces aux méditations les plus ardues ; alors, si l'esprit redescendu de ces hauteurs veut explorer à leur tour les régions de la science, il y monte sans effort et s'y meut sans peine, il distingue avec rapidité la vérité sur laquelle il peut se reposer, il s'y attache avec persévérance ; et les premiers bienfaits qu'il recueille dans cette éducation de la foi, dans ce commerce journalier des idées religieuses, ce sont des habitudes méditatives et sévères, une portée de vue large et profonde, et une droiture exquise de jugement.

Mais ce n'est point assez ; et, tout exercée que soit l'intelligence, elle rencontre dans son empire des ténèbres qui l'arrêtent. En effet, les sciences peuvent se diviser en deux grandes catégories selon les objets différents dont elles s'occupent. Les unes étudient les faits libres et variés qui se sont accomplis au sein de l'humanité, les révolutions qu'elle a subies et les raisons qui les produisirent ; et ces sciences, qu'on nomme historiques, présentent deux problèmes de la solution desquels dépend toute leur économie : le problème des origines de l'humanité restées ensevelies dans les ombres du passé, et le problème de ses destinées perdues dans les nuages de l'avenir. Les autres se proposent l'investigation des phénomènes uniformes et réguliers qui se succèdent dans l'homme et dans l'univers, et des lois absolues auxquelles ces phénomènes sont soumis ; et ces sciences, qui s'appellent philosophiques et physiques, ont deux problèmes non moins graves : celui de la cause première ou de l'existence de Dieu, et celui de la distinction des deux substances, de la matière et de l'esprit. Et à voir avec quelle opiniâtreté ces quatre questions sont agitées depuis quatre mille ans, il faut convenir que si elles ne sont pas insolubles, du moins la réponse est-elle difficile. Or la foi, de son côté, est en possession de deux sortes de dogmes : les uns composent son histoire, et les autres sa doctrine. Son histoire n'est autre que le récit des rapports spéciaux de Dieu avec l'humanité, elle embrasse donc l'histoire de l'humanité tout entière, son origine et ses destinées. Sa doctrine n'est autre que la révélation de la nature de Dieu et de ses rapports généraux avec les créatures ; elle renferme donc la notion de la cause première, et la loi fondamentale de la distinction des deux substances. Ainsi les dogmes révélés sont la trame sur laquelle toute science historique, physique ou philosophique devra tresser ses fils et former son tissu. Et, comme la foi ne permet pas que ses dogmes soient révoqués en doute, elle empêche que, la trame étant brisée, le tissu ne soit détruit. L'antiquité grecque et romaine ne connut point cette association de la foi et de l'intelligence, et c'est pourquoi elle vit si peu grandir les sciences physiques, et ne posséda jamais ni une histoire universelle, ni une philosophie complète. En l'absence de l'autorité du dogme, les siècles se consumaient à discuter les questions générales ; chaque école ne s'abaissait à l'étude des phénomènes qu'après avoir posé une série d'hypothèses qu'une autre école venait de réduire en poussière, et leur labeur était pareil à cette toile de Pénélope où chaque nuit anéantissait l'ouvrage de chaque jour.

L'intelligence rencontre donc dans les enseignements de la foi, et les instruments et les matériaux de son œuvre, et la garantie de son succès. Et réciproquement la science, quand elle sera parvenue au plus haut degré qu'il lui soit permis d'atteindre, lorsqu'elle embrassera dans ses spéculations toutes les lois de l'humanité et toutes celles de la nature, n'aura fait qu'écrire en lettres immortelles la justification de la Providence créatrice et le commentaire du dogme révélé.

Si les hommes ont besoin de connaître, ils ont encore plus besoin d'aimer : l'amour les rapproche, et ce rapprochement, en devenant durable, constitue la vie sociale. Dans la vie sociale, il faut que chaque individu abdique pour le bien général une portion de son indépendance, et qu'il existe un pouvoir qui reçoive et maintienne cette abdication. Il faut aussi que chaque individu conserve la part d'indépendance qui lui est nécessaire pour travailler à son propre perfectionnement, et que le pouvoir lui en garantisse la possession paisible. Autorité et Liberté, voilà les deux mobiles essentiels des sociétés humaines : de l'équilibre et de l'action combinée de ces deux mobiles résulte la Justice.

Mais souvent, dans la recherche de leur bien-être personnel, les individus ont lieu de regretter l'abandon qu'ils ont fait d'un lambeau de liberté, et la tentation leur vient de le reconquérir. L'autorité, à son tour, sachant ce qu'ils regrettent et ce qu'ils méditent, s'efforce de resserrer plus étroitement des liens qu'elle redoute de voir briser. Ces deux principes entrent donc en lutte, et l'issue de la lutte est toujours funeste. Car, si la liberté est victorieuse, son triomphe est l'anarchie, c'est-à-dire la dévastation de la chose publique au profit des passions de chacun. Si au contraire l'autorité l'emporte, son triomphe est la tyrannie, c'est-à-dire la confiscation de la chose publique au profit d'un seul. Dans le premier cas, c'est la multitude qui détruit l'édifice social pour en disperser les pierres; dans le second, c'est un homme qui renverse aussi l'édifice, mais qui en ramasse les pierres pour s'en construire un palais. Ainsi s'expliquent, et ces combats séculaires que les rois et les peuples se sont livrés, et les ruines immenses qu'ils ont laissées derrière eux.

Comment donc concilier la liberté et l'autorité? Qui peut rétablir entre elles une alliance parfaite, et fonder ainsi le règne de la justice? C'est la charité. La charité, faisant converger les volontés libres vers un but unique qui est Dieu, en présence duquel toute personnalité s'efface, leur enseigne ainsi à se réunir dans une abnégation commune; puis, découvrant à chaque homme l'image de Dieu dans ses frères, elle lui apprend à s'incliner devant eux sans s'avilir. En même temps la charité rappelle aux dépositaires de l'autorité qu'ils tiennent ici-bas. la place de cette Providence, qui n'use de sa puissance souveraine que pour le bien des créatures : le pouvoir devient un sacrifice comme l'obéissance; l'autorité et la liberté se rencontrent sur le chemin du dévouement. Alors peu importent les constitutions politiques, qu'un seul ou qu'un petit nombre gouverne, ou que la force soit remise entre les mains de tous. Qu'importe la forme de l'autel, pourvu qu'on n'y dépose que du feu sacré et qu'on n'y brûle qu'un encens pur?

Lorsque la vie sociale s'est ainsi ranimée à la chaleur de la charité, rien ne saurait l'arrêter dans son expansion: elle va multipliant sur la terre la joie et le bonheur, elle est féconde en vertus et en œuvres; elle n'est plus autre chose que l'accomplissement progressif des desseins miséricordieux de la bonté divine.

L'esprit n'est jamais rassasié de science, et le cœur n'est jamais désaltéré d'amour, et cependant, quand l'homme connaît ce qu'il aime, il lui semble que son âme trop pleine soit obligée de se répandre au dehors, il a besoin de reproduire. Cette loi mystérieuse préside aux opérations les plus solennelles de la nature humaine : quand deux époux se sont connus et aimés, c'est elle qui leur fait se donner des enfants à leur ressemblance. Dans l'ordre de faits moins grave qui nous occupe, c'est elle qui explique l'origine de l'art.

L'homme a reçu la puissance, mais non la puissance de créer. Il ne saurait donc produire des êtres, mais des manières d'être, des rapports, des harmonies, des beautés. Il ne saurait non plus produire sans un type. Or ce type, où le cherchera-t-il? Sera-ce dans les images grossières d'une nature dégradée qui lui sont données par les sens? Sera-ce dans des notions abstraites et dans une nature chimérique et conventionnelle rêvée par la raison? Non, ce sera plus haut; ce sera dans la contemplation de la nature, telle que l'Ouvrier Suprême l'a faite. Ce sera l'harmonie des choses, telle qu'elle existe dans les idées éternelles, qui se révélera à l'homme au moyen de l'inspiration et qu'il appellera Beauté Idéale.

La reproduction du beau par la parole, par des sons cadencés, par des figures et par des monuments, est l'objet de l'art sous ses diverses formes. Toutefois l'homme ne peut parvenir à l'intuition immédiate de la pensée divine, et d'un autre côté il ne trouve jamais dans le signe matériel qu'il emploie une expression assez pure et assez complète de sa propre pensée. Toujours ses conceptions demeurent au-dessous de son type, et toujours ses œuvres au-dessous de ses conceptions.

D'où vient donc à l'homme cette ambition magnanime de monter sans relâche vers une beauté souveraine qu'il ne lui est pas permis d'atteindre ? D'où lui vient cette patience infatigable, de retoucher sans cesse des traits qu'il sait ne devoir jamais réfléchir toute la perfection de l'original ? Quel est ce génie prisonnier qui s'élance aussi haut que lui permet sa chaîne, et que jamais ne découragent ses chutes ? Quel est-il, sinon le génie de l'espérance ?

L'espérance est le principe de l'art. Elle lui donne l'essor, elle le soutient dans son vol, elle l'aide et le conduit dans les deux sortes de progrès dont il est susceptible : l'ascension continuelle de l'âme vers un idéal parfait, la spiritualisation indéfinie des signes dont l'âme se sert pour exprimer ses visions.

Et l'art à son tour, quand il s'élève à son plus noble emploi, quand il se consacre à la représentation des choses les plus grandes et à l'expression des sentiments les plus sublimes, lorsqu'il cherche à saisir et à dessiner sur le voile de la création l'ombre majestueuse du Créateur, l'art se confond avec le culte. La poésie et la musique, devenues les interprètes des plus éloquents soupirs du cœur, traduisent la prière en hymnes et en cantiques : la peinture et la sculpture retracent les images des plus belles d'entre les créatures terrestres, les images des saints ; l'architecture élève le temple, et le temple avec tout ce qui s'y passe, avec l'autel où repose la majesté de Dieu, avec les chants et les parfums, avec la pompe des prêtres et la grandeur de l'assemblée, n'est qu'un vaste symbole et une figure ébauchée du Ciel.

Descendons dans une dernière et plus humble sphère, et voyons si nous y retrouverons encore quelques rayons lointains de la splendeur d'en haut. L'humanité ne vit pas seulement de la vie de l'esprit, mais aussi de celle du corps ; elle est soumise aux exigences de l'organisation animale : elle a des besoins matériels. L'application de l'activité humaine à la satisfaction des besoins matériels constitue le travail. Le travail suppose l'exercice des trois facultés d'intelligence, d'amour et de puissance.

Pour que l'homme subjugue la terre, il faut qu'il la connaisse. S'il était jeté seul et ignorant au milieu de la création, il lui arriverait de deux choses l'une : ou bien le spectacle des forces de la nature le frapperait de terreur, il n'oserait y résister, il demeurerait plongé dans une inaction stupide et périrait de faiblesse : ou bien l'instinct de sa conservation l'emporterait, il jetterait sur la nature un regard de dévorante cupidité, il se précipiterait sur elle comme sur une proie, et il périrait encore, soit dans la violence des luttes inégales qu'il voudrait livrer, soit dans l'enivrement des voluptés qu'il aurait conquises. Il lui faut donc un enseignement qui lui fasse connaître que la terre lui a été donnée, non pour la ravager, mais pour la rendre féconde; qu'il en doit être le monarque paisible et non l'esclave ou le tyran; et qu'il doit respecter en elle l'œuvre et le présent de Dieu. Cet enseignement est celui de la foi.

L'homme ne peut accepter la loi rigoureuse et humiliante du travail qu'en vue d'une fin. S'il n'a d'autre fin que son bien-être, il travaillera peu et mal : peu, parce qu'il ne versera de sueurs que juste autant qu'il sera nécessaire pour l'entretien de ses jouissances; mal, parce que dans l'impatience de ses désirs il emploiera des procédés d'exploitation destructeurs; il cassera la branche pour cueillir les fruits. La charité, au contraire, lui fait accepter le travail avec joie, comme un fardeau qu'elle lui montre imposé par la main de son maître bien-aimé, et qu'elle lui apprend à porter pour le soulagement de ses frères. Elle lui fait faire une part de ses sueurs, pour ceux qui n'ont que des larmes, pour ceux qui sont pauvres et faibles ; elle étend ses prévisions, non-seulement au delà de l'heure et de la nécessité présentes, mais jusqu'au delà de la tombe. La vie de chaque père de famille devient un long sacrifice au bonheur de ses enfants; la vie de chaque citoyen une immolation généreuse à la prospérité de son pays.

Enfin, l'homme ne saurait se mettre à l'œuvre s'il n'a le sentiment de sa puissance, s'il n'a confiance en la fécondité de son labeur. Qui donc lui a dit que le grain enfoui par lui par la glèbe ressusciterait, et que le soleil de l'été mûrirait la grappe suspendue à sa vigne? Qui lui a donné la certitude de la permanence des lois de la création, sur lesquelles son industrie se fonde? C'est l'espérance, c'est elle qui l'assure que le Père céleste ne l'abandonne point dans son exil, et que, ne pouvant pas se manifester immédiatement à lui pendant ses jours d'épreuve, il lui donne au moins des signes de son assistance invisible par ses bienfaits.

Sous cette triple influence du principe religieux, le travail prospère et l'industrie se développe. L'effet du développement de l'industrie est la multiplication des moyens mécaniques, et le remplacement progressif du labeur matériel de l'homme par un simple travail de surveillance et de direction. Ainsi ce roi de la nature la gouverne par sa pensée, ses besoins matériels n'occupent plus une place exclusive dans sa sollicitude, et lui laissent plus de loisir pour accomplir la tâche glorieuse de son perfectionnement moral.

Arrêtons-nous et essayons de résumer en quelques lignes ce qui vient d'être dit.

L'humanité est faite pour le progrès.

Le progrès ne peut exister qu'avec deux conditions : un principe qui le détermine, et une loi qui le dirige et qui lui serve de mesure.

La philosophie rationaliste, en plaçant dans l'homme lui-même ce principe et cette loi, le conduit logiquement au panthéisme, à l'égoïsme, au fatalisme ; ne lui laisse rien connaître, rien aimer, rien produire hors de soi, et le condamne à l'immobilité.

Le Christianisme, au contraire, place hors de l'homme et dans le sein de Dieu le principe et la loi du progrès. Ce principe et cette loi sont révélés : une autorité immuable en est dépositaire. Cette autorité initie l'homme par la foi, par l'espérance et par la charité à la vérité, à la beauté et à la bonté infinies, elle le fait progresser vers ce monde invisible qu'il doit habiter un jour.

Dans le monde visible, le Christianisme permet à l'homme de marcher au gré de sa liberté, et cependant il l'accompagne encore, vivifiant son intelligence par la foi, fécondant son amour par la charité, multipliant sa puissance par l'espérance, et assurant ainsi son progrès dans la science, dans la vie sociale et dans les arts : cette action bienfaisante s'étend même sur le travail matériel et sur l'industrie, dont elle encourage la prospérité.

Le Christianisme a donc compris l'humanité tout entière, avec ses destinées et ses besoins : et les esprits de nos jours, alors qu'ils cherchent une doctrine de progrès, doivent tourner vers lui leurs regards. Toutefois une chose encore les effraye : c'est cette autorité qui pose des limites à la liberté humaine, et qui consacre ces limites par un anathème ; c'est cette orthodoxie sévère qui prétend captiver les intelligences dans un même bercail et leur crie : « Hors de moi point de salut. » Essayons de faire comprendre par une similitude cette parole qui semble dure. — L'homme est libre de s'agiter ainsi qu'il lui plaît sur la face du globe terrestre, il y peut accroître indéfiniment son pouvoir et son bien-être, il peut s'en faire un empire, et certes cet empire est assez vaste : cependant le globe est plongé dans une atmosphère qui l'environne de toutes parts, dont les éléments ont été calculés avec une précision admirable pour la conservation des êtres destinés à y vivre, et l'homme ne saurait en sortir sans expirer dans le vide. L'hortodoxie chrétienne est l'atmosphère religieuse de l'humanité : Dieu même a combiné avec une sagesse infinie les principes qui la composent; et toutes les âmes qui peuvent se mouvoir librement dans les diverses régions de la science, ou de l'art, ou de la vie sociale, se meuvent et vivent dans cette atmosphère : est-il donc étonnant qu'elles périssent si elles veulent s'en échapper ? Et si elles trouvent mauvais que le Créateur leur ait fixé des bornes, qu'il ait imposé des conditions à leur existence morale, elles sont dans le délire, elles se plaignent de ce que Dieu ne les a pas faites des Dieux comme lui.

Après avoir envisagé le Christianisme sous un point de vue purement spéculatif, après avoir reconnu *à priori* la grandeur et la fécondité de ses enseignements, il resterait à le suivre dans l'histoire. Là on le verrait préparer la voie que le genre humain doit parcourir et y placer trois radieuses images de la perfection dont l'aspect triplera son courage et ses forces : à l'entrée, le souvenir de l'innocence primitive ; à la fin, la vision prophétique de la glorification future; au milieu, la figure sacrée du Christ réunissant dans sa personne la nature humaine à la nature divine. On verrait le genre humain se diviser en deux parties et l'une des deux abandonner l'autorité de la tradition véritable et s'aller perdre dans une dégradation toujours croissante, marche rétrograde dont le paganisme offre l'exemple dans les temps antiques, l'hérésie dans les temps modernes, le rationalisme dans les uns et dans les autres. On verrait la partie fidèle de l'humanité s'avancer sous l'œil de Dieu, passer de la forme patriarcale à la forme de peuple, et de celle-ci à la forme universelle ou catholique : dans ce dernier état, on verrait enfin l'humanité chrétienne, grandissant encore, traverser successivement l'ère de la foi, qui est celle des martyrs et des Pères, l'ère de l'espérance, qui embrasse les temps laborieux du moyen âge, et l'ère de la charité, qui commence au siècle de sainte Thérèse, de saint Charles Borromée et de saint François de Sales, arrive jusqu'à nous et doit se prolonger jusqu'à la réalisation complète de la loi évangélique dans l'état social : époque où la cité de la terre se transfigurera pour devenir la cité de Dieu.

D'autres que nous traceront ce magnifique tableau. Notre tâche plus courte et plus modeste est accomplie. Nous voulions dire quelles doctrines présideraient à la nouvelle période dans laquelle entre ce recueil. Et maintenant que l'on sait nos doctrines, si l'on nous interroge sur nos intentions, et qu'on nous demande qui nous sommes, nous répondrons : Nous sommes comme le Samaritain de l'Évangile : nous avons vu la société gisante hors de son chemin, dépouillée et meurtrie qu'elle avait été par les larrons de l'intelligence. Et le prêtre et le lévite qui passaient près d'elle n'ont point passé outre ; ils se sont approchés avec amour, mais elle les a repoussés dans son délire, elle en a eu peur. Nous donc qu'elle ne connaît point, nous voudrions à notre tour nous approcher d'elle, et nous incliner sur ses blessures et y verser, s'il se pouvait, l'huile et le baume : nous voudrions, s'il se pouvait, la relever de la fange, et la reconduire calme et soulagée entre les mains de l'Église, cette divine hôtelière qui lui donnera le pain et lui montrera la route pour achever son pèlerinage vers l'immortalité.

DES DEVOIRS

LITTÉRAIRES

DES CHRÉTIENS

1845

DES DEVOIRS
LITTÉRAIRES
DES CHRÉTIENS

DISCOURS

PRONONCÉ AU CERCLE CATHOLIQUE EN PRÉSENCE DE Mgr AFFRE, ARCHEVÊQUE DE PARIS.

MONSEIGNEUR, MESSIEURS,

Appelé à l'honneur de présider la conférence littéraire du Cercle catholique, je demande la parole en son nom : elle vous doit compte de ses rendez-vous fraternels, de ses loisirs studieux, couverts de votre patronage. Cependant je n'exposerai pas ce qu'elle a fait, mais ce qu'elle a voulu : je ferai connaître ses intentions, meilleures que ses œuvres, et la manière dont elle a entendu ses devoirs... Ceci n'est pas une leçon, c'est un examen de conscience... Je traiterai des devoirs littéraires des chrétiens.

La première loi des lettres chrétiennes, c'est l'orthodoxie : et cette loi, qui semble d'abord un assujettissement et une gêne, devient au contraire le principe de leur liberté et de leur grandeur... Toute puissance véritable porte en elle une loi qui fait sa force. Dieu souverainement libre est en même temps souverainement nécessaire. L'intelligence humaine a aussi sa règle. Cette règle, c'est le passage du connu à l'inconnu, du doute à la certitude. L'accroissement des certitudes constitue la science. Il faut le travail des siècles. Il faut une tradition qui garde les vérités acquises, un progrès qui poursuive les vérités ignorées. La tradition scientifique est conservée par les corps savants et par les écoles. Vainement, au nom de l'indépendance de la pensée, prétendrait-on ramener la controverse sur les points reconnus : la pesanteur de l'air, par exemple, ou le mouvement de la terre autour du soleil. La liberté ne consiste pas dans un doute rétrograde qui compromettrait le progrès des esprits... Il y a dans toute science une autorité, une orthodoxie dont on ne s'écarte pas impunément.

Or, s'il est des vérités qui forment la base commune et nécessaire des connaissances humaines, il faudra bien qu'une autorité plus forte les assure !... Voyez quelle fut dans l'antiquité la condition des intelligences. Des questions menaçantes les pressaient de toutes parts : l'existence de Dieu, les destinées de l'homme, l'origine et la fin des choses. Tous les efforts de la raison n'avaient pu dégager ces dogmes des nuages qui les enveloppaient. Platon, à quatre-vingt ans, en découvrait seulement les premières lueurs; et, sous ses ombrages de Tusculum, Cicéron, héritier de toute la sagesse antique, finissait par conclure la *probabilité* de la Providence et de l'immortalité. Dans cette ignorance redoutable, il était impossible de descendre aux problèmes secondaires de la science, à l'investigation scrupuleuse et curieuse de la nature. De là le progrès tardif des connaissances physiques dans l'antiquité. La raison n'était pas libre d'y consacrer des heures agitées par d'autres sollicitudes. Elle était, comme Ixion sur la roue, enchaînée à un doute éternel...

L'orthodoxie chrétienne mit fin à cet esclavage. Elle répondit à ces questions suprêmes qui ne laissaient pas de repos à la pensée. Elle renvoya l'esprit humain, satisfait, à des travaux plus sûrs... Il fut permis aux chrétiens de descendre aux études profanes ; et, à vrai dire, ce fut permis aux chrétiens seuls. Pour ceux qui doutent, nul d'entre eux, s'il est sincère, n'a le droit de remuer ni un problème d'algèbre, ni une difficulté de philologie, avant d'avoir résolu ces incertitudes, qui doivent troubler son sommeil et mouiller de larmes le chevet de ses nuits. La foi donne des habitudes de conviction, de fermeté, de discipline. Et que manque-t-il au siècle présent pour en faire un grand siècle, que de discipliner tant de talents incontestables ? Jamais peut-être n'exista-t-il plus d'inspirations généreuses, plus de nobles ambitions et d'honorables désirs. Et jamais plus d'efforts perdus, de velléités impuissantes et de caractères indécis. Cette éducation bienfaisante et sévère du Christianisme leur a manqué : la foi est surtout dans la volonté, et la volonté, c'est la plus grande moitié du génie.

L'orthodoxie est un bienfait ; mais le bienfait engage. C'est une loi, et par conséquent elle crée des obligations. Nous les considérerons dans le cercle restreint de notre vocation laïque, et dans ce que nos pères appelaient, plus modestement que nous, le métier des lettres. Nous y trouvons trois emplois entre lesquels nos heures se partagent : l'étude, la production, la controverse.

Commençons par l'étude. Il ne faut pas croire que la foi, que le soin des intérêts d'une croyance chère et menacée retienne les chrétiens éloignés des connaissances humaines. La religion, qui les rassure, ne leur a pas fait inutilement ces loisirs. Elle ne leur permet pas seulement, elle leur recommande la science. Car si la vérité est Dieu même, il s'ensuit, comme parle saint Augustin, que *toute science est bonne en soi*, et que le vrai est souverainement désirable, même indépendamment de l'utilité théologique qu'on en peut tirer.

Au fond de toutes choses et dans les dernières profondeurs de l'infiniment petit, il faut bien finir par trouver la trace de l'idée éternelle. Les docteurs ont reconnu ce *vestige* empreint par toute la création, et c'est ce qui sanctifie l'étude de la nature. Une *image* plus ressemblante se découvre dans l'homme, et c'est ce qui fait la dignité de la philosophie. La Providence remplit l'histoire, et de là Bossuet professe qu'il est honteux à un honnête homme d'ignorer le genre humain. En sorte que, dans tous les ordres et à tous les degrés, c'est toujours un Dieu absent qu'on poursuit, qui se cache de façon qu'on le cherche, mais de façon qu'on le trouve, parce qu'il veut éprouver l'amour et ne le désespérer pas.

De là vient la probité de la science chrétienne. Elle ne se paye ni de faits hasardés, ni de conséquences prématurées. Elle est humble et ne croit pas que ce soit trop de toute une vie pour acheter une vérité si petite qu'elle soit. Elle est patiente enfin, parce qu'elle se confie. Nous descendons, le microscope à la main, dans les derniers détails de la physiologie végétale; nous nous penchons sur les creusets de nos laboratoires, nous reconstruisons péniblement des inscriptions effacées et des langues en ruines. Il ne nous est pas donné de voir le terme de ces recherches arides : mais nous savons que d'autres y trouveront des conclusions glorieuses pour la Providence. Nous ne sommes qu'au commencement, et le chemin est long ; mais nous savons que Dieu est au bout. Quand nos pères posaient la première pierre de leurs basiliques, quand ils commençaient Notre-Dame de Paris, de Chartres ou de Reims, ils n'ignoraient point qu'ils ne jouiraient pas de leur ouvrage. Mais, si longtemps que pût durer la construction, ils savaient que leur foi durerait encore plus. Ils avaient confiance en la postérité catholique. Ils descendaient dans la poussière et dans la boue pour y asseoir les premières fondations, attendant que d'autres générations vinssent en élever les assises, jusqu'à ce qu'après cinq cents ans la croix triomphante en couronnât le clocher.

C'est la conduite de l'Église : et jamais elle n'a caché l'estime qu'elle faisait de la science. Au moment où elle prit le gouvernement des choses, il semble qu'elle avait assez à faire de la conversion des races nouvelles. Elle se chargea de conserver l'héritage du monde ancien. Elle recueillit les statues pour les abriter dans les palais des papes, les manuscrits pour les faire copier dans les monastères. Il ne lui suffit point de mener paisiblement les nations barbares, troupeau docile, dans les chemins de la piété. Voici des peuples qui ignorent, qui ne lisent point, qui n'écrivent point, des esprits qui sommeillent. L'Église les réveillera ; à côté des cloîtres on leur bâtit des écoles, on y place des livres. Quels livres ? Ceux qui ont échappé au naufrage de l'antiquité, ceux qui traitent des sept arts libéraux : grammaire, rhétorique, dialectique, arithmétique, géométrie, musique, astronomie. On sollicite la raison, on la dresse aux disputes, donc on ne la craint pas. Rien n'égale l'activité intellectuelle de cette époque où quarante mille étudiants se pressaient à l'école de Paris, où la papauté multipliait les universités nouvelles sur tous les points de l'Europe. Est-il une science où le clergé n'ait mis la main? Un chanoine de l'Église de Pologne, Copernic, trouve le système du monde. Au dix-septième siècle on ne voit que des prêtres, séculiers, oratoriens et jésuites, établis sur tous les terrains difficiles de la philologie. Les bénédictins de Saint-Maur se sont emparés de l'histoire. Il paraît au premier abord que ce soit un pauvre emploi, pour des vies consacrées à Dieu, que de se consumer sur des textes grecs ou parmi des chartes poudreuses. Et cependant ces saints hommes n'en murmuraient point. Ils servaient la vérité à leur manière, et plus qu'on ne pense. Ils posaient les bases des sciences historiques que nous voyons grandir, ils les asseyaient solidement. En sorte qu'il n'est plus permis de négliger leurs travaux, et que les plus dédaigneux ne sauraient devenir historiens, sans aller d'abord à une école chrétienne, et sans passer par les mains des moines. On y apprend à exercer une critique sévère, à être scrupuleux, et à ne point mentir... ce qui est bien quelque chose en histoire.

Au surplus, le culte des lettres humaines n'est pas sans profit pour la religion... On est peut-être trop longtemps demeuré dans les généralités de l'*Apologétique*. Pendant que nous y restions occupés à combattre une secte moqueuse dont les rangs ne se renouvelaient pas, le scepticisme s'est emparé des éléments et des détails de la science. Maintenant nous le trouvons partout : ce sont des discussions minutieuses sur tous les points, et auxquelles il faut bien s'abaisser. Il faut arracher l'ivraie semée pendant notre sommeil dans le champ délaissé. Il est bon que les laïques retournent à l'humilité de leurs fonctions, philosophes, archéologues, naturalistes, et qu'ils veillent à la garde de cette part de vérité qui est de leur domaine. Il faut qu'ils servent l'Église en faisant chrétiennement leur métier de savants. C'est le mot de saint Louis : « Or ne doit l'homme lai, s'il n'est grand « clerc, disputer aux mécréants et aux juifs : ains « doit-il défendre la chose à bonne épée tran- « chant. » L'épée des temps modernes, c'est le savoir. Et telle fut toujours en effet l'économie de la chrétienté : l'Église et le peuple, le pape et l'empereur, la théologie et la science, et ces deux ordres, ces deux puissances, ne tendent ensemble qu'à une fin commune : la glorification de Dieu par l'humanité.

Si la possession de la foi oblige à la recherche de la vérité, la possession de la vérité oblige à la communication. Cette paternité intellectuelle, c'est une loi chrétienne... Aussi voyez les grands hommes du paganisme : ils ont su, mais ils n'ont pas enseigné à tous; ils ont possédé, mais ils n'ont pas communiqué; l'humanité ne profita pas de leurs inspirations solitaires; ils ont été condamnés pour avoir retenu la vérité captive. Pour nous, comprenons-le, messieurs, il faut donner après avoir reçu, il faut produire par l'art, après avoir possédé par la science. Car le vrai ne se sépare pas du beau. Nous avons poursuivi la vérité dans le fond par l'étude, nous devons chercher la beauté dans la forme par la production; sachons que la forme qui va saisir les âmes par les attraits intérieurs et les sollicitations puissantes de l'admiration, sachons que la forme n'est pas indigne de l'œuvre divine. De la science, l'art doit sortir avec toutes ses splendeurs... Ainsi l'ont compris les grands hommes du Christianisme; et celui qui vantait si hautement l'*élocution rude* de l'apôtre, celui qui prodiguait à l'éloquence de si éloquents dédains, Bossuet, se trahissait dans un ouvrage qui reçut ses plus intimes pensées (1) : « Je suis un peintre, un « sculpteur, un architecte. J'ai mon art, j'ai mon « dessein ou mon idée; j'ai le choix ou la préfé- « rence que je donne à cette idée par un amour « particulier; avec cette règle primitive et le prin-

---

(1) *Élévation sur les Mystères*, II, 7.

« cipe fécond qui fait mon art, j'enfante au dedans
« de moi un tableau, une statue, un édifice qui,
« dans sa simplicité, est la forme, le modèle im-
« matériel de ce que j'exécuterai. J'aime ce des-
« sein, cette idée, ce fils de mon esprit fécond et
« de mon art inventif. L'amour qui me fait aimer
« cette production est aussi beau qu'elle. » Ainsi
pensait ce grand artiste chrétien. Il aimait, lui
aussi, son idée, et cet amour divin est la condition
de toute grandeur... L'artiste qui ne croit pas peut
négliger le caprice de son imagination, comme
autrefois ces païens qui exposaient leurs enfants;
mais, comme un père reçoit l'enfant que Dieu lui
envoie ainsi qu'un ange dont il est dépositaire et
responsable, de même le chrétien doit recevoir
l'inspiration qui lui est venue, la nourrir de son
travail, l'environner de ses soins, et la produire au
dehors, en sorte qu'elle soit respectable et aimable
devant les hommes. Pour lui, l'inspiration a un
nom sacré : elle s'appelle grâce... Et c'est ce respect pour la pensée venue d'en haut qui fait la
conscience de l'art chrétien; c'est Dieu qu'il honore
en soi... Voyez les cathédrales gothiques; pourquoi,
à ces hauteurs que l'œil n'atteint pas et que le
voyageur ne visitera point, ces statuettes travaillées avec patience dans leurs plus minutieux détails? A ces labeurs, je reconnais le dévouement
qui s'oublie, je reconnais une passion du beau dé-
sintéressée, et par conséquent sainte.

Quant à nous, gens de lettres, la forme dont nous disposons, c'est la langue française, langue souverainement chrétienne, et qui tient de la religion par ces trois grands caractères de majesté, de précision, de clarté. C'est par là qu'elle est devenue la langue de la civilisation. Elle tient sa force du principe organisateur des temps modernes. La langue fut faite par le Christianisme, comme fut fait l'État... Pascal vint la fixer ; Bourdaloue la marqua au sceau de sa logique sévère; Bossuet la rendit tout à fait maîtresse. La poésie même reçut le souffle chrétien, et la tragédie parut dans sa gloire quand elle finit par des mystères, *Polyeucte*, *Esther*, *Athalie*... Cette langue est un dépôt qu'il ne faut pas laisser altérer ; nous en répondrons... Elle nous suffit d'ailleurs, et, quoi qu'on en ait dit, les chrétiens n'ont pas besoin de la langue de Rousseau ; la leur était faite cent ans avant lui.

De là l'obligation du travail ; le travail est la loi commune des hommes ; c'est aussi celle des intelligences, car c'est aussi pour les labeurs de l'esprit qu'au jour de la chute fut prononcée cette parole : Tu mangeras ton pain à la sueur de ton front. Voyez dans l'Église cette longue tradition du travail, depuis Origène, l'homme aux *entrailles d'airain*, depuis saint Augustin, qui commença si tard et qui pourtant a vu toutes choses, jusqu'à saint Thomas, qui mourut à quarante-neuf ans, laissant à la science dix-sept volumes in-folio. Dans les temps les plus modernes, c'est Bossuet se levant à deux heures du matin pour reprendre un ouvrage à peine interrompu, c'est d'Aguesseau professant que le changement de travail était pour l'esprit une récréation suffisante; ce sont tous ces magistrats du dix-septième siècle, allant dès six heures du matin s'asseoir sur les fleurs-de-lis, donnant tout le jour aux fonctions publiques, le soir à l'éducation de leurs enfants, partageant la nuit entre l'étude et la prière... Aujourd'hui nous ne travaillons pas... Sept ou huit heures par jour données à la science alarment pour nos misérables santés la sollicitude de nos amis... Sachons-le pourtant, il ne faut pas se croire dispensé par la foi de la fatigue et des veilles. Le travail, châtiment de la déchéance, est devenu la loi de la régénération. C'est lui qui fait les époques glorieuses quand il y trouve l'inspiration, et, quand elle n'y est pas, c'est encore lui qui fait les hommes utiles et les peuples estimables.

Après avoir reconnu la vérité, après l'avoir produite au dehors, il faut savoir la défendre : c'est le devoir de la controverse. La controverse religieuse est inévitable; elle se rencontre à tous les points élevés des sciences profanes. Elle n'a rien d'odieux si elle se souvient de son origine. La foi a voulu se communiquer sans nuire à la liberté de l'homme : elle n'a pas refusé la discussion, afin d'honorer de la sorte la soumission volontaire des esprits. Il y a en ceci, de la part de la divine Providence, un ménagement plein de bonté... La bonté sera le caractère de la controverse chrétienne.

Le précepte en est écrit dans ces paroles de l'apôtre saint Jacques : Qui est sage et discipliné parmi vous?... Qu'il le fasse paraître par la mansuétude de sa sagesse. Que si votre zèle est amer, et que l'esprit de contention soit en vous, ne vous glorifiez point,.. car ce n'est point là cette sagesse qui vient d'en haut... Mais la sagesse qui vient d'en haut est d'abord chaste, puis amie de la paix, modérée, docile, susceptible de tout bien, pleine de miséricorde; elle ne juge point, elle n'est point dissimulée. Or les fruits de la justice sont semés dans la paix par ceux qui font des œuvres pacifiques (1).

Cette doctrine enseignée au commencement ne cessa point d'être mise en pratique. Quand saint Paul comparaît à l'Aréopage, il ne renverse point en entrant les idoles nationales. Mais il a lu sur son chemin l'inscription de l'autel érigé au dieu inconnu; il prend acte de ce témoignage solennel, il cite à ces Grecs les vers de leurs poëtes, et c'est par leurs aveux qu'il les sait convaincre. Bientôt les premières écoles de la science chrétienne s'ouvrent dans Alexandrie et dans Rome sous la direction de Clément, et de saint Justin, qui mourut martyr. Ces grands hommes professent que les doctrines des

(1) S. Jacques, III, 13-18.

sages du paganisme, sans approcher de la pureté de la foi, semblent en être comme un pressentiment lointain. La philosophie fut donnée aux Gentils ainsi que la loi aux Hébreux, pour leur servir de pédagogue et de guide. Tout ce qui a été dit de bon et de juste appartient d'avance au Christianisme. C'est ainsi que l'Église accueillait la sagesse antique, en la discutant. L'Église ne fut point ombrageuse : elle fut, elle est toujours hospitalière.... Au moyen âge, Aristote et Platon, dépouillés de leurs erreurs théologiques, sont introduits dans l'école sous le manteau de saint Thomas et de saint Bonaventure. Plus tard, au milieu des ardentes polémiques du Protestantisme, cet esprit de conciliation reparaît dans la plus glorieuse défense qui fut faite de la vérité : l'*Histoire des variations*. Je veux parler surtout de cette belle et charitable préface où Bossuet plaint ses adversaires encore plus qu'il ne les blâme, et montre en finissant que « cet ouvrage, qui pour-
« rait paraître d'abord contentieux, se trouvera
« dans le fond beaucoup plus tourné à la paix qu'à
« la dispute. »

Si l'on a pris soin de fixer et de maintenir ces règles de la discussion chrétienne, c'est qu'il n'est pas permis de s'en écarter impunément. Dans l'emportement du combat, il y a plus de péril qu'on ne pense. Il est facile d'y offenser Dieu. Les instincts violents de la nature humaine, réprimés par le Christianisme, s'échappent et reviennent par ce côté... Tertullien, pour s'être laissé entraîner à l'impétuosité africaine de son génie, poursuivit d'une même animosité les faux dieux et les faibles chrétiens qui leur sacrifiaient ; il refusa de les recevoir à la réconciliation promise au repentir ; il ne pardonna point à l'Église de leur avoir pardonné, et finit par apostasier en haine des apostats. Dans les querelles de l'arianisme, les invectives de Lucifer de Cagliari éclatèrent comme la foudre. Il demeura inflexible au scandale du concile de Rimini ; mais, quand les évêques pénitents rentrèrent dans la communion de Rome, il en sortit afin de ne pas s'y trouver avec eux... Qu'avons-nous besoin de ces lointains exemples ? Une grande chute nous a fait assez voir que les colonnes mêmes de la controverse peuvent tomber quand elles ne sont point assises sur la charité... Que si l'on objecte l'autorité de saint Jérôme et de saint Hilaire, et leurs paroles toutes frémissantes d'une indignation religieuse, ce sont là d'illustres exceptions, comparables à ces martyrs qui brisèrent les statues ou arrachèrent les édits. L'Église les honore, mais sans cesser de rappeler la loi qui interdit de provoquer la colère.

La dispute a d'autres dangers pour ceux qu'elle cherche à convaincre. Assurément quand les chrétiens s'engagent au laborieux service de la polémique, c'est avec la volonté droite de servir Dieu et de gagner les hommes. Il ne faut point compromettre la sainteté de la cause par la violence des moyens. Pascal l'avait compris, et l'a dit quelque part : « La conduite de Dieu, qui dispose toutes « choses avec douceur, est de mettre la religion « dans l'esprit par la raison, et dans le cœur par « la grâce... Commencez par plaindre les incré- « dules ; ils sont assez malheureux. Il ne faudrait « les injurier qu'en cas que cela leur servît ; et cela « leur nuit. » Ce langage est honorable pour un temps où la religion était maîtresse. Il est instructif pour le temps présent.

En cherchant à se rendre compte de l'état des intelligences, on verra que par le concours des événements et des fautes, à la suite des trois siècles de renaissance, de protestantisme et de mauvaise philosophie, les esprits se trouvent divisés en trois classes nombreuses : ceux qui croient, ceux qui doutent et ceux qui nient. Et si l'on cherche dans les âges passés l'exemple d'une situation pareille, on en reconnaîtra quelque image vers la fin du quatrième siècle, quand le paganisme et le christianisme se disputaient encore le monde au milieu de l'incertitude de beaucoup d'hommes. La querelle au fond n'a pas changé, et la conduite des Pères marque maintenant encore nos devoirs. C'est saint Basile entretenant une touchante correspondance avec le sophiste Libanius, entourant de toute la piété filiale d'un disciple son vieux maître païen, dont il ne désespéra jamais. C'est saint Augustin poursuivant de ses lettres infatigables son ami Licentius, faible cœur qui ne savait point se résoudre. Saint Jérôme écrit à Læta ; il la console de l'opiniâtreté du vieux pontife Albinus, son père. Il lui rappelle qu'une conversion n'est jamais tardive. Il veut que sa jeune enfant, née du vœu fait au tombeau d'un martyr, soit élevée sur les genoux du vieillard, qu'elle le captive de ses caresses, et que, « suspendue à son cou, elle chante, jusqu'à le faire « sourire, l'*Alleluia* malgré lui... »

Il ne faut donc pas d'abord désespérer de ceux qui nient. Il ne s'agit pas de les mortifier, il s'agit de les convaincre. La réfutation est assez humiliante pour eux quand elle est décisive. Quelle que puisse être la déloyauté, la brutalité de leurs attaques, donnons-leur la leçon d'une polémique généreuse: Gardons-nous de pousser à bout leur orgueil par l'injure, et ne les intéressons pas à se damner plutôt que de se dédire... Le nombre est plus grand de ceux qui doutent. Il y a de belles intelligences mal engagées dans la vie par le malheur d'une éducation insuffisante ou par l'entraînement d'un mauvais entourage : beaucoup ressentent amèrement la douleur de ne pas croire. On leur doit une compassion qui n'exclut point l'estime. Il serait habile, quand il ne serait pas juste, de ne les point rejeter dans la foule décroissante des impies, de diviser leur cause et de distinguer entre les étrangers et les ennemis. Il n'est pas sage de dédaigner leurs sympathies et de repousser le concours de leurs efforts... L'œuvre de reconstruction qui honore ce siècle fut commencée par le génie catholique, mais souvent leurs travaux l'ont servie. Ils ont beaucoup fait pour le rétablissement de la vérité, pour la restauration du spiritualisme en philosophie et du moyen âge en histoire... Nous n'en serons point ingrats. Nous avons fait ensemble la moitié de la route; maintenant, arrivés plus loin et plus haut qu'eux, souvenons-nous que ce ne fut point sans leur aide, et tendons-leur la main. Ne la retirons pas s'ils tardent à la saisir. Quelques-uns, après avoir attendu un peu de temps ces intelligences attardées, ont perdu patience et s'irritent de leur lenteur. Ne perdons point patience, messieurs. Dieu est patient parce qu'il est éternel : et les chrétiens aussi...

Il importe de ne pas nous méprendre sur un fait considérable de cette époque, je veux dire le retour des esprits à la foi. Assurément, si l'on considère les quarante-trois ans qui viennent de s'accomplir, on ne méconnaîtra pas que les idées ont marché plus vite que les heures depuis le jour où le nom de Dieu, prononcé par Bernardin de Saint-Pierre, était couvert des huées de l'Institut. Alors parut ce livre qui ne trouvait point d'éditeur : le *Génie du christianisme*... Un mouvement commença qu'on a longtemps contesté, qui ne peut plus se nier, mais qu'il ne faut pas exagérer, afin de ne le pas compromettre. Il veut être conduit et modéré avec des sollicitudes infinies pour aller jusqu'au bout... Nous sommes encore trop loin de la terre promise pour prendre des airs de vainqueurs et de maîtres. Gardons nos bâtons de voyage, et ne plaignons ni le temps ni la peine. Le peuple de Dieu demeura quarante ans en chemin ; mais il était sous la conduite du prophète, et il finit par trouver le lieu de son repos. Nous n'avons point achevé de traverser le désert, mais l'Église de France a aussi ses Moïses, et nous arriverons.

Dans ce travail de la chrétienté pour un avenir meilleur, notre humble mérite de laïques et de gens de lettres sera d'avoir cherché à ressaisir les traditions de nos pères, à ne pas laisser périr les disciplines de la science chrétienne et de l'art chrétien. En ramenant la vérité dans l'étude, la beauté dans la production, la bonté dans la controverse, nous aurons retrouvé un reflet de ces trois rayons divins, le vrai, le bien et le beau, qui ne luisent jamais inutilement aux yeux infirmes des hommes. Si le doute et l'erreur ont rendu malades les sociétés modernes, nous savons que Dieu a fait les nations guérissables.

Des applaudissements prolongés ont accompagné ce discours, et ont plusieurs fois interrompu l'orateur.

Monseigneur l'archevêque termine la séance par ces paroles :

MESSIEURS,

Je craindrais d'affaiblir ce que vous venez d'entendre en le reproduisant. D'ailleurs, une analyse, quelle qu'elle fût, vous retiendrait inutilement. Je me bornerai à exprimer mes sentiments sur les dernières réflexions qui viennent de vous être présentées ; je les approuve sans aucune restriction, je les approuve de tout mon cœur. Je veux me borner à une parole tirée du livre de l'*Imitation*, qui les résume parfaitement. L'auteur de l'*Imitation*, dans sa simplicité admirable, dit que l'homme passionné et colère entraîne (le latin dit *trahit*) le bien vers le mal, qu'il change tout en mal ; tandis que l'homme pacifique tourne tout vers le bien : *Homo passionatus etiam bonum in malum trahit et faciliter malum credit. Bonus pacificus homo omnia ad bonum convertit.* Je crois qu'on ne peut pas vous en dire davantage sur ce sujet après ce que vous venez d'entendre ; ces mots en sont l'abrégé. J'ose à peine vous traduire le titre de ce chapitre ; il est intitulé : *De bono homine pacifico,* — *Du bon homme pacifique.* Je souhaite, ajoute monseigneur en souriant, que nous soyons tous des bons hommes de cette espèce.

EXTRAITS

DE

L'ÈRE NOUVELLE

1848

DU DIVORCE

Quand M. le ministre de la justice est venu proposer à l'Assemblée nationale le rétablissement du divorce, nous avons cru qu'il mettait la morale publique en péril : nous commençons à penser qu'il la sauvait. La proposition de divorce ressemble à ces tentatives d'émeute qui sauvent l'ordre en armant pour lui tout un peuple, dont on ne connaissait pas assez l'union. De même, ce premier essai de désordre dans la loi a déjà armé contre lui l'honnêteté publique, et par l'opposition qu'il rencontre dans l'Assemblée on peut juger qu'il mettra la conscience publique en demeure de se montrer. Ici donc, comme aux jours d'émeute, nous savons que la bonne cause n'a pas besoin de nous. Cependant nous tenons à honneur de nous rendre au rappel, assurés que plus la société aura de soldats, plus le combat sera court et la victoire clémente.

La proposition du divorce se produit pour la quatrième fois dans nos assemblées législatives. En 1792 et en 1802 on en fit une question de morale, et le divorce fut admis comme une conséquence du contrat social. En 1831 on en fit une affaire de liberté religieuse, et le divorce fut demandé en haine de la religion d'État qui venait de périr. En 1848 la question morale et religieuse est en même temps politique; on propose le divorce comme une des institutions nécessaires de la démocratie. Nous étudierons la proposition sous ces trois formes, et nous combattrons le divorce comme attentatoire à la famille et à la société, comme contraire à la liberté de conscience, comme opposé à l'esprit même des institutions démocratiques. La première étude ne nous arrêtera qu'un moment à cette hauteur de vues philosophiques où il est heureux que les esprits voués aux affaires soient ramenés de loin en loin. La seconde étude nous engagera dans une discussion historique où nous aurons à redresser beaucoup d'erreurs. La troisième nous conduira à la critique de la loi jusque dans ses derniers détails.

I

Les législateurs de 1792 ne reconnurent dans le mariage qu'un contrat : et, partant de ce principe que nul ne peut aliéner à perpétuité sa liberté personnelle, ils conclurent que le contrat matrimonial se dissout par les mêmes volontés qui le formèrent. Voilà pourquoi ils permirent le divorce pour *cause d'imcompatibilité d'humeur et de caractère*, et livrèrent la durée de l'union conjugale à toute l'inconstance, non pas même des passions, mais des caprices. Les rédacteurs du Code civil eurent horreur de cet excès, et, en considérant le mariage comme un contrat, ils ne permirent point de le confondre avec les conventions ordinaires. Ils y firent intervenir, comme partie intéressée, l'État, sans la participation duquel le mariage ne peut se dissoudre. Ils le rendirent juge du divorce *pour causes déterminées* et témoin des longues épreuves auxquelles ils soumirent le divorce par *consentement mutuel*.

C'était beaucoup pour une société toute pénétrée du matérialisme du dix-huitième siècle et toute souillée de cinquante ans de dissolutions. Ce serait bien peu pour la France de 1848, pour un peuple spiritualiste, et qui pousse jusqu'où nous l'avons vu la haine de l'égoïsme et la passion du dévouement.

Comme tous les spiritualistes, nous voyons dans le mariage plus qu'un contrat : nous y reconnaissons un sacrifice, et c'est pour cette raison que chez tous les peuples il a voulu des autels pour témoins et des dieux pour vengeurs. Là même où, par une économie qui peut se justifier, le magistrat reçoit la déclaration des époux comme un acte purement civil, assurément, s'il porte le cœur d'un honnête homme sous l'écharpe municipale, il n'intervient pas au mariage comme à une adjudication ou comme au bail des biens communaux.

Il y a donc dans le mariage un sacrifice, ou plutôt il y en a deux. La femme sacrifie ce que Dieu lui a donné d'irréparable, ce qui faisait la sollicitude de sa mère. Elle sacrifie toujours sa première beauté, souvent sa santé, et enfin ce pouvoir d'aimer qu'elle n'a ordinairement qu'une fois. Le veuvage même, qui lui rend la libre disposition de sa main, n'a pas la puissance de lui rendre ce charme que le monde respecte et que les hommes les plus gâtés subissent. L'homme, en retour, sacrifie sa liberté, il la sacrifie plus nécessairement, plus irrévocablement qu'on ne pense. L'homme, arrivé au terme de son éducation, dans toute la force de son corps et de son esprit, maître de lui-même, se lasse bientôt de s'appartenir. Il est tourmenté d'un besoin infini de se donner, et s'il ne se donne pas tout entier à Dieu dans le service de la prière, ou à la société dans le service des armes, un inexorable ennui ne lui laisse pas de paix qu'il n'ait trouvé au monde une créature qu'il ne connaissait pas hier et à laquelle il est heureux, si elle le veut bien, de se consacrer pour toujours. Et, en effet, il ne dépend pas de lui de se donner à demi. Le moment où l'homme dispose de son cœur est aussi celui où il dispose de sa destinée. Tout son avenir dépend du choix de la personne qui sera désormais l'inspiratrice et peut-être la compagne de ses travaux, auprès de laquelle il viendra chercher le conseil des moments difficiles et la consolation des jours mauvais. Le mariage ne fixe pas seulement la couche et le foyer, il décide de la carrière, il entame la vie. Rien ne rendra plus à l'homme ces incomparables années de sa jeunesse, où il ne voyait que des routes ouvertes, cet essor de l'imagination, capable de tout, excepté de désespérer, et cet effort d'un premier amour qui peut tout vaincre pour faire à autrui un sort glorieux et doux. S'ils savent ce qu'ils font, les deux époux sacrifient toutes ces choses, ils sont heureux de les sacrifier : ils n'ont pas besoin, ils ne peuvent pas souffrir qu'aucune loi vienne les protéger contre eux-mêmes, leur interdire l'aliénation à perpétuité de leur personne, changer le don en louage à terme et faire du mariage un marché.

Mais ce double sacrifice, les époux ne se le font pas seulement l'un à l'autre, ils le font à d'autres personnes absentes et inconnues : aux enfants à naître, en faveur desquels ils consentent à subir toutes les charges et toutes les douleurs de la vie domestique, à donner jusqu'à la dernière veille de leurs nuits, jusqu'à la dernière goutte de leurs sueurs et de leur sang. Ces personnes absentes ne surviennent pas toujours, elles sont toujours possibles. Les enfants nés ou à naître sont les créanciers perpétuels de l'association conjugale. Elle leur doit premièrement la vie, l'éducation jusqu'à la majorité, peut-être des aliments à tout âge, et assurément des conseils et des exemples. Elle leur doit ce que les époux divorcés ne peuvent plus tenir, lors même qu'ils ont fait de leurs enfants un partage impie. Voilà des tiers qui n'ont point pris part au contrat, dont il a fixé le sort, qui ne permettent pas de le résoudre, car ils peuvent moins encore que les parties contractantes être remis au premier état, restitués *in integrum*, comme parlent les jurisconsultes. Dieu même ne leur rendrait pas la paix du néant ; il ne les déchargerait pas du lourd devoir de la vie, ni de cette immortalité dont leurs parents répondent. Le mariage n'a que des conséquences irréparables ; la famille qu'il crée ne peut donc avoir que des liens indissolubles.

L'indissolubilité, qui fait la force de la famille, en fait aussi le modèle de toutes les sociétés politiques. Les sociétés n'ont que deux principes possibles, ou l'égoïsme et l'exploitation de tous au profit de chacun, ou le sacrifice et le dévouement de chacun au bien de tous. Le principe de dévouement domine les sociétés à mesure qu'elles deviennent plus parfaites, à mesure qu'elles appellent un plus grand nombre de citoyens à les gouverner, c'est-à-dire à les servir ; et c'est en ce sens que

Montesquieu professe que la vertu est le fondement nécessaire des républiques. Mais la famille est l'école même du sacrifice ; c'est au chevet du lit de sa femme, au berceau de son enfant, que l'homme apprend à se priver, à se contraindre, à se dévouer, qu'il apprend à vivre pour autrui, non pas conditionnellement, non pour un temps, mais à perpétuité, c'est-à-dire qu'il apprend tous les devoirs de la vie civile. Voilà pourquoi, dans ce besoin de réforme qui tourmente la société moderne, elle cherche à se rapprocher de la famille, à se modeler sur elle, à lui emprunter la fraternité qu'elle inscrit dans ses lois. Assurément le moment serait mal choisi pour affaiblir cette sainte discipline de la vie domestique, pour en relâcher les nœuds, quand tout le travail du siècle est de resserrer les liens de chaque nation en faisant disparaître les inégalités qui divisaient les citoyens, et d'unir plus étroitement toute la race humaine, par les décrets qui abolissent l'esclavage et par les traités qui consacrent la solidarité des peuples.

Ainsi nous repoussons le divorce comme profanant le mariage, où il introduit la polygamie successive, et, ce qui est pire encore, la polygamie de la femme, que les législations les plus relâchées n'ont jamais connue. Nous le repoussons comme exerçant sur la famille un pouvoir qui n'appartient qu'à la mort, comme violant les droits des enfants dont il fait des orphelins, et des orphelins qui n'ont pas même la pitié, qui n'ont que la défaveur des hommes. Nous le repoussons comme l'abolition du sacrifice dans la société, comme un exemple fait pour apprendre aux passions qu'il n'y a pas d'engagements si sacrés qu'elles n'aient le droit de dissoudre.

Le divorce trouve cependant deux sortes de défenseurs. Les premiers le soutiennent avec les rédacteurs du Code civil, « non comme un bien, « mais comme le remède d'un mal, inutile chez « un peuple naissant dont les mœurs pures assure- « raient le bonheur des époux, nécessaire si l'acti- « vité des passions et le déréglement des mœurs « pouvaient entraîner la violations de la foi promise « et les désordres incalculables qui en sont la suite. » Les arguments de ces publicistes se réduisent à faire du divorce une consolation au malheur des mariages mal assortis, et un moyen de régulariser le scandale des mariages déshonorés.

Sans doute, nous reconnaissons tout ce qu'il y a d'inconsolables douleurs dans l'éternelle union de deux personnes irritées par des torts graves ou par l'incompatibilité de leurs caractères. Mais nous n'avons jamais vu qu'un devoir cesse d'être sacré parce qu'il devient douloureux, ni que la loi, par exemple, ait songé à dissoudre le lien de paternité parce qu'il y a des pères injustes et des fils ingrats. Bien plus, c'est précisément à cause du malheur des mauvais mariages que nous en voulons la perpétuité. Nous la voulons comme une menace capable d'arrêter les époux au moment d'une de ces offenses qui ne se pardonnent pas, capable surtout d'arrêter les parties contractantes à la veille de ces unions que l'intérêt forme sans prendre conseil du cœur, et qui se multiplieraient à l'infini dès qu'elles seraient réparables comme une mauvaise affaire et comme un faux calcul.

En ce qui touche le scandale, nous le souffrons dans les mœurs, mais nous ne le supportons pas dans les lois. Si, malgré l'opiniâtreté des mœurs, nos lois n'ont jamais consenti à régulariser l'homicide par le duel, nous ne comprendrions pas qu'elles consentissent à organiser l'adultère par le divorce. Tout l'effort des législations est de reproduire l'ordre providentiel qui régit les sociétés, par conséquent de proposer un idéal qui domine la réalité, qui tende sans cesse à relever le niveau de la moralité publique. Le mauvais exemple des déréglements que la société réprouve, qu'elle punit quelquefois, qu'elle gêne toujours, est bien moins dangereux que celui d'un désordre qu'elle autorise, qu'elle protége, qu'elle offre comme un refuge aux vertus faibles, comme un but aux vices qui calculent. Pensez-vous diminuer l'adultère quand vous aurez diminué la sainteté du mariage, quand vous aurez encouragé le mari infidèle en faisant du divorce la récompense de son infidélité, pourvu qu'il la pousse jusqu'à produire sa concubine dans la maison conjugale? Pensez-vous pourvoir à l'éducation forte que veut une génération républicaine, en l'élevant à des foyers que le divorce pourra éteindre, en l'habituant au spectacle de l'instabilité, à ne plus rien connaître d'éternel, ni par conséquent de respectable?

Ces prévisions du raisonnement se confirment par les faits. La statistique du divorce dans les contrées de l'Europe où la loi le permet n'a jamais été complétement dressée. On n'en a pas besoin pour savoir que ces contrées donnent l'exemple d'une immoralité inconnue aux nations qui professent l'indissolubilité du mariage. Il n'est plus permis de se rejeter comme autrefois sur la corruption de l'Espagne et de l'Italie : personne n'oserait plus faire retomber le désordre d'une poignée de noblesse et de bourgeoisie sur des peuples chastes, jaloux jusqu'à l'excès de la vertu de leurs femmes et de leurs filles, Au contraire, il y a longtemps que les protestants déplorent la licence des mœurs de Berne et de Genève. On ne connaît que trop le relâchement qui déshonore l'Allemagne, et qui fait que, dans les grandes villes, le chiffre des enfants naturels dépasse celui des enfants légitimes. Le nombre des naissances irrégulières croît avec celui des divorces qui, en 1837, s'éleva pour la Prusse à 2,391, sans parler de 1497 demandes que les tribunaux rejetèrent. Ces progrès ont effrayé le gouvernement prussien, et ses jurisconsultes les plus consommés s'occupaient, il y a deux ans, de rendre la dissolution du mariage moins facile. La même question préoccupa le parlement anglais au commencement de ce siècle, et fit l'objet d'un débat dans lequel l'évêque de Rochester déclara que, sur dix demandes en divorce pour cause d'adultère, il y en avait neuf où le séducteur était convenu d'avance avec le mari de lui fournir les preuves de l'infidélité de sa femme. Le mal en est venu à ce point de supposer la *conversation criminelle*, de la prouver par faux témoignage, pour obtenir la rupture d'une union détestée. Et en même temps, pour juger ce que peut le divorce contre le débordement du concubinage, on a la preuve qu'en 1830 Londres comptait 75,000 personnes vouées à la prostitution publique, tandis que Paris n'en avait que 12,000, et que Rome conserve encore aujourd'hui l'honneur de ne pas connaître cet autre « mal nécessaire » des États policés.

Mais le divorce trouve d'autres défenseurs qui le proposent, non comme une concession, mais comme un progrès, comme le premier pas d'une doctrine destinée à commencer par la famille la réforme de la société. Ces défenseurs sont les communistes de toutes les écoles. Si les saint-simoniens repoussaient le dogme de la communauté des femmes, on n'a pas oublié l'obscurité dont ils voilaient leur théorie du mariage, et le schisme qui éclata lorsque Enfantin, déchirant

le voile, enseigna « que celui-là ne serait pas fils
« de Saint-Simon, qui voudrait prescrire à la femme
« une loi et lui imposer des devoirs. » Les phalans-
tériens ont des mystères moins impénétrables, et
dans la table des passions dressée par Fourier, à
côté du *familisme*, qui tend à resserrer, à perpétuer
les liens du sang, on trouve la *papillonne*, qui est
le besoin légitime de varier ses amours comme ses
pensées. Il faut être juste envers les communistes
icariens : M. Cabet se contente du divorce et maintient avec une fermeté méritoire la nécessité du mariage. Mais, en respectant l'honorable inconsé-
quence d'un certain nombre d'esprits décidés à
trahir la logique plutôt que la morale, il est instructif de suivre des penseurs plus hardis et de voir
jusqu'où ils pousseront la rigueur et la témérité
des conclusions. C'est le mérite de la secte la plus
avancée du communisme, de celle qui a pris le nom
de *société des travailleurs égalitaires*. Ses doctrines
sont résumées dans le procès-verbal d'une séance
tenue le 20 juillet 1841, où l'on arrêta les dogmes
suivants : « Le MATÉRIALISME doit être proclamé
« comme la loi inaltérable de la nature sur laquelle
« tout se fonde, et qu'on ne saurait violer sans
« tomber dans l'erreur. La FAMILLE doit être sup-
« primée, parce qu'elle détruit l'harmonie de la
« fraternité qui seule peut unir les hommes, et
« qu'elle devient la cause de tous les vices qui les
« corrompent. Le MARIAGE doit disparaître comme

« une loi injuste qui rend esclave ce que la nature
« a rendu libre, et qui fait de la chair une pro-
« priété personnelle. Par là même il rend impos-
« sible la communauté des biens et par conséquent
« le bonheur, puisqu'il est évident que la commu-
« nauté des biens ne supporte aucune sorte de
« propriété. »

Ces maximes ont de quoi soulever la conscience : le raisonnement ne peut rien contre la rigueur de leur enchaînement. Il faut proclamer le règne du matérialisme, quand on fait profession de réhabiliter tous les appétits, de supprimer la souffrance comme un abus des sociétés décrépites, et l'abnégation comme une doctrine introduite par les prêtres pour tenir les peuples dans l'obéissance. Il faut détruire la famille pour exterminer la propriété, dont la famille est l'éternelle racine : vainement décréterez-vous l'égalité des fortunes, tant que subsistera l'inégalité des charges que la paternité impose, et que les pères n'auront pas étouffé dans leur cœur le besoin de pourvoir après eux à la destinée de leurs enfants. Il faut surtout frapper le mariage pour en finir avec un ordre social dont il est le nœud ; et la loi du divorce est le premier acte de la politique régénératrice qui inaugurera la communauté des femmes pour assurer la communauté des biens.

II

La loi du 8 mai 1816 avait aboli le divorce. Le 11 décembre 1831, la proposition de M. de Schonen pour l'abrogation de cette loi fut adoptée par la chambre des députés à la majorité de cent quatre-vingt-quinze voix contre soixante et dix. Une seule pensée, on pourrait dire une seule passion, domina la discussion et entraîna le vote : c'était la haine de la religion d'État dont les vainqueurs d'alors avaient maudit le joug pendant quinze ans. Les développements que M. de Schonen donnait à sa proposition, le rapport de M. Odilon Barrot, le savant discours de M. de Salverte, qui tourna toute l'histoire contre le dogme de l'indissolubilité du mariage, tout le débat en un mot se réduisit à une question de liberté religieuse. Le divorce fut représenté comme le droit commun des sociétés policées, consacré par les lois judaïques et la jurisprudence romaine, toléré par le Christianisme, jusqu'au moment où les papes, étendant leurs prétentions, firent de la doctrine de l'indissolubilité un moyen d'inquiéter la conscience des rois. Mais la liberté, disait-on, s'était réfugiée dans l'Église grecque, jusque dans la catholique Pologne, enfin dans toutes les communions protestantes qui permirent la rupture de l'union conjugale. En présence de ces contradictions, l'abolition du divorce était une invasion du dogme dans le domaine du droit, un acheminement à la loi du sacrilége, une oppression des consciences.

Lorsqu'on ouvre les journaux du temps et qu'on se donne le spectacle de cette discussion mémorable, on s'étonne de l'emportement de ces passions irréligieuses que nous ne connaissons plus, et il faut bien avouer que l'Église eut plus à craindre des derniers serviteurs de la royauté que des combattants de la République. Mais, en reconnaissant que la défense du divorce, telle que la présentèrent les orateurs de 1831, ne trouverait plus le même accueil, on ne peut dissimuler la gravité des arguments qu'ils produisirent, ni s'abstenir d'une controverse historique où les faits mal étudiés ont pu tromper les meilleurs esprits.

Il est vrai que Moïse (*Deutéronome*, xxiv, 1) permet au mari de répudier sa femme s'il la trouve flétrie de quelque souillure, et que la loi des douze tables accordait au citoyen romain le même droit. C'est l'effet du pouvoir marital tel que l'antiquité le conçut, qui faisait asseoir l'époux comme juge au tribunal domestique, et mettait la femme à ses pieds comme une créature déchue, par conséquent fragile et dangereuse. Mais ce droit que le mari seul exerce n'a rien de commun avec le divorce dont la femme peut se prévaloir; s'il détruit toute liberté dans la société conjugale, il n'y institue pas l'anarchie; il conserve du moins l'unité de la famille en laissant au père le gouvernement et la charge des enfants. La répudiation est une menace de la loi dont les mœurs n'abusent point, puisque chez les Juifs on en voit peu d'exemples jusqu'au retour de la captivité, et que Rome vécut cinq siècles, les plus héroïques de son histoire, sans qu'un citoyen osât violer les auspices qui consacraient le mariage. Au contraire, quand le débordement des mœurs eut introduit le divorce mutuel, telle devient l'impuissance de la loi romaine, la plus sage cependant qui soit sortie de la main des hommes, qu'au temps de Sénèque les matrones comptaient les années par le nombre de leurs époux, au lieu du nom des consuls, et que plus tard elles poussèrent le progrès à ce point que saint Jérôme assista aux funérailles d'une femme qui avait eu vingt-deux maris.

Le progrès véritable était de rétablir l'égalité, non pas en armant la femme du libelle de répudiation, mais en désarmant le mari de ce pouvoir judiciaire que lui conférait la dureté de l'ancienne loi. Le Christianisme donne à l'épouse bien plus que la liberté, il lui donne l'empire du cœur de l'homme; il lui attribue sur la personne de son époux un droit que nulle législation n'avait reconnu; il exige pour elle autant qu'elle accorde. Et voilà pourquoi les premiers disciples de l'Évangile, étonnés d'une doctrine si nouvelle, répondaient :

« S'il en est ainsi des droits de la femme, mieux
« vaut pour l'homme ne se marier jamais. » C'était pourtant le mariage chrétien, avec le dogme
de l'indissolubilité, qui devait régénérer la famille
et la société romaine, au moment même où les
progrès du célibat dépeuplaient l'empire, en dépit
des décrets qui encourageaient les justes noces et
qui récompensaient la fécondité. Aussi l'histoire de
l'Église n'a peut-être pas de spectacle plus attachant que cet effort de la famille chrétienne pour se
constituer au milieu des résistances du paganisme
qui survivait dans les lois longtemps après avoir
péri dans les temples. Les Pères ne se lassent pas de
combattre comme une tentation cette liberté du divorce que les fidèles trouvaient dans les constitutions des princes et dans l'enseignement des jurisconsultes. « Autres sont les lois des Césars, disait
« saint Jérôme, autres celles du Christ. Papinien
« a ses préceptes, mais Paul, notre maître, a les
« siens. » (*Epist.* 72, *ad Oceanum.*) Saint Jean
Chrysostome ajoutait : « Ne me citez pas les lois
« qui ordonnent de signifier la répudiation et de
« rompre le mariage. Dieu ne vous jugera point
« sur les lois des hommes, mais sur celles qu'il a
« dictées. » (*De Libell. rep.*) L'Église était si loin
de recevoir, comme on l'a dit, en matière de divorce, les maximes du droit civil, que le deuxième
concile de Milève, en 416, interdit aux époux séparés, au mari comme à la femme, de convoler à

d'autres noces, et soumet les contrevenants à la pénitence publique. Ces temps sont l'âge d'or du Christianisme ; on ne leur reproche ni les superstitions ni les usurpations dont on noircit les siècles suivants. Et cependant la doctrine de l'indissolubilité y avait déjà toute sa force ; elle commençait à vaincre le relâchement des mœurs romaines, quand elle rencontra de nouveaux périls dans les instincts et dans les coutumes des conquérants barbares qui ouvrirent le moyen âge.

Le droit commun des peuples du Nord permettait la polygamie à leurs chefs. Les rois des Francs devenus chrétiens cherchèrent à retenir au moins le privilége de la polygamie successive, c'est-à-dire de la répudiation. De là ces exemples dont les défenseurs du divorce se sont prévalus : ces rois de la première et de la seconde race se défaisant de leurs épouses et trouvant des évêques pour bénir l'adultère légal, comme on en trouva plus tard pour bénir le duel judiciaire. Toutefois, la discipline des premiers siècles conservait tant d'autorité, en 857, qu'un descendant de Charlemagne, le roi Lothaire, ayant répudié Thietberge, le pape Nicolas Ier ne craignit pas de le dénoncer à l'indignation de l'univers. « Car
« nous ne souffrirons pas, disait-il, que le désordre
« étende ses racines. Et qui donc empêcherait désormais les hommes, quand ils seront las de
« leurs femmes, de les accabler de persécutions jusqu'à ce qu'elles sollicitent la rupture du ma-

« riage, ou de les contraindre par mauvais traite-
« ments à se déclarer coupables d'un crime capi-
« tal? » On a beaucoup cité le divorce de Louis le
Bègue : on oubliait que le souverain pontife Jean VIII,
venu en France pour sacrer le roi, refusa de couronner la seconde épouse qui usurpait le nom de
reine. Ainsi les papes commençaient à troubler la
conscience des rois ; ils commençaient plus tôt
qu'on ne pense communément, longtemps avant
les efforts d'Innocent III pour séparer Philippe
Auguste de cette Agnès de Méranie qui a fait couler
tant de larmes de théâtre : ils continuèrent, avec
plus d'opiniâtreté qu'on ne croit, jusqu'au temps
où ils consentirent à voir le schisme d'Henri VIII
plutôt qu'à signer l'acte de son adultère. En effet,
ils ne pouvaient rien de plus grand que de troubler
ces consciences qui se trouvaient au-dessus des
lois ; que de laisser périr une province de l'Église
plutôt que le dogme générateur de la famille chrétienne, plutôt que ce respect des femmes qui
fit la dignité des mœurs publiques au moyen
âge et qui commença l'éducation de la société moderne. Dans ces querelles où l'on n'a voulu voir
que les rivalités des deux puissances, nous trouvons
qu'il s'agit de tout le spiritualisme chrétien, et de
savoir qui restera maître du monde, l'esprit ou la
chair. Il s'agit aussi de toute la liberté. Les papes
savaient bien la faiblesse du cœur humain, et que
si le libre arbitre n'a pas d'autre refuge, il tiendra

difficilement contre les menaces et contre les séductions du dehors. Ils savaient, au contraire, tout ce que l'homme trouve de force dans ces liens du mariage et de la paternité qui le gênent, mais qui le soutiennent. C'est pourquoi ils s'attachaient à fortifier la famille, à la mettre sous l'empire du droit canonique, en la dérobant à l'arbitraire des lois civiles, à en faire comme un rempart où la liberté morale pourrait défier toutes les tyrannies.

En effet, le divorce fut si peu une loi de liberté, qu'il fit son avénement, au seizième siècle, avec les doctrines qui niaient le libre arbitre dans l'homme, et qui rétablissaient la théocratie antique dans l'État. Quand Luther eut enseigné « qu'il est aussi im- « possible de se contenir que de se dépouiller de « son sexe, » il ne fallut plus s'étonner qu'il permît la répudiation, et qu'il descendît jusqu'à la polygamie des patriarches, en autorisant le landgrave de Hesse à épouser, sans préjudice de la landgravine, une autre femme, « pour certaines « nécessités de corps et d'esprit. » Ce fut le divorce de Henri VIII qui mit dans ses mains le gouvernement de l'Église d'Angleterre, et le peuple le plus fier de l'Europe consentit à rendre à ses rois le pontificat que le Christianisme avait arraché aux Césars. Voilà les origines du divorce dans les communions protestantes. L'Église grecque, sur une fausse interprétation de l'Évangile, avait aussi voulu conserver aux maris la faculté de répudier la femme adultère : elle a éprouvé ce qu'il en coûte à une société imprévoyante de n'avoir pas su faire une garde assez jalouse autour du sanctuaire de la famille. Les czars de Russie, les hospodars des principautés du Danube, ont disposé de la durée du mariage, trafiqué des femmes et des filles de leurs sujets, et réduit l'aristocratie schismatique à une dégradation de mœurs qui fait la force de ses maîtres. En ce qui touche la Pologne, il n'est pas vrai que l'Église y ait jamais toléré le divorce. Sans doute le mauvais exemple des peuples voisins avait altéré dans la noblesse polonaise la discipline du mariage; mais, au lieu de la rupture de l'union conjugale que les tribunaux ecclésiastiques n'ont jamais prononcée, on en plaidait la nullité, on la prouvait par des empêchements dirimants ménagés d'avance; et, par une procédure abusive que les papes ont sévèrement condamnée, on sauvait le principe en satisfaisant les passsions. Mais le ciel ne bénit pas ces faiblesses publiques d'un grand peuple, et la Pologne a trop cruellement expié, selon la parole de Pie IX, ces trois scandales du mariage profané, du servage perpétué et de l'oppression des Grecs-Unis.

Il fallait ce retour sur le passé pour s'assurer si la loi de l'indissolubilité du mariage fut l'œuvre d'une politique de quelques siècles, resserrée dans les bornes de la France, de l'Italie et de l'Espagne, c'est-à-dire dans un coin de l'univers ; si le divorce est au contraire le droit commun de l'antiquité civilisée et des sociétés modernes. Il fallait connaître quelle place les deux lois tiennent dans l'histoire avant de savoir celle qu'on leur doit dans nos institutions.

La liberté que l'État doit aux cultes ne consiste pas à autoriser tout ce qu'ils tolèrent, mais à ne point ordonner ce qu'ils défendent, à ne pas défendre ce qu'ils ordonnent. Si la morale publique devait descendre au niveau de toutes les religions qui se partagent le territoire, depuis le jour où la France compte quinze cent mille sujets musulmans, elle aurait dû introduire la polygamie au Code civil ; et l'on ne voit pas de quel droit elle interdirait au Français qui voudrait faire profession de foi mahométane d'avoir à Paris son harem avec sa mosquée. Alors aussi les quinze cent mille protestants français auraient droit de dresser pour eux la tente des patriarches, de donner le libelle de répudiation et de dire comme Luther : « Si la maîtresse « ne veut pas, que la servante vienne ! » Mais nous devons aux protestants français cette justice de reconnaître qu'en matière de mariage ils professèrent presque toujours une sévérité de sentiments qui les honore ; que sous le régime de l'édit de Nantes leurs magistrats punissaient le divorce, que leurs moralistes les plus graves le réprouvent, et qu'enfin le petit nombre de pétitions qui le réclament ne vient pas d'eux. La liberté religieuse n'a donc rien à souffrir de la législation présente. Au contraire, le rétablissement du divorce la menacerait, en punissant, dans un cas possible, l'acte même dont la religion ferait un devoir. Si deux époux, égarés par les conseils de la passion et par les tentations de la loi, après un divorce de plusieurs années, cèdent aux menaces du catholicisme, qui leur ordonne de pardonner et de renouer les liens qu'il avait bénis, l'article 295 du Code civil leur déclare que les époux divorcés ne peuvent plus se réunir : leur réconciliation, aux yeux de la loi, n'est plus qu'un désordre, et les enfants qui viendront y mettre le sceau naîtront bâtards.

En repoussant le divorce au nom de la liberté, les catholiques ne cachent pas dans leur cœur la pensée du pouvoir : ils n'ont pas ce désir qu'on leur suppose d'introduire leur dogme dans le droit public du pays, et de donner encore une fois à l'Église le royaume de ce monde, qu'en d'autres temps elle a payé trop cher. Si les catholiques n'acceptaient pas l'ordre de la société nouvelle qui sépare l'Église de l'État, s'ils regrettaient quelqu'une des institutions modernes, ce serait assurément celle du mariage civil, qui enlève au prêtre l'honneur d'être le magistrat de la société domestique. Tout leur effort serait donc d'affaiblir le mariage civil, et, à cet égard, rien ne les servirait mieux que le divorce. Le jour où l'union conjugale conclue devant l'officier public ne serait plus qu'un marché à terme que l'intérêt ou la passion pourrait résilier, quel père, quelle mère, jaloux de l'honneur de leur fille, voudraient la donner à tout autre qu'à un homme que sa foi enchaînerait au serment prêté devant l'autel? Alors se feraient peu à peu deux peuples : l'un, de ces familles mobiles, dont la loi lierait et délierait les engagements, où il n'y aurait ni dignité pour les époux, ni éducation pour les enfants, ni discipline pour la société ; l'autre, des familles chrétiennes, qui garderaient toutes les traditions du mariage et de la paternité antiques, l'indissolubilité, la stabilité, tout ce qui fait la pureté des races, et à la longue leur puissance !

Mais nous repoussons cette consolation impie, et, quand nous demandons l'indissolubilité de la famille, à Dieu ne plaise que nous voulions le divorce dans la nation !

III

La proposition du divorce, écartée par la résistance de la Chambre des pairs, de 1831 à 1835, devait se reproduire en 1848, avec les motifs nouveaux que demandait la nouveauté des temps. Elle s'est annoncée comme le couronnement nécessaire des institutions démocratiques. Ses défenseurs ont pour eux les souvenirs de 1792, ils ont contre nous l'autorité d'un nom honoré des catholiques, M. de

Bonald. Ce publiscite ne trouve pas d'accusation plus concluante contre le divorce que d'en faire l'inévitable conséquence du gouvernement populaire, et une sorte de démocratie domestique. On ne peut nier que ces considérations, éloquemment développées, n'aient concouru à faire supprimer le divorce en 1816, au retour de la royauté proscrite. Elles semblent décisives pour le rétablir au moment où la démocratie entraîne la France et l'Europe sous des lois que plusieurs peuvent trouver dures, mais qu'il faut bien reconnaître irrésistibles.

Nous n'aurons jamais l'injustice d'oublier les services de M. de Bonald et de cette école qui se forma autour de lui pour la défense de la tradition religieuse. Mais, par le penchant des meilleurs esprits à conclure du spirituel au temporel, il arriva que les apologistes de l'autorité de l'Église se crurent engagés au service du pouvoir des rois. Pour nous, c'est précisément parce que l'Église satisfait le besoin d'autorité qui n'abandonne jamais le cœur des hommes, que nous voulons dans la société civile cette liberté dont le besoin ne leur laisse pas non plus de repos. Voilà le point qui nous sépare des publicistes de la Restauration, et pourquoi nous repousserons le divorce, non comme la conséquence, mais comme la ruine de cette démocratie chrétienne dont nous voulons être les serviteurs.

Nous n'avons fait qu'une bien rapide histoire du divorce, mais suffisante pour savoir qu'aucune institution n'eut des origines moins démocratiques. Au moyen âge, ce sont les rois qui réclament le privilége de répudier leurs femmes, soit pour cause de stérilité, soit pour former des alliances plus avantageuses, soit que leurs passions veuillent profiter de cette maxime des légistes : « Que le prince est au-dessus des « lois. » Au contraire, quand l'Église leur résiste, quand, prenant fait et cause pour l'épouse délaissée, elle met le royaume en interdit, elle n'est que l'interprète de la conscience des peuples indignés. Pendant que Philippe Auguste tenait la triste Ingeburge prisonnière au château d'Étampes, le peuple de Paris se déclarait hautement pour elle, comme plus tard il jetait de la boue aux carrosses qui promenaient les maîtresses de Henri IV. Dans le protestantisme, le divorce n'est qu'une suite de cette politique aristocratique qui a prolongé la durée de la féodalité en Angleterre et en Allemagne et qui l'aurait perpétuée en France, si le parti protestant, recruté dans la noblesse, n'avait plié devant l'élan populaire de la Ligue et sous le sceptre niveleur de Richelieu. Il avait fallu permettre la rupture du mariage comme le moyen de perpétuer l'hérédité, de multiplier les liens, de relever la fortune de ces maisons puissantes, par l'autorité desquelles, comme le dit le protestant Jurieu, la réforme s'était faite et devait se maintenir. Voilà pourquoi les lois anglaises rendent la procédure du divorce tellement coûteuse, qu'elles en réservent la prérogative à ce petit nombre de familles maîtresses du sol et des destinées de la Grande-Bretagne. Pour en venir à la Révolution française, le divorce était si peu dans son génie, que parmi tant de cahiers présentés aux états généraux, un seul en exprimait le vœu, et c'était le cahier du duc d'Orléans, c'est-à-dire du plus fidèle représentant des traditions de la Régence. La loi de 1792 fut l'œuvre non de la démocratie, mais de cette philosophie matérialiste du dix-huitième siècle, nourrie dans les petits soupers des favorites, et qui avait appris le mépris du mariage au pied de l'alcôve de Louis XV.

Aujourd'hui, qui demande l'abrogation de la loi de 1816 ? Une école de jurisconsultes voués à une admiration superstitieuse du Code civil, et inconsolables d'en avoir vu déchirer une page. Je ne parle pas de ceux pour qui le divorce ne serait, comme on l'a dit, qu'un nid à procès, ou tout au moins une occasion de s'ingérer dans les plus secrets mystères des familles, et d'y étendre une influence qu'apparemment on n'a pas voulu ôter aux prêtres pour la donner aux gens de loi. Qui encore ? Des écrivains de romans qui, après avoir versé les larmes dorées de leurs feuilletons sur le malheur des femmes incomprises, après avoir goûté pendant quinze ans la popularité lucrative des boudoirs et des cabinets de lecture, ambitionnent la gloire des législateurs, et se croient appelés à faire les institutions d'une société qui a bien voulu leur laisser faire ses passe-temps. Qui enfin? Une classe d'hommes désireux de conserver l'honneur du mariage sans en garder les charges, trop accoutumés à le traiter comme une affaire, pour ne pas s'en ménager la rupture, trop faibles pour supporter la pensée d'un engagement éternel, la pensée d'un devoir douloureux, la pensée d'un sacrifice, c'est-à-dire la seule pensée qui honore la vie et rend la terre habitable aux gens de cœur! Nous ne faisons pas au peuple l'injure de le flatter. Mais nous lui devons ce témoignage, que le cri du divorce n'est pas sorti des barricades du 24 février, ni de ces colonnes d'ouvriers qui pendant deux mois ont assiégé le perron de l'Hôtel-de-Ville, ni des délégués des travailleurs pressés sur les bancs du Luxembourg. Nous connaissons les torts du peuple de Paris, il les connaît lui-même. Il sait qu'il ajourne trop souvent l'acte qui rend l'union de l'homme et de la femme respectable devant Dieu et devant les hommes. Mais il sait trop la sainteté de ce serment qu'il diffère et qu'il redoute, pour le remplacer par la fiction légale d'un mariage dissoluble. Il veut des institutions meilleures que lui, et il n'a pas encore ce besoin des sociétés dépravées, de se passer de principes en sauvant les bienséances, et de se consoler des mauvaises mœurs par de mauvaises lois.

Nous ne voyons pas non plus que la loi du divorce ait rien de démocratique dans son esprit, si l'esprit de la démocratie est de maintenir l'égalité, de contenir les forts, de garantir les faibles. C'est aussi là ce qui fait la popularité de la démocratie en France, dans ce pays plus jaloux de l'égalité que de la liberté même, qui eut toujours en horreur l'abus de la force, qui arma autrefois la chevalerie pour la protection de toutes les faiblesses. Mais que fait au contraire le divorce, sinon de prendre le parti du plus fort, c'est-à-dire du mari contre la femme, des époux contre les enfants ? Vainement la loi s'applique à présenter le divorce comme un droit égal ouvert aux deux conjoints ; la nature des choses en fait un privilége dont la femme ne peut ni exercer toute la plénitude ni recueillir tout le profit. Et d'abord, en ce qui touche la demande, l'article 239 du Code civil introduit déjà l'inégalité en n'accordant à la femme le divorce pour cause d'adultère « qu'autant que le mari a tenu la concubine dans la maison commune. » Qui ne sait d'ailleurs tout ce qu'endurera la pudeur de l'épouse avant de subir l'humiliation des comparutions en personne que la loi (art. 248) exige à chaque acte de la cause, avant de livrer aux tribunaux le secret de ses pleurs, et de fournir la preuve des excès, sévices et injures graves, destinés à devenir les déplorables titres de sa liberté? En second lieu, quelle égalité dans les suites du divorce, entre le mari qui vit de son travail, qui souvent voit grandir avec l'âge sa fortune, sa considération, sa destinée ; et la femme qui n'a jamais qu'à perdre au cours des ans s'ils ne multiplient pas autour d'elles les affections et les respects de la famille, qui a été condamnée à enfanter avec douleur, mais non pas à manger son pain à la sueur de son front, et qui, en épuisant ses forces dans les douleurs de la maternité, n'en a pas assez gardé pour suffire au besoin de l'isolement? Pour le divorce par consentement mutuel, qui ne voit ce que voyait déjà ce vieux pape du moyen âge que nous citions, et quels moyens auront les hommes las de leurs femmes de leur rendre souhaitable la rupture du mariage?

Mais, quand les deux époux s'accorderaient sincèrement à demander la dissolution du contrat conjugal, nous ne reconnaîtrions dans leur accord qu'une conspiration des forts de la famille contre les faibles, c'est-à-dire contre les enfants, et la loi paraît ici plus impuissante que jamais à exercer la protection qu'elle doit aux opprimés. Elle n'a pas permis au magistrat de prononcer le divorce avant d'avoir fait comparaître les conjoints assistés chacun de ses deux amis et munis du consentement de leurs pères, mères et ascendants (art. 281-286). Les seules personnes qu'elle ne consulte pas sont les plus intéressées, celles dans l'intérêt desquelles le contrat fut conclu, qui ne peuvent que perdre à sa rupture. Elle a raison assurément de leur épargner la douleur de l'interrogatoire et le scandale des débats ; mais elle se trompe en croyant pourvoir à leurs intérêts par les articles qui conservent aux parents divorcés le droit de surveiller l'éducation des enfants et le devoir de contribuer à leur entretien (303-305). Le droit des enfants va plus loin que le pouvoir du législateur. Ils réclament autre chose que ce pain amer de la séparation, dont chacun des époux divorcés peut en effet leur donner la moitié; autre chose que les leçons des maîtres qui se payent à prix d'or. Ils ont droit à cette éducation de toutes les nuits, pour laquelle Dieu n'a pas cru que ce fût trop de réunir les deux vies d'un père et d'une mère ; ils ont droit à cette société de la famille que la mort même ne peut rompre sans qu'on ressente une pitié infinie pour les orphelins auprès de qui toute la tendresse de l'époux survivant ne réparera jamais l'absence de l'autre.

Il faut achever, et, pour juger le divorce comme institution démocratique, il faut descendre à l'application de la loi, c'est-à-dire du titre VI du Code civil, la plus sage législation qui soit en cette matière, et la seule praticable, si l'on veut conserver au mariage un reste de dignité, un reste de contrainte aux passions. Les rédacteurs du Code civil, ces juges sévères du cœur humain, avaient pensé rendre le divorce rare en le rendant dispendieux. Ce n'est pas ici le lieu de dresser le tableau des frais d'une instance en dissolution de mariage. Mais il suffit de parcourir les soixante articles qui en règlent la procédure (234-294), de calculer tout ce qu'elle exige d'inventaires, de comparutions avec assistance d'avoué, de pièces fournies, d'enquêtes, de procès-verbaux, de jugements interlocutoires ou définitifs, tout ce qu'elle permet d'incidents, de défauts, d'appels et de pourvois, pour se figurer, avec un peu d'habitude du palais, le formidable chiffre auquel s'élèvera la taxe. Ce signe n'est pas celui d'une institution populaire. Et ne dites pas qu'on y pourvoira en rendant la justice gratuite pour les pauvres : car combien de citoyens consentiront à recevoir la justice comme une aumône? ni en rendant la justice gratuite pour tous : car vous ne voulez pas inaugurer le règne de la fraternité universelle en déchaînant sur la société le déluge des procès que la crainte salutaire du tarif ne contiendrait plus.

Écartez d'ailleurs tout calcul pécuniaire et ne considérez que la perte du temps. Comptez les journées consacrées en formalités préparatoires du divorce par consentement mutuel, en présentations devant le juge, en production d'actes de naissance, de mariage, de consentements paternels et maternels quatre fois renouvelés ; n'oubliez pas les démarches sans nombre auprès de l'avoué poursuivant, des deux notaires instrumentants, du juge commis, du ministère public, jusqu'à l'heureux moment où les conjoints paraîtront devant l'officier de l'état civil, pour ouïr dire qu'ils sont désunis; et vous conviendrez que le divorce n'est guère fait que pour ces existences désœuvrées qui ne comptent ni les ans ni les jours, qui ont le loisir de se créer des affaires de cœur et d'en occuper la justice. Mais quand la nécessité d'un travail qui ne connaît plus de jours de repos rend si onéreuses au peuple les formalités mêmes du mariage; quand la difficulté de produire les pièces requises retarde la légitimation de tant d'unions irrégulières, au point qu'il a fallu l'établissement d'une société de bienfaisance *pour le mariage des ouvriers*, pense-t-on que le peuple trouve, pour rompre ses unions, le temps qui lui manque pour les faire bénir, ou qu'il se formera tôt ou tard une société semblable *pour le divorce des pauvres?* Et, quand enfin toutes les difficultés seraient aplanies, ne resterait-il pas celle d'assurer l'entretien des enfants? Sans doute, l'article 305 y pourvoit, en affectant à cet emploi la moitié des biens des époux divorcés. On reconnaît assez que le Code ne songe point à ceux qui n'ont pas de biens, à ceux dont les fatigues réunies, dont les privations communes suffisaient à peine aux besoins d'une seule famille, qui ne supporteront jamais le poids de deux ménages, et qui, en se dérobant au devoir paternel, ne laisseraient de prise à la justice, ni sur leur misérable avoir, ni sur leur personne. Avouons plutôt que le législateur n'eut jamais la pensée d'écrire une loi démocratique. Il savait qu'une loi plus populaire que la sienne, celle du travail, en faisant au grand nombre des hommes une condition rigoureuse, leur faisait aussi une vie plus supportable que celle des oisifs, et les préservait du danger des heures vides où les passions ont le temps non-seulement de se satisfaire, mais de se justifier. En effet, le divorce resta le privilége des grands. Une défaveur accablante le poursuivait à tous les degrés de la société française ; les ouvriers de Paris le pratiquèrent peu, de même qu'ils usent peu du bénéfice de la séparation de corps ; il trouva plus de résistance encore dans les mœurs des campagnes, et dans l'espace de quatorze ans le département de l'Aveyron n'en connut que deux exemples.

Le divorce, réprouvé par l'expérience et par le progrès des temps, ne serait donc plus aujourd'hui qu'un anachronisme. Le divorce n'est pas la loi de la démocratie : c'est celle de ce vieux libéralisme qui eut toujours plus de haine pour la religion que d'amour pour la liberté, qui ne sut que détruire, et qui s'attacha à la ruine des institutions comme la philosophie du dix-huitième siècle au renversement des croyances. Tel ne se montre point le génie de la démocratie, ni chez les grands esprits qui la servent ni dans la foule qu'elle entraîne. Quand ce peuple, maître d'une des plus opulentes villes de l'univers, où il n'a ni brûlé un palais ni renversé une statue, ne demande à ses chefs qu'une seule chose, l'*organisation*, il se peut qu'il ne comprenne pas toute la difficulté ni toute la lenteur nécessaire de l'entreprise ; mais assurément il sait qu'il est las de ruines, il a hâte de reconstruire. Et, comme c'est le propre de la démocratie de reconstruire par en bas, elle commencera par la famille, c'est-à-dire par l'institution qui est celle de tous, qui rend les hommes égaux, puisqu'elle leur donne les mêmes titres sacrés, les mêmes devoirs et les mêmes joies ; qui les rend libres, puisque le propre de l'esclavage était de n'avoir point de foyer ; qui leur apprend à se traiter en frères. La révolution s'est faite contre l'égoïsme : il faut que l'esprit de sacrifice la consacre. La révolution s'est faite contre la corruption, c'est-à-dire contre une société relâchée, qui n'avait plus le courage de détester le mal, qui avait des emplois pour l'habileté sans foi, et des honneurs pour le talent sans vertu. La révolution ne peut finir que par l'avénement d'une société nouvelle sortie du travail, des privations, de tout ce qui a coutume de raffermir les consciences et les caractères. Cette société est pauvre, elle est laborieuse, il ne lui reste qu'à être chaste pour avoir tout ce qui fait les nations fortes. Il faut qu'elle demande des lois sévères, qu'elle grandisse dans de mâles habitudes, et qu'elle tienne ainsi les promesses de la Providence. Car la Providence, souverainement économe, n'a pas prodigué les événements pour préparer un ouvrage médiocre. Et le Dieu « qui n'efface que pour écrire » ne broie si durement les peuples que pour les régénérer.

LES ORIGINES
DU
SOCIALISME

En traitant des origines du socialisme, nous avons réuni sous ce nom les écoles diverses qui le prennent, et que nous ne pouvions diviser pour ouvrir une controverse particulière avec chacune d'elles. Si beaucoup de socialistes ne sont que les disciples attardés des plus coupables erreurs du paganisme, il y en a d'autres qui se rattachent en plus d'un point aux traditions chrétiennes, et dont le tort principal est de donner de nouveaux noms à d'anciennes vertus, de changer les conseils de l'Évangile en préceptes, et de vouloir fixer sur la terre l'idéal du ciel. Nous ne méconnaissons pas la générosité de ces illusions, mais nous en voyons le danger. Comme toutes les doctrines qui ont troublé le repos du monde, le socialisme n'a de puissance que par beaucoup de vérités mêlées de beaucoup d'erreurs. Cette confusion lui prête un semblant de nouveauté qui étonne les esprits faibles : on aura écarté tout le péril de ses enseignements, quand on y aura montré, d'une part, des vérités antiques qui n'avaient pas attendu, pour se produire, le soleil du dix-neuvième siècle, et d'autre part, des erreurs séculaires plusieurs fois jugées par la conscience des hommes et condamnées par l'expérience des peuples. Il est temps d'en faire le partage et de reprendre notre bien, je veux dire ces vieilles et populaires idées de justice, de charité, de fraternité. Il est temps de montrer qu'on peut plaider la cause des prolétaires, se vouer au soulagement des classes souffrantes, poursuivre l'abolition du paupérisme, sans se rendre solidaire des prédications qui ont déchaîné la tempête de Juin, et qui suspendent encore sur nous de si sombres nuages.

Le socialisme se propose comme un progrès, et jamais peut-être on ne tenta un plus hardi retour au passé le plus reculé. Jamais, en effet, les doctrines socialistes n'ont été plus près de leur avénement que chez les nations théocratiques de l'antiquité. Quand la loi indienne fait sortir du dieu Brahma la société toute constituée, de sa tête les prêtres, les guerriers de ses bras, de ses cuisses les agriculteurs, et de ses pieds les esclaves, elle fait tout ce que rêvent plusieurs modernes. Elle fait l'apothéose de l'État, la classification des hommes par un pouvoir supérieur qui juge souverainement de leur capacité et de leurs œuvres, l'organisation du travail sous une discipline qui ne laisse place ni à la concurrence, ni à la misère, ni à tous les désordres de la liberté personnelle. C'était la condition de tout l'Orient, avec cette conséquence qu'en détruisant la liberté des personnes on supprimait la propriété qui en est l'ouvrage, et en même temps le rempart. La législation de l'Inde attribuait le sol aux prêtres; celle de la Perse le donnait au roi; sous des noms différents, c'était l'État qui possédait : les sujets ne détenaient qu'à titre précaire. Les mêmes principes avaient revêtu d'autres formes dans les premières institutions de la Grèce, chez les peuples doriens, plus fidèles aux traditions orientales. De là cette distinction de quatre classes d'hommes chez les Spartiates, le partage égal des terres et leur inaliénabilité, l'éducation des enfants arrachée à la famille, les repas en commun, et toute cette discipline qui faisait de Lacédémone un phalanstère guerrier.

Il ne fallait pas moins que de tels exemples pour tromper le génie de Platon, lorsqu'il construisait sa République idéale, l'un des plus remarquables monuments de la puissance et de l'insuffisance de l'esprit humain. On a beaucoup cité la République de Platon, on ne sait pas assez tout ce qu'il y a d'erreurs modernes dans ce beau livre. Platon commence, comme les anciens législateurs, par l'établissement d'une société toute divine et devant qui la personne humaine n'est rien. Le Dieu qui a formé les hommes a mêlé de l'or dans la composition de ceux qui doivent gouverner : il a mis de l'argent dans les guerriers, du fer et de l'airain dans les laboureurs et les artisans. Cependant, d'une génération à l'autre, l'or peut se changer en argent, et ainsi des autres métaux. C'est aux magistrats de prendre garde au métal que le dieu mêle aux âmes des enfants, de pourvoir à leur éducation et de les ranger dans les conditions d'où ils ne sortiront plus. Cette constitution implique l'abolition de la propriété. Platon veut que les guerriers de sa République ne possèdent rien en particulier; « qu'ils « n'aient ni maisons ni magasins qui ne soient « ouverts, qu'ils vivent ensemble comme des sol- « dats au camp assis à des tables communes. » Les législateurs anciens s'étaient arrêtés là. Mais il fallait que le philosophe poussât ses doctrines à leurs dernières conséquences. Après avoir ôté à la liberté humaine l'appui de la propriété, il ne lui laisse pas le refuge de la famille. De peur que la société domestique ne dispute à l'État le cœur des citoyens, il la brise, il arrache les deux sexes aux devoirs vulgaires du mariage et de la paternité, pour leur partager les charges publiques : il violente toute la nature. Les femmes des guerriers seront appelées aux fatigues, aux périls, à la gloire des hommes. En retour, elles seront communes toutes à tous;

les enfants deviendront communs, et les parents ne connaîtront pas ceux qu'ils auront engendrés. Les naissances n'ayant plus d'autre fin que d'accroître et de perpétuer la République, « les magis- « trats multiplieront les unions des couples d'élites, « ils élèveront avec soin les enfants qui en résul- « teront, afin d'avoir un troupeau toujours choisi. » Voilà pourtant où aboutit un livre qui s'ouvre par la plus admirable distinction du bien et de l'utile, par la plus éloquente défense des lois de la justice éternelle. Platon voulait bâtir la cité des dieux sur la terre; sa République n'est plus qu'un haras. C'est le chemin qu'un faux principe fait faire aux plus fermes intelligences, et nous ne nous étonnons pas que les logiciens du saint-simonisme et du fouriérisme soient arrivés aux mêmes extrémités. Mais ce qui nous confond, c'est que le plus grand génie philosophique qui fut jamais, servi par la plus harmonieuse des langues, et s'adressant à des Grecs, idolâtres de la beauté, accoutumés à dépouiller toute pudeur dans la corruption des gymnases, n'ait pas pu réunir vingt familles pour les ranger sous ses lois ; et que des modernes aient espéré ramener de vieilles nations chrétiennes à cet excès d'abaissement qui avait révolté des païens.

En effet, tout l'effort de la raison dans l'antiquité même est déjà de rompre le réseau des lois théocratiques, et d'affranchir la personne humaine par une forte constitution de la famille et de la propriété. Le droit romain n'a pas d'autre grandeur, la lutte du peuple contre le sénat n'a pas d'autre intérêt, tout le travail des jurisconsultes n'a pas d'autre pensée que d'arracher peu à peu le citoyen à la tyrannie d'un patriciat sacerdotal, de rétablir les droits de la nature dans la société domestique, de fortifier le domaine privé, de le protéger dans toutes les vicissitudes des contrats et des successions, et de conduire ainsi la propriété à ce degré de perfection où les législations modernes l'ont maintenue. Mais les anciens et les Romains eux-mêmes ne réussirent pas complétement à renouveler l'ordre social. Ils échouèrent devant deux obstacles : d'un côté la confusion du spirituel et du temporel qu'ils conservèrent en principe en ne reconnaissant point de droit contre l'État, point de liberté pour les consciences : de l'autre côté l'esclavage qui viciait la propriété en lui donnant une étendue sacrilége, et qui déshonorait le travail en le réservant à des mains serviles.

Le Christianisme seul eut la hardiesse de rompre sur ces deux points avec toute la tradition des sociétés païennes, et d'établir deux dogmes dont la nouveauté fit le scandale des philosophes et l'indignation des jurisconsultes; nous voulons dire la séparation du spirituel et du temporel et la fraternité des hommes. D'une part, le Christianisme, en arrachant à l'État le domaine des consciences, relevait la liberté humaine : il lui assurait dans ce monde l'asile du for intérieur, dans l'autre, l'asile de l'immortalité, et, pour établir une maxime si tutélaire, il n'épargna pas le sang de ses martyrs. D'un autre côté, les chrétiens ne professaient pas cet individualisme étroit dont on les a trop souvent accusés, ils ne se renfermaient point, comme on l'a dit, dans l'égoïsme du salut. Leur théologie n'avait pas d'expression trop forte pour exprimer l'unité, la solidarité, la responsabilité mutuelle de la famille humaine. C'était beaucoup d'enseigner l'origine commune des hommes et leur égalité devant Dieu. Mais l'union dans le Christ faisait plus que l'union dans Adam : les chrétiens devenaient plus que des frères, ils devenaient les membres d'un même corps. Et, pendant que Platon remerciait les dieux de l'avoir créé homme plutôt que femme, libre plutôt qu'esclave, Grec plutôt que barbare, saint Paul déclarait qu'il n'y avait plus « ni « homme ni femme, ni libre ni esclave, ni Grec ni « barbare, mais un seul corps en Jésus-Christ. »

La fraternité chrétienne n'eut jamais d'image plus parfaite que cette église primitive de Jérusalem, où toute la multitude de ceux qui croyaient n'avaient qu'un cœur et qu'une âme, et où l'on ne voyait point de pauvres, parce que tous ceux qui possédaient des terres ou des maisons les vendaient et en apportaient le prix. « Ils le mettaient « aux pieds des apôtres, et on le distribuait à chacun

« selon son besoin. » On a beaucoup abusé de cet exemple et reproché aux chrétiens d'être bientôt devenus infidèles aux traditions de leurs premiers jours. On n'a pas pris garde qu'à la différence de la communauté de Platon celle de Jérusalem n'avait rien d'obligatoire, et que non-seulement elle n'invoquait point la sanction de la force publique, mais qu'elle n'engageait pas même les consciences. Ainsi, quand Ananie, ayant vendu son champ, retient une partie du prix et apporte l'autre aux pieds des apôtres, Pierre lui reproche, non d'avoir retenu, mais d'avoir trompé : car, dit-il, « Si vous « aviez voulu garder votre champ, n'était-il pas « toujours à vous ; et vendu, le prix n'était-il pas « encore à vous ? » Ainsi le Christianisme poussait jusqu'à ce point le respect de la liberté humaine, et, la sachant faible et facile à vaincre, il ne voulait pas lui ôter le dernier retranchement qu'elle trouve dans la propriété des biens. Il conservait la propriété en la mettant sous la protection du commandement de Dieu : « Vous ne déroberez point. » Il faisait de l'abandon des biens, non pas un précepte, mais un conseil, de la pauvreté volontaire une perfection : « Si vous voulez être parfait, ven« dez vos biens et les donnez aux pauvres. » Dans l'Église, la propriété est le droit commun comme le mariage, la communauté comme la virginité est le partage du petit nombre.

Aussi la société primitive de Jérusalem dura

peu. On n'en trouve qu'une imitation passagère à Alexandrie; et la vie commune, trop exposée à se corrompre dans le commerce ordinaire des hommes, s'enferme entre les murs des monastères. Mais le dogme de la fraternité resta dans la prédication chrétienne, descendit avec elle dans tous les rangs de la société antique et la renouvela surtout en touchant aux trois plaies des classes souffrantes : l'esclavage, la pauvreté et le travail.

On connaît ce que firent les Pères de l'Église pour l'abolition de la servitude. Ils firent plus, ils voulurent qu'on honorât les esclaves, c'est-à-dire le plus grand nombre des hommes, c'est-à-dire le véritable peuple, celui qui portait le poids du jour et de la chaleur. En même temps que les saints canons destinaient expressément une partie des aumônes à racheter les captifs, pendant que les martyrs, à la veille de leur supplice, émancipaient leurs esclaves par milliers, l'Église voulait que les maîtres apprissent à honorer dans la personne de leurs serviteurs « le Christ, qui avait « pris la forme d'un esclave, qui s'était choisi pour « symboles Moïse exposé et Joseph vendu, et qui « avait servi pour nous affranchir. »

L'antiquité sacrée est pleine de ces enseignements. Mais tout ce qu'elle fit pour l'esclavage rejaillissait nécessairement sur la pauvreté, cette autre sorte de servitude que les anciens avaient aussi regardée comme une malédiction des dieux. Le Christia-

nisme n'avait encore que douze apôtres pour prêcher la foi, qu'il instituait déjà sept diacres pour servir les pauvres. Dans toutes les églises le service des pauvres s'organise avec cette régularité et cette efficacité dont Rome donne l'exemple, quand saint Laurent, sommé par le préfet de la ville de livrer ses trésors, lui présente la foule des veuves, des orphelins et des infirmes nourris par les diaconies romaines. Mais la sagesse de l'Église et la sincérité de son amour pour les pauvres éclatent précisément en ceci, qu'elle connaît trop l'étendue de leurs maux, et qu'elle est trop pénétrée de leurs douleurs, pour croire qu'elle parvienne jamais à y mettre fin. Voilà pourquoi elle réhabilite une condition qu'elle n'espère pas supprimer, voilà pourquoi elle entoure la pauvreté des respects de la terre et des promesses du ciel. Les païens, étonnés d'une prédilection si contraire à la nature, reprochaient aux chrétiens de courtiser les foulons, les cardeurs de laine et les cordonniers ; de ne gagner à leur secte que des vieillards imbéciles, des femmes, des gens de basse condition, tous ceux que l'idolâtrie écartait de ses temples comme profanes, et que la philosophie bannissait de ses écoles comme indignes. Mais saint Jean Chrysostome faisait gloire à ses pères dans la foi « d'avoir exercé à philosopher
« ceux qu'on réputait pour les derniers des
« hommes, les laboureurs et les bouviers. »

En effet, la pauvreté avait deux caractères qui la

recommandaient à la vénération des chrétiens : le premier était la souffrance, et le second le travail. Pendant que les sages avec Cicéron professaient « que le travail des mains ne peut rien avoir de « libéral, » le Christianisme proclamait le travail comme la loi primitive du monde pratiquée par le Sauveur dans l'atelier de Nazareth, par saint Pierre le pêcheur, et par saint Paul le faiseur de tentes. Il le prêchait non-seulement comme l'obligation de l'homme déchu, mais comme la règle de l'homme régénéré, comme la discipline de la vie parfaite ; et, quand il conduisit les anachorètes dans les déserts de la Thébaïde, il les déchargea de tous les devoirs ordinaires de la vie, hormis le travail des mains. Bien plus, il lui fit une place dans la hiérarchie ecclésiastique. Les terrassiers des catacombes furent comptés au nombre des clercs, et saint Jérôme s'en exprime ainsi : « Le premier ordre « du clergé est celui des fossoyeurs, qui, à « l'exemple de Tobie, sont chargés d'ensevelir les « morts, afin qu'en prenant soin des choses « visibles ils courent aux invisibles. » On ne sait pas assez quelle révolution préparait le Christianisme, non-seulement dans la morale, mais dans l'économie de la société romaine, en relevant ainsi le travail, quand le désœuvrement était le fléau non-seulement des hautes classes, mais aussi de cette multitude qui attendait son pain des distributions impériales ; quand les terres abandonnées faisaient l'appauvrissement de l'empire et l'envie des barbares.

Il n'y a pas, en effet, de doctrine puissante en religion non plus qu'en philosophie, qui se soit résignée à s'enfermer dans les consciences, qui n'ait aspiré à faire l'éducation des peuples, et en ce sens l'Évangile est aussi une doctrine sociale. Dès le temps des persécutions nous l'avons vu introduire dans le monde ces principes de liberté et de fraternité qui en devaient renouveler la face. Mais il faut savoir jusqu'où il les poussa, dans quelle mesure il les contint, et enfin ce qu'il fit pour l'organisation économique de la société, au moment où il sembla en disposer en maître, c'est-à-dire au moyen âge.

Jamais peut-être les principes introduits par le Christianisme ne coururent plus de péril qu'au moment même où ils venaient de vaincre la résistance de l'empire romain et de faire leur avénement dans les lois comme dans les mœurs. Les barbares qui envahirent l'empire ne connaissaient ni la liberté ni la fraternité. Le paganisme dont ils étaient pénétrés ne leur avait appris que l'inégalité des hommes devant les dieux. Le désordre profond qui les travaillait ne laissait place qu'à une farouche indépendance, à un égoïsme ennemi de toute loi, à la soif de l'or et du sang. Les traditions des Germains sont pleines de ces combats fratricides que les héros se livrent pour un trésor disputé ; et, quand ils entrent dans les provinces romaines, la première condition qu'ils imposent est le partage des terres. Voilà les hommes auxquels l'Église avait à enseigner le respect du bien d'autrui et la charité chrétienne.

Elle commença par faire répéter à leurs enfants ce septième commandement du Décalogue, dont elle ne s'est jamais départie : *Non furaberis*. Elle le mit sous la sanction de la pénitence ecclésiastique. On lit dans un formulaire du neuvième siècle destiné à la confession des néophytes barbares : « As-tu fait quelque vol avec effraction ou violence ? « As-tu brûlé la maison ou la grange d'autrui ? » Tandis que la théologie faisait gronder ainsi les menaces divines sur les violents qui attentaient à la propriété, elle avait des arguments pour la défendre contre les sophistes. Il faut voir avec quelle témérité et quelle passion les écoles du moyen âge soulevèrent ces controverses que nous croyons nouvelles. Ouvrez la Somme de saint Thomas, et vous y trouverez cette question formidable : « S'il est « permis de posséder en propre ? » Toute l'argumentation du communisme y est résumée, elle s'appuie de cette opinion de Cicéron, que la propriété n'est pas de droit naturel ; elle se fortifie de tout ce que les Pères de l'Église ont écrit sur le droit des pauvres au superflu des riches. Mais saint Thomas et toute l'École avec lui répondent que, si la propriété n'est pas l'œuvre de la nature, il y faut reconnaître une conquête légitime de la raison, une institution non-seulement permise, mais nécessaire ; et ils en donnent trois motifs : « Premièrement, « que chacun porte plus d'activité à produire quand « il produit pour lui seul : secondement, qu'il y « a plus d'ordre dans les affaires humaines quand « chaque personne a le soin exclusif d'une chose ; « enfin, qu'il y a plus de paix dans le partage que « dans l'indivision, comme on le voit par les éternels « procès de ceux qui possèdent par indivis. » En se décidant par des considérations si judicieuses, saint Thomas ne renonce point aux hardies maximes des Pères, il n'hésite pas à reproduire ces paroles de saint Basile et de saint Ambroise : « Le pain que « vous gardez, c'est celui des affamés ; le vêtement « que vous enfermez, c'est celui de l'indigent qui « reste nu ; la chaussure qui pourrit chez vous est « celle du misérable qui marche déchaussé ; et c'est « l'argent du pauvre que vous enfouissez en terre. » Les socialistes ont connu ces textes, ils en ont abusé. Mais saint Thomas les explique en les complétant par d'autres paroles de saint Basile qu'il ne fallait pas détacher des précédentes : « Pourquoi donc « avez-vous en abondance pendant que celui-ci « mendie, si ce n'est afin que vous ayez le mérite « du bon emploi, et lui la couronne de la patience ? » Et il conclut que de droit naturel le superflu des riches est dû aux nécessités des pauvres : mais, parce qu'il y a beaucoup de nécessités, et que le bien d'un seul ne peut suffire à toutes, l'économie de la Providence laisse à chacun la libre dispensation de son bien. Cette distinction, qui se réduit à celle des devoirs *parfaits* et des devoirs *imparfaits* professée par tous les jurisconsultes, contient la solution des problèmes qui font notre inquiétude : elle concilie l'apparente contradiction de la justice et de la charité; elle conclut au dépouillement volontaire au lieu de la spoliation, et au sacrifice au lieu du vol (1).

Le Christianisme n'affaiblissait donc point la propriété; il la conservait, au contraire, comme la matière même du sacrifice, comme la condition du dépouillement, comme une partie de cette liberté sans laquelle l'homme ne mériterait pas. Mais, en même temps qu'il prenait la liberté sous sa garde, il l'exerçait au dévouement, à l'abnégation de soi, à la pratique de la fraternité. S'il faisait du vol un crime, il fit de l'aumône un précepte, de l'abandon des biens un conseil, et de la communauté un état parfait dont l'ébauche plus ou moins achevée se reproduisait à tous les degrés de la société catholique.

Pour ne pas abandonner le précepte de l'aumône aux interprétations de l'égoïsme et de l'avarice, l'Église avait procédé à une évaluation approximative du superflu de chacun en le fixant au dixième du revenu. Encore avertissait-elle le riche que ses gerbes, déjà dîmées, restaient engagées

(1) S. Thomas, secunda secundæ, qq. 32, 66.

au besoin des pauvres dans une mesure que Dieu seul connaissait. Les dîmes et les offrandes accumulées des fidèles formaient le patrimoine ecclésiastique, dont il ne faut pas juger le caractère primitif par les abus des derniers temps.

Les biens d'Église, dans le langage du droit, sont sortis du domaine de la propriété, *res nullius* ; ils constituent le domaine de Dieu, l'héritage du Christ, *Patrimonium Christi* : et ces qualifications ne sont pas, comme on l'a cru, de vains titres destinés à contenir les usurpations des rois, à encourager la libéralité des peuples. Comme ces biens n'ont de propriétaire que Dieu, l'usufruit en appartient à la communauté tout entière des fidèles, et des titulaires ecclésiastiques n'en sont que les administrateurs et les gardiens. Et, afin d'épargner à ces gardiens les tentations d'une administration arbitraire, l'Église leur en demande compte. Dès le septième siècle, saint Grégoire le Grand cite déjà les anciennes lois qui font du revenu de l'Église quatre parts : la première pour l'évêque, ses commensaux et les hôtes auxquels sa porte ne doit jamais se fermer ; la seconde pour le clergé ; la troisième pour l'entretien des édifices ; la quatrième pour les pauvres (1).

Un capitulaire des temps carlovingiens (VII, 58) fait au clergé des Gaules des conditions plus sévères : « Que l'évêque, y est-il dit, ait le soin des biens

---

(1) Gratianus, *Decretum*, causa, 12.

« ecclésiastiques pour en faire la distribution à tous
« ceux qui sont dans la nécessité, et qu'il la fasse
« avec un souverain respect et une souveraine
« crainte de Dieu. Qu'il prenne aussi la part dont
« il a besoin, *si toutefois il a besoin.* » Sans doute
la perversité des mœurs viola souvent les volontés
de la loi, mais nous les trouvons rappelées jusque
dans les siècles les plus relâchés ; et, en matière de
biens d'Église, les synodes de Rouen, d'Aix et de
Bordeaux, en 1585 et 1614, parlent encore comme
saint Grégoire et Charlemagne.

Comme il n'y avait pas de propriété absolue en
fait de biens ecclésiastiques, il n'y avait pas de droit
d'en disposer. De là l'inaliénabilité de ces biens,
qui ne souffrait d'exception que pour le soulagement
des pauvres au temps de famine, pour la rédemption des captifs et pour l'affranchissement des esclaves. Dans ces trois cas, la société chrétienne
exerçait les droits de Dieu, suprême propriétaire,
et c'est ainsi que s'en explique saint Grégoire le
Grand, en affranchissant les esclaves de l'Église :
« Puisque Notre Rédempteur, auteur de toute créa-
« ture, a voulu revêtir la chair et l'humanité, afin
« de briser par sa toute-puissance les chaînes de
« notre servitude, et nous rendre la liberté primi-
« tive, c'est une action salutaire de rendre à la
« liberté civile, par le bienfait de la manumission,
« ceux que le droit des gens avait réduits en servi-
« tude, mais que la nature avait faits libres. » Hors

des exceptions prévues par la loi, l'inaliénabilité avait des effets qu'on n'a pas assez connus. Quoi de plus démocratique au fond que ces biens de mainmorte, que ces bénéfices qui circulaient de titulaire en titulaire, portant une aisance viagère dans la famille d'un pauvre prêtre, le mettant en mesure de nourrir ses vieux parents, de doter ses sœurs, d'instruire ses neveux, et passant ensuite sur une autre tête pour subvenir à d'autres besoins, seconder de nouvelles vocations, et contribuer ainsi à l'élévation successive de ce tiers état, qui trouva souvent dans les rangs du clergé les économes de sa fortune en même temps que les défenseurs de ses droits? Il se peut que les canonistes n'aient pas aperçu cette conséquence de leurs principes. Les vues auxquelles ils s'attachaient avaient plus d'étendue et de hardiesse. Ils considéraient l'Église comme l'aumônière de la Providence, chargée, pour ainsi dire, des frais généraux de la civilisation, de tout ce qui faisait la douceur, la lumière et l'éclat de la société chrétienne. Elle avait la charge de l'hospitalité, et ce nom comprenait tous les devoirs de la bienfaisance publique, toutes les institutions que la charité conçut depuis les diaconies des apôtres jusqu'aux hôpitaux et aux léproseries du moyen âge. Elle avait le soin de l'enseignement, et par conséquent l'entretien des écoles de tous les degrés, à commencer par les leçons du maître qui catéchisait les enfants de la dernière paroisse, et à finir par ces universités qui appelaient jusqu'à quarante mille écoliers autour des chaires de leurs docteurs. Elle avait enfin le patronage des arts et la conduite de ces travaux immenses qui couvrirent l'Europe de monuments, qui firent en quelque sorte l'éducation du génie moderne, en même temps qu'ils nourrissaient ces générations de tailleurs de pierre, de maçons, d'ouvriers de toute sorte qui furent nos pères. Ainsi l'Église arrachait une partie des choses terrestres à l'égoïsme de la propriété individuelle, pour les mettre au service du bien public. Et c'est la pensée expresse des canons « que la terre ne fut partagée qu'après avoir « été maudite, et que, purifiée par la Rédemption, « il faut qu'elle rentre, autant que possible, dans « la communauté primitive (1). »

Mais la communauté primitive du paradis terrestre, comme celle de Jérusalem, était un idéal trop élevé pour que la sagesse pratique du christianisme espérât jamais en faire la loi commune du genre humain. Le clergé séculier était lui-même plus près de terre, plus mêlé aux intérêts, aux passions de la foule, qu'il ne fallait pour le maintenir dans une condition si difficile. La loi religieuse qui lui interdit le mariage n'osa pas lui interdire la propriété. Mais le Christianisme, ne pouvant renoncer à cette perfection dont la pensée le poursuivait, avait

(1) Gratianus, *Decretum*, causa 12.

pris ses mesures pour que l'image s'en conservât dans les monastères.

Déjà saint Jean Chrysostome (*Hom.* 73) décrivait avec admiration ces cénobites « qui ne connaissaient « plus le *mien* et le *tien*, deux mots coupables de « tant de guerres ; qui avaient tous la même dis- « cipline, la même table, le même vêtement, sans « pauvres, sans riches, sans honte et sans gloire. » Mais c'est plus tard et dans la règle de Saint-Benoît qu'on doit chercher le code le plus achevé de la vie commune. Il avait fallu cinq siècles chrétiens, le long apprentissage des anachorètes de la Thébaïde, des moines de la Palestine, il avait fallu tous les efforts de la sainteté et du génie réunis pour arriver enfin à pouvoir rassembler sans péril, sous un même toit, des hommes déjà chrétiens, déjà résolus à tous les genres d'austérité et d'humiliations. Tant la nature humaine a horreur de la dépendance, première condition de toute communauté !

La règle de Saint-Benoît veut donc qu'on retranche des monastères « ce vice capital, qu'un religieux « ose avoir en propre quoi que ce soit, même un livre « ou des tablettes : et que tout, poursuit-elle, soit « commun à tous, en sorte qu'il n'y ait point accep- « tion de personnes, mais considération des besoins. « Que celui donc qui a moins de besoins rende grâce « à Dieu, et ne ressente pas de jalousie ; et que celui « qui a plus de besoins s'humilie de sa faiblesse. » A la communauté des biens s'ajoute celle du travail :

« Car l'oisiveté est l'ennemi de l'âme... et, si la
« pauvreté du lieu, la nécessité ou la récolte des
« fruits tient les religieux constamment occupés,
« qu'ils ne s'en affligent pas ; car ils sont véritable-
« ment moines s'ils vivent du travail des mains.
« Mais que toutes choses soient faites avec mesure
« à cause des faibles (1). »

Assurément on peut reconnaître dans ce peu de lignes quelques-unes des plus bruyantes doctrines qui viennent d'agiter les esprits : l'abolition de la propriété, l'égalité des salaires, l'organisation du travail, la rétribution de chacun, non selon son aptitude, mais selon son besoin. Plus d'un passage de tel discours naguère tumultueusement applaudi, ne semble qu'une page déchirée de cette règle que saint Benoît dictait, il y a onze cents ans, à un petit nombre de pieux disciples, dans la solitude du mont Cassin. Mais saint Benoît savait qu'un tel sacrifice de la personne humaine ne se fait pas à demi. Voilà pourquoi, avec la pauvreté, il demandait la chasteté et l'obéissance : la chasteté, qui supprime l'inégalité des charges domestiques, et qui déracine l'homme de la terre, en le détachant de la famille ; l'obéissance, qui ne lui permet plus de marchander l'abandon de ses biens, après qu'il a fait celui de sa volonté. Mais la pauvreté, la chasteté, l'obéissance, ne sont pas des concessions

---

(1) *Regula* S. Benedicti, cap. xxxiii.

qui se laissent arracher par la séduction ni par la crainte. Saint Benoît estimait trop le cœur humain pour rien lui demander de pareil qu'au nom de Dieu, pour espérer l'obtenir autrement que par l'amour, ni le conserver autrement que par la prière et par le long travail de l'ascétisme chrétien. Voilà pourquoi il voulut que, sept fois par jour, le chant des psaumes réunît ses disciples dans une même pensée et fît monter vers le ciel l'offrande renouvelée de leur libre sacrifice. Voilà pourquoi il leur en promit la récompense ailleurs qu'ici-bas, n'ayant pas songé qu'on pût réunir des hommes dans une vie commune, c'est-à-dire dans une vie de privation, d'abnégation, de subordination continuelles, au nom du bien-être, au nom des passions égoïstes, de l'orgueil qui veut commander, et de la sensualité qui veut jouir.

C'est à ces conditions que la règle de Saint-Benoît fit des conquêtes si rapides, et qu'au moment des grandes invasions, en présence de cette barbarie dont le caractère était surtout la haine du travail, la milice bénédictine forma des légions de travailleurs, des colonies agricoles de plusieurs milliers de moines qui défrichèrent la moitié de la France, de l'Allemagne et de l'Angleterre. Plus tard la loi monastique s'étend et s'assouplit en quelque manière pour se prêter à toutes les formes de l'activité humaine, et pour envelopper sous sa discipline toutes les sortes d'industries. Les Béguins de Flandre tis-

sent la laine pendant que les Humiliés de Milan s'appliquent au travail de la soie, et que les frères Pontifes construisent les ponts et les routes de la Provence et de l'Italie. La pauvreté reste toujours la première loi de ces corporations laborieuses; mais la pauvreté volontaire, la pauvreté humble, la pauvreté qui ne hait point les riches. Et saint François, cet amant passionné de la pauvreté, qui s'en déclare l'époux, qui s'épuise d'amour pour la faire aimer et honorer de ses disciples, termine ses instructions par ces mots, où est résumée toute l'économie sociale du Christianisme au moyen âge :
« Que tes frères ne s'approprient rien, ni maison,
« ni domaine, ni autre chose... et qu'ils n'aient
« point de honte, puisque le Seigneur en ce monde
« s'est fait pauvre pour nous. Cependant je les avertis
« de ne pas mépriser, de ne pas juger ceux qu'ils
« verront vêtus de somptueux vêtements et nourris
« d'aliments délicats. Mais que chacun se méprise
« et se juge soi-même (1). »

En étudiant l'organisation de la propriété et du travail au moyen âge, nous avons dû commencer par l'Église, parce que, maîtresse d'elle-même et dégagée par la loi du célibat des conditions les plus compliquées de la vie humaine, elle avait réalisé plus complétement l'idéal du Christianisme. Mais la hiérarchie ecclésiastique pénétrait de toute part

(1) *Regula et vita fratrum minorum*, art. 2 et 5.

dans la société séculière, elle la façonnait à son image, elle y faisait descendre par tous les degrés et jusqu'aux derniers rangs ces deux lois de liberté et de fraternité dont elle voulait le règne.

Au sommet de la société laïque et au sein même de cette aristocratie belliqueuse, issue des conquérants barbares et encore tout agitée de leurs passions, la législation féodale avait tenté de concilier les droits de la personne et ceux de la communauté en soumettant la propriété territoriale à des conditions que l'antiquité ne connaissait pas. Le *fief* n'est plus le *domaine* absolu des jurisconsultes romains, le droit d'user, de jouir, de disposer sans réserve. Le fief n'est que le domaine utile, c'est-à-dire le droit de jouir et de transmettre, à la charge d'acquitter un certain nombre de services d'argent et de services de guerre. Le seigneur suzerain, et par lui la société dont il est le chef, conservent le *domaine éminent*, le droit de reprendre le fief, sur le vassal infidèle ou incapable d'acquitter les charges. De là cette prétention des rois longtemps soutenue par la complaisance des légistes, qu'en droit le prince et par conséquent l'État est le seul propriétaire, encore qu'il lui plaise d'octroyer aux sujets l'usufruit de ce qu'ils nomment leurs biens. Mais la loi repoussait cette interprétation exorbitante ; elle ne tolérait pas que le feudataire fût dépouillé de son fief sans le jugement de ses pairs. Et le baron qui venait de payer sa dette sur le champ de bataille n'était pas moins inviolable sous les créneaux de son donjon que le vieux Romain dans l'enceinte de son champ sous la garde du dieu Terme. Ainsi la solidarité politique était garantie, mais la dignité personnelle ne périssait pas.

Le tiers état donnait le même spectacle que la noblesse. Quoi de plus fort que l'esprit de propriété dans ces villes dont les bourgeois n'hésitaient pas à braver toutes les lances des seigneurs voisins pour défendre la liberté de leurs marchés et la franchise de leurs pignons sur rue? Mais c'est précisément dans ces combats que le principe de communauté fait son avénement, qu'il prête son nom, le nom de communes, aux cités libres. Ces corporations de bourgeois, reconnues par la féodalité qu'elles ont vaincue, par la royauté qui s'appuie de leur alliance, ne se croient assurées qu'autant qu'elles jettent des racines dans le sol. Le premier signe de la puissance des villes, c'est qu'elles achètent, qu'elles plantent, qu'elles bâtissent, qu'elles ont des possessions communales. Les plus ambitieuses républiques d'Italie, Pise, Gênes, Venise, font gloire de posséder une église, un pont, une rue nommée de leur nom, dans les ports du Levant. Ces marchands italiens étaient assurément les moins désintéressés des hommes et les plus jaloux de posséder en propre ; mais ils connaissaient le pouvoir de l'association, et voilà pourquoi rien ne leur coûtait pour élever les dômes et les palais, par lesquels la commune prenait possession des siècles et s'assurait les respects de la postérité.

Il n'y avait pas jusqu'aux serfs, arrachés par le Christianisme à l'antique esclavage, qui n'eussent trouvé le secret de s'unir pour posséder. Les recherches récentes de MM. Troplong et Dupin ont fait connaître l'économie trop ignorée de ces communautés agricoles de serfs ou mainmortables qui, dès le douzième siècle et jusqu'au seizième, couvrirent pour ainsi dire toutes les provinces de France. Le seigneur étant l'héritier naturel du serf, les serfs prenaient leurs mesures pour que leur succession ne s'ouvrît jamais ; ils remplaçaient des possesseurs qui mouraient par des associations qui ne pouvaient pas mourir. Ces sociétés de *pain* et *sel*, comme on les nommait, rassemblaient les membres d'une même famille, vivant du même pain (*compani*), sous un chef qu'elles appelaient le *chef du chanteau*. Un vieux juriscsonulte (Coquille, *Questions sur les coutumes*) décrit de cette vie commune qui relevait le servage de son abaissement en le ramenant à une condition patriarcale. « Selon l'ancien
« ménage des champs, dit-il, en ce pays de Niver-
« nais, plusieurs personnes doivent être assemblées
« en une famille pour démener le ménage, qui
« est fort laborieux. Les familles ainsi composées
« de plusieurs personnes, qui toutes sont employées
« chacune selon son âge, sexe et moyens, sont

« régies par un seul, qui se nomme maître de la
« communauté, élu à cette charge par les autres,
« lequel commande à tous les autres, va aux affaires
« qui se présentent ès ville, ès foires et ailleurs,
« et a pouvoir d'obliger ses *parsonniers*... En ces
« communautés, on fait compte des enfants qui ne
« savent encore rien faire par l'espérance qu'on a
« qu'à l'avenir ils feront. On fait compte de ceux
« qui sont en vigueur d'âge pour ce qu'ils font. On
« fait compte des vieux, et pour le conseil
« et pour la souvenance de ce qu'ils ont bien
« fait. Et ainsi, de tous les âges et de toutes
« les façons, ils s'entretiennent comme un corps
« politique qui, par subrogation, doit durer tou-
« jours. » Si cette coutume avait la dignité des
mœurs patriarcales, elle en conservait aussi la liberté. Comme Loth se sépara d'Abraham et Jacob
d'Ésaü, ainsi les membres de la communauté, las
de participer au même pain et au même sel, restaient maîtres de rompre l'union : en signe de séparation, le chef de la maison, prenant le pain des
repas communs, le partageait en autant de chanteaux qu'il se formait de nouvelles familles.

Au moyen âge comme au jour où nous sommes,
la question de la propriété ne se sépare pas de celle
du travail. Les communautés de serfs nous ont fait
voir l'organisation du travail des champs ; il reste
à considérer celui des métiers, et la condition de
ces populations industrielles, qu'il ne faut pas re-

présenter, comme on l'a fait, courbées sous le sceptre des rois ou sous la férule des clercs.

Rien ne semble plus fait pour détacher l'homme des hautes pensées et des grands devoirs que le travail industriel, qui ne lui laisse pas même, comme au laboureur, le spectacle et les leçons de la nature. Mais, par une admirable économie, il se trouve que ces hommes, sevrés de la nature, sont pressés d'un besoin plus impérieux de société, et qu'ils cherchent dans la compagnie de leurs égaux les satisfactions morales dont le cœur humain ne se passe pas. Les lois romaines faisaient dater de Numa le partage des artisans en neuf corporations (*collegia sodalitates*), qui, traversant tous les siècles de la république, occupèrent souvent la législation impériale, et l'inquiétèrent quelquefois. Le christianisme les recueillit comme un de ces débris de la civilisation ancienne qu'il sauva en les sanctifiant. Saint Grégoire le Grand écrit au magistrat de Naples pour lui recommander la corporation des fabricants de savon, et Ravenne, au huitième siècle, est divisée en communautés de métiers (*scholæ*) qui forment autant de corps de milice armés pour la défense des papes contre les attentats des empereurs iconoclastes. Aux dieux avares des artisans romains l'Église avait substitué le patronage des saints, exemples de justice et de résignation, aux orgies les aumônes, la communauté de mérites et de prières : elle donnait à ces corporations régénérées le nom chrétien de confréries. Il ne fallait pas moins que la tutelle de la religion pour protéger les classes laborieuses contre les prétentions du pouvoir féodal. Le seigneur, maître de la terre, se croyait aussi maître du travail, qui avait besoin de sa protection. Il fallait acheter de lui le métier qui s'exerçait à l'ombre de son château, qu'il couvrait de son épée. De là, entre les deux principes d'autorité et de liberté, une lutte dont on ne peut suivre la trace au moyen âge sans reconnaître la moitié des querelles de nos jours.

Il semble que la liberté inquiétée par les ordonnances des princes se réfugia surtout dans la discipline secrète du compagnonnage. Sans remonter avec les compagnons du devoir jusqu'au temps où le roi David donna lui-même le *saint devoir* en jetant les fondements du temple de Jérusalem, on peut avouer avec M. Perdiguier que toutes leurs traditions gardent un souvenir de l'Orient, des croisades, et que le temple d'où ils sortent est probablement celui des Templiers. Quoi qu'il en soit, dès le siècle où s'élèvent les cathédrales de Strasbourg et de Cologne, on voit se presser dans les chantiers de ces grands édifices tout un peuple d'architectes, de tailleurs de pierre et de maçons, avec son gouvernement secret, ses lois et ses tribunaux. Le juge de la grande loge maçonnique de Strasbourg ne siége point sans qu'on porte devant lui l'épée nue, signe de haute justice. Il serait trop long de poursuivre dans les coutumes de France et d'Allemagne toutes les sectes du compagnonnage, d'en prouver l'antiquité par le symbolisme des rites, par la naïveté des légendes ; de montrer enfin ces institutions utiles et dangereuses; enveloppant les ouvriers dans une solidarité de bienfaits et de périls, résistant à toutes les répressions pénales, et renaissant toujours, c'est la comparaison de Perdiguier, « comme le chiendent qui travaille et croît sous la terre et reparaît à la surface. »

L'autorité domine au contraire dans l'organisation des corps d'état, que la puissance royale reconnaît en France et dont les usages, recueillis par l'ordre de saint Louis et par les soins d'Étienne Boileau, prévôt des marchands, formèrent le livre des *Établissements des métiers*. On y distingue des métiers de trois sortes : les uns appartiennent au roi, de qui on les achète, à moins qu'il ne les ait déjà donnés ou vendus, comme Louis VII donna le privilége de cinq métiers à la femme d'un de ses favoris. Les autres s'exercent sous l'autorisation préalable du prévôt des marchands. Les derniers sont libres. Mais tous constituent autant de corporations distinctes qui ont leurs chefs ou prud'hommes, et dont les règlements déterminent le nombre et l'âge des apprentis, la durée du travail, la quotité du salaire, la qualité de la marchandise. Souvent, dans la poussière de ces vieux statuts, on surprend des dispositions qui ont gardé tout le parfum de la charité catholique. C'est ainsi que défense est faite aux regrattiers, ou vendeurs de comestibles, d'acheter d'avance et à terme des charretées de vivres, « parce que les riches auraient toutes les denrées, et les pauvres nulles. » Ainsi encore, chaque orfèvre, à son tour, ouvrira sa forge un jour de fête ou de dimanche, et l'argent gagné ce jour-là sera mis dans la boîte de la confrérie, « pour être donné le jour de Pâques un repas aux pauvres de l'Hôtel-Dieu. » D'autres règlements rappellent, au contraire, les plus hardies nouveautés du temps présent et jusqu'aux plus récentes décisions de la commission des travailleurs. On voit paraître devant le garde de la prévôté les maîtres foulons et leurs *varlets* en grand discord, sur ce que ceux-ci disaient que les maîtres les tenaient trop tard de leurs soirées, « laquelle chose leur était périlleuse et grief pour le péril de leurs corps. » Le digne magistrat, se référant à une lettre de madame la reine Blanche, décide que « lesdits varlets viendront tous les jours ouvrables à l'heure du soleil levant, à leur royal pouvoir, et feront leur journée jusqu'au vêpre; » et subsidiairement « que du consentement desdites parties, pour le commun profit, nul desdits ouvriers dudit métier, ni maître, ni valet, ni apprenti, n'ouvreront dudit métier par nuit, et quiconque serait trouvé fesant œuvre par nuit, il sera tenu d'amende. » Assurément, le tribunal du Luxembourg n'avait pas tranché plus hardiment la question des heures de travail : il est vrai qu'il n'offrait pas au crédit public les mêmes garanties d'opinion, et qu'on ne voyait pas à sa tête ce respectable Étienne Boileau, vrai prud'homme, et si intraitable en matière de propriété, qu'il fit pendre son filleul, coupable de vol, et un sien compère convaincu d'avoir nié un dépôt.

Les *Établissements des métiers* devançaient ainsi de six siècles les bienfaits présumés de l'organisation du travail ; ils en devançaient aussi les dangers. La législation de saint Louis réalisait déjà tout ce qu'on a fait espérer à notre époque, l'industrie disciplinée par l'État, la loi prenant la cause de l'ouvrier contre l'arbitraire du maître, toutes les professions devenues autant d'ateliers publics où l'on ne souffrait que le nombre des apprentis nécessaires pour recruter les travailleurs. Mais en même temps on pouvait prévoir tous les excès de l'autorité dans un domaine qui n'était pas le sien : oppression du consommateur, contraint de subir la loi d'une industrie sans concurrence, qui ne permettait ni la rivalité entre les marchands français, ni le concours des marchands étrangers ; oppression du producteur, à qui les règlements ne laissaient ni le libre accès des métiers de son choix, ni la faculté d'introduire un progrès dans les procédés de fabrication. C'est par cette voie que les corporations arrivèrent chargées d'abus jusqu'au moment où elles armèrent contre elles d'abord le génie philosophique de Turgot, ensuite les décrets de l'Assemblée nationale. Elles périrent avec tant d'autres institutions que ce siècle impatient trouva plus facile d'abolir que de réformer.

Si l'on résume ce rapide exposé de l'économie publique du moyen âge, et qu'on écarte ce qui s'y mêle d'erreurs et de passions humaines, on voit en quoi le Christianisme précéda, en quoi il repoussa les doctrines du socialisme. Ce qu'il introduisit, ce qu'il propagea sous toutes les formes, au temporel comme au spirituel, ce fut l'esprit d'association. Tandis que les législateurs modernes poursuivent l'idéal d'un ordre politique où l'État ne trouve en présence de lui-même que des individus dont l'insubordination ne le mettra jamais en péril, l'Église, au contraire, cette grande société qui devait, ce semble, plus que tout autre, abhorrer les résistances, ne craignait pas d'autoriser, de multiplier dans son sein toutes les sortes de communautés; depuis les Églises nationales, provinciales, diocésaines dont elle reconnaît les priviléges, jusqu'aux ordres religieux qu'elle honore et jusqu'aux dernières confréries qu'elle bénit. Quand le Sauveur avait promis de se trouver au milieu de ceux qui s'assembleraient en son nom, comment s'étonner que, dans un âge chrétien, les hommes aient été tourmentés du besoin de s'assembler, de confondre leurs intérêts, soit dans ces communes qui se constituaient aussi au nom du Christ et le proclamaient leur roi, soit dans ces corps d'état qui avaient leur discipline religieuse, leurs chapelles, la Vierge et les saints sur leurs bannières? Mais le Christianisme ne voulut jamais que l'association libre, et c'est ce qu'il obtenait par la multiplicité même des corporations religieuses entre lesquelles il permettait aux vocations de choisir et de se prononcer. Voilà pourquoi il plaçait à l'entrée de la vie monastique les longues épreuves du noviciat ; voilà pourquoi, dans l'ordre temporel, tout engagement pouvait se résoudre, depuis le haut feudataire, qui pouvait renoncer à son seigneur dans les formes prescrites, jusqu'au paysan qui rompait la société de pain et sel en réclamant sa part de chanteau. Jamais le Christianisme n'aurait consenti à cette communauté forcée qui, saisissant la personne humaine à sa naissance, et la poussant de l'école nationale aux ateliers nationaux, n'en ferait qu'un soldat sans volonté dans l'armée industrielle, un rouage sans intelligence dans la machine de l'État. Ainsi, entre l'individualisme du dernier siècle et le socialisme du siècle présent, le Christianisme seul a prévu l'unique solution possible des formidables questions qui nous pressent, et seul est arrivé au point où reviennent, après de longs détours, les meilleurs esprits d'aujourd'hui, en prêchant l'association, mais en la prêchant volontaire.

Nous avons retrouvé dans la société chrétienne tout ce qu'il y a de vérité chez les socialistes. Depuis l'époque des catacombes et à travers ces longs siècles du moyen âge, encore frémissant des passions de la barbarie, nous avons vu le Christianisme, ce gardien sévère de la liberté, de la propriété, de la famille, prêcher cependant l'abnégation, honorer la pauvreté, et faire de la communauté un idéal qu'il s'efforce de réaliser à tous les degrés de la vie religieuse et civile par les institutions monastiques, par l'économie des biens d'Église, et par toutes les sortes d'associations volontaires. C'étaient de grandes leçons, mais périlleuses comme tout ce qui est grand. Assurément elles ne plaisaient pas, elles ne plairont jamais aux mauvais riches, aux superbes, à ceux qui n'ont rien à gagner en ce monde au règne de la fraternité, qui ne peuvent entendre sans se troubler le *Væ divitibus* de l'Évangile, ni les menaces de l'Épître de saint Jacques contre les oppresseurs des pauvres. Mais on ne voit pas qu'elles aient satisfait davantage les mauvais pauvres, les charnels et tous ceux qui ne virent jamais dans la doctrine de la résignation qu'un artifice du clergé pour assurer le repos des grands par le silence des peuples. Il n'est pas de siècle où un enseignement si dur à l'impatience humaine n'ait révolté plusieurs esprits, où plusieurs n'aient accusé l'Église de tenir l'Évangile captif, et ne lui en aient arraché les pages afin de leur prêter une interprétation matérialiste, de donner aux promesses divines un sens terrestre et de substituer à la communauté des sacrifices la communauté des jouissances. C'est ce que l'hérésie a fait dans tous les siècles et ce qu'il importe d'étudier, ne fût-ce que pour savoir si le socialisme, où toutes les vérités sont si anciennes, a porté du moins plus de nouveauté dans ses erreurs.

Si les premières traces des erreurs socialistes se perdent, comme on l'a vu, dans l'obscurité des théogonies païennes, il faut s'attendre à les voir reparaître chez les hérétiques des premiers siècles, héritiers du paganisme. Une comparaison soutenue ferait peut-être ressortir plus de rapports qu'on ne pense entre le panthéisme de quelques gnostiques et la cosmogonie de Fourier avec sa théorie pythagoricienne des nombres, avec les hymens qu'il célèbre entre les étoiles et les transformations fabuleuses qu'il réserve à la nature et à l'humanité. Mais c'est dans la pratique surtout que la ressemblance éclate, et que des deux côtés on voit la même révolte contre l'étroite morale de la foule, le même effort pour remplacer la tyrannie du devoir par la loi de l'attrait. Dès le temps des Pères, l'Égyptien Carpocrates avait professé la science nouvelle (*gnose*), la science libératrice destinée à affranchir les hommes de la domination des mauvais esprits qui font gémir le monde sous l'injustice de leurs lois. La nature elle-même, ajoutait-il, veut la jouissance commune de toutes choses, du sol, des biens, des femmes ; et ce sont les institutions humaines qui, intervertissant l'ordre légitime, comprimant les instincts primitifs de l'âme, ont introduit le désordre et le péché. Son fils Épiphane, dans un livre sur la *justice*, résuma ces maximes par les deux mots d'égalité et de communauté.

Nous savons que les disciples de Fourier ont jeté un voile sur les mystères de ce culte de l'amour rêvé par leur maître. Mais les sectaires des premiers siècles, logiciens plus sévères, ne consacraient pas le droit de jouir pour lui donner des bornes, et, en supprimant la propriété, ils ne prétendirent pas sauver la famille dont elle est le rempart. L'inflexibilité de leur doctrine en faisait la force et la durée, car toute l'antiquité ecclésiastique témoigne de l'opiniâtreté de leurs prosélytes, et saint Augustin connaissait encore des chrétiens égarés qui se donnaient le nom d'apostoliques, parce qu'ils proscrivaient l'union conjugale et qu'ils ne permettaient pas de posséder en propre. Il fallut que les saints docteurs, ces hommes si durs pour eux-mêmes, qui s'étaient refusé toutes les joies légitimes du cœur, qui ne trouvaient pas de déserts assez âpres, pas de jeûnes assez austères, prissent la défense du mariage et de la propriété, non-seulement contre les relâchés qui voulaient la communauté universelle, mais contre les rigoristes qui prêchaient l'abstinence universelle. Ils firent voir ainsi que le Christianisme, la plus généreuse des religions, en est aussi la plus sensée, et qu'il ne se montre pas plus divin pour avoir pénétré dans l'immensité de Dieu que pour avoir connu les limites de l'homme.

L'empire romain périt ; mais tel est le pouvoir des idées, que même les fausses durent plus que les empires, et l'erreur des gnostiques se perpétua dans la secte manichéenne, qui, longtemps refoulée au fond de l'Orient, déborda au moyen âge et couvrit toute l'Europe occidentale sous les noms divers de Cathares, de Patarins et d'Albigeois. Au premier aspect, rien ne semble moins flatteur pour les passions humaines que cette hérésie antique inspirée des trois religions de Bouddha, de Zoroastre et du Christ. Entre un Dieu souverainement pur, auteur de la lumière et des esprits, et le principe mauvais, créateur de la matière et des ténèbres, s'agitent les âmes dont toute la destinée est de s'affranchir des liens matériels, pour remonter à Dieu par une suite d'expiations dans la vie présente, ou par les degrés de la métempsycose dans une vie ultérieure. Tout l'effort de la loi manichéenne sera donc de rompre les liens qui enchaînent ses disciples à la chair souillée et à la terre maudite : elle condamne la famille et la propriété. Mais il est dangereux de désespérer la nature par un anathème sans rémission, et toute doctrine qui, après l'avoir trouvé déchue, ne la relève pas, la précipite. Comme le manichéisme ne connaissait pas d'autre crime que de perpétuer la captivité des âmes par la propagation de l'espèce humaine, il n'eut de condamnation que pour les unions fécondes, il autorisa toutes les horreurs de l'orgie stérile, et, supprimant comme une invention des théologiens les distinctions de l'adultère et de l'inceste, ce système orgueilleux, parti de la continence universelle, aboutissait à la promiscuité. De même il faisait gloire de professer l'abstinence de tous les biens périssables, et d'opposer à l'égoïsme des orthodoxes, qui ajoutaient les champs aux champs et les maisons aux maisons, la pauvreté de ses élus détachés de la terre et tenant toutes les possessions pour communes. Mais cette maxime les conduisait à tenir pour nulle la barrière qui couvre le bien d'autrui, pour usurpateurs les pouvoirs humains qui la maintiennent, et pour licite le vol qui la renverse. Une doctrine si contraire à l'ordre établi, où elle ne reconnaissait qu'un désordre haïssable à Dieu et insupportable aux hommes, devait chercher à faire son avénement ailleurs que dans le domaine des idées, et je ne m'étonne pas qu'elle soit devenue une doctrine politique, militante, armée pour une guerre dont elle voyait le type dans la lutte éternelle des deux principes du bien et du mal. Et quand on sait que le manichéisme, au treizième siècle, avait, avec l'alliance assurée de toutes les mauvaises passions, tout le nerf d'une puissante discipline, un pontife, des évêques, plus de quatre mille ministres, seize églises et un nombre infini de croyants, qu'il comptait quarante et une écoles dans le seul diocèse de Passau, qu'il était maître de la moitié de la Lombardie et des pays de langue d'Oc, qu'il levait des armées, et que les Albigeois ouvrirent les hostilités en brûlant les châteaux, en faisant cuire à petit feu leurs ennemis, dont ils dévoraient le cœur, on comprend quel péril courut la civilisation chrétienne; on comprend comment le vieil honneur de nos aïeux s'indigna, comment ces fils des croisés, ces époux, ces pères, mirent la main sur leur épée et jurèrent, dans une guerre dont l'Église condamna les excès, d'exterminer une secte impure, qui menaçait à la fois l'héritage, le berceau, la couche nuptiale, et qui promettait de tarir les sources du genre humain (1).

On connaît trop peu les dangers de cette époque où le Christianisme passe pour avoir régné sans effort sur des intelligences désarmées. La défaite des Albigeois n'était pas consommée, que leurs maximes passaient au cœur même des milices religieuses suscitées pour les combattre. Quand saint François mit au service de l'Église la communauté la plus pauvre et par conséquent la plus hardie qui fut jamais, il prévit que la pauvreté aurait ses tentations et les pieds nus leur orgueil; c'est pour-

---

(1) Landulphus senior, *Hist. mediolanensis*, 11, 27; Petri Siculi *Epistol. ad episc. Bulgar.*; Reinerius, *Contra Valdenses*, etc., cap. VI.

quoi il avertit ses disciples, comme on l'a dit, de ne pas mépriser les riches. Vers le milieu du même siècle, saint Bonaventure, promu au gouvernement général de l'ordre, est déjà conduit à rappeler aux frères que le Sauveur fut plus pauvre qu'eux, et leur interdit de blâmer publiquement la vie des supérieurs spirituels et temporels. En même temps, saint Thomas d'Aquin, après avoir défendu avec tant d'éclat la cause des religieux mendiants, s'attache à établir cette thèse qu'on s'étonne de voir contestée, « qu'il est permis de posséder en propre. » C'est qu'en effet la passion de la pauvreté s'était tournée en une haine de toute propriété qui ne s'arrêta pas à de vains combats de paroles. Pendant que les franciscains, dans les luttes de l'école, se défendaient de posséder en propre jusqu'aux aliments qu'ils consommaient, une doctrine commençait à se faire jour, semblable en plus d'un point aux évangiles nouveaux que notre siècle a entendu prêcher. Le genre humain, y était-il dit, devait passer par trois états : le règne du Père et de la loi écrite dans l'Ancien Testament, le règne du Fils et de la foi révélée dans le Nouveau, l'avénement du Saint-Esprit en la personne de saint François, et le règne de l'amour annoncé dans le livre de l'Évangile éternel. L'ancienne Église, réprouvée à cause de ses richesses, devait voir tous ses droits transportés aux religieux mendiants, l'empire passait aux pauvres, et, la propriété s'éteignant, le monde n'était plus qu'une grande communauté rangée sous la règle franciscaine. Ces rêves ne restèrent point confinés au fond des cellules où ils furent conçus. L'Évangile éternel entraîna la moitié de l'ordre, et à la suite de ces religieux les peuples qui trouvaient leur cause dans la cause des pauvres. Sous les noms de Fratricelles et de Beggards, les sectaires remplirent bientôt l'Italie et l'Allemagne; leur audace en vint à ce point, qu'ils s'assemblèrent dans Saint-Pierre de Rome pour y faire un pape, et qu'en 1311 le concile de Vienne, effrayé de leurs progrès, mit en délibération la suppression de l'ordre de Saint-François (1).

Mais, quand l'erreur touche à la propriété, nous savons qu'elle n'est pas loin de mettre la main sur la famille; et jamais ces annonces d'un évangile de l'amour n'ont troublé le monde chrétien, qu'elles ne soient arrivées à la réhabilitation de la chair par l'émancipation des femmes. Pendant que les Fratricelles prêchaient l'avénement de l'Esprit-Saint, une étrangère, appelée Guillelmine, parut à Milan, se donnant pour l'incarnation de l'Esprit, destinée à consommer l'œuvre imparfaite du Christ, à exercer un pontificat nouveau, et à faire passer dans les mains des femmes le sceptre rajeuni de la papauté. Les historiens contemporains assurent qu'elle célébra longtemps les

---

(1) Raynaldus, *Annales eccles.*, ab ann. 1294 ad ann. 1312; Tiraboschi, t. VII.

mystères d'un culte nocturne qui finit par éveiller la jalousie des époux et la sévérité des magistrats. La secte de Guillelmine périt, mais elle avait assez duré pour laisser au saint-simonisme moderne la désolante certitude de n'avoir pas inventé la femme libre (1).

Ce n'était pas assez, et le moyen âge, le temps de la scolastique et des dialecticiens infatigables, n'avait pas coutume d'énoncer un principe sans le pousser jusqu'aux dernières conséquences, et de pousser les conséquences dans la spéculation sans forcer les obstacles qui les arrêtaient dans la pratique. En l'an 1300, la chrétienté, déjà si ébranlée, fut encore émue des prédications du frère Dulcin, qui, laissant derrière lui la doctrine commune des Fratricelles, divisait la durée du monde en quatre époques, et venait inaugurer la dernière par l'extermination de l'Église dégénérée, et par l'établissement d'une vie plus parfaite que celle de saint Dominique et de saint François. Car ces deux fondateurs d'ordres avaient de nombreux couvents, où ils portaient les aumônes des fidèles, et Dulcin faisait profession de n'avoir point de couvents, et de ne rien réserver des aumônes, mais de vivre dans la liberté d'une vie errante, dans la communauté de l'Église primitive, et dans la familiarité des femmes, que ses disciples

(1) Muratori, *Antiq. ital.*, Dissert., t. X.

appelaient leurs sœurs. Ainsi les trois vœux de la vie religieuse, obéissance, pauvreté, chasteté, aboutissaient à la confiscation de tous les pouvoirs, de tous les biens et de tous les plaisirs. Une telle doctrine, pressée de se réaliser, voulait plus que des disciples; elle eut des soldats. Dulcin, à la tête de six mille hommes, s'établit dans les montagnes du Piémont; de là, il fondait sur les vallées environnantes, livrant aux flammes les églises, les bourgades au pillage, les habitants au fil de l'épée, jusqu'à ce que les peuples indignés se réunissent enfin pour envelopper l'armée des sectaires, l'exterminer dans un dernier combat et envoyer au bûcher les chefs échappés au carnage (1).

Tels furent les combats du socialisme hétérodoxe au treizième siècle, et jamais il ne toucha de si près à l'empire. Peut-être jugera-t-on mieux maintenant cet âge calomnié, où toute hérésie finissait par une faction, toute controverse par une guerre, qui mettait la société dans le droit et dans le devoir de se défendre. Mais nous regretterons toujours que la société n'ait pas usé plus modérément de la victoire, et qu'après avoir vaincu la révolte sur les champs de bataille, elle ait cru étouffer la contradiction dans les supplices. Premièrement, la contradiction ne s'étouffe jamais dans les sociétés que

---

(1) Muratori, *Script. Rer. ital.*, t. IX, historia Dulcini, id. ibid., additamentum ad hist. Dulcini.

Dieu destine à vivre : elle est la condition même de leur vigilance, de leur effort, de leur durée, et nous ne connaissons pas de pouvoir plus à plaindre que celui qui ne trouve plus de résistance. En second lieu, on ne remarque pas que les flambeaux des bûchers aient jamais éclairé l'esprit humain : il s'y trompe, au contraire, et il n'est pas dans l'histoire d'erreur si coupable qu'il ne soit tenté de saluer, s'il la voit couverte de cendres ou trempée de sang.

C'est ce qui paraît manifeste, lorsqu'au seuil même des temps modernes les doctrines ennemies de la propriété revivent et mettent l'Allemagne en feu par la parole de Muncer et par le soulèvement des anabaptistes.

Rien ne semble plus séparé que les intérêts du ciel et ceux de la terre. Mais tout est lié dans la société chrétienne par des nœuds si étroits, qu'on n'a jamais remué ses dogmes sans ébranler jusqu'aux derniers détails de ses institutions temporelles. Assurément quand Luther, en 1517, affichait ses thèses sur les indulgences à la porte de l'église de Wittenberg, il ne s'attendait pas à voir, six ans plus tard, son disciple Muncer tourner ces propositions au renversement de tous les pouvoirs politiques et de tous les droits civils. Muncer prêchait la nullité du baptême des enfants et la nécessité de rebaptiser les adultes : en apparence, quoi de plus inoffensif ? Mais dans ce baptême renouvelé il voulait que les hommes retrouvassent l'égalité primitive, qu'ils sortissent des fonts sacrés pour rentrer dans la liberté d'Adam, dans la communauté de l'Éden. Il protestait contre la différence de rangs et de biens introduite par la tyrannie des lois, sommait les riches de rendre les trésors injustement retenus par leurs pères, et les pauvres de refuser le tribut et l'obéissance aux magistrats coupables de perpétuer la servitude du peuple chrétien. Le temps, assurait-il, était venu d'en finir avec un monde maudit, et l'archange saint Michel le suscitait pour fonder avec l'épée de Gédéon le nouveau royaume de Dieu. Ces enseignements et ces prophéties poussaient aux armes les ouvriers de Nuremberg, les laboureurs de la Souabe et de la Thuringe, et, en 1525, les paysans anabaptistes signifièrent à leurs seigneurs un manifeste qui rappelle les plus habiles programmes des réformateurs modernes.

S'ils hésitaient encore à demander sans détour le partage des biens, ils réclamaient la communauté des forêts et des prairies, c'est-à-dire du plus grand nombre des terres sur ces collines boisées, dans ces riches pâturages de l'Allemagne méridionale. Les champs que les paysans tenaient à rente de leurs seigneurs devaient être visités par des experts pour en diminuer le prix de redevance en cas qu'il fût trop haut; c'était la réduction forcée des loyers. Enfin, ils déclaraient le dessein d'obéir aux magistrats seulement dans les choses qu'ils jugeraient eux-mêmes honnêtes et raisonnables ; c'était le droit d'insurrection des minorités et la consécration de la guerre civile. Aussi les propositions des paysans de Souabe furent-elles appuyées de quarante mille lances, et l'Allemagne, qui avait laissé crouler la moitié de sa hiérarchie ecclésiastique, put croire un moment à la ruine de son antique féodalité. Cependant les anabaptistes succombèrent dans deux combats ; et, après que Jean de Leyde, successeur de Muncer, eut expié sur la roue la courte joie d'avoir réalisé dans la ville de Munster le *royaume de Dieu*, la secte dispersée se réduisit aux paisibles colonies des frères Moraves, qui donnèrent à l'Europe protestante le spectacle honorable de leur régularité, et le spectacle instructif de leur petit nombre (1).

En poursuivant dans une période de quinze cents ans les erreurs du socialisme, nous n'avons pas voulu nous donner le misérable plaisir de l'humilier et de prendre ses disciples en flagrant délit de plagiat. Nous estimons au contraire que le temps, qui ajoute à la majesté de la vérité, fait aussi la puissance de l'erreur. Pour qu'une opinion fausse résiste durant tant de siècles à l'autorité des anathèmes, à la rigueur des lois, à la supériorité des armes, il faut qu'elle ait ses racines dans les plaies les plus pro-

(1) Arnold. Mestrov., *Historia anabapt.*, lib. I. Sleidan, *Comment.*, I, p. 128.

fondes de la nature humaine et les plus dignes de pitié. Quand une question toujours résolue par la théologie, comme par la philosophie, comme par la jurisprudence, se reproduit toujours, et vient au seuil de chaque révolution épouvanter les esprits faibles et solliciter les forts, il n'est pas permis de la traiter avec légèreté, ni de croire qu'on y aura mis fin par l'incarcération de quelques turbulents. Il y faut porter le respect dû aux grands problèmes dont se sert la Providence pour tenir les sociétés en haleine et les pousser sur cette voie de progrès où elle ne leur laisse point de repos. Mais, si dans l'antiquité même de l'erreur nous trouvons un motif d'étude, nous y voyons aussi un motif de confiance. Lorsque les doctrines subversives de la famille et de la propriété, toujours à la porte de la société chrétienne comme pour saisir le moment de s'y jeter, ont eu à leur service des circonstances aussi favorables que la ruine de l'empire romain et l'invasion barbare, que les déchirements intérieurs de la France depuis le temps des Pastoureaux jusqu'à la Jacquerie, que les guerres de religion et la ruine de l'ordre social dans tout le nord de l'Europe; lorsque, soutenues par tant de hardiesse, tant de persévérance et tant de bras, elles sont venues échouer invariablement contre la solidité de la civilisation, il n'y a plus lieu de s'en effrayer comme d'un péril nouveau. Il est permis de compter sur la conscience et le bon sens des peuples qui résistent depuis dix-huit siècles à ces tentations. Il est surtout permis de compter sur le Christianisme, qui n'a jamais cessé de repousser avec la même fermeté les erreurs socialistes et les passions égoïstes, qui contient toutes les vérités des réformateurs modernes, et rien de leurs illusions, seul capable de réaliser l'idéal de la fraternité sans immoler la liberté, et de chercher le plus grand bonheur terrestre des hommes sans leur arracher ce don sacré de la résignation, le plus sûr remède de leurs douleurs, et le dernier mot d'une vie qui doit finir.

AUX GENS DE BIEN.

Septembre 1848.

Le lendemain des journées de Juin, quand les ruines du clos Saint-Lazare et de la Bastille fumaient encore, *l'Ère nouvelle*, qu'une popularité inattendue répandait dans les faubourgs de Paris, en profitait pour s'adresser aux insurgés désarmés, pour leur tenir un langage qui ne les ménageait pas, qui ne les irritait pas, et pour leur apprendre à mieux connaître désormais les grands coupables qui les avaient trompés. Les gens de bien louèrent la fermeté de nos paroles, ils nous firent l'honneur d'y trouver quelque chaleur de cœur et une sincère passion des intérêts du peuple. Aujourd'hui nous leur demandons la même indulgence, car c'est à eux que nous avons affaire. Maintenant que l'appareil des bivouacs n'attriste plus nos boulevards, maintenant que l'orage parlementaire de l'enquête s'est déchargé de tout ce qu'il portait de foudres, il nous est permis de ne plus taire des vérités qui ont cessé d'être dangereuses, et d'adresser aux bons citoyens une page plus émue que de coutume, sans crainte que les mauvais la ramassent et qu'elle serve à bourrer les fusils des barricades.

On a dit aux gens de bien qu'ils avaient sauvé la France, et nous ne trouvons pas qu'on les ait flattés, car les gens de bien sont, à notre avis, la France même, moins les égoïstes et les factieux. C'est l'immense majorité des huit millions d'électeurs qui ont donné au pays son assemblée ; ce sont les huit cent mille gardes nationaux qui se levaient en juin pour la défendre. Mais il ne suffit pas d'avoir sauvé la France une ou plusieurs fois : un grand pays a besoin d'être sauvé tous les jours. La Providence, qui a résolu de nous tenir en haleine, permet que le péril succède au péril. Vous allez et venez tranquillement d'un bout à l'autre de la ville pacifiée. Mais le danger, que vous vous félicitez de ne plus voir dans les rues, s'est caché dans les greniers des maisons qui les bordent. Vous avez écrasé la révolte : il vous reste un ennemi que vous ne connaissez pas assez, dont vous n'aimez pas qu'on vous entretienne, et dont nous avons résolu de vous parler aujourd'hui : LA MISÈRE.

Vous avez voulu la dissolution des ateliers nationaux, et vous avez raison. Vous vous réjouissez de ne plus voir les jardins publics encombrés de travailleurs jouant au bouchon la paye de leur oisiveté, et les places sillonnées par des bandes d'ouvriers réunis sous un drapeau où l'organisation du travail était inscrite, et qui en portait la ruine dans ses plis. Mais, parce que les jardins et les places sont vides, pensez-vous que les ateliers particuliers soient pleins, et qu'il ait suffi, comme les habiles l'assuraient, de licencier les chantiers de la nation pour faire sortir de terre les constructions, battre les métiers des tisserands, et fumer les cheminées de toutes les usines? Voici deux mois que l'industrie jouit de cette paix qui devait lui rendre la vie, et à Paris le nombre des individus sans travail qu'il faut sauver de la faim est encore de deux cent soixante-sept mille.

On les assiste, en effet, et peut-être le souvenir des cinq millions votés dans ce but et dont vous supportez votre part calme votre conscience et satisfait votre humanité. Mais ceux qui ont l'honneur d'être les distributeurs des secours publics sont moins rassurés. Ils entrent, par exemple, dans le douzième arrondissement, l'une des places de guerre de l'insurrection, et sur quatre-vingt dix mille habitants environ, ils trouvent huit mille ménages inscrits au bureau de bienfaisance, vingt et un mille neuf cent quatre-vingt-douze secourus extraordinairement, en tout soixante et dix mille personnes environ vivant du pain précaire de l'aumône. La moitié de ces quartiers, toute la Montagne-Sainte-Geneviève et tout le voisinage des Gobelins, se composent de rues étroites, tortueuses, où le soleil ne pénètre jamais, où une voiture ne s'engagerait pas sans danger, où un homme en frac ne passe pas sans faire événement et sans attirer sur les portes des groupes d'enfants nus et de femmes en haillons.

Des deux côtés d'un ruisseau infect, s'élèvent des maisons de cinq étages, dont plusieurs réunissent jusqu'à cinquante familles. Des chambres basses, humides, nauséabondes, sont louées à raison de un franc cinquante centimes par semaine quand elles sont pourvues d'une cheminée, et de un franc vingt-cinq centimes quand elles en manquent. Aucun papier, souvent pas un meuble ne cache la nudité de leurs tristes murs. Dans une maison de la rue des Lyonnais, qui nous est connue, dix ménages n'avaient plus de bois de lit. Au fond d'une sorte de cave, habitait une famille sans autre couche qu'un peu de paille sur le sol décarrelé, sans autre mobilier qu'une corde qui traversait la pièce ; ces pauvres gens y suspendaient leur pain dans un lambeau de linge pour le mettre à l'abri des rats. Dans la chambre voisine, une femme avait perdu trois enfants, morts de phthisie, et en montrait avec désespoir trois autres réservés à la même fin. Les étages supérieurs n'offraient pas un aspect plus consolant. Sous les combles, un grenier mansardé sans fenêtres, percé seulement de deux ouvertures fermées chacune par un carreau, abritait un pauvre tailleur, sa femme et huit enfants ; chaque soir, ils gagnaient, en rampant, la paille qui leur servait de gîte, au fond de la pièce et sous la pente du toit.

Ne parlons pas des mieux partagés, de ceux qui avaient deux lits pour six personnes, où s'entassaient pêle-mêle, bien portants et malades, et des garçons de dix-huit ans avec des filles de seize. Ne parlons pas du délabrement des habits, qui est tel, que dans la même maison vingt enfants ne peuvent fréquenter les écoles faute de vêtements. Du moins faut-il que ces malheureux trouvent quelque part leur nourriture, et que, s'ils périssent de consomption, il ne soit pas dit qu'ils meurent littéralement de faim dans la ville la plus civilisée de la terre. Plusieurs vivent des restes que leur distribuent à travers les grilles du Luxembourg les cuisiniers de la troupe casernée dans le château. Une vieille femme s'est nourrie huit jours des morceaux de pain qu'elle ramassait dans les immondices et qu'elle détrempait dans l'eau froide. Il est vrai que la bienfaisance de la nation arrivait au secours d'une si cruelle détresse : les distributeurs qui vont frapper tous les dix jours à la porte des ouvriers sans travail y laissent un bon d'un kilogramme de viande et trois kilogrammes de pain pour chaque bouche : c'est à peu près la valeur de douze centimes et demi par jour, et c'est pour le douzième arrondissement seul la somme énorme de cent quatre-vingt-dix-huit mille francs par mois.

Assurément le quartier Saint-Jacques et celui du Jardin-des-Plantes ne donnent pas toujours le spectacle de la même désolation. Nous y connaissons des rues marchandes, des maisons pauvres, mais habitables, des chambres étroites, mais bien tenues,

conservant les restes d'une ancienne aisance, des
meubles cirés, du linge blanc, et cette propreté qui
est le luxe des pauvres. Mais la comparaison n'en
est que plus douloureuse entre le souvenir de ce
bien-être, fruit d'un long travail et d'une sévère
économie, et le dénûment de ces ouvriers robustes,
de ces actives ménagères, qui s'indignent de leur
désœuvrement, et qui, après de longues journées
consumées aux portes des chantiers et des magasins
où on ne les embauche pas, se plaignent de périr
d'ennui autant que de besoin. Là du moins il n'y
a plus de place pour cette excuse familière aux
cœurs durs, que les pauvres le sont par leur faute,
comme si le défaut de lumière et de moralité n'était pas la plus déplorable des misères et la plus
pressante pour les sociétés qui veulent vivre. Là,
quand le visiteur accompagne les secours officiels
d'une parole qui en couvre l'humiliante insuffisance, à mesure qu'il pénètre dans l'intimité des
familles, il y trouve moins de sympathies que de
blâme pour l'insurrection, moins de regrets pour
le club que pour l'atelier. Le petit nombre de ceux
dont l'esprit malade nourrit encore des rêves incendiaires finissent souvent par se rendre à une conversation amicale et sensée, et par croire à ces vertus
dont on leur avait fait détester le nom : la charité,
la résignation, la patience. Parmi ces gens des faubourgs qu'on a coutume de représenter comme un
peuple sans foi, il en est bien peu qui n'aient au-

dessus de leur chevet une croix, une image, un rameau bénit, bien peu qui soient morts à l'hôpital des blessures de Juin sans avoir ouvert leurs bras au prêtre et leur cœur au pardon. Dans les greniers infects et sur le même palier que la paresse et la débauche, nous avons vu les plus aimables vertus domestiques, avec la délicatesse et l'intelligence qu'on ne rencontre pas toujours sous des lambris dorés; un pauvre tonnelier, septugénaire, fatiguant ses vieux bras pour nourrir l'enfant qu'un fils mort dans la force de l'âge lui avait laissé ; un jeune sourd-muet de douze ans, dont l'instruction a été poussée à ce point, qu'il commence à lire, qu'il prie, qu'il connaît Dieu. Nons n'oublierons jamais une humble chambre, mais d'un arrangement irréprochable, où une bonne femme d'Auvergne, dans le costume de son pays, travaillait avec ses quatre jeunes filles propres, modestes, et ne levant les yeux de leur ouvrage que pour répondre poliment aux questions de l'étranger. Le père n'était qu'un manœuvre et servait les maçons ; mais la foi que ces braves gens avaient gardée de leurs montagnes éclairait leur vie, comme le rayon de soleil qui glissait à travers leur fenêtre et qui éclairait les saintes images collées sur les murs.

On s'effraye avec raison de cette multitude d'enfants qui grandissent pour le désordre et pour le crime, sans autre éducation que les exemples du cabaret et les tentations de la place publique. On ne sait pas assez que, dans le douzième arrondissement, quatre mille garçons et filles ne fréquentent pas l'école, faute de place dans les écoles. On ne sait pas que le faubourg Saint-Marceau n'a qu'un asile dont la porte reste fermée à quinze cents enfants de deux à sept ans. En présence de ces tristes chiffres, nous ne voudrions pas croire que la commission des asiles et le conseil municipal contestent à la charité privée le droit de recueillir les enfants et de les instruire, et qu'on ne trouve pas les trente mille francs nécessaires pour fonder dix écoles de plus, pendant qu'on autorise le théâtre Saint-Marcel à reprendre le cours de ses représentations, et une nouvelle salle de spectacle à s'ouvrir dans la misérable rue du Grand-Banquier.

Voilà les maux, non d'un seul arrondissement, mais de plusieurs arrondissements de Paris; non de Paris seulement, mais de Lyon, de Rouen, et de toutes les villes manufacturières du Nord. Voilà les périls du présent, jugez de ceux qu'amènera l'hiver, quand la rigueur de la saison suspendra le peu qui reste de travaux de bâtiments, et jettera quarante mille désœuvrés de plus sur le pavé de la capitale ! Nous n'avons assurément pas l'habitude de nous rendre les échos des alarmes publiques; mais nous ne pouvons oublier cette parole d'une sœur de Charité : « Je crains bien la mort, disait-elle, mais je crains encore plus l'hiver prochain. » Et nous aussi, nous le craignons; et en descendant de ces escaliers délabrés, à chaque étage desquels nous avons vu tant de souffrances présentes, tant de dangers pour l'avenir, nous n'avons pu contenir notre douleur, nous nous sommes promis d'avertir nos concitoyens, et il faut bien qu'ils nous permettent de nous adresser à tous avec la franchise des gens de cœur et de leur dire :

Prêtres français, ne vous offensez pas de la liberté d'une parole laïque qui fait appel à votre zèle de citoyens. La mort de l'archevêque de Paris vous couvre d'honneur, mais elle vous laisse un grand exemple. Ceux qui vous ont vus au choléra de 1832 et aux ambulances de Juin ne peuvent pas douter de votre courage, et quand des hommes tels que M. Fissiaux, M. de Bervenger, M. Landmann, tels que les trappistes de Staouëli, ont pris l'initiative des réformes pénitentiaires, de l'éducation professionnelle, des colonies agricoles, on ne peut plus contester votre compétence. Depuis quinze ans plusieurs d'entre vous se sont voués à l'apostolat des ouvriers, et, au pied des arbres de liberté qu'on leur a fait bénir, ils ont reconnu qu'ils n'avaient pas affaire à un peuple ingrat. Défiez-vous de ceux qui le calomnient, de ceux qui vous entretiennent de leurs regrets, de leurs espérances, de leurs prophéties, de tout ce qui fait consumer en pensées inutiles les heures que vous devez à nos dangers et à nos besoins. Défiez-vous surtout de vous-mêmes, des habitudes d'une époque plus paisible, et doutez moins du pouvoir de votre ministère et de sa popularité. On vous doit cette justice, que vous aimez les pauvres de vos paroisses, que vous accueillez charitablement l'indigent qui frappe à votre porte, et que vous ne vous faites pas attendre s'il vous appelle au chevet de son lit. Mais le temps est venu de vous occuper davantage de ces autres pauvres qui ne mendient point, qui vivent ordinairement de leur travail, et auxquels on n'assurera jamais de telle sorte le droit au travail ni le droit à l'assistance, qu'ils n'aient besoin de secours, de conseils et de consolations. Le temps est venu d'aller chercher ceux qui ne vous appellent pas, qui, relégués dans les quartiers mal famés, n'ont peut-être jamais connu ni l'Église, ni le prêtre, ni le doux nom du Christ. Ne demandez point comment ils vous recevront, ou plutôt demandez-le à ceux qui les ont visités, qui ont hasardé de leur parler de Dieu, qui ne les ont pas trouvés plus insensibles que les autres hommes à une bonne parole et à de bonnes actions. Si vous craignez votre timidité, votre inexpérience et l'insuffisance de vos ressources, associez-vous. Usez du bénéfice des lois nouvelles et formez des sociétés charitables de prêtres. Épuisez le crédit qui vous reste auprès de tant de familles chrétiennes, pressez-les à temps, à contre-temps, et croyez qu'en les forçant à se dépouiller elles-mêmes, vous leur épargnez le déplaisir d'être dépouillées par des mains plus rudes. Ne vous effrayez pas quand les mauvais riches, froissés de vos discours, vous traiteront de communistes, comme on traitait saint Bernard de fanatique et d'insensé. Souvenez-vous que vos pères, les prêtres français du onzième et du douzième siècle, ont sauvé l'Europe par les croisades ; sauvez-la encore une fois par la croisade de la charité, et, puisque celle-ci ne versera pas de sang, soyez-en les premiers soldats.

Riches,

— Car si votre nombre est diminué, nous connaissons des provinces que la détresse publique n'a fait qu'effleurer, et des fortunes sur lesquelles elle a passé comme un nuage, — pendant les premiers mois d'une révolution dont nul ne pouvait marquer les limites, vous fûtes excusables de prévoir l'avenir, de songer à vos enfants, et de réunir l'épargne nécessaire pour les chances de la spoliation et de l'exil. Mais la prévoyance a ses limites, et Celui qui nous a appris à demander le pain de chaque jour ne nous a jamais conseillé de nous assurer dix ans de luxe. Nous vivons dans des jours sans exemple où il peut être sage de sacrifier l'avenir au présent, et l'économie au besoin de la circulation. Rouvrez les sources de ce crédit dont vous accusez l'épuisement. Dépensez, ne vous refusez point vos plaisirs légitimes dans un moment où ils peuvent devenir méritoires. — Faites l'aumône du travail, et faites aussi celle de l'assistance. Ne craignez pas de nuire au petit commerce en habillant de vos deniers ces milliers de pauvres, qui assurément n'achèteront ni vêtements ni chaussures avant six mois. Donnez pour les asiles et les écoles, et n'oubliez plus ces maisons de refuge, ces providences, ces trois maisons du *Bon Pasteur*, obligées de réduire au quart, au dixième, le nombre de leurs pénitentes, et de fermer leurs portes au repentir, quand Dieu lui ouvre les portes du ciel.

Représentants du peuple,

Nous respectons la grandeur et la difficulté de vos devoirs. Nous ne sommes pas de ceux qui, par la témérité de leurs accusations, ont le malheur d'affaiblir le dernier pouvoir capable de sauver la société. Vous poursuivez avec une juste lenteur votre œuvre, pour laquelle l'histoire vous louera d'avoir consumé les mois, si vous avez travaillé pour les siècles. Mais vous n'aurez pas travaillé pour un jour, si vous négligez cette formidable question de la misère, qui ne souffre pas de retard. Ne croyez pas avoir assez fait, pour avoir voté des subsides qui achèvent de s'épuiser, réglé les heures de travail, quand le travail n'est encore qu'un rêve, et refusé le repos du dimanche à des ouvriers qui vous reprochent le désœuvrement de leurs semaines.

Ne dites pas que les inspirations vous manquent. Nous connaissons dans vos rangs d'excellents esprits et dans vos cartons des propositions fécondes. Les amilles des déportés, c'est-à-dire près de quatre mille personnes, vous pressent de les rejoindre à leurs chefs, et de les arracher à ces faubourgs où elles ne donnent que le dangereux spectacle de leur détresse et de leur ressentiment. Une pétition signée de vingt mille hommes vous supplie de les former en colonies agricoles pour l'Algérie. Les landes de Bretagne et les terres incultes du midi de la France vous demandent cent mille bras qui, retirés de l'industrie, feraient autant de concurrents de moins aux ateliers encombrés, et donneraient autant de défenseurs à la propriété combattue. Nous n'ignorons ni les obstacles, ni les rivalités, ni les imperfections qui arrêtent chaque projet et qui éternisent les débats. Mais nous n'avons jamais vu que les grands pouvoirs fussent institués pour des circonstances faciles; nous estimons que les rivalités d'amour-propre doivent s'effacer devant le besoin public, et qu'enfin mieux vaut faire imparfaitement que ne rien faire.

Ne dites pas que le temps vous manque. Sous les fusillades de l'insurrection, l'Assemblée nationale demandait à la nuit les heures que lui refusait le jour. On vous voyait à toutes les barricades, haranguant les factieux, encourageant les défenseurs de l'ordre, et l'histoire n'oubliera ni ceux d'entre vous qui y perdirent la vie, ni ceux qui la sauvèrent à leurs concitoyens. Pourquoi ne vous voit-on pas où est le péril du moment présent? Pourquoi n'ar-

racheriez-vous pas vos matinées aux solliciteurs qui
les disputent pour visiter aussi ces quartiers déshé-
rités, pour monter ces escaliers obscurs, pénétrer
dans ces chambres nues, voir de vos yeux ce que
souffrent vos frères, vous assurer de leurs besoins,
laisser à ces pauvres gens le souvenir d'une visite
qui honore et console déjà leur malheur, et redescendre enfin pénétrés d'une émotion qui ne sup-
portera plus de délais, qui mettra le feu sur vos
lèvres et le frémissement dans l'Assemblée, qui la
forcera, s'il le faut, de se déclarer en permanence,
et de ne pas se séparer sans avoir vaincu la misère,
comme dans la mémorable nuit du 24 juin elle a
vaincu la révolte?

Ne dites pas enfin que l'argent vous manque.
Quand il faudrait puiser ailleurs que dans les ressources accoutumées, quand vous n'auriez plus rien
à attendre de l'économie et du crédit, attendez tout
encore de la générosité de la France. Annoncez-lui
hautement les mesures qui la sauveraient, et le dé-
ficit qui en retarde l'exécution. Ouvrez une souscription nationale pour les ouvriers sans travail,
non-seulement de Paris, mais de toutes les provinces. Mettez-la sous le patronage et sous le contrôle de ce que vous avez de plus grands citoyens,
de plus éclairés, de plus respectables. Que vos neuf
cents noms aient l'honneur d'y figurer les premiers;
que les évêques siégeant à l'Assemblée invitent
leurs collègues et les trente mille curés de France

à publier la souscription dans toutes les chaires ; que le ministre de l'intérieur ordonne aux quarante mille maires de l'afficher, de la populariser dans toutes les communes ; recevez en nature comme en argent, que les comptes soient publics et fréquemment rendus ; faites-en une affaire de sécurité pour les timides, de patriotisme, de charité pour tous, et je m'étonne bien s'il reste un financier qui vous refuse un billet de banque, et un paysan qui ne vous apporte une poignée de blé.

Citoyens de toutes conditions,

Vous dont la rigueur des temps a retranché le superflu, et vous qui manquez du nécessaire, vous pouvez plus que les autres pour des maux que vous connaissez. Tous ceux qui ont l'expérience de la bienfaisance publique savent que les pauvres ne sont jamais mieux secourus que par les pauvres. A défaut de l'obole que la Providence ne laissera pas manquer, vous vous devez les uns aux autres l'assistance mutuelle des bons offices et des bons exemples. Quand d'autres porteraient au trésor public l'or à pleines mains, vous aurez mieux mérité de la patrie en donnant le spectacle du dévouement, de la résignation et de l'espérance. Le Christianisme a fait de l'espérance une vertu, faites-en la gardienne de cette société menacée. Gardez-vous enfin, car c'est le péril des âmes honnêtes et des cœurs haut placés, gardez-vous de désespérer de votre siècle, arrachez-vous à ces découragements qui renoncent à rien entreprendre quand ils assistent, disent-ils, à la décadence de la France et de la civilisation, et qui, à force d'annoncer la ruine prochaine d'un pays, finissent par la précipiter.

LES CAUSES DE LA MISÈRE.

Octobre 1848.

Le droit au travail, vaincu à l'Assemblé nationale, se venge de sa défaite dans les clubs et dans les banquets : tout annonce un de ces débats qui ne s'achèvent pas en un jour, qui survivent à leurs juges, et que la Providence tient ouverts pendant des siècles, s'il le faut, pour l'éducation des hommes. C'est qu'en effet cette discussion mémorable introduisait à la tribune une question devant laquelle avait reculé jusqu'ici la timidité de nos parlements, la question de la misère. Mais, comme toutes les controverses qui commencent, celle-ci nous a plus émus qu'instruits ; toute la passion des orateurs n'a remédié ni à l'insuffisance de leurs études ni à l'inévitable ascendant des erreurs du passé. Habitués jusqu'ici à ne considérer que l'intérêt temporel dans le gouvernement des hommes, les politiques n'ont cherché les causes de la misère que dans un désordre matériel, et deux écoles se sont formées, qui ont tout ramené à la production ou à la distribution des richesses. D'un côté, l'ancienne école des économistes ne connaît pas de plus grand danger social qu'une production insuffisante; pas d'autre salut que de la presser, de la multiplier par une concurrence illimitée; pas d'autre loi du travail que celle de l'intérêt personnel, c'est-à-dire du plus insatiable des maîtres. D'un autre côté, l'école des socialistes modernes met tout le mal dans une distribution vicieuse, et croit avoir sauvé la société en supprimant la concurrence, en faisant de l'organisation du travail une prison qui nourrirait ses prisonniers, en apprenant aux peuples à échanger leur liberté contre la certitude du pain et la promesse du plaisir. Ces deux systèmes, dont l'un réduit la destinée humaine à produire, l'autre à jouir, aboutissent par deux voies diverses au matérialisme, et nous ne savons si nous avons plus d'horreur de ceux qui humilient les pauvres, les ouvriers, jusqu'à n'en faire que les instruments de la fortune des riches, ou de ceux qui les corrompent jusqu'à leur communiquer les passions des mauvais riches.

Pour nous, qui faisons profession de spiritualisme, nous avons une opinion plus haute de la destinée des hommes. Comme nous respectons en eux des personnes immortelles qui disposent de leur éternité, nous les croyons maîtres à beaucoup d'égards de leur bonheur ou de leur malheur dans le temps. Assurément, nous ne méconnaissons pas l'empire des événements extérieurs, les crises politiques qui suspendent l'activité du travail dans nos villes changées en place de guerre, les crises industrielles qui jettent dans les rues la population des manufactures, les crises domestiques qui tarissent les ressources d'une famille désolée par la mort du père ou par les maladies des enfants. Nous croyons à la possibilité de tempérer ce qu'il y a d'imprévu dans la condition humaine, par la prévoyance des institutions. Nous estimons la société perfectible; nous en poursuivons, non le renversement, mais le progrès. Et cependant nous déclarons qu'on n'aura rien fait tant qu'on ne sera pas allé chercher, non au dehors, mais au dedans, les causes de la félicité de l'homme et les principes ennemis de son repos, tant qu'on n'aura pas porté la lumière et la réforme dans ces désordres intérieurs que le temps ne répare pas, plus incurables que les maladies, plus durables que les chômages, et qui multiplieront encore les indigents longtemps après que l'herbe des cimetières aura couvert les dernières traces de la guerre civile.

Dieu ne fait pas de pauvres; il n'envoie pas de créatures humaines dans les hasards de ce monde, sans les pourvoir de ces deux richesses qui sont les premières de toutes, je veux dire l'intelligence et la volonté. Et les richesses morales sont si bien l'origine de toutes les autres, que les choses matérielles ne deviennent des richesses à leur tour que par l'empreinte de l'intelligence qui les façonne, et de la volonté qui les emploie. C'est ce que nous voyons jusque dans nos vieilles industries, dans ces professions encombrées, où un homme venu des champs, en blouse et en sabots, mais avec un esprit droit et une activité persévérante, finit par forcer les avenues de la fortune et par vieillir sous des lambris dorés. Et, d'un autre côté, qui de nous n'a connu sur les bancs des écoles quelqu'un de ces jeunes gens bien pourvus et bien doués, qu'un vice a perdus, et qui, au bout de dix ans, épuisés d'esprit, de santé et de ressources, ne vivent plus que de l'aumône secrète de leurs anciens camarades, ou meurent à l'hôpital? Le droit au travail, inscrit à la première page de la Constitution, empêchera-t-il jamais que, dans plusieurs industries, dans l'imprimerie, par exemple, un certain nombre d'ouvriers nomades errent d'atelier en atelier, ne travaillant chaque semaine qu'autant de jours qu'il le faut pour passer le reste dans le plaisir, sans autre asile pour le chômage que le dépôt de mendicité? Et d'autres, cependant, attachés aux maisons honorables dont ils soutiennent la prospérité, trouvent dans un labeur assidu, dans des privations méritoires, le moyen de nourrir leurs vieux parents, et d'entourer encore de quelque aisance le berceau de leur jeune famille!

Pourquoi donc taire au peuple ce qu'il sait, et le flatter comme les mauvais rois? C'est la liberté humaine qui fait les pauvres; c'est elle qui tarit ces deux sources primitives de toute richesse, l'intelligence et la volonté, en laissant l'intelligence s'éteindre dans l'ignorance; la volonté s'affaiblir par l'inconduite. Les ouvriers le savent mieux que nous : en temps ordinaires, en dehors des années de disette et de révolution, la terre de France n'est pas ingrate; le nombre de ceux qui n'y parviennent pas à vivre de leur travail n'est pas d'un sur quinze, et de ce nombre la moitié n'est tombée dans l'indigence que par défaut de lumières ou de moralité, par l'incapacité, l'imprévoyance, qui a rendu leur métier stérile dans leurs mains, ou par le libertinage, qui en a dissipé les fruits.

A Dieu ne plaise que nous pensions calomnier ceux que l'Évangile bénit, rendre les classes souffrantes responsables de leurs maux et servir l'insensibilité des mauvais cœurs qui se croient dispensés de secourir le pauvre quand ils ont établi ses torts! Nous serions aussi justes de nous en prendre à l'indifférence et à l'égoïsme des chefs d'industrie, si la plupart n'ont jamais songé aux besoins moraux de leurs ouvriers, s'ils leur refusent, avec le repos du septième jour, le droit de s'arracher à la misérable condition d'instruments de travail, s'il est vrai que plusieurs poussent la perversité jusqu'à écarter de leurs ateliers tout ce qui pourrait y introduire la tempérance et l'économie, persuadés que le vice, en déshonorant le travailleur, le rend plus maniable et le livre à la discrétion du maître! C'est ce qu'affirme un écrivain grave, M. Villermé (1), et c'est ce que nous oublions pour accuser aujourd'hui, non les torts personnels des hommes sur lesquels nous ne pouvons rien, mais l'insuffisance des institutions qu'il appartient au journalisme de signaler, mais l'erreur de la société qui prête l'autorité de son patronage aux tentations les plus capables de hâter la corruption et par conséquent l'appauvrissement des classes ouvrières, qui fait si peu pour les instruire, et, par conséquent, pour les enrichir.

De ces trois passions qui sont la ruine des mœurs populaires, le jeu, le vin et les femmes, la société française a proscrit la première, et c'est son honneur d'avoir fermé les bureaux de loterie et les maisons de jeu de la même main dont elle ouvrait les caisses d'épargne. Mais, pour les deux autres désordres, elle en est restée à la politique des vieux pouvoirs, qui, désespérant de vaincre le mal, l'ont érigé en institutions publique, pour y trouver une branche de revenu ou un moyen de gouvernement. Ne dites pas qu'il était plus sûr d'autoriser la prostitution

---

(1) *Tableau de l'état physique et moral des ouvriers*, tome III, pages 58 et 75.

pour lui donner des règles que de la réduire à se cacher dans des ténèbres où elle défierait toutes les surveillances. En morale, nous ne connaissons pas de mal nécessaire; vous-mêmes vous avez éprouvé la vanité de ce sophisme qui rassurait la conscience des anciens politiques, lorsque, supprimant les jeux publics, vous n'avez pas reculé devant la poursuite des jeux clandestins. Rome n'est pas seulement une capitale de cent cinquante mille âmes : c'est une cité italienne, toute brûlante des feux du soleil; c'est le rendez-vous annuel de trente mille étrangers, de tous les désœuvrements, de tous les *spleen*, de tous les vices. Et cependant elle n'a jamais connu l'ignominie de la prostitution publique, jamais le gouvernement des papes n'y autorisa une maison de débauche, et Léon XII ne craignait pas d'y fermer les cabarets. De là, chez un peuple si passionné, le petit nombre des naissances illégitimes, la pureté des mœurs et la beauté du sang, la dignité de ces pauvres gens du *Transtevere* qui n'ont jamais donné leur ivresse en spectacle sur les places publiques, et dont on a si souvent accusé l'humeur farouche parce qu'ils ne souffrent pas que l'étranger manque de respect à leurs filles. Pour nous, qui insultons l'Italie de notre dédaigneuse pitié, nous ne pouvons passer le soir les barrières de la ville la plus civilisée de la terre sans heurter à chaque pas, je ne dis pas des hommes, mais des femmes, des enfants avinés. Nous avons des règlements qui mettent les cabarets à la discrétion de la police, et nous laissons se multiplier sans restrictions, sans conditions, les tavernes qui sont dans chaque rue l'école du désordre, le rendez-vous de toutes les conspirations, les dépôts d'armes de toutes les émeutes. Nous avons des impôts écrasants sur le sel, sur la viande et toutes les consommations nécessaires, et jamais nous n'avons trouvé dans l'arsenal de nos lois fiscales le secret d'arrêter la multiplication des distilleries, de hausser le prix des spiritueux, de décourager le commerce de ces liqueurs détestables, altérées, sophistiquées, qui font plus de malades que toutes les rigueurs des saisons et plus de coupables que toute l'injustice des hommes! Quelles réformes a-t-on introduites dans les plaisirs publics, chez cette population de Paris, si éprise de plaisirs, et qui se laisserait mener au bout du monde, non pas avec du pain, comme on l'a dit, mais avec des fêtes? Quel pouvoir a songé à ce puissant moyen d'enseignement que l'antiquité, que l'Église ne dédaigna jamais? L'hiver dernier, la préfecture de police délivra quatre mille permissions de bals nocturnes. Elle ne met plus de terme à ces divertissements insalubres que le bon sens de nos pères resserrait du moins dans les six semaines du carnaval. Chaque année elle autorise l'ouverture d'un nouveau théâtre dans quelque misérable rue des faubourgs, où l'on jette aux fils du peuple et à ses filles l'écume d'une littérature dont le cynisme révolterait la chasteté du parterre de l'Opéra. Et, quand pendant six mois la jeunesse des classes laborieuses a prolongé ses soirées et passé ses nuits dans ces antres enfumés où sa santé court autant de périls que ses mœurs, vous vous étonnez de l'en voir sortir étiolée, chétive, incapable de fournir le contingent militaire, et peuplant chaque année de recrues plus nombreuses les hôpitaux et les prisons !

Ne pensons pas nous être acquittés envers le peuple si nous lui avons appris à lire, à écrire, à compter ; et encore nos écoles insuffisantes repoussent-elles la moitié de ses enfants. Quand il s'agissait d'écraser les derniers restes de l'insurrection, nous n'avions besoin ni de délais ni de formalités pour dresser vingt camps sur les boulevards de Paris, sur les esplanades, et jusqu'au pied de l'Hôtel de Ville. Mais, au bout de quatre mois, quand le douzième arrondissement compte quatre mille enfants sans asile, quand la charité particulière, touchée de ce dénûment, fait les derniers efforts pour leur ouvrir des écoles qui seraient les camps pacifiques de la civilisation, ce n'est pas assez de six semaines de démarches, d'ajournements et de débats pour vaincre les conflits et les scrupules de je ne sais combien de conseils, de comités et d'administrations, effrayés d'une nouveauté si grande, et qui craignent la ruine de l'État, si l'instruction des jeunes ouvriers se trouve livrée à des sœurs, à des frères, à des instituteurs capables de leur enseigner autre chose qu'à épeler les syllabes d'un journal, et à charbonner sur les murs l'ordre du jour des barricades. Ah! que ces esprits timides sont loin de s'entendre avec nous, qui, au lendemain de la première communion, après trois ans d'études dans la meilleure des écoles chrétiennes, quand le fils de l'ouvrier en sortirait tout couvert de couronnes, ne tenons pas son éducation pour finie; qui voudrions l'accompagner d'un patronage intelligent chez son maître d'apprentissage, lui ouvrir des écoles d'adultes chaque soir et chaque dimanche, et inaugurer dans les faubourgs de Paris autant de Conservatoires des arts et métiers, autant de Sorbonnes populaires, où le fils du mécanicien, du teinturier et de l'imprimeur, trouvât, comme celui du médecin et du jurisconsulte, le bienfait de l'enseignement supérieur, les plaisirs de l'intelligence et la joie de l'admiration! Non, je ne m'étonne plus de l'opiniâtreté des politiques à écarter le repos du dimanche, je n'accuse plus leur complicité avec les passions irréligieuses, je n'accuse que leur paresse à remplir le vide de cette journée, dont le prêtre ne réclame qu'une heure, et qui laisserait tant de place à la sollicitude d'un pouvoir bienfaisant, aux cours publics, aux bibliothèques du peuple, aux exercices militaires pour les jeunes gens, aux sociétés d'émulation et d'assistance mutuelle pour tous. Eh quoi! les hommes des professions savantes, des gens qui ont fait dix-huit ans d'études, les médecins, les avocats, les notaires, se rouilleraient, se relâcheraient s'ils n'avaient leurs concours, leurs conférences, leurs chambre de discipline; les astronomes, les philologues, les moralistes de l'Institut désespéreraient du progrès de la science si le fauteuil numéroté et le jeton de présence ne les réunissaient chaque semaine; et vous blâmez l'incapacité, l'incurie de l'ouvrier, la défectuosité routinière de ses méthodes, le désordre systématique de sa conduite, quand vous n'avez jamais encouragé, quand vous redoutez les associations qui le rapprocheraient de ses égaux, qui le soumettraient à une police fraternelle, qui l'entoureraient d'exemples en même temps que de lumières, et lui assureraient cette éducation de toute la vie, nécessaire à l'homme, toujours faible et toujours tenté !

En ébauchant ce rapide programme des réformes que réclamera la démocratie chrétienne, nous n'avons pas voulu nous donner la stérile satisfaction de dresser un réquisitoire de plus contre la société, qui a déjà trop d'ennemis. Nous ne sommes pour elle que des amis sévères dont la jalousie ne souffre rien de vicieux dans ce qu'ils honorent et défendent. Pourquoi le tairions-nous? Notre pensée est, en effet, de commencer et d'entretenir, parmi les chrétiens, une *agitation charitable* contre les abus qui font depuis cinquante ans la détresse d'un peuple libre, et qui désormais feraient sa honte. Notre pensée est de tenir dans la vigilance et dans l'inquiétude le zèle de tant d'honnêtes gens qui, le lendemain des journées de Février, auraient de grand cœur abandonné le quart de leur fortune pour sauver le reste, et qui, venant à croire que la Providence les tient quittes cette fois, commencent à mesurer moins généreusement leurs sacrifices. Notre pensée est enfin de persuader tous ceux qui font un peu de bien que la ville de Paris ne les a pas déchargés de leur devoir en votant six millions pour la subsistance des ouvriers sans travail jusqu'au mois d'avril prochain, c'est-à-dire treize centimes par personne et par jour, et qu'il n'est pas encore temps d'oublier la misère publique, quand même l'hiver et le choléra ne seraient pas là pour nous en faire souvenir.

DE L'ASSISTANCE QUI HUMILIE ET DE CELLE QUI HONORE.

Octobre 1848.

Nous n'aimons pas à croire les peuples ingrats : nous croyons seulement à l'impuissance des mots pour faire le salut des sociétés, s'ils ne sont commentés par les institutions. Nous croyons à deux sortes d'assistance, dont l'une humilie les assistés et l'autre les honore. Ce n'est pas le gouvernement seul, ce sont tous les honnêtes gens voués par la religion ou par humanité au service des pauvres en des temps si difficiles, qui doivent choisir entre ces deux manières de secourir les hommes.

Oui, l'assistance humilie, quand elle prend l'homme par en bas, par les besoins terrestres seulement, quand elle ne prend garde qu'aux souffrances de la chair, au cri de la faim et du froid, à ce qui fait pitié, à ce qu'on assiste jusque chez les bêtes : car les Indiens ont des hôpitaux pour les chiens, et la loi anglaise ne permet pas de maltraiter impunément les chevaux. L'assistance humilie, si elle n'a rien de réciproque, si vous ne portez à vos frères qu'un morceau de pain, un vêtement, une poignée de paille que vous n'aurez probablement jamais à lui demander, si vous le mettez dans la nécessité douloureuse pour un cœur bien fait de recevoir sans rendre; si, en nourrissant ceux qui souffrent, vous ne semblez occupé que d'étouffer des plaintes qui attristent le séjour d'une grande ville, ou de conjurer les périls qui en menacent le repos.

Mais l'assistance honore quand elle prend l'homme par en haut, quand elle s'occupe, premièrement de son âme, de son éducation religieuse, morale, politique, de tout ce qui l'affranchit de ses passions et d'une partie de ses besoins, de tout ce qui le rend libre, et de tout ce qui peut le rendre grand. L'assistance honore quand elle joint au pain qui nourrit la visite qui console, le conseil qui éclaire, le serrement de main qui relève le courage abattu; quand elle traite le pauvre avec respect, non-seulement comme un égal, mais comme un supérieur, puisqu'il souffre ce que peut-être nous ne souffririons pas, puisqu'il est parmi nous comme un envoyé de Dieu pour éprouver notre justice et notre charité, et nous sauver par nos œuvres.

Alors l'assistance devient honorable parce qu'elle peut devenir mutuelle, parce que tout homme qui donne une parole, un avis, une consolation aujourd'hui, peut avoir besoin d'une parole, d'un avis, d'une consolation demain, parce que la main que vous serrez serre la vôtre à son tour, parce que cette famille indigente que vous aurez aimée vous aimera, et qu'elle se sera plus qu'acquittée quand ce vieillard, cette pieuse mère de famille, ces petits enfants, auront prié pour vous.

Voilà pourquoi le Christianisme place les œuvres spirituelles de miséricorde au-dessus des temporelles, et demande que les premières accompagnent les secondes. Voilà pourquoi lorsque le vendredi saint le pape va, à l'hôpital des Pèlerins, laver les pieds des pauvres et les servir à table, après qu'il a versé l'eau sur le pied de quelque misérable paysan devant lequel il s'agenouille, il le baise avec vénération, apprenant par cet exemple au riche que son or est bien froid, s'il n'y joint l'aumône des lèvres et du cœur; au pauvre, qu'il n'est pas de condition plus honorable que la sienne, puisque la religion met à ses pieds celui qui est le vicaire de Dieu et le chef spirituel de l'humanité.

Voilà pourquoi enfin l'Église avait donné à l'assistance telle qu'elle la voulait ce doux nom de charité, qu'il ne faut plus repousser comme on l'a trop fait, qui exprimait plus que ce nom même si populaire de fraternité : car tous les frères ne s'aiment pas, et charité signifie amour.

Qu'on nous permette l'application de ces principes à quelques exemples. Dans plusieurs arrondissements de Paris, la distribution des secours aux ouvriers sans travail se fait par des porteurs salariés; à peu près comme ces personnes opulentes qui distribuent leurs aumônes par les mains de leurs laquais. Comment les familles assistées seraient-elles émues d'un bienfait qui a toute l'exactitude, mais aussi toute la sécheresse d'une mesure de police? A-t-on jamais vu les gens reconnaissants et touchés jusqu'aux larmes de la régularité avec laquelle les bornes-fontaines s'ouvrent chaque matin et les rues s'éclairent chaque soir?

Le gouvernement a sauvé de la misère douze mille citoyens en leur assignant des terres en Algérie. Il a pourvu avec un soin qu'on ne saurait trop louer à la solennité du départ, à la commodité du transport, aux besoins matériels du premier établissement. Qu'a-t-il fait pour les besoins de l'esprit? Le jour marqué pour le départ est ordinairement le dimanche; pourquoi la messe célébrée au lieu même de l'embarquement ne répandrait-elle pas les consolations de la foi sur ces familles voyageuses dont les cœurs troublés demandent une protection plus puissante que celle des hommes? où sont les aumôniers qui accompagneront la nouvelle colonie sur ce terrain dangereux, sous ce ciel de feu dont les ardeurs sont peut-être moins brûlantes que les passions? où sont les asiles, les écoles, où est l'enseignement qui formera non-seulement les enfants, mais les adultes à une condition si nouvelle, aux leçons de l'hygiène qui sauvera leur vie, de l'agriculture qui en fera l'emploi?

Vous allez ouvrir au peuple de Paris un certain nombre de chauffoirs publics. C'est une mesure bienfaisante. Mais avez-vous songé à l'emploi de ces longues soirées? Livrerez-vous les loisirs de ces nombreux travailleurs à la propagande du vice, de l'émeute? ou bien profiterez-vous de ce privilége qui vous est donné d'assembler les hommes pour les occuper honorablement, pour les instruire, pour les renvoyer sous leur toit plus éclairés et meilleurs?

. . . .

DE L'AUMÔNE.

Décembre 1848.

C'est une thèse préférée des socialistes, de dénoncer l'aumône comme un des détestables abus de la société chrétienne. Car, disent-ils, l'aumône insulte le pauvre, puisqu'elle l'humilie, puisqu'elle ne lui permet pas de rompre son pain noir sans reconnaître qu'il est redevable à ceux qui se disent ses bienfaiteurs, et qu'étant devenu leur obligé il a cessé d'être leur égal. Ils en concluent que l'aumône, loin de consacrer la fraternité, la détruit, puisqu'elle constitue, pour ainsi dire, le patriciat de celui qui donne, l'ilotisme de celui qui reçoit. Ce qu'ils réclament pour les opprimés de la misère, c'est un partage qui les satisfasse et ne les oblige pas, c'est un règlement qui les laisse quittes envers la société; ce n'est pas la charité, c'est la justice.

Nous ne saurions méconnaître l'habileté d'une doctrine qui est sûre de ne pouvoir se produire dans les discussions publiques sans se faire couvrir d'applaudissements, puisqu'elle s'adresse au plus opiniâtre des sentiments humains, à celui qui palpite sous les haillons comme sous l'or et la soie : nous voulons dire l'orgueil. Oui, c'est l'éternel espoir de l'orgueil humain de se dégager de tout ce qui oblige, parce que toute obligation implique dépendance, mais c'est un espoir éternellement trompé. Non, nous ne connaissons pas un homme, si bien partagé qu'il soit des biens de ce monde, qui puisse se coucher un soir en se rendant ce témoignage qu'il ne doit rien à personne. Nous ne connaissons pas de fils qui se soit jamais acquitté envers sa mère, pas de père de famille honnête qui ait jamais trouvé le jour où il ne devait plus rien à l'amour de sa femme et à la jeunesse de ses enfants. Quand nous aurions l'honneur de mourir pour notre pays, nous nous croirions encore ses débiteurs. La Providence n'a pas permis que les rapports sociaux se balançassent comme l'actif et le passif d'un commerce bien conduit, et que les affaires de l'humanité fussent réglées comme un livre en partie double. Tout l'art de la Providence, et pour ainsi dire tout son effort, est, au contraire, de lier le passé à l'avenir, les générations aux générations, l'homme à l'homme, par une suite de bienfaits qui engagent et de services qui ne s'acquittent pas.

Ne voyez-vous pas, en effet, que les grands services sociaux, ceux dont une nation ne se passe jamais, ne peuvent ni s'acheter, ni se vendre, ni se tarifer à prix d'argent, et que si la société rétribue ceux qui les rendent, elle se propose non de les payer, mais seulement de les nourrir? Ou bien croyez-vous avoir payé le vicaire à qui l'État donne cent écus par an pour être le père, l'instituteur, le consolateur d'un pauvre village perdu dans la montagne, ou le soldat qui reçoit cinq sous par jour pour mourir sous le drapeau? Mais le soldat fait à la patrie l'aumône de son sang, le prêtre celle de sa parole, de sa pensée, de son cœur, qui ne connaîtra jamais les joies de la famille. Et la patrie à son tour ne leur fait pas l'injure de croire qu'elle les paye; elle leur fait l'aumône qui leur permettra demain de recommencer l'humble dévouement d'aujourd'hui, de retourner auprès du lit du cholérique, ou sous le feu des Bédouins. Et ceci est si vrai pour le sacerdoce particulièrement, que l'Église, en acceptant la rétribution de la messe, n'a jamais consenti à la recevoir comme un salaire, mais comme une aumône, et que les grands ordres religieux du moyen âge, les plus savants, les plus actifs, firent profession de mendicité. Ne dites donc plus que j'humilie le pauvre, si je le traite comme le prêtre qui me bénit et comme le soldat qui se fait tuer pour moi.

L'aumône est donc la rétribution des services qui n'ont pas de salaire. Car à nos yeux l'indigent que nous assistons ne sera jamais l'homme inutile que vous supposez. Dans nos croyances, l'homme qui souffre sert Dieu, il sert par conséquent la société comme celui qui prie. Il accomplit à nos yeux un ministère d'expiation, un sacrifice dont les mérites retombent sur nous, et nous avons moins de confiance, pour abriter nos têtes, dans le paratonnerre de nos toits, que dans la prière de cette femme et de ces petits enfants qui dorment sur une botte de paille au quatrième étage. Ne dites pas que si nous considérons la misère comme un sacerdoce, nous voulons la perpétuer : la même autorité qui nous annonce qu'il y aura toujours des pauvres parmi nous est aussi celle qui nous ordonne de tout faire pour qu'il n'y en ait plus. C'est précisément « cette éminente dignité des pauvres dans l'Église de Dieu, » comme dit Bossuet, qui nous met à leurs pieds. Quand vous redoutez si fort d'*obliger* celui qui reçoit l'aumône, je crains que vous n'ayez jamais éprouvé qu'elle oblige aussi celui qui la donne. Ceux qui savent le chemin de la maison du pauvre, ceux qui ont balayé la poussière de son escalier, ceux-là ne frappent jamais à sa porte sans un sentiment de respect. Ils savent qu'en recevant d'eux le pain comme il reçoit de Dieu la lumière, l'indigent les honore ; ils savent que l'on peut payer l'entrée des théâtres et des fêtes publiques, mais que rien ne payera jamais deux larmes de joie dans les yeux d'une pauvre mère, ni le serrement de main d'un honnête homme qu'on met en mesure d'attendre le retour du travail. Nous sommes tous malheureusement sujets à bien des hauteurs et à bien des brusqueries avec les gens de métier. Mais il y a bien peu d'hommes assez dépourvus de délicatesse pour rudoyer le malheureux qu'ils ont secouru, pour ne pas comprendre que l'aumône engage celui qui la donne et lui interdit pour toujours tout ce qui pourrait ressembler au reproche d'un bienfait.

Quand vous dogmatiserez contre la charité, fermez du moins la porte aux mauvais cœurs, qui sont trop heureux de s'armer de vos paroles contre nos importunités. Mais surtout fermez la porte aux pauvres ; ne cherchez pas à leur rendre amer le verre d'eau que l'Évangile veut que nous leur portions. Nous versons le peu que nous avons d'huile dans leurs blessures : n'y mettez pas le vinaigre et le fiel. Non, il n'y a pas de plus grand crime contre le peuple que de lui apprendre à détester l'aumône ; et que d'ôter au malheureux la reconnaissance, la dernière richesse qui lui reste, mais la plus grande de toutes, puisqu'il n'est rien qu'elle ne puisse payer !

AUMÔNES POUR NOTRE SAINT-PÈRE LE PAPE PIE IX.

Janvier 1849.

Le signe que nous attendions est venu rompre un silence bien long pour nous, et nous permettre de répéter un appel qui devait s'élever de tous côtés en même temps, afin que personne n'y reconnût la voix des partis.

Au moment où la France apprit l'ingratitude de Rome et l'exil de Gaëte, tous les cœurs s'émurent, tous les yeux se tournèrent vers le pontife dont l'Europe entière admirait la sainteté et la sagesse; et non-seulement ceux qui croient, mais beaucoup de ceux qui ont le malheur de ne pas croire, touchés d'une si auguste infortune, auraient voulu mettre à ses pieds leurs biens et leurs vies.

Les jours écoulés n'ont rien fait pour calmer l'émotion des premiers moments : la grande injustice dure encore, et les besoins se sont multipliés. Pie IX, qui le lendemain de son avénement avait fait vendre la moitié des chevaux de ses écuries, qui épuisait son patrimoine en charités, n'avait pas attendu l'heure de l'épreuve pour se dépouiller d'un luxe désormais inutile. Tous ceux qui ont eu l'honneur de l'approcher savent combien il lui coûterait peu de retourner aux filets de saint Pierre ou à l'obscurité des catacombes; et il n'y a pas longtemps qu'on lui entendait dire « qu'il remer-
« cierait Dieu, tant qu'on lui laisserait une besace
« et un bâton avec la liberté de parcourir la terre
« en bénissant les peuples sur son chemin. » Mais au-dessous du souverain pontife, il faut voir toutes les grandes administrations de l'Église, le consistoire, la propagande, la pénitencerie et tant d'autres

dont les actes sont gratuits, les charges immenses, les revenus taris, dont les ressources naturelles seraient perdues pour longtemps, lors même que l'autorité pontificale ne tarderait pas à rentrer dans Rome, et qui, interrompues dans leur exercice, jetteraient le trouble dans toutes les affaires religieuses de la chrétienté. D'ailleurs, quand l'État romain se trouve sous le poids de tant de difficultés, il n'est pas juste de lui laisser supporter tout ce qu'a de dispendieux le gouvernement des consciences par toute la terre.

Sans doute l'hospitalité de Naples et la bienfaisance de l'Espagne ont pourvu aux premières nécessités; mais il ne convient ni à l'honneur de la France, ni à la dignité de la République, de souffrir que la papauté soit pensionnaire des couronnes étrangères. La France, qui a pourvu depuis onze cents ans à la liberté du souverain pontificat, en lui donnant un domaine temporel, dont les rois allaient tenir l'étrier d'Alexandre III et d'Innocent IV, quand ces grands proscrits fuyaient aussi devant les Gibelins de leur siècle, la France ne peut oublier ni ses droits ni ses devoirs. Si le malheur des temps et les intrigues des factions ne permettent pas au pontife de venir nous demander un asile dont les passions politiques abuseraient; si Pie IX, retenu d'ailleurs par l'espoir du prochain repentir de son peuple, ne vient pas à nous, par nos aumônes nous irons à lui. Nous ferons voir au monde et à l'Italie, qui a besoin de cette leçon, que la passion de la liberté n'a étouffé dans nos cœurs ni la foi, ni la justice, ni la reconnaissance. Nous rendrons cet hommage au pontife libérateur, dont le malheur présent n'est pas moins l'ouvrage des ennemis de ses réformes que des ennemis de son autorité. Surtout nous rendrons ce service à l'indépendance de l'Église ; nous rendrons à Pie IX cette liberté à laquelle il réduit ses désirs, et que la diplomatie européenne ne lui reconnaît pas, d'aller où il lui plaît et de bénir comme il veut. Les offrandes du monde catholique, qui rachetèrent autrefois tant de prisonniers, délivreront le souverain pontificat des partis qui voudraient en faire l'instrument d'une nationalité, comme des rois qui voudraient en faire l'étai de leurs trônes. Nous aurons prouvé qu'il n'y a pas une terre catholique, si calomniée qu'elle soit, qui ne puisse donner au vicaire de Jésus-Christ le pain et le vin du sacrifice, et que l'Église, ce pouvoir spirituel, se joue des entraves financières auxquelles une politique matérialiste assujettit les empires.

Enfin nous ferons un acte de foi. Au temps des guerres saintes, quiconque prenait l'épée pour la délivrance de Jérusalem mettait la croix sur sa poitrine. Ceux qui veulent la mettre sur leur front s'engageront dans cette croisade pacifique. Les jours où nous vivons sont difficiles, l'avenir obscur, les questions politiques capables d'armer toutes les

passions et de troubler la prévoyance des plus
fermes esprits. Mais au milieu de cette lutte des
opinions politiques, c'est un fait considérable
qu'aucune doctrine philosophique, aucune doctrine
religieuse n'ait prétendu à la conquête des âmes,
et que le Christianisme soit resté seul sans contradicteurs dans un temps qui a tout contredit. Jamais
la foi ne s'est montrée plus forte qu'au milieu des
ruines de 1848, de même que nos cathédrales paraissent plus grandes que jamais quand on démolit
ces constructions, qui semblaient les soutenir et
qui ne faisaient que cacher la solidité de leurs murailles. L'exilé de Gaëte a déjà reçu plus d'hommages sur ce rocher solitaire que les plus glorieux
de ses prédécesseurs sous les voûtes dorées du Vatican. Nos offrandes sont comme autant d'adhésions, comme autant de pierres ajoutées à ce fondement éternel de la foi. Debout sur le piédestal
que nous aurons élargi, Pie IX paraîtra aux yeux
de la postérité comme la plus grande image de
l'inébranlable autorité du Christianisme, comme
on voit dans les mosaïques des vieilles églises romaines le Christ debout sur le rocher, et disant
aux faibles : Ne craignez pas, j'ai vaincu le monde.

Ego vici mundum.

A Dieu ne plaise que nous ayons l'ambition de
mesurer aux faibles sommes que nous recueillerons
la piété de la France ! Le plus grand nombre des

offrandes ira se cacher avec l'obole de la veuve dans le tronc des paroisses. Mais à côté de l'obole secrète que Dieu aime, il est bon qu'on voie la protestation éclatante qui instruit les hommes. Il est juste qu'une réparation solennelle efface la trace de l'injure publique. Il est honorable que des fils veuillent être nommés à leur père et qu'ils lui disent : « Très-saint Père, il y a plusieurs mois qu'aux premiers nuages qui troublèrent la sérénité de vos années, nous ne voulions pas prévoir vos douleurs futures, mais nous leur permettions d'avance un adoucissement dans le respect et l'amour de tout l'univers. Puisque Dieu a permis pour votre gloire et pour notre enseignement que les mauvais jours soient venus, très-saint Père, recevez l'aumône de la France ; recevez-la comme le Sauveur reçut les cinq pains et les deux poissons du jeune homme sur la montagne ; bénissez ce pain, rompez-le et qu'il se multiplie comme les besoins de l'Église. En tendant vers nous cette main que tant de lèvres ardentes ont baisée, vous nous donnerez bien plus, saint Père, que vous n'aurez reçu. Vous donnerez un grand exemple à cette société à laquelle on veut enseigner le mépris de l'aumône, l'abolition de la charité et la fraternité par la spoliation. Quand le représentant de N. S. Jésus-Christ, et par conséquent de tous les pauvres, dont Jésus-Christ est le chef, quand le libérateur des peuples, quand le glorieux Pie IX aura accepté l'aumône, qui donc la refusera? La bienfaisance catholique, réhabilitée en la personne d'un si grand Pontife, n'humiliera plus les indigents ; elle ne trouvera plus de porte qui lui soit fermée ; elle fera le tour des nations malades, guérissant leurs misères, mais bien plus encore leurs colères et leurs ressentiments. Et il se trouvera que Dieu, en vous conduisant peut-être dans l'exil pour renouveler la foi par le spectacle d'une autorité sans appuis terrestres, vous y avait aussi mené, très-saint Père, pour renouveler la charité, qui est le dernier secret de notre régénération. »

RÉFLEXIONS
SUR LA
DOCTRINE DE SAINT-SIMON
1831

RÉFLEXIONS

SUR LA

DOCTRINE DE SAINT-SIMON

A travers dix-huit siècles de combats et de victoires, le Christianisme, prêché par des pauvres, soutenu par des martyrs, avait marché, tel qu'un géant, à la conquête du monde. Son pied foulait les ruines de Rome idolâtre ; autour de lui ses adversaires terrassés jonchaient l'arène. Il étendait les bras pour appeler tous les peuples de la terre, et les peuples accouraient dans son sein. Son empire s'étendait de jour en jour, prêt à embrasser dans ses limites toutes les régions du globe.

Voilà qu'un nouvel assaillant est descendu dans la lice. Une nouvelle doctrine réclame à son tour le sceptre de l'univers. Les disciples de Saint-Simon le philosophe s'avancent pour annoncer la chute du Dieu des chrétiens, et élever, disent-ils, sur les débris de la vieille croyance, une religion neuve, puissante pour le bonheur de l'humanité.

Mais avant de croire à leur parole, la raison les cite à son tribunal ; elle est désireuse de voir quels sont ces fiers envahisseurs de la société chrétienne, quelles armes ils apportent au combat, quel est enfin ce système hardi qu'ils proposent à la régénération du genre humain.

La doctrine saint-simonienne se divise en deux parties : la première, *historique* et *critique*, destinée à donner une explication satisfaisante des révolutions religieuses qui se sont succédé sur la face de la terre, à constater la mission du Christianisme, sa décadence et le besoin d'une croyance nouvelle ; la seconde, *dogmatique* et *organique*, consacrée à l'exposition de l'œuvre de Saint-Simon, des dogmes qu'il a proclamés et de l'organisation sociale dont il a tracé le plan.

Examinons successivement ces deux divisions du système qui nous est proposé : considérons d'abord si la théorie historique, qui lui sert de base, est d'accord avec les faits ; nous entrerons ensuite plus avant dans la discussion, et nous essayerons d'apprécier la doctrine en elle-même.

EXAMEN DU SYSTÈME HISTORIQUE ET CRITIQUE DE SAINT-SIMON.

APPRÉCIATION DU CHRISTIANISME.

« L'homme, selon les modernes apôtres, se peut
« considérer sous deux aspects divers : sous le point
« de vue matériel, ses attributs sont la force et la
« beauté ; sous le point de vue spirituel, l'intelli-
« gence et la sagesse le caractérisent. Indéfiniment
« perfectible, le but de son existence est l'égal déve-
« loppement de ces deux ordres de facultés selon la
« loi du progrès.

« Le genre humain est l'homme en grand ; l'hu-
« manité est un être collectif qui opère son éduca-
« tion sous la main de Dieu même, et Dieu lui
« révèle à chaque époque ce qu'elle doit faire, soit
« pour entreprendre, soit pour continuer sa marche.
« Mais un jour vient où la révélation est dépassée
« par le progrès : alors la critique s'élève, le vieil
« édifice croule, une autre organisation devient né-
« cessaire, une nouvelle somme de vérités doit se
« manifester à l'esprit humain, pour succomber à
« son tour aux attaques de l'incrédulité, quand elle
« sera devenue insuffisante. Ainsi doivent se succé-

« der les révolutions, jusqu'à ce qu'une révélation
« définitive comprenne tous les besoins de l'huma-
« nité, embrasse et favorise tous ses développe-
« ments.

« En appliquant ces pensées philosophiques à
« l'étude de l'histoire, on les trouvera vérifiées par
« les faits. L'humanité, aux jours de son enfance,
« semble dévouée à une existence matérielle : les
« idées religieuses percent à peine à travers un
« voile épais. Leur première forme est le fétichisme :
« le polythéisme et le monothéisme lui succèdent.
« Mais ces notions obscures, incomplètes, ne suf-
« fisent plus aux besoins toujours croissants de
« l'esprit humain : le criticisme philosophique les
« détruit, et prépare les voies à l'Évangile.

« L'Évangile paraît : une nouvelle ère com-
« mence. Le règne de la chair est passé : l'esprit la
« subjugue à son tour. La société se recompose, et,
« sous les auspices de l'Église, l'Europe a marché
« durant quinze siècles dans la carrière du perfec-
« tionnement moral.

« Mais le Christianisme était encore loin d'em-
« brasser tous les rapports de l'homme, et de pou-
« voir satisfaire toutes les exigences de la raison
« devenue plus forte. Il méconnaissait les néces-
« sités physiques en jetant l'anathème sur la *chair*,
« et par conséquent sur l'industrie. Dans l'ordre
« spirituel, il condamnait à l'oubli les sciences,
« les arts et la vie sociale. Par lui, toutes les facul-

« tés, tous les développements de l'homme, venaient
« s'absorber dans la contemplation des mystères et
« la pratique du culte. Enfin, ses promesses étaient
« trop austères, et ses préceptes trop rigoureux,
« pour suffire longtemps à un être destiné à vivre
« d'une vie matérielle au milieu du monde sensible.

« Aussi la raison a-t-elle jugé la loi qui lui avait
« été imposée, et elle l'a trouvée trop lourde. Les
« vieux mystères lui ont paru surannés, et le culte
« ridicule : elle en a fait justice. Trois siècles d'in-
« crédulité et d'hérésie ont renversé l'édifice chré-
« tien. Il fallait édifier sur ces ruines : le monde
« appelait un révélateur. Saint-Simon est venu (1). »

Ainsi les disciples de la nouvelle croyance déroulent à leur gré, dans un brillant langage, le vaste tableau des phases de l'humanité. La philosophie chrétienne va prendre la parole pour leur répondre.

« L'âme, en réfléchissant sur elle-même, se re-
« connaît, se distingue de tout ce qui l'environne :
« elle aperçoit que ce corps, ces organes physiques
« qui la servent, sont à elle, et non pas *elle*; que
« sa vie est indépendante de la leur.

« Toutefois ses relations avec le monde devaient
« avoir une part dans son existence; aussi elle est
« modifiée par les objets extérieurs : elle *sent*, elle

---

(1) *Doctrine de Saint-Simon*, exposition, première année, séances 5, 13, 14, 15, etc. *Enseignement central*, pages 19, 24. Le *Globe*, passim. Le *Précurseur*, 6 et 10 mai.

« éprouve des besoins, elle passe alternativement
« du malaise au bien-être, du plaisir à la douleur.
« Cette série de faits se résume sous le nom de
« *sensibilité*.

« Au delà de ces limites se découvre un monde
« plus vaste ; des phénomènes plus grands se mani-
« festent. Les idées du *beau*, du *vrai*, du *juste*, du
« *saint*, apparaissent comme une vision céleste, et
« se révèlent d'une manière nécessaire, spontanée.
« Là aussi se trouvent des exigences, mais bien plus
« fortes ; des sentiments, mais bien plus nobles ;
« des jouissances, mais bien plus pures : là tout
« porte le cachet de l'Infini, le sceau de Dieu.
« Cette révélation constante, cette lumière perpé-
« tuelle qui éclaire *tout homme venant dans ce*
« *monde*, a reçu de l'école philosophique moderne
« le nom de *Raison* ou *Sens commun*. Portée à
« un haut degré, elle s'appelle dans le langage
« vulgaire l'*Inspiration*, le *Génie*.

« Entre ces deux sphères qui tiennent chacune
« un bout de l'existence humaine, gravite inces-
« samment la volonté, le MOI. Libre par sa nature,
« il peut à son gré descendre vers le fini, ou s'é-
« lancer dans les hauteurs de l'infini, se replier
« sur le monde matériel par le moyen de l'indus-
« trie, ou monter à Dieu tour à tour par les arts,
« les sciences, la justice, la religion.

« Mais, tandis que les nécessités physiques se ma-
« nifestent avec promptitude et intensité, tandis

« que la sensibilité se développe avec une énergie
« frappante ; les notions rationnelles, au contraire,
« ne se présentent d'abord qu'à l'état de percep-
« tions obscures, indistinctes : l'attention, la ré-
« flexion, est la condition de leur développement.
« Or comment l'homme, absorbé qu'il est par les
« sensations qui l'assiégent, pourra-t-il *réfléchir*
« sur ces phénomènes spirituels si subtils, si fu-
« gitifs, qui se succèdent comme des éclairs ra-
« pides sur un horizon ténébreux ? Condamné à
« une vie matérielle, il lui serait donc à jamais
« impossible de s'élever aux idées intellectuelles
« et morales, si un agent extérieur ne venait le
« réveiller de son assoupissement, et s'emparer de
« son attention pour la diriger et la soutenir. Cet
« agent, c'est l'éducation : elle s'opère par la pa-
« role ; à la parole donc il appartient d'affranchir
« l'âme du joug de la chair ; de lui donner une
« impulsion bienfaisante, et de la transporter dans
« la région des idées.

« Ainsi fut fait l'homme : sa loi est de marcher
« sans cesse dans la voie du progrès, en suivant la
« sage économie de la nature, en subordonnant le
« développement physique au perfectionnement
« moral et intellectuel. La santé, disait Platon,
« c'est l'harmonie de toutes les puissances de
« l'âme.

« Appliquons au genre humain ce qui vient
« d'être dit sur la nature de l'homme en général,

« et remontons à son berceau. Abandonné à lui-
« même, à ses passions, à ses incertitudes, pou-
« vait-il, voyageur isolé aux déserts de la vie,
« s'engager dans les sentiers de la perfection,
« sans qu'une main paternelle lui indiquât le but
« et le chemin? Pouvait-il, sans une éducation
« puissante, sans une *parole divine*, secouer les
« chaînes de la matière, et atteindre à la hauteur
« du monde spirituel? Dieu donc *conversa* avec
« l'homme des anciens jours; il se révéla à lui
« dans toute sa pureté et sa grandeur. Il fit plus :
« il révéla l'homme à lui-même; il lui fit con-
« naître sa nature, sa mission et ses devoirs.

« Et l'homme, malgré tous ces bienfaits, suc-
« comba à la tentation des sens; il en devint l'es-
« clave. Dieu le *chassa de sa présence;* et, désor-
« mais déchu, il erra dans le monde, emportant
« avec lui le souvenir lointain de la révélation
« primitive. Peu à peu les traditions sacrées s'ef-
« facèrent de sa mémoire; de dégradation en dé-
« gradation, il descendit jusqu'au dernier degré
« d'abaissement, et l'humanité eût péri, si la
« parole vivifiante ne fût venue régénérer l'u-
« nivers.

« L'Évangile rend l'homme à sa dignité pre-
« mière; il lui ouvre une carrière immense dont
« le but est Dieu : et, comme la beauté, la vérité,
« la justice, la sainteté, sont les caractères consti-
« tutifs de la perfection divine, les arts, les scien-

« ces, la vertu, la religion, sont comme autant de
« degrés qui élèvent l'âme au Créateur ; or la reli-
« gion, étant l'anneau le plus élevé de la chaîne,
« est le couronnement de tous les progrès de l'hu-
« manité ; elle est la sœur aînée de la justice, des
« sciences et des arts.

« Cependant les nécessités physiques n'ont pas
« cessé d'exister, et l'homme doit y pourvoir. Mais
« qu'il se souvienne que la vie matérielle est l'in-
« strument et non le but de son existence ; mais
« qu'il veille sur lui : car, si la chair reprend son
« empire, l'esprit retombera dans son antique
« servitude.

« Ainsi le Christianisme se présente, non
« comme une législation exceptionnelle, non
« comme la constitution d'une époque, mais
« comme la loi générale, la loi éternelle du genre
« humain. Attentif à tous ses besoins pour y pour-
« voir, à tous ses développements pour les favori-
« ser, il assista à son berceau, il assistera à son
« dernier soupir, ou plutôt il l'accompagnera dans
« la patrie céleste qu'il lui promet : le Christia-
« nisme est donc essentiellement *catholique* (1). »

---

(1) Cette doctrine n'est point celle d'un seul homme ; c'est le sommaire de la philosophie des Livres saints, des Pères et des Docteurs de l'Église.
Ses premières traces se perdent dans l'antiquité la plus reculée ; elles apparaissent plusieurs fois dans les psaumes de David, surtout dans les proverbes de Salomon ; on les retrouve encore enveloppées de mystères et d'allégories dans les traditions de la Perse et de l'Inde, d'Orphée et de Pythagore. Platon s'en empara, et les ré-

Sans doute de profondes réflexions philosophiques pourraient décider entre ces deux grands systèmes ; et les discussions dans lesquelles nous entrerons ultérieurement n'y seront pas étrangères. Mais ici c'est l'histoire qui est appelée à trancher le nœud : c'est en comparant les théories avec les faits qu'il sera facile d'en apprécier la valeur.

duisit en système. Toutefois sa position au sein du paganisme devait voiler pour lui une portion de la vérité. Une lacune exista donc dans ses enseignements : il conjectura la nécessité du Verbe révélateur; mais il ne sonda point la profondeur de cette idée, et la théorie du Λόγος ne se montra dans sa doctrine que comme un germe imparfait.

Mais, dès la naissance du Christianisme, cette grande pensée apparut lumineuse dans les écrits de ses apôtres et de ses défenseurs. Elle existe même dans les livres les plus vénérables : à la tête de l'Évangile du disciple bien-aimé et dans les Épîtres immortelles de saint Paul. Faut-il donc s'étonner si les premières conquêtes de la foi furent des adeptes de Platon? ils trouvaient dans cette religion divine le complément de toute leur science; et d'ailleurs, le platonisme, écoulement lointain de la révélation primitive, ne devait-il pas se confondre avec la révélation nouvelle qui venait, comme un beau fleuve, purifier et féconder l'univers? Justin, Athénagore, Théophile, Pantène, Clément d'Alexandrie, Origène, Augustin, vinrent sceller cette belle alliance, ou plutôt ils accoururent dans les bras de l'Église, comme des fils dans les bras de leur mère.

A une époque plus moderne, ces belles doctrines, longtemps obscurcies par la scolastique, ont repris un nouvel essor. Descartes donna le signal ; avec lui marchèrent Malebranche, Bossuet et Fénelon, Leibnitz et de nombreux philosophes de l'école allemande. Et, de nos jours, nous avons vu sur les ruines du matérialisme s'élever encore la philosophie platonique et chrétienne à qui l'avenir appartient. Voyez pour la philosophie du Christianisme le livre des *Proverbes* et l'*Ecclésiastique, passim; Évangile* selon saint Jean, chap. I; saint Paul, *Épîtres, passim;* saint Justin, *Apologies;* saint Clément, *Stromates;* Origène, *contra Celsum;* saint Augustin, *de Quantitate animæ*, etc., etc.; Fénelon, *Existence de Dieu;* Bossuet, *Connaissance de Dieu et de soi-même;* de Bonald, *Recherches philosophiques;* Cousin, *Fragments philosophiques;* Lamennais, etc., etc. Voyez encore Degerando, *Histoire comparée des systèmes,* chap. XXII.

Nous nous livrerons donc à un consciencieux examen ; et, portant successivement nos regards sur l'antiquité, le Christianisme et les temps modernes, nous nous efforcerons de tirer de cette étude des conséquences lumineuses, de grandes et importantes leçons.

I

L'ANTIQUITÉ.

Longtemps on a cru, et au siècle passé on croyait encore, que la première religion de l'homme avait été un grossier fétichisme. Les savants étaient persuadés que les sauvages auteurs de l'espèce humaine avaient dû s'agenouiller devant les phénomènes matériels pour leur offrir l'hommage de leurs adorations et de leurs terreurs. Enfin on s'était habitué à répéter avec Lucrèce : *Primus in orbe deos fecit timor.*

Cependant une attention plus sérieuse se porta sur ce sujet. Des recherches approfondies furent entreprises principalement en Allemagne, aux Indes, en Amérique, pour retrouver les débris du monde primitif : d'étonnants résultats ont couronné ces efforts.

La mythologie grecque et romaine, si compliquée, si fertile en apothéoses, si riche de fictions, d'absurdités même, aux temps de Périclès et d'Auguste, se simplifie d'une manière merveilleuse à mesure qu'on remonte à des siècles plus anciens. Il y a sans contredit bien plus d'unité et de profondeur dans les traditions orphiques que dans la théogonie d'Hésiode ; et la théogonie à son tour est bien autrement majestueuse et simple que les métamorphoses d'Ovide. A l'ombre du sanctuaire et sous le sceau du silence, la doctrine des anciens se découvrait aux initiés ; c'était l'âme, l'essence de la religion : toute la fable, avec ses inventions bizarres, tout le culte avec ses cérémonies pompeuses, n'en étaient que l'expression figurée. A travers le voile de l'allégorie, on peut signaler les traces d'un enseignement sublime (1). Zeus, le roi des dieux, le souverain seigneur, compose avec ses deux frères la trinité grecque. A sa voix le monde sort du chaos : l'homme, enfant de la boue, est animé d'un feu céleste ; l'âge d'or se lève sur son berceau. Mais voilà que la femme a perdu le genre humain : tous les maux s'échappent de la boîte de Pandore ; il n'y reste que l'es-

(1) Voici le jugement que le savant Creutzer porte sur les mystères des Grecs :

« Dans ces traditions emblématiques des temps antérieurs que les
« mystères exprimaient sous une forme sensible, étaient repré-
« sentés les grands êtres qui président au monde, procédant à
« l'œuvre de leurs créations, le Démiourgos avec le soleil et la
« lune, avec Hermès, ou la parole de la sagesse revêtue d'un corps...
« On gravait dans le cœur des Époptes les hautes vérités d'un Dieu
« unique et éternel, de la destination de l'univers et de celle de
« l'homme... On exprimait la doctrine de la palingénésie et de
« l'immortalité de l'âme. » (*Symbolik und Mythologie*, etc. 4 *Theil*,
Seite 518, *zweite Ausgabe*, 1821.)

pérance. Le siècle de fer a commencé ; il durera jusqu'au jour où un enfant divin viendra effacer la tache du crime originel (1).

Veut-on remonter à une époque plus reculée ? D'une part, se présentent les Pélasges, premiers habitants de l'Hellade, adorateurs d'un Dieu-Pro-

---

(1) L'idée d'une faute originelle et du révélateur à venir se trouve souvent dans les livres de Platon.

« Ne faut-il pas avouer, dit-il dans sa *République*, que tout ce « qui vient des dieux est toujours aussi excellent que possible, à « moins qu'une faute primitive n'y ait entremêlé un mal néces- « saire? — Sans doute. »

Οὐκ ὁμολογήσομεν, ὅσα γε ἀπὸ θεῶν γίγνεται, πάντα γίγνεσθαι ὡς οἷόντε ἄριστα; εἰ μή το ἀναγκαῖον αὐτῷ κακον ἐκ προτέρας ἁμαρτίας ὑπῆρχε; — Πάνυ μέν οὖν. (*De Republica*, lib. X; opera Platonis, editio stereotypa Lipsiæ, t. V.)

Le passage suivant est plus connu : « SOCRATE. Il est donc néces- « saire d'attendre que quelqu'un vienne nous enseigner quelle doit « être notre conduite envers Dieu et envers les hommes. — ALCI- « BIADE. Quand viendra ce jour, et quel est celui qui enseignera « ces choses? — SOCRATE. C'est celui qui a l'œil ouvert sur toi. »

ΣΩΚΡΑΤΗΣ. Ἀναγκαῖον οὖν ἐστι περιμένειν ἕως ἄν τις μάθῃ ὡς δεῖ πρὸς Θεοὺς καὶ πρὸς ἀνθρώπους διακεῖσθαι. — ΑΛΚΙΒΙΑΔΗΣ. Πότε οὖν παρέσται ὁ χρόνος οὗτος, καὶ τίς ὁ παιδεύσων; — ΣΩΚΡΑΤΗΣ. Οὗτός ἐστιν ᾧ μέλει περὶ σοῦ. (*Alcibiades secundus.*) Voyez aussi le *Banquet*, l'*Épinomis*, etc.

Cette pensée se reproduit dans une multitude de fables mythologiques. C'est Apollon, le fils de Zeus, descendu sur la terre pour exterminer le *serpent Python*; c'est Héraclès, force divine incarnée pour la destruction du principe du mal; c'est ce Dieu sauveur (Σωτήρ), attendu pour délivrer l'univers; c'est cet enfant mystérieux chanté par Virgile :

> Quo duce, si qua manent sceleris vestigia nostri,
> Irrita perpetua solvent formidine terras.

On peut encore consulter sur ces différents mythes, *Fragments orphiques*; Hésiode, *Théogonie*; Ovide, *Métamorphoses*, l. I; Hésiode, les *OEuvres* et les *Jours*, v. 60-199; Virgile, *Géorgiques*, l. II, vers 525; *Églogue* 4 ; Platon, *passim*, etc., etc.

vidence, sans idoles et sans nom (1). Et, de l'autre côté, c'est la mystérieuse Égypte, avec ses sphinx et ses hiéroglyphes ; l'Égypte trop longtemps calomniée, parce qu'elle était mal comprise. Aujourd'hui une main puissante a remué la poussière des pyramides et réveillé la grande pensée religieuse qui dormait dans les ruines de Thèbes et de Memphis, et du milieu des innombrables et monstrueux symboles on a vu apparaître le dogme du Dieu triple et un (2).

Un autre savant investigateur de l'antiquité a rapporté du centre de l'Asie le Zend-Avesta, monument sacré de l'enseignement des mages : là se reproduisent encore la triade divine, la lutte du génie du mal contre le Dieu très-bon, l'âge d'or, Adimo le premier père, séduit par la ruse d'Arimane sous la forme du serpent, la médiation de Mithra et la venue du Dieu sauveur, les jugements éternels sur le *pont de la mort*, les peines et les récompenses à venir (3).

(1) Avant l'arrivée des Égyptiens, selon Hérodote, les Pélasges sacrifiaient aux dieux avec des prières : ils ne leur donnaient aucune dénomination, aucun nom propre. Ils les désignaient seulement sous le nom de *Dieux*, parce qu'ils avaient établi l'ordre et les lois dans l'univers.

Ἔθυον δὲ πάντα πρότερον οἱ Πελασγοὶ θεοῖσι ἐπευχόμενοι· ἐπωνυμίην δ' οὐδ' οὔνομα ἐποιεῦντ' οὐδενὶ αὐτέων. ΘΕΟΥΣ δὲ προσωνόμασάν σφεας ἀπὸ τοῦ τοιούτου, ὅτι κόσμῳ ΘΕΝΤΕΣ τὰ πάντα πράγματα καὶ πάσας νομὰς εἶχον. (ΕΥΤΕΡΠΗ, l. II, c. LII.)

(2) Plutarque, *de Iside et Osiride*; Champollion, *Œuvres*; Chateaubriand, *Études historiques*, tome II.

(3) *Zend-Avesta*, traduit par Anquetil-Duperron. *Mém. de l'Acad. des inscriptions.* Thomas Hyde, *de Religione veterum Persarum.*

En même temps, les William Jones, les Schlegel, les Creutzer, reconnaissaient dans les pagodes gigantesques de l'Inde, au sein des collèges de Brahmes, le vaste foyer de toutes les traditions orientales, dont les rayons se répandirent autrefois à travers l'Égypte et la Perse, jusque dans la Grèce et la Germanie. De laborieuses recherches, en dépouillant le dogme des formes étrangères, dans lesquelles quatre mille ans d'existence l'avaient enveloppé, ont fait paraître des débris magnifiques encore de la parole primitive. Brahma, Vishnou, Siva, la triade toute-puissante; Vishnou le Verbe, le Médiateur fécondant la matière inerte, et s'incarnant pour racheter l'homme déchu; le palais de la Divinité ouvert aux âmes des bons; la sombre demeure d'Indra qui attend les mânes criminels; la force de la prière (*Gaiatri*), l'expiation par le sacrifice, l'immolation de l'agneau pour la rédemption des péchés (*Eckiam*)... : tels sont les éléments principaux de ce grand système religieux, qui couvrit durant tant de siècles la moitié de l'Asie et de l'Europe (1).

Voici la Chine, le vaste *empire du milieu*, séparé de tout le reste de l'univers par sa situation et ses mœurs. Ses livres les plus anciens respirent la naïveté de la religion patriarcale. La croyance à un

---

(1) Creutzer, *Symbolique universelle*. F. Schlegel, *Über die Sprache und Weisheit der Indier*. William Jones, *Works. Asiat. Researches*. Le *Catholique*, recueil périodique publié par M. d'Eckstein.

Dieu unique, Empereur suprême, Esprit du Ciel, de vagues notions de la Trinité, le respect pour les morts, l'attente d'un Sauveur saint par excellence, une morale enfin pleine de douceur et de pureté : telle est la doctrine que Confutzée avait recueillie dans les annales et la tradition (1).

Les mêmes idées se représentent dans l'Edda scandinave, dans les mythes des Finnois, des Slaves et des Celtes. Chez tous ces peuples le nombre *trois* est celui des dieux qui gouvernent le monde, dans toutes leurs traditions se retrouve la mémoire de la lutte de l'esprit du mal contre l'auteur du bien et de la chute du premier homme (2). Les hordes

(1) Du Halde, *Histoire de la Chine*. *OEuvres* de M. Abel Rémusat. Les *Livres* de Confucius.

(2) Les légendes de l'Edda, pleines de grandeur et de poésie, sont fortement empreintes des croyances primitives. Odin, le tout-puissant, engendre la Trinité scandinave : Thor, Freyr et Balder, Balder, le plus beau des enfants du ciel. A la voix de cette triade créatrice, le monde s'élance du néant. L'homme paraît : l'âge d'or se lève sur la terre : l'arbre de vie et de science, Yggdrasill, étend au loin son ombrage : à ses pieds le serpent rampe, et s'efforce de ronger les racines. Car Loki, l'esprit du mal, a juré la perte du monde; il a juré de faire tomber son courroux sur Balder, l'ami de l'homme et des dieux. Une lutte effrayante s'engage; Balder, le fils de Dieu, succombe. Les cieux et l'univers s'abîment avec lui; mais, bientôt rappelés à la vie, ils renaîtront plus glorieux, et Loki, vaincu, sera chargé de chaînes éternelles.

Tel est l'abrégé rapide de l'antique tradition de la Scandinavie; celles des autres peuples du Nord présentent une ressemblance frappante. « La présence continuelle de la Trinité dans les mythes religieux, dit un savant historien, n'est point un fait particulier à quelques nations. Le nombre trois et le nombre neuf, qui en est le carré, se reproduisent souvent dans les croyances celtiques et allemandes. » (Mone, *Geschichte des Heidedthums in nordl. Europa*. 1 *Theil*, *Seite* 65.)

Ne serait-il pas intéressant d'offrir une table synoptique de toutes germaniques adoraient l'Esprit immense qui habite dans l'horreur des forêts (1), tandis que par delà

les formes que le dogme de la Trinité a reçues chez différents peuples? J'ai essayé d'en présenter un léger essai dans le tableau suivant, où l'on trouvera les noms de la Triade divine chez plusieurs nations païennes. Le mot *dieu*, placé entre parenthèses à côté du nom supérieur, indique que cette dénomination *collective* exprime l'essence, la substance divine; le mot de *père*, au contraire, indique que l'Être ainsi désigné est le générateur des autres.

TRINITÉ DES LAPONS.		TRINITÉ LATINE.	
Jamala (*Dieu*).	Thiermes, Storjunkare, Baiwe.	Deus (*Dieu*).	Jupiter, Neptune, Pluton.
TRINITÉ DES FINNOIS.		**TRINITÉ ORPHIQUE.**	
. . . . . .	Kawe (*le Père*), Vaïnomonien, Ilmaraïnen.	. . . . . .	Upsistos, Démiourgos, Psyché.
TRINITÉ DES PRUSSIENS.		**TRINITÉ ÉGYPTIENNE.**	
. . . . . .	Picollos, Perkunos, Potrimpos.	Kneph (*Dieu*).	Osirei, Hor, Typhon.
TRINITÉ SLAVE.		**TRINITÉ PERSANE.**	
. . . . . .	Bog (*le Père*), Belbog, Zernebog.	. . . . . .	Oromase, Mythra, Arhiman.
TRINITÉ SCANDINAVE.		**TRINITÉ HINDOUE.**	
Odin (*le générateur*).	Thor, Freyr, Balder.	Parachatti (*la toute-puissance*)	Brama, Vishnou, Siva.
TRINITÉ CELTIQUE.		**TRINITÉ THIBÉTAINE.**	
Hu (*Dieu*)..	Ellyll-Gwidawl, Ellykllyr, Ellyll-Gurthumwll.	. . . . . .	Om, Ha, Um.
TRINITÉ GRECQUE.		**TRINITÉ TAÏTIENNE.**	
Theos (*Dieu*).	Zeus, Poseidôn, Adès.	. . . . . .	Tane (*le Père*), Oro (*le Fils*), Taroa (*l'Esprit*).

Des recherches plus nombreuses amèneraient sans doute de nouveaux résultats:

(1) Tacite, *de Germania*.

les mers, dans les savanes vierges de l'Amérique, le sauvage habitant du désert adressait sa prière au Grand Esprit, maître de la vie. Les peuples de la Virginie et du Mexique attendaient un libérateur. L'O-taïtien lui-même avait sa trinité semblable à la nôtre quand les Européens abordèrent son île perdue dans les plaines de l'océan Pacifique; et les missionnaires qui lui portaient l'Évangile tressaillirent d'étonnement en l'entendant glorifier, dans sa langue barbare, le Père, le Fils et l'Esprit (1).

Tous les travaux historiques s'accordent donc à prouver que la religion originelle de l'humanité ne fut point un fétichisme grossier, mais un monothéisme pur, une sorte de christianisme primitif (2).

---

(1) Gumilla, tome I, *Vue des Cordillères*; Mac-Carty, *Annales des Voyages, îles de la mer du Sud; Journal des Voyages*, tome XXVIII.

(2) Les saint-simoniens ont bien senti le faible de leur système historique : ils se sont efforcés d'éliminer les recherches des Orientalistes qui contrariaient leurs vues. « Il en est, disent-ils, de ces
« fragments historiques comme des lambeaux de terrain, sur les-
« quels le géologue peut faire des hypothèses plus ou moins ingé-
« nieuses, mais où il ne porte jamais le cachet de la certitude
« scientifique... L'histoire de la civilisation européenne n'a pas
« seulement l'avantage de présenter une longue suite de termes;
« mais encore aucune autre époque historique n'est mieux connue.
« Il y a plus : on peut affirmer à l'avance, que si *l'interpolation* de
« la série orientale est complète, elle n'offrira dans son ensemble
« que l'un des termes qui nous sont connus. » (*Doctrine*, première année, p. 54.)

Ainsi c'est sur le développement d'une population de deux cents millions, pris pour base, que les fils de Saint-Simon s'apprêtent à établir la *loi* du genre humain; et, portant leur prévention dans l'étude de l'histoire entière, tout progrès ne leur apparaît que comme terme de la civilisation européenne. Un esprit conscien-

Enfants d'un Dieu très-bon, et fils d'un homme pécheur, les premiers humains durent à ce titre emporter avec eux et le souvenir de la révélation divine et celui de la déchéance paternelle. Les membres de la grande famille marqués de ce double sceau se dispersèrent, et bientôt la différence des temps, des lieux, des situations politiques, vint altérer le fond de l'antique croyance. Chaque religion se revêtit de couleurs locales et de mensonges poétiques. Le peuple d'Israël resta seul fidèle dépositaire des traditions du genre humain. Moïse et les prophètes apparurent pour garder et entretenir ce précieux trésor, jusqu'au jour où Dieu, rappelant à lui toutes les nations, leur restituerait leur antique héritage.

Ce jour arriva.

cieux penserait, ce me semble, que la marche des peuples de l'Europe n'est au contraire qu'un terme du développement total du genre humain; qu'une loi générale doit être établie, non sur une série de faits particuliers, mais sur l'examen de tous les phénomènes auxquels elle se rapporte, et qu'il est téméraire à l'homme de vouloir forcer la nature à rentrer dans les cadres étroits qu'il a tracés. De plus, l'histoire mythologique de l'Europe elle-même dément l'hypothèse de Saint-Simon; filles d'une même souche, toutes les races humaines étaient héritières des mêmes croyances révélées : l'observation l'atteste; l'observation, non point restreinte et tronquée, mais étendue à tous les peuples chez lesquels la science a pu pousser ses investigations.

II

LE CHRISTIANISME.

A cette époque, l'empire romain, le colosse de l'antiquité, commençait à chanceler sur ses pieds d'argile; le vieux paganisme voyait ses dieux méprisés languir sur leurs autels, et ses fables surannées ne savaient plus trouver le chemin de la persuasion. Le corps social s'ébranlait jusque dans ses fondements : les esclaves avaient déjà senti l'iniquité du joug qui pesait sur eux, et Spartacus avait levé la tête. Le sang des guerres civiles fumait encore dans les champs de Pharsale et sur les rives du Tibre : le pouvoir entre les mains du plus fort était une arme terrible, qui tuait la liberté, et plaçait le plus faible entre la servitude et la mort.

La philosophie et les sciences, également incapables d'expliquer l'homme et la nature, après avoir parcouru tout le champ des hypothèses, épuisé toutes les rêveries, s'étaient arrêtées pour s'abîmer dans le doute. La poésie et les arts, dégénérés de leur antique grandeur, s'étaient faits courtisans, et ne savaient plus offrir à l'âme ni consolations ni jouissances. Il manquait un point fixe à l'activité de l'homme : découragé en présence de sa propre dégradation, cet être malheureux s'était abaissé plus que jamais vers la terre : il avait cherché à s'endormir dans l'ivresse des voluptés sensuelles pour oublier son opprobre; il s'était reposé dans l'abrutissement du désespoir.

Mais les voluptés étaient incapables de remplir un cœur créé pour de plus hautes destinées. Il y avait donc un malaise immense, un vide que rien ne pouvait combler. On attendait de l'Orient des hommes qui devaient conquérir le monde (1) : de tous les points du globe s'élevait comme un soupir universel, pour invoquer le désiré des nations.

C'était l'heure où Jésus-Christ, après avoir annoncé la bonne nouvelle aux pauvres d'Israël, prêché la loi de paix et d'amour, prouvé sa mission par sa vie, sa mort et ses prodiges, remettait ses pouvoirs à ses disciples, et disait à douze pêcheurs : « Allez et enseignez par toute la terre. » C'était l'heure où le Christianisme, en la personne de Pierre, venait pieds nus, le bâton de pèlerin à la main, prendre possession de Rome, au nom de son Maître crucifié.

Et il lui fut dit comme au prophète : « Soufflez « sur ces ossements, et commandez à la vie. » Il commanda : la vie descendit sur ce vaste champ de mort, et le genre humain se ranima, et le monde fut renouvelé.

Si j'avais à énumérer tous les caractères sacrés

---

(1) Tacite, Suétone, Cicéron.

de la religion du Christ, toutes les marques de sa mission, longue serait ma tâche. Il faudrait d'abord exposer le vaste tableau de l'attente des nations et la nombreuse série des prophètes, qui venaient rappeler l'antique promesse. Puis apparaîtrait Jésus avec ses prodiges, sa vie, sa mort, sa résurrection, et enfin l'excellence de sa doctrine, son influence bienfaisante, ses victoires et ses triomphes. Car telle est la nature du Christianisme, que ses bases sont accessibles à toutes les intelligences, et que parmi ses preuves, les unes, historiques, et pour ainsi dire matérielles, peuvent s'adresser aux esprits les plus grossiers; les autres, rationnelles et philosophiques, présentent un aliment solide aux âmes les plus élevées, aux pensées les plus hardies.

Mais ce n'est point une démonstration de la divinité du Christianisme que je dois établir : je me bornerai à une appréciation rapide de sa doctrine et de ses bienfaits.

A l'homme dégradé, repu des délices de la chair, tel que nous venons de le contempler, l'Évangile révèle une nouvelle existence : *Car l'homme ne vit pas seulement de pain, mais de toute parole qui sort de la bouche de Dieu.* Et il le réveille de son assoupissement pour lui découvrir toute l'horreur de sa turpitude, il lui tend la main pour le relever : il le fait renaître *de l'eau et de l'esprit*, et le place ainsi palpitant d'espérance et de joie dans une vaste éprouve s'exprime par des signes; les pensées, les émotions religieuses ont aussi leur expression nécessaire, inévitable : cette expression, c'est le *culte*. Ainsi une religion sans culte et sans mystères méconnaîtrait les exigences de la nature humaine, elle serait à la fois trop élevée pour l'ignorant, puisqu'elle ne parlerait pas à ses sens; trop basse pour le savant, puisque, s'expliquant tout entière à son esprit, elle ne saurait pas apaiser ce besoin de l'infini qui le presse de toutes parts.

Comme la *religion* de l'Évangile se résume dans l'amour de Dieu, de même sa *morale* est renfermée tout entière dans l'amour des hommes, et proclame en quelques paroles tous les principes organisateurs de la société, «Qu'il est doux, « qu'il est heureux de vivre ensemble comme des « frères (1) ! Tu aimeras ton prochain comme « toi-même. Ne fais pas à autrui ce que tu ne « voudrais pas qu'il te fût fait (2). » A ces mots de ralliement, les membres de la grande famille se tendent la main, l'édifice social s'élève, le pouvoir y préside, le Christianisme lui prescrit ses devoirs. *Soyez justes, ô vous qui jugez la terre* (3) ! En même temps il revêt le chef d'une autorité sacrée, il le présente au peuple au nom de celui de qui *toute paternité procède* (4). Aux

(1) *Psaumes.*
(2) *Évangile.*
(3) *Ecclésiaste.*
(4) *Épître* de saint Pierre.

PUISSANCES ÉTABLIES RESPECT (1), et les chrétiens rendent à César ce qui est à César, prient et combattent pour ceux qui les persécutent, et la légion thébéenne se laisse massacrer par les satellites de Maximien, plutôt que de tourner ses armes contre son souverain légal : une auréole de vénération entoure la tête des rois ; représentants de la Divinité, leur personne est *inviolable et sacrée*. A TOUS LIBERTÉ, et Jésus prêche la fraternité de tous les fils d'Adam, les justices de Dieu, qui, *sans égard pour les personnes*, rend à chacun selon ses œuvres, l'abaissement des riches, l'élévation des pauvres; et saint Paul annonce la liberté des enfants de Dieu, non cette licence effrénée qui ouvre la barrière à tous les crimes ; mais cette noble indépendance de l'âme, lorsque, affranchie du joug de la chair, elle ne craint plus ceux qui peuvent donner la mort au corps, et se meut librement vers le bien. *Fais ce que dois,* disaient nos catholiques ancêtres, *advienne que pourra*. — A la voix de l'Évangile, les chaînes de l'esclavage tombent, le despotisme croule de toutes parts, Théodose prend le sac et la cendre, pour expier le massacre de ses sujets rebelles ; Clovis est baptisé avec tout son peuple ; les princes communient à côté du dernier de leurs vassaux, les mêmes tombeaux reçoivent les grands et les petits,

---

(1) *Épître* de saint Paul.

la même croix veille sur leur cendre. Charité, amour entre les hommes, et ce précepte fait des martyrs, ce précepte fait les Vincent de Paul, ouvre la main du riche, remplit celle du pauvre, élève les hospices, attache la piété vigilante au lit de la douleur, donne un denier à la veuve, un asile à l'orphelin, un refuge au coupable repentant, détruit les haines, met le prêtre entre les deux ennemis qui brûlent de se déchirer, crée le droit des gens, et place le souverain Pontife comme médiateur entre les princes chrétiens, alors que la discorde a armé leurs bras (1). Au sein des familles, la loi de paix et d'amour répand les mêmes bienfaits ; elle bénit l'union conjugale, elle entoure le père de la tendresse et du respect de ses fils, elle parle au jeune enfant par la bouche de sa mère, elle éteint les premières étincelles de la jalousie, elle fait asseoir au foyer domestique le calme et le bonheur. La vie du chrétien est une fête continuelle. Écoutez avec quelle onction, avec quelle grâce la sagesse divine se plaît à tracer ce riant tableau : « Réjouis-toi, mon « fils, avec l'épouse de ta jeunesse, comme le faon « avec la biche qu'il a choisie ; que ton épouse soit « pareille à la vigne abondante qui suspend ses « grappes aux murs de ta maison ; que tes fils « se multiplient autour de ta table, ainsi que les « rejetons de l'olivier. Les enfants sont la cou-

(1) Guizot, *Leçons d'histoire.*

« ronne de leurs pères, et les pères font la gloire
« de leurs fils. Que ton père se réjouisse, et que
« celle qui t'a engendré tressaille d'allégresse.
« Les frères qui se prêtent secours sont comme une
« cité fortifiée (1). » Que si après cela on reproche
au Christianisme de n'avoir pas assez fait pour
l'ordre social, de n'avoir pas donné une forme
précise au gouvernement des peuples, qu'on
sache que la religion *catholique* doit comme telle
s'étendre à tous les temps et à tous les lieux ; car
la vérité religieuse ne change point, tandis que le
sort des empires, toujours imparfaits, est de se renouveler sans cesse selon les circonstances ; et les
formes de gouvernement varient et se succèdent
d'après les besoins des peuples. Seuls, au milieu
de ces révolutions et de ces ruines, les *grands
principes* moraux que l'Évangile a promulgués
demeurent inébranlables, destinés à servir de base
à tout édifice politique (2).

(1) *Proverbes, Psaumes.*

(2) C'est répéter contre le Christianisme une accusation banale,
vide de sens, que de lui reprocher une prétendue prédilection pour
le despotisme et la tyrannie. Qu'ils sachent, ceux qui parlent ainsi,
sous l'inspiration de l'ignorance et du préjugé, que les règles de
l'Index, dictées par le saint concile de Trente, frappent les doctrines machiavéliques d'une sévère réprobation.

« *Item.* Quæ ex gentilium placitis, moribus, exemplis tyranni-
« cam politicam fovent ; et, quam rationem status falso appellant,
« inducunt, deleantur. » (*Index. Regulæ de correctione*, § 2.)

S'il est un certain nombre de fidèles chrétiens dont les opinions
particulières penchent vers le despotisme, ils se trouvent, sans le
savoir, en contradiction avec les principes de leur doctrine, et c'est
injustice que d'imputer à la religion des erreurs qu'elle désavoue.

Portons plus loin nos regards, voyons s'il est vrai que le Christianisme ait couvert les sciences d'humiliation et de mépris. Ouvrons les Livres qui servent de règle à la croyance : ils nous apprendront que Moïse, l'élu de Dieu, fut instruit dans toutes les connaissances des Égyptiens (1); que Salomon, le favori du Seigneur, le plus sage des rois, était aussi le plus savant des hommes. « Venez à moi, dit la Sagesse, et je vous ensei-
« gnerai. La science est plus précieuse que l'or,
« et ses paroles sont plus douces que le miel : ses
« chemins sont beaux, et ses sentiers pacifiques.
« Elle est pareille à un arbre de vie : heureux
« celui qui peut en goûter les fruits ! Dites à la
« Sagesse : Tu es ma sœur, et que la science soit
« votre amie (2). » Jésus est monté au temple : à peine adolescent il étonne par ses réponses les docteurs de la loi. Bientôt il prêchera aux pauvres, en paraboles simples et naïves, des vérités inaccessibles aux plus grands génies de la Grèce ; il philosophera avec Nicodème, le plus éclairé des Juifs ; il appellera à lui Paul le sage, avec Pierre le pêcheur. Déjà les apôtres ont reçu d'en haut les dons de la science et des langues, ils annoncent la parole devant les rois et jusqu'au sein de l'Aréopage ; et les premiers Pères de l'Église sont des philosophes d'Athènes et d'Alexandrie. Saint Clé-

(1) *Exode.*
(2) *Proverbes.*

ment, saint Justin le martyr, Athénagore, disciples de Platon, viennent se rendre à la religion du Christ. Saint Irénée fonde à Lyon des écoles en même temps que des autels. Origène, Tertullien, saint Jérôme, font retentir au loin l'éloquence de leur voix, et dévoilent aux regards surpris toute la profondeur de la doctrine qu'ils confessent. Basile et Grégoire, sortis des écoles athéniennes, étonnent le monde par leur science et leur vertu : partout où le Christianisme surgit, il s'entoure de lumières (1). Mais voici venir les fiers enfants du

(1) Ne serait-ce pas ici l'occasion de citer les pensées profondes, les encourageantes maximes des saints Pères sur l'utilité, la beauté, l'excellence des sciences et des arts ? Mais ce seul sujet demanderait des volumes : il nous suffira maintenant d'en présenter quelques-unes.

« La philosophie, dit saint Clément d'Alexandrie, conduit à la
« vraie sagesse. L'emploi des démonstrations donne une convic-
« tion entière des vérités qu'elles établissent ; la philosophie avec
« leur secours pénètre la vérité et la nature des choses exis-
« tantes... *Repousser l'étude des sciences profanes, c'est con-
« damner l'homme à descendre au rang des brutes.* » (*Stromates*, livre IV, p. 282 et suivantes ; livre VI, p. 655 et suivantes.)

« Les sceptiques, selon saint Jean Damascène, se contredisent eux-
« mêmes, quand ils refusent à la philosophie le droit de connaître
« les choses. Il n'y a rien de plus excellent que la connaissance ;
« elle est la lumière de l'âme raisonnable. Cherchons, explorons
« par des investigations persévérantes, consultons même les livres
« des sages païens, nous y puiserons des vérités utiles, en les dé-
« gageant des erreurs qui peuvent s'y trouver jointes. » (*Capita philosophica*, cap. I, 3, p. 9.)

Cette doctrine était aussi celle de saint Basile, lorsqu'il adressait aux jeunes disciples de la religion et de la science ces mémorables paroles : « Il faut s'entretenir avec les poètes, les historiens, les
« rhéteurs, tous les hommes enfin, lorsqu'il en doit résulter
« quelque secours pour l'éducation. » Et plus loin : « J'ai suffisam-

Nord. Une force invincible les arrache des forêts de la Germanie et des rivages redoutés de la Baltique, et les pousse vers le Capitole. A peu près comme ces avalanches orageuses qui se précipitent du haut des monts, entraînant avec elles tout ce

---

« ment démontré que ces enseignements étrangers ne sont point
« inutiles au bien des âmes. »
Καὶ ποιηταῖς, καὶ λογοποιοῖς, καὶ ῥήτορσι, καὶ πᾶσιν ἀνθρώποις ὁμιλητέον ὅθεν μελλή πρὸς τὴν τῆς ψυχῆς ἐπιμελείαν ὠφέλεια τις ἔσεσθαι.
Ὅτι μὲν οὐκ ἄχρηστον ψυχαῖς μαθήματα τά ἔξωθεν δὴ ταῦτα ἱκανῶς εἴρηται. (*De legendis Gentilium libris.*)
« La science, disait saint Augustin, ne peut jamais être mau-
« vaise, puisqu'elle est la conquête de l'intelligence et de la rai-
« son. » *Scientia mala nunquam esse potest, quia ratione et intelligentia paratur.* (S. Augustinus, *de Quantitate animæ*, cap. vii.)
Écoutez saint Jérôme : « Ceux qui ont employé leur jeunesse à
« l'étude des beaux-arts recueilleront dans un âge avancé les fruits
« les plus doux de leurs travaux. » *Senectus eorum qui adolescentiam suam honestis artibus instruxerunt, ætate fit doctior, usu tritior, processu temporis sapientior, et veterum studiorum fructus dulcissimos metit.* (S. Hieronymus, *Epist. ad Nepotian.*)
Ce langage est aussi celui des Justin, des Origène, des Grégoire, des docteurs du moyen âge, des grands hommes dont l'Église se glorifie à une époque plus moderne. Que penser donc de ceux qui accusent le catholicisme de prêcher le mépris des lumières? Que penser d'eux, sinon qu'ils blasphèment une doctrine qu'ils ne connaissent pas, qu'ils ne veulent pas connaître? Il leur serait si facile de parcourir les écrits des saints Pères!... Mais non, ils y liraient la condamnation de leur système : ils détournent donc les yeux pour ne pas voir le soleil qui dessillerait leurs paupières et dissiperait leurs rêves ; car leurs rêves leur sont plus chers que la lumière du jour.
Si c'est le nom de *profane* donné à la science par la religion ; si c'est ce mot qui les effraye, qu'ils se rassurent et daignent jeter les yeux sur le livre élémentaire dont ils ont peut-être perdu la souvenance : le *Jardin des Racines grecques.* Ils y apprendront que le mot de *profane* (προφανής) signifie *clair*, *évident*, caractère essentiel de toute science, tandis que le sceau de la religion est le *mystère*, l'incompréhensibilité, attribut nécessaire de ce qui est infini.

qu'elles rencontrent sur leur passage, les barbares s'élancent vers Rome la superbe, entraînant avec eux les débris de la civilisation latine : leurs chefs farouches viennent s'asseoir triomphants sur les sépulcres des Césars. Oh! qui arrêtera leur course impétueuse? Qui pourra mettre à l'abri de ce choc terrible tous les monuments de l'esprit humain, élevés à grands frais par quinze siècles de travaux, et qu'un seul jour peut-être va détruire? Qui osera dompter ces cœurs féroces, se placer entre le vainqueur et le vaincu, et imposer aux conquérants les lumières des peuples subjugués? Ces prodiges seront l'œuvre du Christianisme. Voyez-vous ces pontifes qui arrêtent aux portes de leurs cités Attila le fléau de Dieu ? Bientôt ils feront plus : des assemblées d'évêques rédigent les constitutions des empires, les lois des Bourguignons, les décrets du concile de Tolède (1). Des prêtres et des abbés entreprennent la restauration des lettres au temps de Charlemagne : durant les siècles belliqueux du moyen âge, tandis que les preux ne savaient pas signer, *attendu qu'ils étaient gentilshommes*, les sciences et les arts restaient comme un dépôt précieux entre les mains des fils du monastère : les disciples de saint Benoît consacraient leurs veilles à multiplier les copies d'Horace et de Virgile ; des prêtres fondaient la

---

(1) Guizot, *Leçons d'histoire*.

Sorbonne et l'Université. Enfin, quand l'aurore des belles-lettres reparut, quels furent leurs premiers disciples? Bessarion, Baronius, Bellarmin, qui étaient-ils? Et lorsque le concile de Trente se rassembla, n'y vit-on pas, de l'aveu de Ginguené lui-même, toutes les grandes lumières de l'époque? La sainte Église romaine se réjouissait de ce réveil de l'esprit humain, comme la mère qui se réjouit en voyant se développer l'intelligence de son jeune enfant. Le clergé s'empressait de favoriser le progrès des lumières, et marchait lui-même à leur tête. Du fond d'un cloître, le moine Roger Bacon donnait l'essor aux sciences naturelles : Copernic, le chanoine de Frauenburg, concevait le système du monde; Christophe Colomb découvrait une moitié de la terre ; Keppler et Pascal élevaient à un haut degré de perfection les mathématiques et l'astronomie; Gassendi, qu'on appelait le bon prêtre, Descartes, qui allait à Lorette implorer pour ses travaux la protection du ciel, Leibnitz, dont la vie fut consacrée à la réunion des communions catholique et protestante, ressuscitaient la philosophie et fondaient des écoles célèbres dont les écoles de nos jours se glorifient encore d'être les héritières. Huet, Kircher, Bossuet, Vico, retiraient l'antiquité de ses ruines. Redirai-je les missionnaires portant avec eux les sciences chrétiennes jusqu'aux plages lointaines de la Chine et du

Japon, les vastes collections des bénédictins de Saint-Maur, des oratoriens et des jésuites? Nommerais-je Malebranche, l'émule de Platon, Bourdaloue, Fénelon, Fleury, la gloire du sacerdoce français; les Lamoignon et les d'Aguesseau, chez qui la vertu semblait héréditaire comme la sagesse; Malpighi, Baglivi, Euler, Laplace et Lavoisier, qui portèrent les connaissances physiques à un haut degré de perfection : et cet illustre Benoît XIV, dont les louanges retentirent jusqu'à la cour des Czars, jusqu'a la Porte Ottomane? Dirais-je l'ingénieuse sollicitude de ces prêtres vénérables, dont les soins rendirent la vie morale aux êtres malheureux, qui semblaient séparés pour jamais de la société des hommes : car l'éducation des sourds-muets est encore une de ces célestes révélations du Christianisme? Compterai-je enfin ces innombrables établissements fondés par la piété catholique, où de saintes femmes, de zélés religieux, consacrent à l'enseignement primaire et à l'instruction du pauvre une vie obscure, mais pleine d'œuvres?

— A côté des sciences apparaissent les arts : enfants de l'inspiration, le Christianisme leur sourit; il leur donne un élan sublime, il leur prête des ailes comme à la colombe, pour s'élever vers *Celui qui souffle où il veut*, qui distribue à son gré l'enthousiasme (1) et le génie. Écoutez ces voix harmo-

---

(1) Ce mot, dont on a trop abusé, est pris dans son énergie pri-

nieuses : c'est Moïse entonnant l'hymne au Dieu libérateur; ce sont Judith et Débora, bénissant le Dieu qui frappa l'étranger par la main d'une femme; c'est David qui célèbre les grandeurs du trois fois Saint : « Louez le Seigneur, anges du « ciel, et vous aussi, enfants des hommes, louez le « Seigneur sur la lyre et la cithare; frappez les « cymbales retentissantes, embouchez la trompette, « faites frémir les cordes du psaltérion, pour chan- « ter un cantique à Jéhovah (1). » C'est Salomon qui convie tous les arts à orner le temple et les cérémonies du culte ; ce sont les prophètes dont les pensées ardentes se débordent comme un torrent de flammes ; c'est l'Écriture entière qui n'est elle-même qu'un long poëme plein de grâce et de majesté, où l'Esprit-Saint tour à tour soupire avec Ruth et Tobie, gémit avec Job et Jérémie, tonne avec Isaïe et Ézéchiel. A des époques plus modernes, le feu sacré des arts s'entretient à l'ombre de la croix, tandis que l'ignorance couvre l'Europe. L'architecture gothique s'élève avec ses mille arceaux, ses mystérieuses rosaces, ses innombrables aiguilles élancées au ciel, comme autant de désirs et de prières. Sous leurs voûtes résonnent les chants religieux : aux accents solennels des orgues, le *Te*

mitive : l'Enthousiasme, ἐνθουσιασμός, est cette action mystérieuse de Dieu sur l'âme, qui l'exalte, l'illumine, qui la remplit de sa divinité.

(1) *Psaumes.*

Deum et le *Dies iræ* montent dans les airs, l'un comme l'hymne magnifique de la reconnaissance, l'autre comme un cri de mort mêlé d'espérance et de terreurs. Là des artistes inconnus sculptaient ces tombeaux superbes de nobles seigneurs et de preux chevaliers que nous admirons encore. Puis le siècle de Léon X se leva radieux de gloire et de génie. Le catholicisme, qui avait rempli de grandes pensées Pétrarque et Dante, inspira le Tasse, Michel-Ange et Raphaël. D'une main il éleva la basilique de Saint-Pierre, de l'autre il traça le *Jugement dernier* de la chapelle Sixtine. Sur les pas des grands maîtres vola une foule nombreuse : Léonard de Vinci, Rubens et le Poussin se plurent à reproduire sur la toile les mystères du Christ et les triomphes des saints. Le Puget et Canova consacrèrent leur ciseau au culte de cette religion vénérable, dont la foi remplissait leur cœur, et dont les préceptes réglaient leur vie. Chérubini et Mozart firent entendre des mélodies sacrées, pareilles à des accords angéliques échappés aux concerts du ciel. Enfin c'est Rome, c'est toujours Rome qui est dépositaire des traditions des beaux-arts; c'est à ce foyer de pensées catholiques que de jeunes hommes vont chercher tous les jours des idées puissantes, de majestueuses images; et, s'ils s'arrêtent encore quelquefois aux classiques tombeaux des Césars, c'est surtout sous les portiques du Vatican, et aux pompes pontificales, ou bien au sépulcre des apôtres et dans les catacombes des martyrs, qu'ils vont attendre l'inspiration.

On a assuré que l'Évangile jette l'anathème sur l'industrie, et prêche l'oisiveté de la vie contemplative; et cependant, aux jours de l'innocence et du bonheur, les Livres saints nous montrent le premier père cultivant de ses mains les jardins délicieux d'Éden; et plus tard il lui dit : *Tu mangeras ton pain à la sueur de ton front*. Les patriarches apparaissent livrés à la vie pastorale : Moïse ordonne le partage des terres entre les fils d'Israël, et commande les travaux de l'agriculture. Oublierons-nous les éloges donnés par la Sagesse à l'homme laborieux, le blâme déversé sur le lâche, les louanges de la femme forte? « Elle s'est levée « avant le jour, elle a distribué la tâche à ses ser- « vantes, ses mains ont filé la laine et le lin, elle a « vendu au Cananéen le fruit de son travail : elle « n'a point mangé son pain dans l'oisiveté : ses « œuvres font sa gloire (1). » Oublierons-nous que Jésus-Christ et ses apôtres travaillaient de leurs mains, et que saint Paul le recommande à son disciple? Déchirerons-nous ces pages attendrissantes de l'Évangile, où toutes les comparaisons sont tirées de l'agriculture et des ouvrages des champs, et la parabole du serviteur inutile? Ignorons-nous qu'aux époques de barbarie le défrichement et la culture

(1. *Proverbes.*

des terres furent dus aux communautés religieuses ; que partout où les missions catholiques ont pénétré, elles ont porté la charrue en même temps que la croix, et enseigné l'art de féconder la terre avec celui de gagner le ciel ? Enfin n'est-il pas au milieu de nous des maisons consacrées au repentir et à la pénitence, où la religion recueille des malheureux pour les occuper à des œuvres utiles ? Les couvents de trappistes et les établissements de refuge ne sont-ils pas des lieux de travail et d'industrie ? et le Christianisme ne flétrit-il pas l'oisiveté en l'appelant la mère des vices ?

Que des voix ne s'élèvent donc plus pour dire que la religion catholique a perdu l'intelligence des besoins de l'humanité : ces besoins lui sont connus, elle sait venir au-devant d'eux pour les satisfaire ; elle chérit les sciences, les arts et l'industrie ; bien plus, elle les sanctifie en les faisant tendre au Créateur ; elle apporte du ciel le feu sacré de l'amour pour les vivifier. Elle n'a de mépris que pour le vice, et d'anathème que pour le crime.

Chargée d'entretenir dans les cœurs, comme sur autant d'autels, les flammes divines de la foi, de l'espérance et de la charité, l'Église, mère commune de la grande famille, préside à son développement, l'unit dans une communauté de croyances et de promesses, la guide vers un même but.

III

L'ÉPOQUE ACTUELLE.

Ici les disciples de Saint-Simon nous arrêtent :
« Les croyances, disent-ils, vont s'affaiblissant de
« jour en jour, le temps vient où il n'y aura plus
« de foi dans le monde, le protestantisme et la phi-
« losophie ont enlevé à l'Église toute sa vieille au-
« torité. Aussi les catholiques ne sauraient-ils ex-
« pliquer les attaques dirigées depuis trois cents
« ans contre elle, et, méconnaissant la perfectibi-
« lité humaine, ils sont obligés de considérer
« comme un égarement immense les trois siècles
« écoulés depuis Luther jusqu'à nous. »

Cette objection soulève une question grave, philosophique : l'appréciation de l'époque actuelle. Le catholicisme, qui proclame l'homme perfectible, ne saurait se trouver en contradiction avec lui-même ; sûr de ses destinées et de celles du genre humain, il s'avance d'un pas calme et majestueux à travers les tempêtes, parce qu'il en connaît les causes et en prévoit le terme.

Posons d'abord cet axiome, que l'humanité, soit qu'elle apparaisse dans l'homme individuel, soit qu'on la considère dans la société tout entière, est toujours la même, composée de mêmes éléments, soumise à la même loi, aux mêmes progrès. Le genre humain vit et se meut comme un homme; lui aussi a sa raison et son intelligence; sa naissance, son enfance et sa jeunesse, sa santé et ses maladies.

Cette vérité étant reconnue, jetons nos regards sur la vie de l'homme, et nous y trouverons le mystère de la vie du genre humain.

Voyez comme l'homme est faible aux premiers jours de son existence, combien son intelligence est débile, comme sa raison semble assoupie! Que de peines, que d'enseignements répétés ne faut-il pas pour l'enfanter à la vie intellectuelle et morale! Mais aussi voyez-vous comme il est timide, simple et crédule, comme il accepte avec empressement tout ce qui lui est enseigné, comme il y ajoute ses propres exagérations, ses propres erreurs! Trop faible encore pour apprendre par lui-même, il se courbe volontiers sous le joug de l'autorité, *il croit*. Bientôt un jour viendra où l'intelligence plus développée sentira sa force, se demandera compte de ses idées et scrutera ses croyances : c'est l'âge du doute, de l'*examen*. Que si, désespérant d'atteindre à la vérité, et pressé d'ailleurs par ses passions naissantes, l'homme renonce à sa haute destinée pour se plonger tout entier dans les jouissances matérielles, malheur à lui! mais si, au contraire, il aspire à la découverte du vrai, s'il s'applique sans relâche à reconnaître ce qu'il y a de certain et de douteux, de primitif et d'altéré dans ses vieilles croyances, alors le temps n'est pas loin où, débarrassant la vérité qui lui avait été enseignée, des préjugés et des erreurs qui avaient pu s'y mêler et la corrompre, il la rétablira dans tout son éclat, il *croira*, non plus par instinct, mais *par conviction;* c'est là le plus bel âge de l'homme, l'âge où il s'avance d'un pas sûr dans les voies de la vérité et de la vertu.

Foi instinctive, *examen*, foi raisonnée ou *conviction :* telles sont les trois époques, telle est la loi de la raison humaine dans l'homme individuel, telle doit-elle être encore dans la société.

Le genre humain aussi fut faible aux premières années de sa vie : le Créateur lui devait secours et appui comme un père à son enfant. Il fallait lui donner non-seulement une vie matérielle, mais une existence morale. Aussi avons-nous montré les traces d'une révélation antique, première éducation de l'homme, rappelée sur les hauteurs du Sinaï, puis développée et consommée par les enseignements du Fils de Dieu. Toute l'antiquité païenne, toute la lutte du Christianisme et du polythéisme, ne fut que le long combat de la chair et de l'esprit, le laborieux enfantement de la société à la vie intellectuelle. Enfin la matière fut vaincue, le Christianisme triompha, l'Église fut chargée du vénérable dépôt de la doctrine, et les peuples *crurent* dans la simplicité de leur cœur. Mais un jour la société se demanda compte des idées qu'elle avait reçues, elle aussi eut son époque de doute et d'*examen*, et, comme cet examen se pouvait faire de plus d'une manière, il était naturel qu'ici il fût sagement borné, et là excessif; que les uns, après avoir fait table rase de leurs croyances, tombassent dans le découragement, qui en est la suite, tandis que d'autres marcheraient de toutes leurs forces dans les routes de la science pour parvenir à la vérité.

Ces considérations, qu'on ne doit point regarder comme une pure hypothèse, puisqu'elles reposent sur l'étude de l'esprit humain, expliquent tout ce qui s'est passé depuis trois cents ans : le protestantisme du seizième siècle, l'incrédulité du dix-huitième, les doctrines égoïstes d'Helvétius et de Diderot, et les saturnales impies de 93.

Mais, de plus, ce système rend raison de la tendance religieuse des travaux scientifiques actuels, et de la direction nouvelle qu'ont prise depuis quelque temps la philosophie, l'histoire et la littérature. Le temps n'est plus où l'athéisme était de mode, où l'épicuréisme passait pour le sceau des esprits forts : du fond de l'abîme, l'esprit humain a jeté un long regard vers la lumière, il a secoué ses ailes, il s'est élevé à des pensées morales, platoniques et chrétiennes. Des génies puissants, partis chacun d'une sphère d'idées particulières, sont arrivés au même résultat : MM. de Maistre, de Bonald et Cousin ont fait succéder des doctrines grandes et généreuses aux désolantes maximes de Condillac et de Volney. Des philosophes, même de l'époque de Condillac, se sont associés à ce mouvement, et la science s'est embellie des écrits de MM. Portalis, Degérando, Laromiguière. D'un autre côté, le catholicisme s'est choisi dans la personne de MM. de Chateaubriand et de Lamennais, de glorieux défenseurs. Et, tandis que MM. Cuvier et de Humboldt prouvaient l'accord des recherches savantes avec les Livres de Moïse, un professeur illustre, malgré son attachement à la secte protestante, proclamait loyalement les bienfaits de l'Église ; Benjamin Constant rendait un hommage éclatant à la religion chrétienne, dans un ouvrage entrepris sous une inspiration athée ; M. Michaud retraçait d'une main pieuse les nobles souvenirs des croisades ; M. Alphonse de Lamartine faisait entendre les accents d'une poésie vraiment chrétienne, semblable aux chants magnifiques des prophètes, semblable aux chœurs harmonieux de la vieille Jérusalem.

Tournez maintenant vos regards sur les peuples qui nous environnent : dites, quelle est cette main invincible qui entraîne dans le sein du catholicisme les savants de l'Allemagne protestante? quelle est cette énergie victorieuse qui a ramené au giron de l'Église les Creutzer, les Schlegel, les Haller, les Stolberg, les d'Eckstein, devenus les appuis inébranlables de leur mère adoptive? dites, comment se fait-il que l'Angleterre émancipe le catholicisme, et se sente poussée elle-même vers cette grande unité dont un roi tyran la sépara? Comment se fait-il qu'aux États-Unis le nombre des catholiques, qui était de cinq mille à l'époque de l'indépendance américaine, soit de cinq cent mille aujourd'hui? Jetez les yeux sur l'Irlande et la Pologne, et voyez ce que peut encore la vertu de la croix : ou bien encore retournez-vous vers la Suisse, vers les jeunes républiques de l'Amérique méridionale. Là, tandis que le protestantisme se montre surtout favorable à l'aristocratie, par laquelle il avait pénétré dans l'Europe, le catholicisme, fidèle à la cause des peuples, veille au maintien des antiques libertés : il règne encore dans les cantons de Schwitz, Ury, Unterwalden ; il fleurit dans les murs de Mexico et de Lima : Guillaume Tell avait murmuré sa naïve prière, le jour où il donna l'indépendance à sa patrie, et les derniers soupirs de Bolivar expirant se collèrent sur le crucifix.

Oh! que c'est donc avoir la vue courte et l'esprit faible, que de s'en aller faisant l'oraison funèbre du Christianisme, parce qu'on a abattu quelques croix dans Paris, ou parce qu'une cabale irréligieuse s'est opposée quelque part aux processions publiques! Pour nous, nous acceptons l'époque actuelle comme la fin des temps de doute, comme l'heure où l'*examen* achève de s'opérer, où la *conviction* va avoir son tour. Nous osons le dire, et nous offrons de le prouver par des chiffres : lors même qu'on mettrait à part les ravages de la réforme protestante, l'Église a toujours vu augmenter le nombre de ses fils, et elle en compte aujourd'hui plus que jamais (1). Mais voici l'ins-

---

(1) En comparant le nombre des catholiques avant la venue de Luther avec le nombre actuel, on obtient pour résultat un accroissement remarquable.

AVANT LUTHER.

Angleterre, Écosse, Irlande.	10,000,000
Norvége, Suède, Danemark.	5,000,000
Allemagne.	28,000,000
Pologne et Hongrie.	16,000,000
France.	24,000,000
Espagne et Portugal.	12,000,000
Italie.	15,000,000
Russie, Grèce, Asie, Afrique.	5,000,000
Total.	115,000,000

Ce nombre paraîtra exagéré sans doute, si l'on songe aux différentes hérésies de Wiclef, de Jean Huss, etc., qui ravageaient déjà l'Angleterre et l'Allemagne ; au paganisme qui occupait encore une partie considérable des régions septentrionales, et aux restes nombreux de musulmans qui habitaient l'Espagne, jusqu'à l'édit qui les expulsa.

Luther parut : mais les conquêtes de l'Église dans l'Amérique, dans le Levant, l'Inde et la Chine, sur les côtes de l'Afrique et dans les îles environnantes ; de plus, le développement de la population en Europe, ont amplement dédommagé le catholicisme de ces pertes. « En 1680, dit Malte-Brun, auteur protestant, on comptait « 288,000 paroisses. » (*Géographie*, t. I.) Or une paroisse représente communément en France 1,000 à 1,200 habitants. En réduisant ce nombre à la moitié, et en comptant seulement 500 fidèles par chaque cure, on obtiendrait une somme totale de 140,000,000 de catholiques. Depuis cette époque le domaine de la foi s'est étendu bien loin dans les contrées américaines ; et lors du voyage de M. de Humboldt, on y comptait, dit-il, 23,000,000 de disciples de l'Église. Remarquons en outre que depuis 1680 la population a fait

tant où les brebis séparées du troupeau rentreront au bercail, où les peuples, reconnaissant rationnellement la divinité de leurs croyances, la divi-

de grands progrès, et nous pourrons établir le dénombrement suivant :

Angleterre, Écosse, Irlande..	6,000,000
Suède, Norvége, Russie d'Europe.	1,000,000
France.	30,000,000
Espagne et Portugal..	18,000,000
Italie, Sicile, etc.	18,000,000
Allemagne.	10,000,000
Pologne, Lithuanie, Gallicie, etc..	10,000,000
Autriche, Bohême, Hongrie, Croatie, Illyrie. . .	24,000,000
Grèce, Turquie, Archipel..	1,000,000
Amérique.	23,000,000
Afrique, Açores, Canaries, îles du cap Vert, Bourbon, etc..	1,000,000
Asie Mineure, missions de Bagdad, de Jaffa, de Jérusalem et de Damas, Maronites, Nestoriens nouvellement réunis, etc., etc.	4,000,000
Inde, Thibet, Cochinchine, Chine, Tonkin, etc..	4,000,000
Accroissement comparativement à l'époque de Luther. . . . . 35,000,000 Si l'on observe que le catholicisme admet au nombre de ses fils tous les hérétiques et schismatiques de bonne foi, par conséquent tous les enfants au-dessous de l'âge de raison qui ont reçu le baptême, ce qui peut s'évaluer au tiers environ de la population, en élevant le nombre des chrétiens séparés de l'Église à 100,000,000 le nombre des catholiques s'accroîtra encore de.	50,000,000
Somme totale.	180,000,000

Que serait-ce si on considérait la quantité incertaine, probablement nombreuse, de chrétiens égarés qui vivent au sein d'une ignorance invincible, qui croient aux fausses doctrines adoptées par leurs pères, parce qu'il leur est impossible de soupçonner leur erreur, et que l'Église, comme une mère indulgente, ne cesse pas de compter parmi ses enfants?

Au reste, la désorganisation actuelle du protestantisme en Angleterre, en Allemagne, aux États-Unis, fait concevoir l'espérance d'une réunion prochaine dont le besoin est senti par tous ces rameaux détachés de la source génératrice, vivifiante.

nité de l'Église, qui en est la garde et l'interprète, se rallieront autour d'elle, et marcheront d'un pas sûr sous la bannière du catholicisme, dans les chemins de la civilisation et du bonheur. Ils marcheront toujours, toujours : car la route est belle, les bornes de la perfection ne sont pas posées, et le but est placé dans le sein de Dieu même.

EXAMEN DU SYSTÈME DOGMATIQUE ET ORGANIQUE DE SAINT-SIMON.

APPRÉCIATION DE SA DOCTRINE.

Nous avons tracé à grands traits le tableau du Christianisme : comme son divin auteur, il n'a d'autre histoire que celle de ses bienfaits, *pertransiit benefaciendo*. Il est temps de porter nos regards sur la doctrine de nos adversaires, de la considérer sous tous ses rapports, et de l'examiner, comme le Christianisme, dans son origine, sa nature et son application.

Mais la religion du Christ étant un fait historique, c'était dans l'ordre chronologique qu'il fallait l'étudier : la religion de Saint-Simon n'existe encore qu'à l'état de conception idéale;

c'est donc dans l'ordre logique ou rationnel que nous l'envisagerons. Nous l'observerons donc d'abord en elle-même; puis nous remonterons à sa source ; nous essayerons enfin de calculer ses effets.

I

LA RELIGION SAINT-SIMONIENNE CONSIDÉRÉE EN ELLE-MÊME.

« Les siècles du paganisme avaient été le triom-
« phe de la matière ; le Christianisme fut le règne
« de l'esprit. Aujourd'hui, lasses de six mille ans
« de combats, ces deux formes de l'humanité vont
« conclure une belle alliance : Saint-Simon a
« trouvé la loi définitive de la perfection ; elle se
« résume dans une religion vraiment complète
« qui embrassera tous les rapports de l'homme,
« qui renouvellera la face du monde, qui fera
« régner à jamais sur la terre la paix, la justice et
« l'amour.

« Cette religion la voici :

« Dieu est, non le Dieu matériel du fétichisme,
« non le Dieu esprit pur des chrétiens. Celui que
« Saint-Simon confesse est la somme de toutes les
« existences, *tout est lui*. Il est *dans son unité*
« *vivante*, amour : dans sa forme matérielle, la
« nature ou le monde ; dans sa forme spirituelle,
« l'humanité.

« Dieu donc est l'âme du monde, pour ainsi
« dire, et le monde est son corps, sa forme co-
« éternelle, par conséquent incréée. Les saint-
« simoniens *ne peuvent comprendre* comment une
« substance spirituelle, sortie tout à coup de son
« éternel repos, *se serait décidée* au travail des
« sept jours pour créer un monde matériel.

« L'homme, manifestation finie de la Divinité,
« en est aussi l'image : comme elle, il est *dans
« son unité vivante* amour ou sympathie, intelli-
« gence et sagesse sous l'aspect spirituel ; sous
« l'aspect matériel, force, beauté. Son œuvre
« durant la vie est le perfectionnement de ces trois
« ordres de facultés. 1° Dans l'ordre physique, il
« peut, il doit se procurer le plus de jouissances
« possible, et travailler par l'industrie à l'embel-
« lissement de sa demeure ; 2° dans l'ordre in-
« tellectuel, il faut qu'il marche sans cesse dans
« la connaissance de la vérité ; 3° dans l'ordre
« sympathique ou moral, sa loi est l'amour de
« Dieu et de ses semblables. — Après la vie, le
« sort qui l'attend est un mystère : confondu,
« absorbé dans le sein du *grand Tout*, de la Divi-
« nité, il participera au développement général de
« l'univers. Entre l'homme et Dieu, la sympathie
« s'exprimera désormais par l'action de grâces, non
« plus par la prière qui indique crainte et dé-
« fiance, qui semble prétendre à l'absurde pou-
« voir de faire changer Dieu même d'avis.

« Entre les hommes, le développement sym-
« pathique s'opère par l'état social. — Longtemps
« le but de la société fut l'exploitation de l'homme
« par l'homme, c'est-à-dire d'une part tyrannie,
« et de l'autre esclavage. Maintenant s'approche
« un avenir meilleur : l'association universelle du
« genre humain aura pour objet l'amélioration de
« l'homme par l'homme et l'exploitation du globe.
« *Prêtres ou gouvernants, savants ou théologiens,*
« *industriels ou artisans :* tels sont les rangs dans
« lesquels chacun sera placé selon son mérite. A
« cet effet, la propriété changera de nature : elle
« deviendra commune : l'hérédité sera abolie, le
« fils ne recueillera plus ni les richesses ni la
« gloire de son père : arrachés de bonne heure à
« le vie domestique, les enfants appartiendront à
« la patrie et ne connaîtront plus d'autre mère.
« Une commune éducation révélera leur capacité
« individuelle, et, sans acception de naissance ni
« de sexe, à chacun il sera donné selon sa capacité,
« à chaque capacité selon ses œuvres. La distribu-
« tion des fonctions et des récompenses, l'autorité
« appartiendra aux plus capables, et le plus digne
« de tous, le plus savant, le plus vertueux, sera
« le chef suprême, temporel et spirituel, le roi-
« pontife, le père de l'association, c'est-à-dire
« du genre humain (1). »

(1) *Tableau de la religion saint-simonienne, enseignement central.* Le *Précurseur* du 19 mai et du 1ᵉʳ juin. Le *Globe,* passim.

Voilà un rapide abrégé de la doctrine saint-simonienne, présentée dans son plus beau jour. Avant de descendre à un examen approfondi, se présentent quelques réflexions préliminaires.

Les promesses du philosophe moderne sont celles de l'Homme-Dieu : lui aussi proclama ce principe, A CHACUN SELON SES ŒUVRES; lui aussi prêcha une belle association, dont tous les hommes sont appelés à devenir membres; lui aussi vint détruire l'esclavage, promettre la paix et le bonheur. Mais Jésus annonçait à ses disciples bonheur, paix et justice, non point dans la vie matérielle; il connaissait trop bien la destinée de l'homme sur la terre, les vicissitudes de la fortune, les orages des passions. Saint-Simon n'apporte point de nouvelles paroles; il prétend seulement déplacer nos antiques espérances. Il transporte l'idée du bonheur hors de la sphère spirituelle; c'est une félicité palpable, pour ainsi dire, qu'il veut préparer à l'homme, c'est ici-bas qu'il pense lui faire placer son trésor. Le cœur humain trouverait-il à gagner à un pareil changement? Qu'il rentre en lui-même et qu'il réponde !

Et c'est lorsqu'on a jeté un voile sur les visions sacrées du Christianisme pour mettre à leur place une grossière et fugitive prospérité, c'est lorsqu'on prétend abaisser pour jamais vers la terre ces regards d'espérance que l'homme élève vers les cieux, qu'on annonce ce décourageant système comme un progrès !

D'un autre côté, contradiction étonnante ! — Ceux-là mêmes qui prêchent la perfectibilité indéfinie des doctrines sociales et religieuses, ceux qui publient la chute de la religion du Christ comme le résultat nécessaire de l'esprit humain, les voilà qui promulguent la *loi stable, la constitution parfaite* de l'humanité, *la notion définitive* de Dieu, de l'homme et du monde (1); car, disent-ils, la pensée de Saint-Simon embrasse tous les rapports de la nature humaine. Mais qui leur donne cette assurance? et si la nature humaine va se développant sans cesse, ne se trouvera-t-il pas un instant où de nouveaux rapports naîtront et exigeront une nouvelle révélation?

Mais abandonnons ces idées générales, descendons plus avant dans la discussion, et puisqu'on peut subdiviser la doctrine *positive* des modernes apôtres en deux parties, l'une *dogmatique*, l'autre *organique*, établissons cette division, étudions 1° les principes qu'ils reconnaissent, 2° les conséquences pratiques qu'ils en déduisent.

1° *Du dogme saint-simonien.*

Plus hardis à détruire qu'à édifier, les prédica-

---

(1) *Tableau de la religion saint-simonienne*, le *Précurseur* du 1ᵉʳ juin.

teurs de la religion nouvelle, satisfaits d'apprendre au vulgaire la ruine du Christianisme et la formation de l'association universelle, semblent couvrir leur enseignement théologique d'un rideau qui ne se lève que pour les adeptes. Eux-mêmes, ces disciples-maîtres, ne jouissent pas tous du même degré d'initiation ; dans l'ordre religieux aussi, les places sont distribuées selon la capacité, et, tandis que les uns, membres du collége de la doctrine, la possèdent dans toute sa plénitude, force est aux autres de se contenter d'une portion plus mince de connaissances.

Cette série d'initiations, cet enseignement *exotérique* et *ésotérique*, rappellent la philosophie ancienne et son aristocratique maxime : *Odi profanum vulgus et arceo*. Certes, ce n'est point ainsi que le Christianisme a conquis le monde. C'était aux pauvres que Jésus-Christ distribuait le pain de la parole, c'était sur les places et les forums que les apôtres allaient prêchant, clairement et sans détour, la religion de la croix : *Christum crucifixum Dei virtutem*. Et l'Évangile disait à tous les fils d'Adam, sans distinction de personnes ni de capacités : Venez à moi, vous tous qui êtes fatigués, et je vous soulagerai : *Venite ad me, omnes qui laboratis et onerati estis, et ego reficiam vos*.

Toutefois des explications catégoriques, demandées impérieusement par la raison publique, ont révélé les dogmes principaux de la *religion* saint-simonienne et frayé une voie à l'investigation.

Longtemps on a considéré comme des êtres distincts l'esprit et la matière, Dieu, l'homme et le monde. Les disciples de Saint-Simon prétendent détruire cet antique *préjugé*. A les en croire, un seul être existe : Dieu. L'esprit et la matière, l'homme et le monde, ne sont que des formes de cette substance infinie. Ce système, ajoutent-ils, diffère essentiellement de celui de Spinosa, en ce que ces deux formes, la matière et l'esprit, sont ralliées, vivifiées par l'*amour*.

Quant à nous, il nous semble que l'idée d'*amour* est intimement liée à celle de *pensée*, que ces deux manières d'être, dont l'une engendre souvent l'autre, qui s'entremêlent, se confondent, sont également incompatibles avec la *matérialité* : il nous semble que le *moi*, par exemple, se conçoit simultanément doué d'intelligence et de volonté, tandis que la matière apparaît comme extérieure et totalement distincte. Dans le langage du sens commun, l'étendue, la divisibilité, l'inertie, sont les caractères de la matière; l'amour, la pensée, le sentiment, sont les modifications de l'esprit.

Soit donc que l'on considère l'esprit et la matière comme des substances ou comme des formes différentes, il n'est pas entre elles de moyen terme possible; car l'une exclut l'autre; encore moins ce moyen terme serait-il l'*amour*, puisque l'*amour* est essentiellement spirituel. C'était avec bien plus de profondeur et de simplicité que se présentait le système de Spinosa, qui n'en est pas moins la base incontestable de celui de Saint-Simon.

Quand on observe un objet quelconque, matériel ou spirituel, quand on veut analyser les idées qu'il fait naître dans notre esprit, deux idées bien différentes se présentent d'abord : 1° l'idée de la forme apparente, variable, instantanée; 2° l'idée de la substance immuable et cachée. Il n'est aucun être qui ne puisse se décomposer ainsi par la réflexion, et qui ne donne pour résultat de l'analyse la notion de substance. De là, Spinosa, et Saint-Simon après lui, passant de l'ordre idéal à l'ordre réel, ont conclu que la substance est unique, universelle. Leur erreur est de n'avoir pas assez approfondi cette idée importante, et d'avoir conclu de l'abstraction au fait. Un coup d'œil scrutateur reconnaît d'abord que l'idée de substance, telle que la produit la contemplation d'un phénomène spirituel, n'est point identique à celle que présente un objet matériel. Tout être spirituel est éminemment actif; l'idée de sa substance réduite au dernier degré de simplification est l'idée de *force*, de *spontanéité* (τὸ αὐτοκινητὸν). La matière, au contraire, essentiellement inerte et *modifiable*, ne présente que la notion de *passivité*, de *réceptivité* (τὸ πάσχον). Or, d'une part, les *formes* de l'*activité* sont l'intelligence et la volonté; de l'autre, les formes de la *réceptivité* sont la divisibilité ou l'étendue, la mobilité où l'inertie. D'où il suit que l'esprit et la matière sont deux substances différentes, douées de qualités qu'un même sujet ne saurait réunir. De plus, à la notion de substance, telle que nous l'obtenons par une consciencieuse analyse, se joint toujours une idée de spécialité, d'individualité, qu'on ne saurait méconnaître. Ce vieux *préjugé* dont nous parlions tout à l'heure, qui sépare Dieu, l'homme et le monde, et qui paraît en effet aussi ancien que le monde, aussi répandu que le genre humain, n'est donc autre chose que le témoignage irréfragable du genre humain. Malheur à ceux qui ferment les oreilles afin de ne pas entendre sa voix, et qui courent après une abstraction chimérique pour se précipiter dans un abîme de contradictions !

Voyez en effet les conséquences du panthéisme : « Dieu est l'*infini*, la somme de toutes les exis-« tences : tout être est un centre de vie, *détaché* de « son immensité ; tout est en lui, *tout est lui.* » Comment l'infini peut-il se *décomposer* en parties ? Comment peut-il se *composer* d'une somme quelconque d'existences ? Des parties finies, additionnées en tel nombre qu'on voudra, produiront-elles jamais autre chose qu'une somme limitée ? Tout ce qui est divisible est donc fini par là même, et un Dieu sujet à des mutilations quotidiennes est une conception répugnante. C'est peu : *tout est lui*, tout est Dieu : et le parricide et l'adultère, et le tyran et l'esclave, et la brute et la plante, et la pierre et le bois, sont autant de parties de la Divinité, autant de divinités même.

> O sanctas gentes, quibus hæc nascuntur in hortis
> Numina!...

Où donc sont ceux qui couvraient le paganisme de dérision, ou qui tonnaient contre lui? La sagesse des anciens n'avait fait que l'apothéose des héros : tout au plus voyait-elle dans le crime un Dieu méchant ; mais voici qu'au dix-neuvième siècle il s'est trouvé des philosophes qui ont consacré et environné des mêmes rayons l'ignorance et la science, les vertus et les forfaits!

Voilà les gouffres où l'on tombe quand on marche dominé par une idée fixe, à laquelle on veut plier la nature, quand on se ment à soi-même. Et ensuite on cherche à obscurcir ces vérités que le sens commun révèle, et l'on prétend que *l'on ne saurait concevoir* l'existence de Dieu *hors* de la matière, parce qu'il cesserait dès lors d'être infini (1). Disciples de Saint-Simon, pourquoi vous avilir vous-mêmes? Mathématiciens, philosophes que vous êtes, vos capacités sont trop hautes pour que vous ne *puissiez pas concevoir* que l'infini est essentiellement indivisible, par conséquent immatériel; vous n'ignorez pas que dire : Dieu ne saurait exister *hors* de la matière, c'est le supposer existant dans l'espace, c'est-à-dire matériel, ce qui est pré-

(1) Voyez le *Précurseur* du 19 mai.

cisément en question. Sans doute, si Dieu est matière, le monde physique doit faire partie de son être. Que si, au contraire, c'est un esprit pur, qui l'empêche d'être présent partout, pour éclairer l'homme et régir la nature? Les phénomènes physiques le manifestent par les lois admirables qui les gouvernent; dans les phénomènes moraux, il se révèle par le remords ou la satisfaction de la conscience. Ainsi son existence éternelle préside à toutes les existences; il est CELUI QUI EST, le principe et la fin de toutes choses : donc il est infini; il l'est sans occuper un point de l'étendue, sans s'incorporer à la matière.

Les saint-simoniens *ne comprennent pas* non plus les motifs qui, *après* une éternité de repos, auraient *décidé* Dieu à l'œuvre de la création (1); d'où ils concluent que le monde exista toujours. Mais ici encore, cercle vicieux ; ici, encore une fois, on calomnie le Christianisme en l'accusant de supposer l'Être suprême sujet à l'irrésolution de l'esprit et à la mesure du temps. Les chrétiens regardent ces mots *avant*, *après*, comme incompatibles avec la notion d'*éternité :* car, si l'infini ne peut se diviser, comment partager l'éternité en un certain nombre d'instants présents, passés et à venir? D'ailleurs, nous ne pensons pas non plus que Dieu soit susceptible de se *décider*, ce qui supposerait

---

(1) Voyez le *Précurseur* du 19 mai.

une délibération, un doute. *Celui qui est* fut et sera toujours immuable et parfait : de toute éternité la volonté de créer et le plan magnifique de la création étaient en lui, et c'est cette volonté persévérante qui conserve et crée encore sans cesse. Si les disciples de Saint-Simon ne peuvent comprendre comment s'opèrent ces merveilles, qu'ils se consolent; car leur capacité humaine ne saurait prétendre à juger la capacité divine. Et nous, nous leur demanderons à notre tour *comment*, si la matière est éternelle, s'expliquera la succession infinie des révolutions de l'univers : car là où il y a mouvement, il y a aussi succession, et toute succession suppose la division du temps, laquelle est incompatible avec la notion d'éternité. Ce qui est éternel est immuable : donc il faut admettre ou que le monde a eu une origine, ou dire que ses révolutions sont des illusions, des rêves, et, à l'exemple de l'école d'Élée, nier la possibilité du mouvement (1). Nous demanderons *comment*, en niant la

---

(1) Les anciens panthéistes de l'école d'Élée, conséquents avec eux-mêmes, avaient été conduits à nier toute espèce de mouvement, de variété dans le monde. « Rien ne se fait de rien, disaient-ils :
« donc un être ne saurait produire un être différent de lui-même;
« car ce qui serait différent dans ce dernier n'aurait aucun prin-
« cipe. De plus, rien ne peut être que sous une certaine manière
« d'être; la forme est donc soumise à la même loi que la substance :
« car, pour que la substance changeât de forme, il faudrait qu'elle
« y fût déterminée par une cause située en elle ou hors d'elle.
« Mais hors d'elle rien n'existe; et d'un autre côté, si le motif de
« telle ou telle de ces modifications existe en elle d'une manière
« absolue, il agira continuellement, et l'effet produit sera naturel.
« Or le mouvement, la variété, sont des effets successifs; donc ils

création de la matière, on peut expliquer celle du genre humain. Le genre humain ne fut pas toujours : les souvenirs de sa naissance sont encore si près de nous, il est si jeune encore ! Indéfiniment perfectible, à quel point de perfection une éternité de développement ne l'eût-elle pas élevé ? De plus, les recherches géologiques et historiques ont prouvé que son existence ne saurait remonter au delà de six mille ans.

Il est temps de porter nos regards sur le tableau de la nature humaine, tel que le retrace la nouvelle doctrine. « L'homme, dit-elle, centre de vie
« détaché de la vie universelle, doit tendre durant
« sa vie au développement physique, intellectuel
« et moral : la mort le réunit au grand Tout, où il
« poursuivra l'œuvre de son perfectionnement. »
Et d'abord elle permet à l'homme toute espèce de jouissances matérielles, elle lui fait du bien-être charnel un précepte, et du plaisir un devoir : comme s'il était besoin de commander à l'homme l'amour de soi-même ; comme s'il était nécessaire d'aiguiser encore l'aiguillon de la chair déjà si puissant ; comme si les passions, quand on aurait brisé la digue qui les contient, ne devaient pas s'élancer comme un torrent destructeur, et détruire

« ne sauraient exister : ce sont de vaines illusions de l'esprit humain ; la grande Unité jouit d'un éternel repos. » Tels sont les résultats logiques de ce bizarre système. (Aristote, *de Xenophane, Zenone et Gorgia*; Diogène Laërce, liv. IX, § 19 ; Sextus Empiricus, *Pyrrhonica hypotyposis*, liv. CCXXV.)

les germes précieux de la science et de la vertu. Non, ce n'est point à travers la vapeur enivrante des voluptés qu'on peut fournir la carrière, et marcher au perfectionnement intellectuel et moral.

Mais pourquoi parler de perfection dans un système qui, tout en la proclamant, la rend impossible; qui fait de la vérité et de la vertu de vaines idées relatives aux temps et aux circonstances? Écoutez les fils du philosophe-révélateur : « La vie de l'humanité offre deux sortes d'époques :
« les unes *organiques*, où l'homme croit et édifie ;
« les autres *critiques*, où il doute et détruit. Toute
« époque organique commence par une révélation
« qui est *vraie* tant qu'elle embrasse tous les
« modes de l'activité humaine favorables à son
« développement, qui devient *fausse* dès l'instant
« qu'elle est dépassée par le progrès : ainsi le
« christianisme, *vrai* il y a dix-huit cents ans, a
« cessé de l'être aujourd'hui (1). » Donc la vérité dans ce système grandit, varie d'âge en âge. Si les religions les plus opposées peuvent, chacune à son tour, avoir été vraies ; si les grands principes métaphysiques, tout indépendants qu'ils sont des temps et des circonstances, sont regardés comme *relatifs*, dès lors il n'est plus de vérité absolue, la science est détruite puisqu'un axiome fondamental,

---

(1) *Précurseur* du 19 mai, *Tableau de la religion saint-simonienne, Doctrine de Saint-Simon, exposition*, première année, séance 13 et suiv.

vrai pendant deux mille ans, peut devenir faux un jour, et en même temps croulera tout ce qui aura été posé sur cette base. Quelques années de critique renverseront les travaux élevés durant une longue période d'organisation; les générations nouvelles ne profiteront plus des œuvres des générations antérieures; le genre humain ne sera plus perfectible, et, nouveau Sisyphe, le voilà condamné à rouler sans cesse au haut de la montagne un énorme fardeau qui, au moment de toucher le sommet, retombera entraînant le malheureux dans sa chute.

Ces conséquences s'étendent aux idées morales. « Il faut, disaient naguère les adeptes de la doc-« trine, il faut une nouvelle classification des « vertus. Longtemps on a voulu établir une dis-« tinction positive entre le bien et le mal, le juste « et l'injuste. C'est une erreur : le bien n'est autre « chose que le développement de l'humanité; tout « ce qui peut y contribuer est *juste*. Ainsi se con-« fondent l'utilité et la justice trop longtemps sé-« parées; ainsi encore le mal disparaît de la terre, « le crime et le vice ne sont plus qu'un manque « de perfection, effet d'un développement peu « avancé, faible encore (1). » Ces idées, comme celles que nous avons examinées tout à l'heure, révoltent la raison et la conscience. C'est le consen-

---

(1) *Précurseur*, 1er juin, *Tableau de la religion saint-simonienne.*

tement unanime de tous les hommes et de tous les siècles qui le proclame : la vertu est indépendante de l'intérêt, et la justice, de l'unité pratique ; c'est l'intention qui juge l'homme et non ses œuvres : il est vraiment vertueux celui-là seul qui fait le bien pour accomplir le devoir ; elle est basse, elle est mercenaire, l'âme qui calcule le prix de ses bienfaits. — Un abîme immense sépare le bien et le mal, le vice et la vertu : la preuve en est dans ce sentiment d'horreur invincible qu'on éprouve en présence d'un grand coupable, dans cette voix du sang répandu *qui crie vengeance*, dans cette indignation qui s'empare de l'âme à l'aspect du crime heureux et impuni ; et si l'on dit que le crime est l'effet de la faiblesse, de l'ignorance et de la sauvagerie, comment expliquer l'énergie et les lumières de la plupart des scélérats célèbres ? comment se fait-il que l'enfance des hommes et des peuples, qui est l'âge de l'ignorance et de la faiblesse, soit aussi celui de l'innocence, et que la corruption des mœurs soit l'œuvre d'un développement plus avancé ? C'est un grand égarement que de croire que l'homme naît grossier et vicieux : dès les premières années de sa vie, au contraire, la nature est son guide, il est juste *par instinct*. L'objet de l'éducation est de lui enseigner à devenir juste *par raison ;* mais trop souvent ce but n'est pas atteint : les inclinations mauvaises trouvent leur compte dans l'éducation même, parce qu'elle est mal dirigée, et l'on devient méchant par calcul (1).

Je parlerai peu de cet amour, de cette sympathie qui, selon la nouvelle doctrine, doit être le sommaire des relations de l'homme avec Dieu et ses semblables : chacun sait que cette inspiration céleste a été dérobée au Christianisme, pour animer l'œuvre morte de Saint-Simon. Mais comment aimer un Dieu revêtu de toutes les formes, même de celles de la laideur et de la scélératesse? un Dieu qui regarde du même œil le bon et le méchant, également insensible aux adorations du sage et aux blasphèmes de l'impie? — Ce n'est

(1) Il est de ces mauvais génies qui prennent plaisir à dégrader l'homme, pour le mettre au rang des brutes. Peu satisfaits d'avoir nié l'immortalité, la liberté de l'âme, on a vu des philosophes de cette espèce s'acharner à détruire la conscience, et étendre au loin leurs minutieuses recherches, pour avoir la jouissance de trouver un peuple dénué des notions de justice et d'équité, pour en conclure que la morale n'est qu'un vieux préjugé qui n'a point ses bases dans la nature. Mais vainement allèguent-ils la différence des lois et des usages : la forme des grandes idées morales peut varier, elles demeurent immuables; la différence des temps et des circonstances peut changer l'application des principes, mais les principes ne changent point. Chez tous les peuples, même les plus sauvages, existent l'horreur pour le crime et l'admiration pour la vertu : les hordes les plus barbares ont des châtiments pour les traîtres et des récompenses pour les héros; dans toutes les langues enfin existent les dénominations de *Bien* et de *Mal*, et l'existence du mot démontre celle de l'idée. « Car, selon l'expression d'un grand homme, « la vérité n'appartient point à une seule nation, à une seule « langue : elle réside dans le sanctuaire de la conscience; et la « conscience est partout. » *Intus in domicilio cogitationis, nec hebræa, nec græca, nec latina, nec barbara veritas, sine oris et linguæ organis, sine strepitu syllabarum.* (S. Augustinus, *Confess.*, lib. II, cap. III.)

pas assez : la nouvelle doctrine, donnant l'action de grâces pour expression à l'amour de Dieu, proscrit la prière, « car, dit-elle, c'est faire injure à la « Divinité que de la supposer capable de *changer* « *d'avis* pour une prière d'homme (1). » Mais le chrétien qui prie n'a point la présomption de croire que sa demande puisse changer la volonté du Tout-Puissant : il sait que dans l'ordre des décrets éternels, les bienfaits de Dieu se répandent sur l'homme à la condition de la prière ; non pas que celui qui voit tout ait besoin de l'exposé de nos nécessités pour nous secourir, mais parce que l'invocation est un acte libre de foi, d'espérance et d'amour, une éclatante confession de la faiblesse humaine et de la puissance divine, par conséquent un acte méritoire, digne de récompense. Et comment, lorsqu'on repousse la prière, admettre l'action de grâces qui s'y rattache de si près ? L'action de grâces est l'hymne de la reconnaissance, et la reconnaissance suppose dans le bienfaiteur la liberté de répandre et de retirer ses dons ; cette liberté, à son tour, nécessite un motif qui fasse agir ; et certes, s'il est vrai qu'une prière d'homme est un mérite, un sacrifice solennel, n'est-ce donc point assez pour peser quelque peu dans la balance des justices du Très-Haut ? Puis, la prière est un besoin pour l'âme : le sentiment de ses

---

(1) Le *Précurseur* du 19 mai.

faiblesses et de ses douleurs l'élève vers le Père céleste, et lui montre les trésors de la toute-puissance éternelle prêts à s'ouvrir pour l'exaucer; alors elle prie, et tous les hommes ont prié, et de tous les points du globe, à chaque instant, l'invocation s'élance sur les ailes de flamme, et grande est la témérité de ceux qui viennent dire à l'humanité entière, « Tu t'es trompée, tu es absurde. »

Les destinées que Saint-Simon nous annonce au delà de la vie sont-elles plus satisfaisantes? L'homme, portion du grand Tout, individualisé pour quelque temps, ira se réunir après la mort à cette immensité dont il avait été détaché; il sera donc, comme avant de naître, un flot confondu dans l'océan des existences, il perdra son individualité! Or l'individualité, la personnalité, le *moi*, constituent l'homme lui-même, et quand le *moi* est détruit, quand l'homme ne peut plus se distinguer, se nommer, quand il ne peut plus dire : *Je suis*, son être s'évanouit, le néant devient son partage; et tous ces développements merveilleux que Saint-Simon lui promet au sein de la vie universelle ne sont plus que des chimères. Que si l'essence de l'homme est cette *unité vivante* qui réunit la forme matérielle à la forme spirituelle, que deviendra l'homme à l'instant où sa forme matérielle se décompose? Entre deux hypothèses il faut choisir. Ou chaque molécule détachée du corps emportera avec elle une part de pensée et d'amour; mais comment supposer que l'esprit se divise? ou bien les organes physiques, détruits, vont se confondre avec la masse de la matière, et l'âme, dépouillée de toute forme physique, se réunit à l'âme du monde; mais alors l'unité qui constituait l'homme n'est plus, et d'ailleurs les saint-simoniens annoncent que l'esprit ne se peut concevoir séparé de la matière. Dans l'un et dans l'autre cas, un fait est certain : c'est que le corps se désorganise, et que ses éléments constitutifs se dispersent, et dès lors cette prétendue unité vivante qui résultait de l'alliance du corps, de l'esprit et de l'amour, cesse d'exister, et l'homme est anéanti.

Aussi les nouveaux apôtres ont-ils senti le défaut de leur système et couvert leur impuissance du voile d'un épais mystère : tantôt ils semblent renouveler l'antique doctrine de la métempsycose (1), tantôt c'est la gloire qu'ils présentent dans le lointain, comme l'immortalité des grands hommes ; plus souvent encore ils invitent l'âme à détourner ses pensées de ces impénétrables

---

(1) Il semble que la doctrine saint-simonienne de la vie future se réduit à l'antique métempsycose, quand on lit ces lignes de leur *Exposition :* « Notre maître est déjà loin de son passé. Vivant en
« nous-mêmes, il nous remplit de sa foi, de sa sagesse, de sa puis-
« sance ; il nous entraîne avec lui vers les limites de l'avenir, dont
« il nous a fait franchir le seuil. Voulez-vous donc enfin vérita-
« blement connaître Saint-Simon ? — Étudiez-le dans son avenir,
« étudiez-le en nous. » (*Exposition,* première année, p. 12.)

abîmes, pour songer à la prospérité, au bonheur temporel qu'ils lui promettent. Vains efforts! l'âme de l'homme est trop grande pour se contenter d'une félicité passagère : elle ne saurait se nourrir de la graisse de la terre; les jouissances, même intellectuelles et morales, qu'elle goûte parfois, sont encore trop incomplètes, trop peu pour elle. Elle ne veut point de vos promesses, ô fils de Saint-Simon ! ce sont les profondeurs de l'éternité qu'elle brûle de sonder ; car la vie est courte et pleine de misères ; les orages des passions, les revers de la fortune, les rudes épreuves de la sensibilité, en font comme un long pèlerinage à travers le désert; et quand, voyageur fatigué, l'homme atteint le terme de sa course, quand il jette au delà de la mort un long regard pour découvrir ce bonheur, vers lequel il a marché sans cesse, vous lui ouvrez les gouffres du néant; vous ravissez au juste qui a souffert les espérances de l'avenir, et vous débarrassez le méchant fortuné de la crainte des justices divines; à la vertu qui se cache, plus de récompenses ; à la main furtive qui aiguise le poignard et qui fait le mal en secret, plus de châtiment. En donnant à l'homme le droit de juger les capacités et les œuvres, on le ravit à Dieu même.

Nous avons examiné le dogme, la théologie saint-simonienne : il est temps de jeter un coup d'œil sur les conséquences pratiques qui s'en déduisent pour la formation de l'association universelle.

2° *De l'Organisation saint-simonienne.*

Loin de moi la pensée de venir ici lutter corps à corps avec un audacieux adversaire. Peu initié aux mystères de la haute politique, loin de moi l'ambition d'élever théorie contre théorie, car toutes ces Babels de l'esprit humain croulent, et cependant la vérité demeure, et la nature ne se tait point. C'est elle, c'est cette voix puissante qui va s'élever pour juger le système politique de Saint-Simon ; c'est aux principes fondamentaux de la conscience qu'il doit être comparé.

A CHACUN SELON SA CAPACITÉ, A CHAQUE CAPACITÉ SELON SES ŒUVRES : belle et chrétienne maxime ; consolante promesse de la part d'un Dieu ; menace effrayante peut-être dans la bouche d'un homme ! Où sont-ils ceux qui seront établis juges de la terre, ces êtres si vivement sympathiques, qui appelleront toutes les capacités à leur tribunal, pour leur distribuer une place, pour rendre sans appel les arrêts qui décideront des destinées humaines ? Sans doute ils doivent être à l'abri de toute erreur ; ils doivent jouir d'une somme immense d'intelligence et de sagesse : le présent, le passé et l'avenir n'ont plus de secrets pour eux ; car il faut qu'ils prévoient ces développements subits qui élèvent quelquefois les âmes les plus grossières à un haut degré de perfection ; il faut qu'ils connaissent toutes les profondeurs de la nature humaine ; il faut qu'ils possèdent, ce qu'aucun philosophe n'a pu encore obtenir, une psychologie complète. La Providence ne saurait permettre que des hommes imparfaits gouvernassent le monde en dernier ressort. Qu'on me les montre donc ces êtres privilégiés, et je leur dirai : *Vous êtes des dieux*, ou plutôt encore je leur demanderai qui les a jugés eux-mêmes, qui a constaté leur capacité. Sont-ce leurs inférieurs en mérite, ceux qui leur doivent être soumis ? Mais alors les *capables* sont jugés par les *incapables;* ce qui, dans le système saint-simonien, est absurde ; ou bien les *incapables* reçoivent sans examen des autorités qui se constituent elles-mêmes, l'obéissance aveugle gouverne les peuples, et la société tombe dans le plus servile despotisme.

Je sais qu'on répondra que la sympathie enfante des merveilles, que le plus capable se présentera de lui-même, et que les acclamations des sujets le porteront au pouvoir. Mais pour admettre dans cet assentiment une infaillibilité permanente, il faut faire table rase du conflit des passions, des intérêts qui se croisent, des intrigues qui se multiplient; il faut faire abstraction de la différence des vues et des caractères; il faut nier la versatilité des majorités, des masses populaires ; il faut supposer, en un mot, une nation parfaite : et alors à quoi servirait, de grâce, l'organisation sociale, qui n'a d'autre but que le perfectionnement? et, d'un autre côté, que deviendrait la stabilité d'un gouvernement où l'autorité même ne serait pas viagère? Le genre humain se perfectionnant sans cesse, à chaque instant peut surgir une capacité nouvelle, supérieure, digne de remplacer la capacité régnante ; à chaque instant l'épreuve doit recommencer, et les degrés du trône saint-simonien sont continuellement couverts de pontifes-rois passés et à venir, de capacités détrônées qui descendent et de capacités naissantes qui s'élèvent. Or, à travers cette fluctuation, comment pourra le vaisseau de l'État marcher vers le port?

Il y a plus, l'établissement de cette étrange organisation nécessiterait une œuvre plus singulière encore : « La propriété, disent les fils de Saint-« Simon, qui depuis bien des siècles va s'affaiblis-« sant toujours, cessera d'exister; avec elle tom-« bera l'hérédité pour faire place à la communauté « des biens et à la répartition, selon le besoin, se-« lon le mérite (1). » Si mon intention était d'entrer dans une discussion historique, il ne serait peut-être pas difficile de montrer que ce qu'on a pris pour l'affaiblissement de la propriété n'en fut que la transformation ; et que, tandis que la *propriété de l'homme par l'homme* se détruisit peu à

---

(1) *Doctrine de Saint-Simon,* passim. *Tableau de la religion saint-simonienne.*

peu sous l'influence du Christianisme, le défrichement des terres s'accrut en raison inverse, et la propriété du sol acquit plus d'intensité. Mais ici c'est assez de faire observer que la propriété est un besoin pour l'homme; c'est pour ainsi dire une extension du *moi*, de la personnalité : ce que l'homme possède devient comme un autre *lui-même*; c'est une sphère qu'il se crée pour le développement de son activité, de telle sorte qu'à la propriété est attachée l'indépendance, et que celui qui ne *possède* pas devient *mercenaire*, c'est-à-dire soumis pour le gain de sa subsistance au bon plaisir d'autrui (1).

Ils seraient donc mercenaires tous les membres de la société saint-simonienne : donc ils cesseraient d'être libres.

---

(1) La propriété *reçue* ou *acquise*, obtenue par le *travail* ou par l'*hérédité*, se présente sous l'une et l'autre de ces deux formes, comme l'expression vive des affections, des besoins de la nature humaine. D'une part, la propriété *acquise* est une création de l'activité de l'homme; c'est le résultat de son développement. Il la chérit donc comme étant l'œuvre de ses efforts, le prix de ses sueurs, comme le miroir fidèle où viennent se réfléchir tous les travaux de sa vie. La propriété *héréditaire* a une valeur analogue : elle est pour l'homme le monument de l'activité de ses pères, l'expression de leur sagesse, de leur industrie. Dépositaire des souvenirs domestiques, des affections les plus douces; témoignage de la sollicitude des aïeux pour leurs petits-fils, elle est féconde en pensées consolantes : il semble que l'esprit des ancêtres y veille, y préside encore; aussi est-elle l'objet d'une sorte de culte, de vénération filiale.

Il est une troisième espèce de propriété, prix impur de l'injustice personnelle ou héréditaire : celle-là, la conscience la désavoue, et la religion la flétrit.

Allons plus loin. A l'instant où l'on renverse la propriété, l'hérédité tombe avec elle : on ravit aux enfants les biens, la gloire, l'amour de leurs pères, comme si la nature n'avait pas fait la tendresse paternelle prévoyante au delà même de la mort; comme si celui qui baigna la terre de ses sueurs, et arrosa de son sang le sol de la patrie, pouvait mourir consolé en pensant que ses fils n'auraient à recueillir ni le fruit de ses travaux, ni la reconnaissance de ses concitoyens; comme si une vénération universelle, invincible, n'environnait pas les rejetons des grands hommes; comme s'il ne fallait pas qu'une main filiale soutînt au temps de sa vieillesse la mère qui a usé ses jours pour donner et conserver l'existence à ses enfants; comme si enfin ces enfants mêmes, arrachés au foyer paternel, ne devaient jamais redemander ceux dont ils tiennent la vie, et qu'on pût changer les affections de leur cœur comme le lieu de leur domicile. Que dis-je? Non content de détruire les vertus, on prétend encore créer des crimes. En effaçant les distinctions de naissance, on ordonne l'ingratitude, on provoque l'inceste. Le mariage cesse d'être un lien sacré; des unions fortuites comme celles des animaux, dissolubles comme elles, formées par la volupté, rompues par le dégoût, donnent le jour à une race faible, dégénérée, entachée, quoi qu'on en dise, des crimes de ses pères : tant il est vrai qu'en pulvérisant les liens de la famille, on brise ceux de la société, et que la corruption des mœurs tue les nations.

De l'abolition générale des *priviléges*, les prédicateurs de la nouvelle doctrine déduisent encore l'*émancipation des femmes*. Élevée par le Christianisme à toute la dignité de sa condition, la femme est la compagne de l'homme, et non son esclave; mais le Créateur, qui fit bien toutes choses, donna à chacun d'eux son domaine et ses attributions. A l'homme le monde appartient, et il le subjugue par la sagesse, la puissance et la force; à la femme le cœur de l'homme, et elle y règne par la grâce, la douceur et la beauté. Oh! qu'elle ne renie point son apanage, car il est grand; qu'elle n'envie point celui de son époux, car c'est un fardeau trop lourd pour elle! L'homme et la femme sont faits pour s'aimer, non pour lutter ensemble : à chacun son caractère, à chacun sa mission et sa vie.

Ici un soupçon grave s'élève : on a accusé les saint-simoniens de poser en principe politique la communauté des femmes. Malgré leur dénégation formelle, il est certain que leurs enseignements et leurs discours ont manifesté une forte tendance vers ce résultat, qui au reste ne serait qu'une conséquence rigoureuse de leur système. Pour nous, nous aimons mieux mille fois les croire rebelles à la dialectique qu'aux lois les plus saintes de la nature, et nous nous hâtons de tirer un rideau sur des conjectures qui font rougir de honte et d'indignation...

Ainsi la politique de Saint-Simon est une rêverie que la raison désavoue : sa logique aboutit au pyrrhonisme, sa morale se résume dans la conception épicurienne de l'intérêt, et le panthéisme est le fond de sa métaphysique. Doctrines déplorables, débris des idées erronées de quelques penseurs épars parmi les siècles, et dont la philosophie de nos jours, grande et généreuse, a fait bonne justice.

II

ORIGINE DE LA DOCTRINE DE SAINT-SIMON.

Nous avons considéré la doctrine nouvelle en elle-même ; mais notre tâche ne serait pas accomplie, si nous ne remontions à l'origine de ce système, si nous ne cherchions à retrouver l'idée qui présida à sa formation : car celui qui cherche la vérité ne se contente pas d'observer les faits, il se sent pressé du besoin de s'élever à la connaissance des causes : *Felix qui potuit rerum cognoscere causas!*

Les disciples de Saint-Simon l'annoncent comme un révélateur, comme un homme inspiré. « A des « époques antiques, disent-ils, Moïse et Jésus vin- « rent de Dieu pour préparer les voies à l'associa-

« tion universelle. Saint-Simon vient aussi de Dieu
« pour l'accomplir; et sa mission se prouve, non
« par des miracles, mais par la sublimité, la vé-
« rité de sa parole. »

Un homme parut aussi, il y a douze cents ans, qui se disait prophète, révélateur définitif : lui aussi prétendait que Moïse et Jésus n'avaient fait que lui préparer les voies; que le Christianisme, altéré, corrompu, n'avait plus de valeur; qu'il fallait un régénérateur à l'univers. Mais au moins celui-là reconnaissait-il la nécessité de prouver sa mission d'une manière simple, authentique : aussi alléguait-il des miracles, et ses grands coups de cimeterre, ses victoires multipliées, lui servaient d'arguments démonstratifs. Cet homme fut Mahomet.

Et voilà qu'aujourd'hui, après douze siècles de civilisation, des hommes se lèvent pour établir leur révélation sur leur propre témoignage, et prétendent imposer à l'univers les conceptions de leur génie. Qu'ils sachent donc que l'homme, tout sympathique qu'il est, ne saurait croire à l'infaillibilité humaine. Il faut lui démontrer que Dieu a parlé par une bouche mortelle, et la preuve doit être sensible, frappante, afin de pouvoir convaincre les âmes les plus grossières et persuader les cœurs les plus froids.

Or pensent-ils donc, ces nouveaux docteurs, que la sublimité, la vérité de leur parole soit évidente pour tous, et que leurs dogmes de haute métaphysique soient intelligibles pour tous les esprits? Quant à nous, faibles et misérables capacités, sans doute nous ne l'avons point cru : égarés peut-être par ce vieux préjugé qu'on appelle *sens commun*, nous avons trouvé dans la religion saint-simonienne erreurs, contradictions. Bien plus, par cela même que les modernes apôtres reconnaissent la mission divine de Moïse et de Jésus-Christ, la leur nous a semblé fausse, impossible; car, tandis que Moïse venait pour développer et éclaircir la révélation primitive, tandis que le testament du Calvaire accomplissait les promesses du testament du Sinaï, Saint-Simon prétend édifier une doctrine totalement contradictoire : le législateur d'Israël annonçait le Messie, et le Messie proclame la stabilité, l'éternité de sa parole; et en prédisant les faux prophètes à venir, il les avait frappés d'anathème (1). Et Saint-Simon déclare que l'Évangile de Jésus-Christ a perdu la puissance et la vie, et qu'il vient, lui, révélateur nouveau, remplacer une croyance à qui Dieu même avait assuré la perpétuité; en sorte qu'une inspiration détruirait l'autre, et que les décrets de l'Éternel se contrediraient et changeraient avec les siècles.

(1) Prenez garde aux faux prophètes qui viennent à vous sous des vêtements de brebis, et qui sont au dedans des loups ravisseurs. — Le ciel et la terre passeront, mais mes paroles ne passeront point. — Voici que je suis avec vous jusqu'à la consommation des siècles. (*Évangile.*)

Ainsi s'évanouit le *deus ex machina* de la doctrine saint-simonienne; elle redevient purement humaine, et *l'œuvre du maître* n'est plus qu'un système, dont la naissance et le développement s'expliquent sans peine à la raison.

Saint-Simon naquit dans un siècle de troubles et d'orages, où la science semblait s'être levée contre la foi, où des doctrines irréligieuses parties de la classe éclairée se répandaient parmi le peuple, où chaque jour enfin les passions déchaînées semblaient marcher à la ruine de la société. A ce spectacle, il désespéra du Christianisme et de la France; il crut assister à l'agonie de l'Église et de l'État : une imagination ardente lui persuada qu'il était appelé à bâtir sur leurs ruines, à régénérer la croyance religieuse et l'organisation sociale. Son erreur fut d'avoir méconnu l'invariabilité des principes selon lesquels l'humanité se développe, d'avoir cru que le but nécessaire de la critique est de détruire; comme si juger et condamner étaient une même chose (1).

Pour élever ce grand édifice qui était devenu l'objet de tous ses rêves, il recueillit ses souvenances, il alla frappant aux portes de toutes les écoles de l'antiquité et des temps modernes, glanant çà et là les lambeaux de mille conceptions philosophiques pour en revêtir la *science nouvelle*.

---

(1) *Critique*, en grec κριτική, de κρινεῖν, *juger*, et non *détruire*.

Et d'abord le panthéisme, qui constitue sa métaphysique, apparaît comme un mélange de spinosisme et des vieux systèmes grecs, empruntés eux-mêmes aux philosophes hindous. L'universalité de la substance, la distinction de ses deux formes spirituelle et matérielle, l'axiome du développement perpétuel, indéfini, appartiennent à Giordano Bruno, Spinosa, et à quelques penseurs de l'Allemagne. Le principe de l'unité, la vivification du grand tout par l'amour, l'émanation des âmes, enfin la métempsycose, sont autant de pensées antiques, fruit des premières méditations de la philosophie naissante, et souvent égarée sous le ciel merveilleux de l'Orient. Mais au moins la mémoire de la révélation primitive dominait et épurait encore ces doctrines : elles admettaient l'idée morale du jugement après la mort, que Saint-Simon renie ; et la métempsycose offrait aux justes l'espérance d'une transformation glorieuse, aux coupables la crainte d'une honteuse métamorphose et d'une vie future expiatoire (1).

(1) L'idée de cette unité vivante, de cet amour qui vivifie le grand tout, se retrouve à chaque instant dans l'antiquité païenne et philosophique. « La pensée, disait Xénophane, est la seule substance réelle, persévérante, immuable. » (*Diogène Laërce*, 9, § 19.) Et l'on sait que les philosophes anciens comprenaient sous le nom générique de Pensée toutes les manières d'être de l'âme : on n'en était point encore venu à séparer l'intelligence de l'amour. Le passage suivant d'Apulée est plus curieux encore :

> Quæ fuerunt exorta et quæ ventura sequentur,
> Hæc in ventre Jovis rerum compage manebant...
> Primus cunctorum est et Jupiter ultimus idem.

La négation de la vérité et de la justice absolues, sur laquelle, ainsi que nous l'avons observé, reposent à la fois la logique et la morale saint-simoniennes, est-elle autre chose que le résumé des enseignements de Pyrrhon et d'Épicure, renouvelés dans les derniers siècles par Bayle, Hume, Helvétius, popularisés par les écrits de Voltaire?

> Jupiter et caput et medium est; sunt ex Jove cuncta :
> Jupiter et mas est atque idem nympha perennis.
> Spiritus est cunctis : validusque est Jupiter ignis;
> Jupiter est pelagi radix, est lunaque, solque.
> Cunctorum rex est princepsque et originis auctor;
> Namque sinu occultans, dulces in luminis auras
> Cuncta tulit sacro versans sub pectore curas.
>
> (*Carmen de mundo.*)

Ailleurs (*Métamorphoses*, liv. II, p. 259) Apulée nomme la nature l'*unité multiforme.*

La pensée d'Aratus n'est pas moins frappante :

> Ἐκ Διὸς ἀρχώμεσθα, τὸν οὐδέποτ' ἄνδρες ἐῶμεν
> Ἄρρητον. Μεσταὶ δὲ Διὸς πᾶσαι μὲν ἀγυιαί,
> Πᾶσαι δ' ἀνθρώπων ἀγοραί· μεστὴ δὲ θάλασσα
> Καὶ λιμένες· πάντη δὲ Διὸς κεχρήμεθα πάντες
> Τοῦ γὰρ καὶ γένος ἐσμέν.
>
> (Arati *Phœnomena*, v, 1-5.)

Hésiode fait naître l'Amour le premier de tous les dieux, pour féconder le stérile Chaos :

> Ἤτοι μὲν πρώτιστα Χάος γένετ', αὐτὰρ ἔπειτα
> Γαῖ' εὐρύστερνος, πάντων ἕδος ἀσφαλὲς αἰεί
> Ἀθανάτων, οἳ ἔχουσι κάρη νιφόεντος Ὀλύμπου,
> Τάρταρά τ' ἠερόεντα μυχῷ χθονὸς εὐρυοδείης·
> Ἠ δ' Ἔρος, ὃς κάλλιστος ἐν ἀθανάτοισι θεοῖσι,
> Λυσιμελής, πάντων τε θεῶν, πάντων τ' ἀνθρώπων.
>
> (*Theogonia*, v, 116-121.)

De nombreux philosophes grecs présentaient aussi l'Amour comme le générateur de l'univers, la cause et la substance première.

Enfin le plan de l'association universelle est tracé en grande partie sur la République de Platon. Il est curieux, en parcourant les œuvres du philosophe grec, d'y retrouver la communauté des biens, des enfants, de l'éducation; le nivellement des sexes, la rétribution selon la capacité, et autres rêveries semblables que l'on colporte aujourd'hui parmi nous comme choses nouvelles (1). A ces conceptions helléniques s'entremêlent parfois quelques vues de J. J. Rousseau et de l'abbé de Saint-Pierre, des souvenirs lointains de la République chrétienne de Henri IV et de la Théocratie juive.

(1) « Les dons de la nature ont été également distribués entre « les deux sexes; l'homme et la femme jouissent des mêmes avan- « tages : imposerons-nous donc toutes les charges à l'homme, « sans en faire aucune part à son épouse? Douées des mêmes qua- « lités, les femmes partageront donc avec leurs époux le soin de « veiller à la garde de la cité... La conséquence de cette loi est la « communauté des femmes et des enfants; en sorte que le père ne « connaisse point celui qu'il a engendré, et que le fils à son tour ne « puisse distinguer son père... Entre les gardiens de la cité tout « doit être en commun. »

Ὁμοίως διεσπαρμέναι αἱ φύσεις ἐν ἀμφοῖν τοῖν ζώοιν· καὶ πάντων μὲν μετέχει γυνὴ ἐπιτηδευμάτων κατὰ φύσιν, πάντων δὲ ἀνήρ. Ἦ οὖν ἀνδράσι πάντα προστάξομεν, γυναιξὶ δὲ οὐδέν; Καὶ γυναικὸς ἄρα καὶ ἀνδρὸς ἡ αὐτὴ φύσις εἰς φυλακὴν πόλεως. Καὶ γυναῖκες ἄρα αἱ τοιαῦται τοῖς τοιούτοις ἀνδράσιν ἐκλεκτέαι συνοικεῖν τε καὶ συνφυλάττειν, ἐπείπερ εἰσὶν ἱκαναὶ καὶ ξυγγενεῖς αὐτοῖς τὴν φύσιν... Τούτῳ ἕπεται νόμος τὰς γυναῖκας πάσας εἶναι κοινάς... καὶ τοὺς παῖδας αὖ κοινούς, καὶ μήτε γονέα ἔκγονον εἰδέναι τὸν αὑτοῦ, μήτε παῖδα, γονέα... Δεῖ κοινῇ πάντα ἐπιτηδεύειν τούς τε φύλακας καὶ τὰς φυλακίδας. (*De Republica*, lib. V, p. 456, 457.)

Si les bornes de cet opuscule eussent permis de plus longs détails, on aurait pu citer de nombreux passages de la doctrine saint-simonienne, calqués sur des phrases de Platon : un tel parallèle ne manquerait pas d'intérêt.

Ainsi des débris assemblés de ces systèmes surannés, incohérents, modifiés d'après les exigences de l'époque, le nouveau révélateur a prétendu former un colosse. Puis, tel qu'un autre Prométhée, il a voulu, pour lui donner la vie, ravir le feu du ciel : il a saisi quelques-unes de ces idées sublimes, créatrices, qui appartiennent au catholicisme. Le plan de la hiérarchie religieuse, le précepte de l'amour, l'idée même de l'association universelle, sont autant de grandes et fécondes doctrines que l'Église revendique.

Mais lorsque Saint-Simon aspire à devenir original et s'écarte du Christianisme qui lui sert de modèle (1), aussitôt sa doctrine présente ou un mouvement rétrograde remarquable, ou une exagération ridicule. Jésus-Christ annonçait l'égalité des hommes aux yeux de Dieu, et la rétribution selon les œuvres dans la patrie céleste ; Saint-Simon enseigne l'égalité des hommes à leurs propres regards, et le jugement définitif sur la terre. L'Homme-Dieu de Nazareth affranchissait la femme et brisait les fers de l'esclave : le philosophe français veut, malgré la nature, égaler la femme à l'homme et détruire la propriété. L'un proclame une vaste société religieuse où tous vivront dans une communauté de croyance ; l'autre prêche une association politique où tous,

---

(1) *Nouveau Christianisme*, c'est le titre d'un des ouvrages de Saint-Simon.

barbares et policés, jouiraient des mêmes institutions, des mêmes avantages matériels. Mais, quand l'Évangile ordonne le triomphe de l'esprit et le servage de la chair, quand il confesse un Dieu spirituel et une âme immortelle, Saint-Simon *recule* (1) ; les enseignements, les préceptes et les promesses du Christ lui semblent au-dessus des forces humaines : il place sa religion comme *juste milieu* entre le Christianisme qui lui paraît trop haut, et le paganisme qui est trop bas ; et il s'applaudit d'avoir concilié l'esprit et la matière à peu près comme ces philosophes qui expliquaient l'union de l'âme et du corps par un *médiateur plastique*, bizarre enfant de leur cerveau rêveur.

III

DE L'APPLICATION DE LA DOCTRINE DE SAINT-SIMON.

Les considérations qui précèdent conduisent à apprécier les résultats d'une pareille doctrine, si jamais elle recevait son application.

Peuples, tournez vos regards du côté de l'Orient, vers les ruines des anciens portiques d'Athènes, vers les vieilles demeures des mages et des gymnosophistes : c'est là qu'ils veulent vous ramener ;

(1) Cette expression est répétée plusieurs fois dans les livres des saint-simoniens.

ce n'est qu'une marche rétrograde de quelques mille ans qu'ils prétendent vous imposer, ceux qui vantent la perfectibilité. Voyez ces arts, ces sciences, perfectionnement moral dont le Christianisme, de l'aveu de ses adversaires, vous avait fait possesseurs en soumettant les sens à la raison, la chair à l'esprit ; c'est cette œuvre magnifique qu'ils viennent détruire, ceux qui vous parlent de l'amélioration de l'homme, et ils ne s'aperçoivent pas qu'en brisant la barrière qui contient les passions, ils vont frayer à ce torrent impétueux une voie large pour la ruine de la civilisation européenne, dont le laborieux enfantement a coûté dix-huit siècles. Pères, serrez pour la dernière fois vos enfants dans vos bras ; et vous, enfants, pour la dernière fois, souriez à vos pères ; tous ensemble dites adieu à vos affections domestiques ; car c'est là ce que veulent vous enlever ceux qui se disent les propagateurs d'une loi d'amour. Puis jetez les yeux sur ce trône élevé d'où partent des oracles : c'est de là que vont descendre parmi vous des *torrents de vie, de poésie et de bonheur;* c'est là que se prononcent des jugements sans appel ; car c'est là que se sont placés eux-mêmes ceux qui vous annoncent la liberté. Mais surtout n'oubliez pas de leur accorder les récompenses qu'ils vous demandent. « Vous entourerez
« d'hommages et d'affections ceux qui vous entraî-
« nent à votre bonheur, parce qu'ils y songeaient
« avant vous : donnez-leur des noms qui n'appar-

« tiennent qu'à eux, que les arts embellissent leur
« demeure, et l'entourent de tout ce que la poésie
« peut imaginer de plus brillant. Placez-les si haut,
« que tous les yeux puissent contempler en eux le
« symbole vivant des destinées sociales (1). » Leur
modeste ambition dédaigne les palmes du martyre;
ce sont les richesses, les honneurs du monde,
qu'ils convoitent. Allez donc, donnez à vos nouveaux maîtres de la gloire, mais surtout de l'or, de
l'or à pleines mains. Donnez, et vous recevrez d'eux
en échange le denier du mercenaire, si toutefois
un denier leur reste après qu'ils auront satisfait
aux exigences de leurs vastes capacités.

Et comment croire sérieusement que toutes les
nations de la terre, à quelque degré de perfectionnement qu'elles appartiennent, Français et Iroquois, flegmatiques habitants du Nord et fougueux
enfants du Midi, viendront se soumettre à un
même joug, et qu'il sera possible d'astreindre tous
les membres de la grande famille humaine à une
même organisation sociale? Comment se persuader
que les passions vont disparaître de la terre à la
voix du législateur, comme au coup de baguette
d'un magicien? que la capacité qui montera sur le
trône sera saluée par des acclamations unanimes,
comme si tous les hommes pouvaient apprécier tous

---

(1) Ces paroles se trouvent à la page 39 et à la page 40 de l'*Introduction à la Doctrine de Saint-Simon, exposition*, première année.

les genres de mérite, comme si la jalousie et l'amour-propre devaient s'éteindre pour jamais? Et l'on pense que, prosternés devant ce pontife-roi, *couple générateur*, les esprits, tout indépendants et libres que Dieu les ait faits, croiront en lui par sympathie, soumettront leur raison à la raison d'un autre homme, recevront de sa bouche les maximes obscures d'une révoltante métaphysique, et qu'à son ordre ils dépouilleront les sentiments les plus enracinés, les affections les plus chères, renonceront à la famille, à la propriété, et fouleront aux pieds toutes les lois de leur être! Téméraire confiance que la nature confond et que la raison désavoue! Vaines illusions qui seraient fécondes en déplorables résultats, s'il n'était heureusement impossible de les réaliser.

CONCLUSION

Nous avons jeté sur la doctrine saint-simonienne un coup d'œil scrutateur. Elle se présentait à nos regards comme fondée sur le principe de la perfectibilité humaine, comme appuyée sur un système historique que les faits vérifient, comme appelée par les besoins de l'humanité : elle s'annonçait vraie dans ses dogmes, neuve et révélée dans son origine, fertile et bienfaisante dans ses résultats. Et l'histoire la dément, la conscience de l'humanité la réprouve, le sens commun repousse ses dogmes, sa révélation est une fable, sa nouveauté est une déception ; son application enfin, qui tendrait à détruire toute science et toute morale, serait désastreuse, si elle n'était impossible ; et, contradictoire avec son principe, elle ferait reculer le genre humain bien loin en arrière du point où il se trouve aujourd'hui.

D'un autre côté, nous apparaissait le Christianisme qui se proclame *catholique*, universel, et qui doit, comme tel, embrasser tous les temps, tous les lieux, tous les besoins de la nature humaine. Et, en effet, il s'est déployé à nos yeux comme le cadre immense dans lequel l'humanité va se développant et se perfectionnant sans cesse. Dès les premiers âges du monde, il se présente sous la forme de la révélation primitive, dénaturée bientôt par la faiblesse et les passions, rappelée par la mission de Moïse, consommée enfin par l'avénement, la vie et la mort de Jésus-Christ, et confiée à la garde de l'Église pour subsister jusqu'à la fin des siècles.

Nous l'avons vu, d'accord avec les plus saines doctrines de la philosophie, prévoir tous les besoins de l'humanité pour les satisfaire. Il ne prétend pas, lui, imposer à l'intelligence une métaphysique qui soulève le sens commun : ses dogmes touchants et sublimes nourrissent l'esprit et remplissent le cœur d'onction et d'amour. Il n'a pas l'ambition, lui, d'envahir le globe, pour en soumettre tous les habitants à une chimérique uniformité : son royaume n'est pas de ce monde, de ce monde matériel où tout change, théâtre de perpétuelles vicissitudes : c'est dans le sanctuaire de l'âme, c'est sur la raison et le sentiment qu'il veut fonder son empire ; car les grands principes de la vérité et de la justice ne changent jamais. Il n'ordonne pas à l'homme, lui, de s'assujettir tout entier à la voix d'un de ses semblables ; il connaît trop bien la noble indépendance de notre nature. Au-dessus des rois qui jugent les peuples, il montre le Très-Haut qui juge les rois ; il apprend à l'innocent condamné à appeler de la justice humaine à la justice divine : au-dessus de l'Église qui enseigne, il découvre l'esprit de Dieu qui est avec elle, et qui lui communique son infaillibilité ; ce n'est pas aux lumières individuelles du souverain Pontife que le catholique soumet sa foi, c'est à celui qui parle par sa bouche.

Vainement avait-on accusé la religion de l'Évangile de jeter le mépris sur les sciences, les arts et l'industrie : nous l'avons vue environner d'encouragements protecteurs tout ce qui est vrai, beau et utile. Son application nous a semblé une glorieuse vérification de sa doctrine, et nous avons aperçu dans l'avenir les grandes destinées qui lui sont réservées.

Après cela, sans doute, il est facile à des hommes pleins de talents de construire un mannequin sans vie, de le revêtir de ridicules, et de lui donner le nom de christianisme, pour aller ensuite contre lui rompre la lance et croiser l'épée. Il leur est facile encore de recueillir les lambeaux de toutes les philosophies antiques, d'en faire une sorte de fantôme de religion, et de le présenter au peuple, revêtu de tout l'éclat de leur éloquence. Le peuple ira par curiosité à ces spectacles nouveaux, mais il reviendra en secouant la tête ; sa raison éclairée ne sera point dupe, et déjà le bons sens public a fait justice (1).

(1) Voici les paroles sévères adressées par un disciple de Saint-Simon aux *religionnaires prétendus saint-simoniens* : « Cette prétention (*de révélateurs*) n'est justifiable par aucune parole, par aucun acte de la vie de Saint-Simon, par aucun mot de ses écrits. En morale, la règle de ses paroles, de ses actes, de ses écrits, a été le christianisme. Il a reconnu l'orthodoxie des quinze premiers siècles de l'Église, et s'est déclaré par le fait membre de cette Église orthodoxe. Votre hiérarchie est un *plagiat* et votre dogme un *syncrétisme*. Vous veniez de lire l'histoire de l'Église, et vous avez superposé votre étoffe à la forme chrétienne pour découper sur ce patron, sauf à y glisser par-ci par-là quelques caprices de votre ciseau. »

Plus loin, l'auteur ajoute : « Le panthéisme des saint-simoniens est gros de trois conséquences : du système des castes héréditaires, de l'idolâtrie et de l'anthropophagie.

« En effet, on ne meurt pas, disent-ils, l'amour et la vie passent à l'instant dans un autre corps, et vont ainsi de migrations en migrations toujours grandissant, toujours progressant... Voilà par quelle formule ils remplacent l'immortalité de l'âme ; mais elle est antilogique au principe du panthéisme, si elle n'admet pas que la migration du mode spirituel est accompagnée de la migration simultanée du mode matériel. Or nous ne connaissons qu'un seul moyen pour expliquer comment cette migration a lieu en même temps, c'est de dire que la transmission des capa-

Ce n'était donc point seulement pour combattre le système de Saint-Simon qu'il fallait saisir la plume : il fallait s'emparer d'une occasion si favorable pour ramener les esprits sur des réflexions profondes, trop longtemps négligées ; il fallait prendre acte de ce retour vers les études graves, vers les pensées généreuses, qui se manifeste aujourd'hui ; il fallait signaler enfin la confession authentique de la beauté et des bienfaits du Christianisme dans la bouche de ses adversaires.

Trop longtemps de désolantes maximes d'égoïsme et d'indifférence ont pesé sur notre belle patrie. La critique, au lieu d'aboutir à une con-

---

« cités a lieu par voie de génération ; et ce principe est un de ceux
« sur lesquels est fondée l'institution des castes héréditaires. L'es-
« pèce humaine a passé par là.

« Voyons maintenant comme l'anthropophagie est une consé-
« quence du panthéisme... Ce n'est que l'absorption d'un homme
« par un autre. Or, s'il est dévoré par quelqu'un qui lui soit supé-
« rieur, c'est une migration favorable au tout ; car c'est un perfec-
« tionnement. Il ne faut pas croire que nos adversaires soient, sans
« y penser sans doute, bien loin de cette conséquence. Car ils ex-
« pliquent déjà l'autorisation de manger la chair des animaux, en
« affirmant que les dévorer, c'est leur faire faire un progrès. L'hu-
« manité a encore passé par là.

« Voyons l'idolâtrie : Dieu, disent-ils, est l'infini manifesté par
« le fini. Avec cette formule, mettons des artistes à l'œuvre. Ils
« peindront Dieu sous toutes les formes finies qu'ils pourront trou-
« ver, et ils feront ces statues belles, bizarres, sales, pudiques, ou
« ces assemblages grotesques que le panthéisme leur a permis dans
« d'autres époques ; et la preuve, c'est que nos adversaires sont
« descendus à des formules déjà admises dans d'autres temps, et
« représentées dans les temples, à celle-ci, par exemple, que la
« danse est le plus religieux des arts. » (*Lettre d'un disciple de la science nouvelle aux religionnaires prétendus saint-simoniens de l'Organisateur et du Globe, par P. C. R.....x.*)

sciencieuse investigation de la vérité, n'avait eu d'autre résultat que le découragement de l'esprit et la corruption des mœurs. Mais il y a dans le caractère français trop de noblesse et d'énergie pour laisser place à une complète désorganisation morale. Déjà les sciences ont rougi de leur propre dégradation : la philosophie a cessé d'être athée; de nombreux efforts ont été faits pour atteindre à des doctrines plus élevées, et déjà le succès les couronne.

Oui, elle refleurira, la vieille terre de France, elle se parera encore de cette antique pureté de mœurs qu'on avait crue perdue pour jamais; elle se parera de la sagesse de ses institutions et de la triple gloire des sciences, des arts, de l'industrie. Cette œuvre est à vous, jeunes gens. Vous avez éprouvé tout le vide des jouissances physiques; un besoin immense s'est fait sentir dans vos âmes; vous avez connu que *l'homme ne vit pas seulement de pain*, vous avez eu faim et soif de la vérité et de la justice; et vous avez cherché cet aliment dans les écoles philosophiques, vous avez couru aux leçons des modernes apôtres, et rien de tout cela n'a rempli vos cœurs. Voici que la religion de vos pères vient s'offrir à vous, les mains pleines. Ne détournez pas vos regards ; car elle aussi est généreuse et jeune comme vous. Elle ne vieillit point avec le monde : toujours nouvelle, elle vole au-devant des progrès du genre humain ; elle se met à sa tête pour le conduire à la perfection.

Et vous, fidèles amis de la foi, qui pleuriez comme Jérémie sur les ruines de Jérusalem, essuyez vos larmes et ne vous affligez plus. Vous avez entendu gronder l'orage, et vous embrassiez en tremblant les colonnes du temple; mais voici la tempête qui finit. Si la terre tremble encore sous vos pieds, ce sont les dernières secousses qui se font sentir : déjà dans le lointain se lève l'aurore des beaux jours, et la religion, appuyée désormais, non plus sur un sceptre fragile, ni sur des trônes croulants, mais sur les bras puissants de la science et des arts, va s'avancer comme une reine vers les siècles futurs.

Ainsi se développaient à mes yeux ces grandes vérités ; des pensées pleines de consolations et d'espérances s'offraient à moi, et je me sentais pressé de dire ce que mon âme éprouvait. Je sais que mon langage est bien faible, et mon esprit bien débile encore : ce n'est pas d'un jeune homme de dix-huit ans qu'on a droit d'attendre une œuvre parfaite. Si donc j'ai failli, si bien des méprises m'ont échappé, attribuez-le, lecteurs, non pas à ma cause, mais à ma jeunesse et à mon impuissance;... et, si je vous parais avoir dignement soutenu la lutte, sachez donc ce que pourraient les catholiques eux-mêmes, quand leurs enfants ne craignent pas d'entrer en lice.

P. S. Le germe de ces Réflexions avait été déposé dans le *Précurseur*, numéros 11 et 14, lors du séjour des prédicateurs saint-simoniens à Lyon : ces messieurs avaient promis de répondre; la même promesse avait été faite sur le *Globe*, 18 mai; mais d'excellents motifs sans doute ont empêché de la tenir, car plus n'en a été question. Pour moi, il m'a semblé que mes premières idées, en recevant le développement convenable, pourraient être de quelque utilité; et c'est ce qui m'a déterminé à publier cet opuscule. Trop heureux si ces lignes pouvaient ramener le calme dans quelque âme agitée par le doute, ou rallumer le feu sacré de la religion et de la science dans quelqu'un de ces cœurs que le souffle de l'indifférence a glacés.

DEUX CHANCELIERS

D'ANGLETERRE

BACON DE VÉRULAM

ET

S. THOMAS DE CANTORBÉRY

1856

AVERTISSEMENT

DE LA PREMIÈRE ÉDITION

Le livre qu'on offre aujourd'hui au public a été fait originairement pour *la Revue européenne*, où il a été inséré en plusieurs fois. Quelques amis de M. Ozanam ont jugé que ce travail pouvait prétendre à une publicité plus étendue que celle du recueil, alors prêt à s'éteindre, où il avait paru par fragments, et l'un d'eux croit devoir prendre la plume pour recommander aux lecteurs chrétiens ce début d'un très-jeune auteur qui n'ose se présenter à eux que sous la responsabilité d'autrui.

Il nous a semblé que l'idée première de cette double étude historique sur François Bacon et saint Thomas de Cantorbéry était neuve, ingénieuse et singulièrement féconde. Le biographe des hommes illustres de l'antiquité grecque et romaine, Plutarque, a présenté deux à deux ceux de ses héros qui s'étaient trouvés dans des circonstances à peu près semblables, et il a fait suivre leur histoire de parallèles où il a fait briller tout son esprit et toute sa rhétorique ; mais ces parallèles ne sont guère que des exercices littéraires, bons pour amuser les écoles, et dont il y a peu d'instruction réelle à tirer, parce que les ressemblances et les différences entre ces hommes célèbres sont fortuites, établies arbitrairement, et ne se rattachant à rien de bien sérieux. Il en est tout autrement ici, où il s'agit de mettre en regard le philosophe et le saint, le grand homme selon le monde et le grand homme selon l'Église ; de comparer, et, par conséquent, de juger deux ordres d'idées entièrement différents entre lesquels le choix est très-important. Qui ne voit toute la portée de cette méthode appliquée à l'histoire moderne? Qui ne conçoit la haute moralité qui en résulte? Évidemment rien n'est plus intéressant et plus instructif que de comparer, par exemple, Charlemagne et Napoléon, saint Louis et Frédéric le Grand, Bossuet et Voltaire, Fénelon et J.-J. Rousseau, en étudiant moins ce que ces hommes ont pu avoir de commun par leur génie et l'influence qu'ils ont exercée sur leur époque que les principes qui ont dominé leur vie, les doctrines qui ont été le mobile de leur conduite, et par suite les sociétés sur lesquelles ils ont agi.

Le travail de M. Ozanam est, si nous ne nous trompons, une heureuse tentative de ce genre, et il donne l'idée de tout ce qui pourrait être fait dans cette voie. Il ne nous appartient pas d'en louer l'exécution, parce que nous ne venons pas faire ici ce qu'on appelle de la camaraderie ; mais nous avons le droit de dire qu'on y trouvera des études consciencieuses, une instruction puisée aux sources et un sentiment chrétien profond et sincère. C'en est assez, croyons-nous, pour assurer toutes les sympathies du public de choix auquel nous nous adressons à un jeune écrivain qui veut se dévouer à la grave et laborieuse carrière de défenseur de la vérité et engage au service de la cause catholique tout ce qu'il a d'âme et de talent.

E. DE C.,
Ancien rédacteur de *la Revue européenne*.

INTRODUCTION

L'humanité est une société innombrable où s'agitent des croyances contraires, où se parlent des langues discordantes, où luttent des passions ennemies. C'est aussi une société souffrante où il y a beaucoup d'ignorance et de douleurs, beaucoup d'ignominies et de misère. Cependant cette société n'est qu'une seule famille; elle conserve les titres d'une origine illustre. Sur ces visages sillonnés par les larmes brille encore on ne sait quel reflet de lumière intelligente; il reste quelque étincelle de chaleur vitale dans ces cœurs où reposent des germes de haine et de mort; ces bras roidis à la peine déploient encore une force industrieuse, et il y a de la fécondité dans leurs sueurs. Voilà ce qui constitue la ressemblance des hommes entre eux et en même temps leur noblesse. Si donc quelqu'un porte avec plus d'éclat sur son front le caractère de l'intelligence, s'il conçoit des desseins plus courageux et les exécute avec quelque bonheur, s'il exerce autour de soi une puissance plus étendue et plus active, les autres le regardent avec étonnement, ils voient en lui l'exaltation de leur commune nature, ils l'appellent un grand homme.

Au milieu de l'humanité il est une autre famille moins nombreuse, mais qui va s'augmentant toujours : c'est l'Église. Ses fils ne cessent point d'être hommes, et, comme tels, ils ont part à l'héritage commun de l'humanité, à ses joies, à ses souffrances ; mais ils se croient unis par une alliance plus intime et ils se disent frères. Ils pensent avoir reçu d'en haut un patrimoine spécial, une doctrine capable d'élever l'homme au-dessus de sa nature, capable d'éclairer toutes les ignorances et de charmer toutes les douleurs. Et, lorsqu'ils voient un de leurs frères réaliser les promesses de cette doctrine, s'en constituer le représentant par ses œuvres, ils le contemplent avec amour, ils reconnaissent en sa personne une manifestation de la Providence, un bienfait vivant du Père céleste : ils l'appellent un saint.

Nous qui sommes né au sein de l'Église et qu'elle a nourri de ses enseignements, son souvenir ne nous quitte pas. Nous aimons l'humanité d'un amour filial, mais en elle nous chérissons surtout l'Église, par qui tout ce que l'humanité a de grand et pur s'épure et s'agrandit encore. Volontiers nous nous engageons dans les régions de la science, nous prenons plaisir à poursuivre ses curieux problèmes ;

mais toujours après de longs détours nous arrivons à quelqu'une de ces grandes vérités religieuses qui nous avaient été montrées quand nous étions petit. Volontiers nous promenons nos regards à travers les siècles, et nous les reposons sur les monuments élevés par la main des hommes; mais dans tous les siècles, sur toutes les plages, nous rencontrons des signes de cette puissance divine sous laquelle nous vivons; et, quand nous fouillons les monuments les plus magnifiques, toujours nous y trouvons quelque médaille à son effigie. C'est pourquoi le souvenir de l'Église, le sentiment de son universelle présence, est devenu en nous une préoccupation dont nous ne rougissons pas. Nous ne pouvons respirer l'air du monde sans qu'il s'y mêle quelque chose des parfums de nos temples; au milieu du bruit des systèmes qui se heurtent et des volontés qui se combattent, nos oreilles gardent comme un lointain retentissement des chants sacrés; et, quand nous nous asseyons au pied de la statue des grands hommes, nos pensées, reprenant une route qu'elles ont accoutumée, nous ramènent à notre insu aux autels de nos saints.

Ainsi naguère, en poursuivant le cours de quelques études historiques, nous nous trouvâmes au seuil du dix-septième siècle, face à face avec l'un des plus puissants esprits qu'aient enfanté les temps modernes, Bacon de Vérulam. Nous essayâmes de suivre de loin ce génie explorateur signalant à ses contemporains des sources ignorées de science et de prospérité où l'on a largement puisé dans la suite. Nous vîmes cet homme revêtu des plus augustes fonctions politiques, et chancelier d'Angleterre, de qui on avait droit d'attendre de grandes actions comme de grandes idées, déshonorer sa simarre par d'incroyables faiblesses. — Alors nous nous souvînmes que la même simarre avait été portée par un autre personnage que l'Église compte parmi les saints, Thomas Becket, archevêque de Cantorbéry, lui aussi doué d'un beau génie, mais en même temps d'une invincible vertu. Nous nous rappelâmes sa laborieuse vie, sa mort qui fut un triomphe; et notre âme, qui venait d'assister au triste spectacle des bassesses du philosophe, fut heureuse de rencontrer sur son chemin la consolante mémoire du martyr.

Ce rapprochement, qui s'était fait de soi-même dans nos pensées solitaires, et qui nous avait beaucoup frappé, nous a paru pouvoir n'être point dénué d'intérêt pour nos frères croyant et pensant comme nous, et ce que nous avions vu, nous avons tenté de l'écrire. Loin de nous l'intention d'insulter l'humanité en découvrant l'opprobre de l'un de ses plus nobles enfants! Nous ne serons que les échos de l'histoire. Les deux personnages que nous évoquons représentent deux principes : le principe rationaliste et le principe chrétien, la raison élevée à sa plus haute puissance, la foi mise à sa plus rude épreuve. Nous voulons expérimenter lequel des deux principes est le plus fécond pour le bien social. Nous voulons mesurer un grand homme et un saint, pour savoir dans lequel des deux la nature humaine s'élève le plus haut et se couronne de plus de gloire. — Le parallèle n'est point inique. Nous n'avons pas choisi le moindre d'entre les sages de la terre; dans Bacon la philosophie a fait ce qu'elle a pu. Nous n'avons point cherché le premier d'entre les sages du catholicisme; il est dans l'Église des têtes ceintes de plus brillantes auréoles que celle de saint Thomas. — Le parallèle n'est pas non plus arbitraire. Saint Thomas et Bacon ont porté les sceaux du même empire; ils ont vécu sur la même terre. Au temps du premier, cette terre était dite l'Ile des Saints; au temps du second, elle avait mieux aimé se dire la terre des Libres Penseurs : elle avait changé de titre, nous allons voir si l'échange était bon.

BACON

I

Le génie n'est point, comme on se l'imagine quelquefois, un phénomène solitaire, une apparition soudaine et dont on ne sait ni d'où elle vient, ni où elle va. Le génie trouve son sentier frayé par ceux qui ont passé avant lui, il a sa place marquée parmi ceux qui arrivent en même temps : il travaille pour ceux qui viendront après. Pour comprendre la mission de Bacon, il est donc nécessaire de jeter un coup d'œil rapide sur l'état de la philosophie et des sciences dans les temps qui le précédèrent, et d'apprécier l'influence qu'il exerça sur elles dans l'âge qui suivit.

Quand l'esprit humain est revenu de la première extase où l'avait jeté la vue de l'univers, il éprouve le besoin de considérer en détail ces merveilles dont il vient d'admirer l'ensemble. Une observation rapide, un instinct divinateur, lui apprennent d'abord bien des choses; mais cette observation est sans ordre, cet instinct est sans loi. Il ne tarde donc pas à se trouver arrêté; et, forcé de reconnaître l'insuffisance et la confusion des notions qu'il a acquises, il comprend qu'il ne saurait avancer au delà sans mettre une certaine régularité dans ses recherches. Il distribue les objets de son étude selon leurs analogies et leurs différences en plusieurs classes distinctes, et de chacune de ces classes il compose le thème d'une science spéciale. Mais bientôt il s'effraye de la multiplicité des sciences qu'il lui faut créer, des obstacles sans nombre dont elles se hérissent, de la variété des règles qu'elles réclament : de toutes parts autour de lui se dressent des mystères. Alors il se demande s'il ne serait pas possible de trouver quelque part une règle universelle, les principes généraux d'une méthode applicable à toutes ses investigations particulières, une pierre philosophale qui changeât tous ses doutes en certitudes, une clef qui ouvrît tous les sanctuaires de la science. Car l'esprit humain est par-dessus tout amoureux de l'unité. — Mais cette règle universelle, où la trouvera-t-il écrite? En lui-même. En effet, quelque varié que puisse être l'exercice des facultés intellectuelles, ces facultés n'en restent pas moins identiques, soumises à des lois permanentes. Ainsi dans l'étude de ces facultés et de leur légitime économie, on pourra découvrir la méthode qui doit présider à leur emploi. Or l'étude des facultés de l'âme constitue la Philosophie, et la méthode qui en dérive est l'objet de la Logique. Pour connaître la création, l'esprit humain est obligé de se replier sur soi-même. Au fronton du temple de la sagesse antique étaient inscrits ces mots : Γνῶθι σεαυτόν.

Toutes les fois que les sciences visitèrent un siècle ou une contrée, la Philosophie et la Logique, muses sévères, se mêlèrent à leurs chœurs. Entre les écoles sacerdotales de l'Inde s'élève celle de Gôtama, qui tenta de plier la pensée orientale aux formes du raisonnement, et qui peut-être inventa le syllogisme. Peu de temps après Thalès et Pythagore, la dialectique naquit dans les savantes disputes des philosophes d'Élée. Plus tard, quand sur le sol généreux de la Grèce l'activité humaine se fut développée dans toute sa fécondité, lorsque les sages de l'Ionie eurent appris de l'Égypte et de la Chaldée les mouvements des cieux et la combinaison des éléments dont est formé le monde, lorsque les géomètres eurent immolé les hécatombes dans la joie d'avoir résolu de grands problèmes, que les législateurs eurent discipliné les peuples, et que la foule se fut tour à tour suspendue à la lyre des poëtes ou ébranlée sous la parole des orateurs, Aristote parut. Il entreprit de résumer tout le passé pour instruire l'avenir; il essaya de pénétrer dans les secrets du génie et de les divulguer; et autant il y avait eu de beaux développements de l'activité humaine, autant il créa d'arts divers au moyen desquels ces développements pussent se reproduire. Il écrivit une poétique, une rhétorique, une politique, une morale, une logique enfin, qui fut la base de tout le reste. Mais, à cette époque, l'éloquence et la poésie grecques se mouraient : la science leur survécut quelque temps; elle fit encore de grandes choses, et s'éteignit noblement sous les portiques du Musée d'Alexandrie.

Le Christianisme vint pour renouveler la terre. Expliquer dans un langage humain des vérités venues du ciel, assister la société ancienne à son agonie, ensevelir le Paganisme et sceller sa tombe; en même temps civiliser la barbarie et veiller sur le berceau du monde moderne : telle fut l'œuvre des premiers docteurs chrétiens, et c'était assurément trop d'affaires pour leur laisser le loisir de contempler la nature ou de philosopher sur les secrètes opérations de l'entendement. Aussi les Pères de l'Église ne firent-ils de la philosophie que l'avant-courrière de la foi, des sciences le commentaire de ses enseignements, et de la logique une arme pour la défendre. Sous ce triple rapport, Aristote leur était d'une mince utilité; ils trouvèrent les formes de sa dialectique trop étroites pour la grandeur de la parole divine, et plus d'une fois ils se plaignirent de sa subtilité et de son impuissance (1). A l'aurore du moyen âge, le souvenir d'Aristote s'était presque effacé dans l'Occident. Les arts libéraux, réduits au nombre de sept, distribués en deux séries, le *trivium* et le *quadrivium*, ne conservaient plus que des traditions confuses de l'antiquité, et demeuraient stationnaires à l'ombre de la théologie. Dans l'Université de Paris, on enseignait la logique de saint Augustin (2).

Cependant Aristote, accueilli par les Arabes, avait été traduit dans leur langue; et Averrhoës l'avait proclamé le chef-d'œuvre de Dieu et le terme suprême de la perfection où l'humanité puisse atteindre. Bientôt il passa dans les mains des chrétiens qui étudiaient aux écoles de Cordoue, et s'introduisit furtivement dans les universités orthodoxes. Ce fut dans cette lecture que le fougueux Abeilard chercha des inspirations; les téméraires maximes qu'il y puisa furent frappées de la réprobation de l'Église. Un concile provincial de Paris, en 1209, condamna au feu les li-

---

(1) S. Irénée, *adv. Hæres.*, II, cap. xix. « Minutiloquium et su-
« blimitatem circa quæstiones, cum sit Aristotelicum, hæretici fidei
« inferre conantur. »

Tertullien, *de Præscript.*, VII. « Miserum Aristotelem qui dia-
« lecticam instituit artificem struendi et destruendi, versipellem,
« in sententiis coactam, in conjecturis duram, in argumentis ope-
« rariam contentionum, molestam etiam sibi ipsi, omnia retrac-
« tantem ne quid omnino tractaverit! »

S. Basile, S. Grégoire de Nazianze, S. Jérôme, S. Augustin, S. Bernard, sermon II, pour la Pentecôte, tiennent le même langage.

(2) Launoy, *de varia Aristotelis fortuna*.

vres du philosophe païen (1). Cette décision fut réformée par le souverain pontife Grégoire IX, qui, tout en laissant tomber sa désapprobation sur les doctrines péripatéticiennes, tempéra cependant les rigueurs exercées contre la pensée libre (2). Les légats, chargés en différentes occasions de veiller à l'organisation de l'Université de Paris, maintinrent le même système de tolérance. Dès lors la controverse s'engagea. Albert le Grand, Pierre Lombard, saint Thomas d'Aquin, se firent les défenseurs de la philosophie aristotélicienne (3); mais ils trouvèrent un adversaire vénérable et fort dans le savant Gerson. Aristote sortit victorieux de la lutte. En 1445, la traduction de ses œuvres était encouragée par le pape Nicolas V. L'Université de Paris s'était réconciliée avec son ancien ennemi. Les étudiants devinrent si chauds partisans du Stagirite, que plus d'une fois ils ensanglantèrent de leurs querelles l'élection du professeur chargé d'expliquer les livres moraux; et qu'au jour de la Saint-Barthélemy ils déchirèrent le savant Ramus, coupable d'avoir combattu cette autorité sacrée (4).

(1) Rigordus, *Vie de Philippe Auguste.*
(2) Launoy, *de varia Aristotelis fortuna.*
(3) S. Thomas composa un *Commentaire* sur la physique d'Aristote. Cependant Campanella croit devoir repousser toute solidarité de doctrine entre l'angélique docteur et le philosophe païen : « Nullo « pacto putandus est Aristotelizasse, sed tantum Aristotelem expo-« suisse. »
(4) Ramus avait publié un livre contre la dialectique d'Aristote: *Animadversiones adversus Aristotelem :* François Ier le fit juger par une commission de docteurs, et ordonna la destruction du livre.

Enfin la puissance d'Aristote fut si grande, que les faisceaux de la magistrature se rangèrent autour d'elle, et qu'en 1624, quelques thèses renfermant des opinions nouvelles ayant été proposées, le parlement de Louis XIII prit fait et cause pour le professeur d'Alexandre, et défendit « à toutes per-
« sonnes, sous peine de la vie, de tenir ni enseigner
« aucune maxime contre les anciens auteurs et
« approuvés (1). » — Toutefois, sous cette direction, les sciences avaient fait peu de progrès. La philosophie scolastique se plaisait davantage aux discussions éclatantes qu'aux silencieuses méditations; elle aimait le grand jour, la solennité des thèses publiques, le tumulte d'un immense auditoire partagé en factions rivales, le triomphe insolent d'un argument décisif (2). Du reste, elle était peu curieuse d'observations nouvelles, elle s'en tenait aux notions incomplètes des anciens : elle en avait tiré un certain nombre d'axiomes, dont plusieurs déguisaient mal sous une expression ambitieuse l'indigence de la pensée, et de ces axiomes elle prétendait déduire *a priori* toutes les lois de l'univers. D'un autre côté, quelques rêveurs qui s'ennuyaient d'errer entre les murs infranchissables du *trivium*

---

(1) Launoy, *de varia Aristotelis fortuna*.
(2) Voici quelques-unes des questions qui se traitaient dans ces disputes : « De universalibus, de principio individuationis, de dis-
« tinctione quantitatis a re quanta, de maximo et minimo, de in-
« finito, num Deus materiam possit facere sine forma, num plures
« angelos ejusdem speciei condere, » etc.

et du *quadrivium* se séparaient de la foule, montaient sur leurs observatoires, se penchaient sur leurs creusets enfumés, comptant rencontrer soudainement dans les cieux ou dans les entrailles de la terre quelque mystérieux levier capable de remuer les mondes. De là l'astrologie, l'alchimie et la magie elle-même; car ce qu'elles ne trouvaient ni sur la terre ni au ciel, des âmes exaltées purent bien dans leur délire le chercher aux enfers. Toutes ces aberrations venaient d'une même cause. L'intelligence de l'homme est impérieuse, ses désirs sont impatients parce qu'ils sont immenses; les obstacles l'irritent, les lenteurs de la science la désolent; elle cherche incessamment quelque moyen, non de soulever, mais de déchirer le rideau, et d'embrasser tout d'un coup la vérité tout entière. Il semble qu'elle se souvienne d'un temps où elle n'avait qu'à vouloir pour connaître. C'est un aigle qui s'est brisé les ailes en tombant de son aire : il pourrait y remonter de rocher en rocher ; mais il ne sait pas se servir de ses serres pour marcher, elles ne sont faites que pour étreindre : il voudrait reprendre son vol et s'élancer d'un seul essor; mais ses ailes lui manquent, et toujours il retombe.

Cet état de choses approchait de sa fin. La chute de Constantinople avait amené l'ère de la renaissance : l'Italie l'avait saluée la première. Platon, appelé par Pétrarque, introduit à Rome par Bessarion, accueilli à Florence par Marsile Ficin et ses studieux amis, avait ébranlé sur cette terre poétique la souveraineté d'Aristote. La poudre à canon et l'imprimerie avaient donné une forme nouvelle aux luttes des empires et aux combats de la pensée. Christophe Colomb avait agrandi d'un continent la terre connue des anciens. Copernic et Galilée l'avaient arrachée du poste qu'on lui avait prescrit, et, brisant les cieux factices de Ptolémée, avaient reculé les astres dans un espace sans fin. Toutes les sphères de la science s'éclairaient et semblaient commencer une révolution nouvelle; il leur fallait une nouvelle direction, il fallait une philosophie, une logique appropriée aux besoins présents de l'esprit humain; Descartes et Leibnitz allaient paraître : Bacon les devança.

Sur les bancs de l'Université de Cambridge, Bacon, à l'âge de seize ans, s'indigna des chaînes scolastiques. Il n'était point initié au mouvement intellectuel qui commençait à s'opérer dans le monde; cependant il en avait ressenti le contre-coup, et il conçut le projet d'une restauration universelle de la science. Ce ne fut d'abord qu'une semence légère qui flottait à la surface de ses pensées, la conscience d'une vocation providentielle dont il ne connaissait pas encore toute l'étendue. Toutefois ce projet vague et lointain excitait déjà dans son jeune cœur le frémissement d'une espérance orgueilleuse. La première ébauche qu'il fit de son travail futur, il la décora de ce titre superbe : *The greatest Birth of time*, — *la plus grande production du temps* (1). Les années vinrent mûrir ce germe fertile; les pressentiments de Bacon se changèrent en une conception lumineuse, et le plan de son œuvre se déroula devant lui. — 1° Préparer le nouvel avénement de la science en découvrant son origine et ses destinées, retrouver ses droits méconnus, déterminer l'étendue et la distribution de son domaine, indiquer les parties qui jusque-là étaient restées incultes et celles qui avaient besoin de changer de culture : tel devait être l'objet d'un premier travail : *De dignitate et augmentis scientiarum*. — 2° Signaler les anciens égarements de l'entendement humain, en constater les causes, lui tracer une voie meilleure, lui donner la méthode qui devait le conduire comme un guide sûr à la recherche de la vérité : *Novum organum*. — 3° Faire l'épreuve de cette méthode, et, s'enfonçant, le fil d'Ariane à la main, dans les profondeurs de la nature, aller à la découverte dans cette forêt encore vierge, et revenir riche d'observations : *Sylva sylvarum*. — 4° De l'étude des phénomènes naturels et des lois qui les gouvernent, déduire des applications nombreuses aux besoins de l'homme et de la société, et ainsi donner naissance à une philosophie pratique non moins belle et non moins féconde que la philosophie contem-

---

(1) De Vauxelles, *Histoire de la vie et des ouvrages de Bacon*.

plative, sa sœur aînée : *Philosophia secunda.* —
Et l'ensemble de cette vaste entreprise devait être
désigné par un seul nom : *Instauratio magna
scientiarum.*

Mais, comme Bacon se souvenait de la fragilité
des choses mortelles, il prévit que le temps lui
manquerait pour accomplir les deux dernières parties de son œuvre, et pensa y suppléer par deux
essais qui pussent mettre sur la trace de son génie
ceux qui voudraient la poursuivre : *Scala intellectus, Prodromus philosophiæ secundæ* (1).

Dès lors, maître de son dessein, et fort d'une
longue méditation, le philosophe se mit à l'œuvre
et produisit le système de logique auquel il doit
la meilleure partie de sa gloire. Le livre *de Dignitate et augmentis scientiarum* en est l'introduction (2). Bacon a vu les sciences dédaignées et
étrangères au milieu de la société de ses contemporains; il a entendu s'élever contre elles les murmures des théologiens qui les accusent de témérité, et les reproches des politiques qui les regardent comme une sorte de luxe intellectuel, capable d'amollir et de corrompre : en même temps,

(1) Dans ces deux écrits il se proposait d'appliquer sa méthode à des exemples particuliers; mais il ne lui fut pas permis de les achever. Du *Prodromus philosophiæ secundæ* nous n'avons que la préface.

(2) Dans l'analyse qui va suivre nous avons tâché de reproduire aussi fidèlement que possible l'ordre des idées et la couleur des expressions. Nous avons conservé surtout les grandes métaphores dont Bacon aime à se servir, et auxquelles il paraît tenir beaucoup. Le livre *de Dignitate*, etc., parut en 1605.

il les a vues avilies par les exemples de ceux-là mêmes qui s'en disent les disciples, et qui en ont détourné les enseignements au profit de leurs caprices. Il réfute victorieusement les murmures et les reproches, et fait retomber sur les disciples infidèles la honte qu'ils méritent : il confesse avec bonne foi les erreurs des savants et des gens de lettres, et déplore hautement le temps et le génie que la scolastique a dépensés en stériles disputes, et le mépris qui a rejailli sur la philosophie de la vanité de ses adeptes (1). Puis montrant les sciences comme des vierges sans tache, il s'apprête à raconter leur généalogie. Cette généalogie, il va la chercher au sein de Dieu même. C'est l'Ancien des jours méditant dès le principe l'ouvrage de la création; les esprits angéliques initiés par une contemplation immédiate aux secrets de la science divine; l'homme enfin admis à sa participation au jour où il fut institué seigneur des créatures, et

---

(1) « Scholastici super unaquaque re proposita formabant objec-
« tiones, deinde illarum objectionum solutiones quæ ut pluri-
« mum distinctiones erant; ut quod de Seneca dictum erat vere
« scholasticis usurpari possit : *quæstionem minutiis scientiarum*
« *frangat robur*... Itaque minime mirum si hoc genus doctrinæ
« etiam apud vulgus hominum contemptui obnoxium fuerit, qui
« fere solent veritatem propter controversias circa eam motas as-
« pernari, facileque illud Dionysii Syracusani arripiunt : *verba ista*
« *sunt senum otiosorum*... Nihilominus certissimum est, si modo
« scholastici ad inexplebilem sitim veritatis et continuam agita-
« tionem animi, varietatem et multiplicitatem lectionis et con-
« templationem adjunxissent, insignia profecto illi extitissent lu-
« mina, omnesque artes et scientias mirifice provexissent. » Bacon,
de Dignitate et augm.

où, Dieu les amenant devant lui, il leur donna des noms : de ce jour-là les sciences commencent leur pèlerinage à travers les siècles, bénies au ciel et vénérées sur la terre, saluées par la bouche de Salomon, sanctifiées encore par le baptême de la foi chrétienne, chargées dans le monde d'une mission de charité. Voilà les titres de leur grandeur. Il s'agit maintenant de reconnaître leurs fonctions, d'apprécier ce qu'elles ont fait, de prévoir les progrès auxquels elles doivent prétendre. — C'est dans l'esprit humain que toute science repose; les sens, comme des portes ouvertes, donnent entrée aux impressions du monde extérieur; les facultés actives et vigilantes recueillent les impressions, les élaborent, les élèvent à l'état d'idées, les coordonnent, les utilisent. Ces facultés sont au nombre de trois : la mémoire qui se borne à retenir les faits dans leurs rapports chronologiques, l'imagination qui les combine dans les rapports artistiques, la raison qui découvre leurs rapports logiques, reconnaît leurs lois et remonte à leurs causes. Sous ces trois facultés les sciences se distribuent en trois grandes catégories : l'histoire, dont la mémoire est dépositaire, et qui se divise en naturelle et civile; la poésie, fille de l'imagination, et qui se présente tour à tour sous les formes héroïque, dramatique ou symbolique; la théologie et la philosophie, qui ont dans la raison leur source commune (1), et

---

(1) Il faut se souvenir que Bacon était protestant.

dont la seconde se partage en trois branches, selon qu'elle s'occupe de Dieu, de la nature ou de l'humanité. Chacune de ces sciences se subdivise encore jusqu'aux plus délicates ramifications. Toutes les nuances de la pensée sont distinguées avec une perspicacité admirable, et jusqu'aux plus vulgaires occupations de la vie, toutes les choses qui peuvent occuper l'intelligence sont saisies et enveloppées dans un immense réseau. Plus d'une fois des lacunes se rencontrent, et le philosophe s'arrêtant avec complaisance, indique la façon de les remplir : plus souvent encore il aperçoit des travaux commencés au hasard et conduits sans prudence, et il les désigne à une réforme prochaine. Mais ce n'est là qu'une tâche secondaire, ce n'est point la sienne; il n'est pas venu pour promener dans les angles obscurs du temple un flambeau qui n'éclaire qu'un point à la fois, et qui laisse le reste dans les ténèbres; il veut suspendre au milieu de l'édifice une lampe resplendissante qui l'illumine tout entier : il a fait connaître aux sciences leur dignité, il a marqué leur territoire, il va leur donner une législation; et là commence le *Novum Organum* (1).

L'homme, prêtre et interprète de la nature, ne saurait comprendre et agir qu'autant qu'il interroge cet infaillible oracle. Cependant, au lieu de se vouer à ce culte légitime, il a préféré s'incliner

(1) Le *Novum Organum* parut en 1620.

devant des idoles et leur faire hommage de la servitude de son intelligence. Ces idoles sont de quatre espèces : 1° celles que la race humaine porte toujours avec soi et qu'elle conserve comme des pénates héréditaires, *Idola tribus*, préjugés qui se sucent avec le lait et qui ne s'en vont guère qu'avec la vie, erreurs des sens, acceptation facile des propositions affirmatives, inclination extrême à l'unité; 2° les idoles que chacun se dresse dans l'intérieur de son entendement et qu'il adore en secret, *Idola antri*, préventions que l'orgueil enfante, que la paresse entretient, que l'ignorance accompagne; 3° les idoles qui reçoivent dans la société une adoration bruyante, *Idola fori*, erreurs qui naissent du langage et de son insuffisance, du choc et de l'incohérence des mots et des idées; 4° enfin les idoles qui se dressent sur le théâtre poudreux de l'école, *Idola theatri*, maximes sonores mais souvent vides, formules obscures, systèmes incomplets, cercles trop fermés, dans lesquels l'aristotélisme moderne prétend emprisonner le génie. Ce paganisme scientifique doit tomber, et la servitude de l'esprit humain faire place à une liberté pleine d'espérance. L'exercice de cette liberté doit commencer par le doute : une juste suspicion plane sur les notions acquises jusqu'à ce qu'un nouveau jugement en ait constaté la valeur (1). Ici le choix d'une règle devient pressant;

(1) « Quoad notiones primas intellectus, nihil est eorum quæ in-

le terrain est déblayé, il est temps de prendre carrière. Deux routes sont ouvertes dans deux directions opposées : d'une part la méthode rationnelle, de l'autre la méthode expérimentale. Mais quelle est la force du raisonnement s'il ne prend des faits pour point d'appui? Le syllogisme n'enseigne qu'à déduire des propositions, les propositions se composent de mots, les mots sont les signes des idées : si les idées énoncées dans les prémisses ne sont pas fournies par l'expérience, le syllogisme ne déduira que l'erreur, et sa régularité logique ne sera qu'une forme savante du mensonge. Il n'est pas moins contraire aux intérêts de la science de s'arrêter à l'observation des faits, de s'abîmer dans une sorte de terreur superstitieuse en présence de leur multitude, et d'imposer silence à la raison pour se perdre dans une contemplation oisive. Les dogmatiques sont pareils aux araignées, qui tirent d'elles-mêmes la matière de leurs toiles fragiles; les empiriques ressemblent aux fourmis, qui ensevelissent leur butin et qui n'entassent que pour jouir. Le sage imitera l'abeille, qui puise dans les fleurs des champs les sucs qu'elle aime, mais qui les modifie avec une industrie qui lui est propre, et les méta-

---

« tellectus sibi permissus congessit quin nobis pro suspecto sit; nec
« nullo modo ratum, nisi novo judicio restiterit et secundum illud
« pronuntiatum fuerit. » C'est le doute méthodique de Descartes, et
qu'Aristote avait déjà formulé dans ces termes: « Ἀναγκὴ πρὸς τὴν
« ἐπιζητουμένην ἐπιστήμην ἐπελθεῖν ἡμᾶς, περὶ ὧν ἈΠΟΡΗΣΑΙ δεῖ
« πρῶτον. Ἡ γὰρ ὕστερον εὐπορία λύσις ἐστι τῶν πρότερον ἀπορουμένων.
« Λύειν δὲ οὐκ ἔστιν ἀγνοοῦντα τὸν δεσμόν. » (*Métaph.*, l. III, ch. 1.)

morphose dans ses laboratoires parfumés. La logique régénérée sera donc une conciliation de ces deux méthodes (1) : elle emploiera les sens à recueillir les données de l'expérience, elle mettra en action les trois facultés intellectuelles pour retenir, combiner, approfondir ces données. — Connaître par l'observation un grand nombre de faits, en dresser des tables pour le soulagement de la mémoire, remarquer les circonstances diverses dans lesquelles un même fait se présente avec plus ou moins d'énergie, et celles dans lesquelles il disparaît; — élever sur l'ensemble des phénomènes ainsi reconnus toutes les hypothèses qui peuvent se prêter à leur explication, soumettre successivement ces hypothèses à un examen sévère, éliminer toutes celles qu'un phénomène observé vient contredire, et retenir celle-là seulement qui dans ses plus lointaines conséquences coïncide avec les plus minutieuses indications de la nature; — s'élever ainsi par une comparaison soutenue à la connaissance de la loi véritable selon laquelle le fait se produit, et de la cause qui le détermine; construire par un effort continu de la raison une suite d'axiomes fondés sur des énumérations complètes; ap-

---

(1) Cette conciliation des deux méthodes rationnelle et expérimentale est encore annoncée dans ce passage du livre *de Dignitate :* « Inter
« empiricam et rationalem facultatem, quarum morosa et inauspi-
« cata divortia et repudia omnia in humana familia turbavere, con-
« jugium verum et legitimum in perpetuum nos firmasse existi-
« mamus. »

pliquer enfin ces axiomes à des expériences nouvelles, et combiner les lois connues pour leur faire produire des résultats ignorés jusqu'ici : voilà l'*Induction* que Bacon veut substituer au syllogisme de l'école et à l'empirisme des observateurs indépendants; voilà la marche qu'il prescrit à l'investigateur de la nature, et il l'avertit sans cesse que cette puissance jalouse ne se laisse vaincre que par ceux qui ont su lui obéir. Le *Novum Organum*, commencé laborieusement, ébauché douze fois en douze années différentes, n'a point reçu la dernière main, et l'on y trouve à la dernière page ces mots qui découronnent tant de chefs-d'œuvre, et qui portent en eux une tristesse profonde parce qu'ils sont pleins des larmes de la mort : *Cætera desiderantur*.

Cependant Bacon, se multipliant lui-même, avait posé les bases de la troisième partie de son *Instauration*. Sous le titre de *Sylva sylvarum*, il publia une collection d'observations et de vues sur lesquelles son histoire naturelle devait reposer : il écrivit l'histoire particulière *du Soufre, du Mercure et du Sel; l'Histoire des Vents;* celles *du Son et de l'Ouïe, du Dense et du Rare, de la Vie et de la Mort;* les *Questions sur les Minéraux et sur l'Aimant*, etc. Ces travaux sont des prodiges de patience, et souvent, au milieu de beaucoup d'erreurs, on y rencontre des traits d'une étonnante perspicacité. En ce temps-là l'Angleterre

était bien éloignée du foyer des sciences; le Midi voyait se lever le jour, le Nord était encore dans l'ombre ; Galilée eût peut-être trouvé moins de faveur à Londres qu'à Rome : Bacon ne crut point au nouveau système astronomique, il tint pour Tycho-Brahé. Il songeait à conserver quelque chose des spéculations de l'astrologie, et ne désespérait pas de la pierre philosophale. Mais en retour il prédit avec une merveilleuse justesse les conquêtes futures de la chimie : « On doit cette louange à
« la chimie, dit-il, qu'elle peut être comparée au
« laboureur d'Ésope. Au moment de quitter la vie,
« ce bon père annonça à ses enfants qu'il leur lais-
« sait un grand trésor enfoui dans sa vigne : ceux-
« ci la remuèrent en tous sens, et ne trouvèrent
« point d'or, mais la vendange de l'année suivante
« les paya bien de leurs peines. Ainsi ces veilles
« infatigables des alchimistes, ces labeurs sans
« fin pour faire de l'or, ont fini par allumer un
« flambeau aux clartés duquel s'accompliront de
« nombreuses découvertes : les entrailles de la
« nature s'ouvriront et de grandes choses se feront
« pour les usages de la vie. » Une autre fois, de- vançant Newton, il entrevit la loi de l'attraction, ce principe générateur de la mécanique universelle.
« Il faut, écrivait-il, ou que les corps graves soient
« poussés vers le centre de la terre, ou qu'ils en
« soient mutuellement attirés; et, dans ce dernier
« cas, il est évident que plus les corps en tombant

« s'approcheront de la terre, plus ils seront attirés
« fortement. Il faudrait expérimenter si la même
« horloge à poids ira plus vite sur le haut d'une
« montagne qu'au fond d'une mine ; si la force
« des poids diminue sur la montagne et augmente
« dans la mine. Il y a apparence que la terre a une
« véritable attraction. »

Le génie qui fait les philosophes n'a pas coutume
de se complaire dans une étude exclusive : aussi
Bacon prétendait-il appliquer aux sciences morales
la législation dont il était l'auteur. D'ailleurs, dans
la position élevée où il était placé, vivant au milieu
d'un grand mouvement politique, souvent ses regards avaient dû descendre dans le cœur des
hommes pour en interroger les replis, ou se porter
sur les institutions qui gouvernaient les peuples
pour reconnaître les réformes ou les interprétations
dont elles avaient besoin. Souvent aussi il lui
fallut chercher dans l'histoire des souvenirs et des
exemples, et, tandis qu'il remontait le cours des
siècles, plus d'une fois il poussa ses savantes recherches jusque sur les rivages de l'antiquité. C'est
ainsi qu'il composa ses *Sermones fideles*, collection précieuse de réflexions morales et politiques ;
c'est ainsi qu'il esquissa une exposition générale
des principes du droit commun, et travailla à réduire en un seul corps la foule confuse des lois anglaises : dessein qui ne fut point accompli, et dont
l'Angleterre regrette aujourd'hui l'inexécution. Il

écrivit aussi une histoire de Henri VII, sur laquelle la critique s'est divisée, lui prodiguant tour à tour la louange et le blâme. Enfin il fit preuve d'une érudition peu commune dans son livre *de Sapientia veterum*, où il expliqua les fables mythologiques de la Grèce par d'ingénieuses allégories, et dans un traité spécial où il compara les systèmes philosophiques de Parménide et de Démocrite avec celui de l'Italien Telesio.

Il serait naturel de croire qu'emporté dans un vol si rapide à travers des régions si vastes l'esprit de Bacon n'avait guère le temps de semer de fleurs son passage; que l'énergie de ses conceptions ne lui laissait pas la liberté de choisir ses images ou de moduler ses paroles. La création a reçu de son divin Architecte un double caractère de vérité et de beauté; sur chacune de ces deux faces elle porte un voile, et d'ordinaire la main des hommes n'en peut soulever qu'un. Poëte, il ne découvre que la beauté des choses : tout est pour lui accord, splendeur, ravissantes visions, ivresse de l'âme. Savant, la vérité se manifeste à lui, mais sous des traits austères : les concerts des astres se réduisent en chiffres, les trésors de la terre viennent se pulvériser sous le pilon ou se consumer dans le fourneau. Ce sont deux destinées qui semblent s'exclure, et cependant toutes deux se réunirent sur la tête de Bacon. Dans cette harmonie de la nature, qui est l'objet suprême de la science, il avait trouvé en même temps un ardent foyer de poésie, et il proclama cet axiome sublime : « L'admiration est le « principe du savoir. » De là l'éclat de son style, la pose majestueuse de ses idées, la multiplicité et la hardiesse de ses figures. A l'entendre raconter les conquêtes de l'intelligence, souvent on croirait ouïr quelque récit épique des temps primitifs ; ou bien il semblerait que, transporté dans quelque sanctuaire d'Orient, on assiste aux leçons d'un prêtre initiateur. La cause en serait-elle dans l'époque où il écrivait, placé entre Shakspeare et Milton, presque contemporain de cette Italie de Léon X, où la poésie avait imposé son langage à la philosophie elle-même ? ou plutôt ne faudrait-il pas chercher la source de l'éloquence de Bacon dans la lecture assidue de la Bible ? Plus d'une fois sur les lèvres du philosophe il y a un écho de la harpe des prophètes.

Car, et ce n'est pas ici le moindre de ses honneurs, ce génie magnifique était profondément religieux. La nature ne lui apparaissait qu'entre deux êtres dont elle était le lien : Dieu d'un côté, qui en était le créateur, et qu'il fallait glorifier dans ses merveilles ; l'homme d'un autre côté, qui en avait reçu la jouissance, et à qui il fallait faire profiter ses trésors. Ces deux idées dominaient toutes les idées de Bacon : l'une faisait pour lui la sainteté, l'autre l'utilité de la science. Le commencement de son travail de chaque jour était une

prière à l'Esprit-Saint, le résultat devait être un service rendu à la société. — Mais pourquoi nous obstiner à faire connaître ce grand homme par une analyse aride de ses œuvres ? Jusqu'ici nous n'avons dessiné que le contour d'une ombre, contemplons-le lui-même dans toute la solennité de ses méditations. A la lueur de la lampe qui veille avec lui, il vient de relire son livre *de Dignitate et Augmentis scientiarum*, qu'il s'apprête à rendre public ; il vient d'en tracer la préface : devant lui la Bible est ouverte ; une grave pensée est descendue sur son front ; le voilà qui découvre sa tête vénérable, il s'agenouille, et d'une main que l'inspiration fait trembler, il ajoute à sa préface ces dernières lignes : « Au commencement de cet ouvrage, nous
« offrons à Dieu le Père, à Dieu le Fils, à Dieu
« l'Esprit, des prières très-humbles et très-ar-
« dentes, afin que, se souvenant des misères du
« genre humain et du pèlerinage de cette vie, où
« nos jours sont courts et mauvais, il daigne par
« nos mains répandre de nouvelles aumônes sur la
« famille humaine. Et, de plus, nous lui deman-
« dons ceci avec instance : que les choses terrestres
« ne nuisent point aux choses divines, et que le
« nouvel éclat des lumières naturelles ne jette pas
« de ténèbres dans notre esprit sur les mystères
« révélés ; mais plutôt que notre intelligence épu-
« rée, délivrée des fantômes qui la troublaient,
« demeure soumise aux oracles divins, et rende à

« la foi l'hommage que la foi réclame… Vous
« donc, ô notre Père! qui avez fait la lumière vi-
« sible pour être les prémices de la création, et
« qui ensuite, par votre souffle divin, avez allumé
« dans l'homme une lumière intellectuelle, proté-
« gez et dirigez cette créature qui, émanée de
« votre bonté, doit tendre à votre gloire. Vous,
« quand vous vous êtes retourné vers les ouvrages
« de vos mains, vous avez vu qu'ils étaient tous
« très-bons, et vous vous êtes reposé; mais l'homme,
« quand il s'est tourné vers les œuvres de ses
« mains, il a vu qu'elles étaient vanité et affliction
« de l'esprit, et il n'a pu trouver de repos. C'est
« pourquoi, si nous versons nos sueurs dans l'étude
« de vos ouvrages, nous espérons que vous nous
« ferez participants de votre vision céleste et de
« votre sabbat éternel!… Nous voulons que tous
« ceux qui liront ceci soient avertis de songer aux
« véritables fins de la science, qu'ils n'en fassent
« point un instrument de caprices, une matière à
« disputes, un sujet de mépriser les autres, un
« moyen de se procurer du bien, de la puissance
« ou de la gloire. Puissent-ils l'employer à des
« fonctions plus nobles, à bien mériter des hommes,
« à soulager les maux de la vie! puisse la charité
« être la règle de la consommation de leurs travaux!
« car l'amour de la puissance a fait tomber les
« Anges, l'appétit de la science a fait tomber les
« hommes; mais la charité ne connaît point d'excès,

« et jamais ni ange ni homme ne courut par elle
« danger de périr (1). »

C'est là le testament de Bacon. Quelquefois mal compris de son époque, il aimait à se dire le Serviteur de la postérité : nous allons voir si la postérité remplit son attente. Pour mieux nous rendre compte des fruits qu'elles portèrent, nous allons essayer de juger ses doctrines. Le temps nous tiendra lieu d'autorité. Les proportions du plus immense édifice peuvent être mesurées par l'œil d'un enfant, pourvu qu'on le place à distance.

Et d'abord, quelque grande que pût être la mission que Bacon avait reçue, il s'en attribua une plus grande encore. Il lui semblait que, durant cinquante-cinq siècles, l'intelligence humaine fût demeurée un vaste chaos, que lui, philosophe, était attendu pour créer les sciences, et que sa logique, Verbe nouveau, allait féconder l'abîme et enfanter un monde. Or tel n'avait point été l'aveuglement de l'intelligence dans les siècles antérieurs : elle n'avait eu ni tant de malheur ni tant de pa-

---

(1) On n'a pas jugé nécessaire de répéter ici la fameuse maxime de Bacon sur l'athéisme. Il existe aussi de lui une longue profession de foi, dans laquelle le savant M. Emmery (*Christianisme de Bacon*) ne trouve rien que la théologie catholique puisse désavouer. Bacon a rendu plusieurs fois témoignage à la sainteté des institutions monastiques, à l'excellence de l'éducation donnée dans les colléges de la compagnie de Jésus, à la sagesse de certains papes. Malheureusement de nombreux passages de ses écrits ne sauraient permettre de révoquer en doute son attachement à l'établissement politique de l'Église anglicane.

resse; et, dans tous les cas, ce n'était point la logique qui pouvait la remettre soudainement en possession de la vérité. — L'homme n'a pas toujours été ce qu'il est : un temps fut où il voyait la vérité face à face par une intuition immédiate, où il possédait la science dans sa simplicité et dans sa plénitude. Un jour elle se déroba à ses regards; ses facultés intellectuelles, dont il était si fier, avaient perdu leur primitive harmonie, leur portée s'était raccourcie tout à coup, elles étaient pleines de trouble et d'illusion. Il fallut que l'homme reconquît péniblement la vérité comme son pain quotidien, qu'il s'avançât vers elle d'un pas chancelant et par des voies détournées, qu'il construisît lentement des sciences et des arts; il fallut, ignominie! créer un art de penser, comme si l'homme n'était pas excellemment une créature pensante! C'est ainsi que la logique est venue, tâchant de rétablir, à force de calculs, l'économie de notre entendement, et nous apprenant à bégayer des choses vraisemblables. Mais, en rendant à notre entendement un peu d'harmonie, elle ne lui a pas rendu sa puissance : elle a redressé le roseau pensant; mais c'est toujours un roseau. L'homme, pour sortir de ses ténèbres, a besoin d'un autre secours; pour retourner à la vérité, il faut qu'il l'entrevoie de loin. C'est pourquoi la Providence lui fait encore apparaître de temps à autre quelques éclairs de cette lumière dont il jouissait autrefois. Ces éclairs se nomment Découvertes. Et la plupart des grandes découvertes, de celles qui donnent aux esprits une impulsion durable, se font, non par méthode ni par calcul, mais par une révélation intérieure ou extérieure, par inspiration ou par hasard. Christophe Colomb rêvait une croisade : la pensée lui vient de passer aux Indes par l'Atlantique, et chemin faisant il trouve un continent nouveau. Copernic meurt léguant à Galilée la démonstration inachevée de son système dont il ne doute point. Keppler, pendant seize années de sa vie, affirme sur sa conscience les lois de la révolution des planètes, et ne parvient pas à les établir par le calcul. Une pomme tombera sur les genoux de Newton endormi, et, se réveillant, il concevra le système du monde. Viendront ensuite les hommes patients et ingénieux : ils combineront avec sagesse ces données du hasard ou de l'inspiration ; et de cette combinaison se forme la science, et les arts s'en déduisent. Pour combiner, pour déduire, grande est l'utilité de la logique : là est toute la valeur du génie de Bacon. Mais les principes générateurs, les vérités fondamentales des sciences modernes, furent révélés à d'autres qu'à lui, avant lui et sans lui. Révéler, c'est le privilége de Dieu.

Ce fut encore de la part de Bacon une grave et dangereuse erreur que d'avoir cru sa méthode applicable à toutes les branches des connaissances humaines. L'univers matériel a été livré aux disputes des savants ; il n'est perçu que par les sens, et leur témoignage, souvent pris en défaut et justement suspect, a besoin du contrôle supérieur de la raison. Mais en est-il de même du monde moral ? — Si l'humanité a quelque mission sacrée à remplir ici-bas, elle a dû la connaître à toutes les heures de son existence, elle a dû se connaître elle-même, son origine et sa fin, les lois de la vie et les espérances de la mort ; elle a dû savoir toutes ces choses sans effort et sans incertitude, sous peine de rester inactive et de perdre dans les controverses séculaires le temps qui lui fut donné pour marcher à ses destinées immortelles. C'est pourquoi, lorsqu'une obscurité profonde environna l'humanité déchue, deux rayons lui restèrent et formèrent la colonne lumineuse qui devait la guider dans la vie. Ces deux rayons venaient de Dieu ; mais l'un luisait au dedans, c'était la conscience ; l'autre brillait au dehors, c'était la tradition. Toutes les sciences morales ne sont que le reflet de ces deux rayons secourables, le développement de ces deux données premières. Leur point de départ n'est donc pas dans l'observation des faits, mais dans la connaissance des principes : car ne serait-ce pas folie de chercher dans les phénomènes rapides qui se succèdent au milieu du temps et de l'espace les secrets immuables de l'infini et de l'éternité ? Elles commencent par un acte de foi, et repoussent le doute méthodique comme une usurpation et un mensonge. Usurpation : car le doute suppose une autorité qui juge ; et quelle serait donc l'autorité qui serait en droit d'appeler à son tribunal la conscience et la tradition, et de juger en dernier ressort les jugements de Dieu? Mensonge : car telle est la puissance de la conscience et de la tradition, que nul ne saurait pleinement s'y soustraire, et qu'à l'heure même où, par une fiction philosophique, l'homme, parlant de Dieu ou des maximes éternelles de la morale, essaye de dire : Je doute, une voix intérieure répond : Je crois. Ainsi les sciences naturelles et les sciences morales diffèrent par leur base et par l'ordre de leur construction. La méthode des premières est l'analyse, celle des secondes est la synthèse. Bacon n'admit pas cette importante distinction. Il accorda peu de valeur à la conscience pour la recherche de la vérité. Il ne reconnut point la part légitime qui appartient à la société dans la formation des intelligences, et la nécessité de la parole pour féconder la pensée ; philosophe protestant, les liens d'amour de la tradition lui parurent d'intolérables entraves.

En même temps qu'il confondait toutes les sciences sous une même règle, il prétendait établir entre elles des divisions absolues; il les renfermait dans des cadres qu'il avait tracés, et voulait empêcher ces nobles sœurs de se tendre la main. C'est ainsi que, par réaction contre la scolastique, il recommanda la séparation absolue de la théologie et de la philosophie, de la métaphysique et de la physique. Cependant il se trompa. L'ensemble des êtres est pareil à l'échelle miraculeuse que rêva Jacob : Dieu est au sommet, la nature est au bas, l'homme y a sa place au-dessous de Dieu et au-dessus de la nature; et les pensées divines, comme des anges pleins d'amour, présentes partout, entretiennent d'innombrables rapports et une immense harmonie. Les sciences doivent présenter l'image de cet accord universel : aussi sont-elles liées ensemble par des besoins et des services mutuels; il n'en est aucune qui puisse se poser seule, indépendante. Aussi aiment-elles à se trouver réunies, et, quand un homme de génie veut être admis à la familiarité de l'une d'elles, il faut que les autres ne lui soient point étrangères. Le divin Platon fut appelé le théologien de l'antiquité : saint Thomas d'Aquin peut être nommé le plus grand philosophe du moyen âge. Les pères des sciences physiques et mathématiques, Thalès et Pythagore, apparaissent aussi comme les premiers métaphysiciens grecs. Le cardinal de Cusa, en méditant sur quelques paroles de l'Écriture (1), entrevit la grande loi de la gravitation, qui ne devait être démontrée que deux cents ans plus tard; et, dans des temps plus modernes, ces sciences que Bacon

---

(1) « Omnia disposuisti in numero, mensura et pondere. »

voulait séparer donnèrent l'exemple d'une assez glorieuse alliance en la personne de Descartes, de Leibnitz et de Pascal.

Rarement l'auteur d'une doctrine en prévoit toutes les conséquences : il signale les idées qui passent à flots pressés devant son esprit, mais il n'a pas le temps d'en suivre le cours; homme à imagination puissante, aux larges vues, à la parole inspirée, il dédaigne de s'asservir à des formes systématiques, il envisage toute chose sous plusieurs aspects, il se répète souvent, il se contredit quelquefois. Quand il n'est plus, ses disciples se présentent pour recueillir son héritage; mais ils le recueillent à leur manière. Ils choisissent parmi les enseignements du maître ce qu'ils ont le mieux compris ou ce qui leur plaît davantage, ils le réduisent en système, et des prémisses ainsi modifiées ils font sortir des conséquences nouvelles. Tel fut le sort des doctrines de Bacon. L'école sensualiste se forma, elle appliqua aux sciences morales la méthode du *Novum Organum*, elle regarda la conscience et la tradition comme ces *Idola tribus* que le genre humain conserve dans un superstitieux respect. Elle fit de la sensation le principe de toute connaissance; et, comme la sensation ne rend témoignage que des phénomènes du monde visible, elle cessa de croire aux choses invisibles, c'est-à-dire à Dieu et à l'immortalité. Les diverses régions de l'intelligence furent divisées. Au lieu de cet horizon immense dont elles auraient dû jouir, et aux bords duquel on aurait toujours vu poindre les splendeurs de la Divinité, on les enferma isolées dans des murs d'airain. Ce fut comme une grande manufacture où les ouvriers, enfermés dans des ateliers qui ne se communiquent point, accomplissent machinalement les différentes parties d'un même ouvrage sans être initiés à l'ensemble des opérations : ici le métal est purifié dans la fournaise, là il a été forgé sous le marteau, ailleurs il a reçu la trempe et le poli : le fer brut, qui était entré dans cette manufacture, en sort brillant et façonné; mais les hommes qu'on y a jetés intelligents et aimants en sortent abrutis. Ainsi la philosophie, en s'accoutumant à étudier l'homme isolé de Dieu et de la société, à repousser comme étrangères les données de la révélation, se mit à nier la révélation même. La physiologie, écartant de ses recherches toute l'action de l'âme sur le corps, s'habitua à méconnaître la présence de l'âme et se fit matérialiste. La physique, en ne considérant dans la nature que les causes secondaires et les forces motrices, apprit à se passer des causes finales : les lois lui firent oublier le législateur, et elle devint athée. Hobbes et Locke, en Angleterre, s'étaient portés les premiers héritiers de Bacon; les philosophes du dix-huitième siècle réclamèrent sa succession pour la France. D'Alembert attacha ce grand nom à la préface, j'allais dire au pilori de l'*Encyclopédie;* Voltaire, Naigeon, Condorcet et tous les hommes de la ligue antichrétienne tirèrent de son tombeau le grave et religieux philosophe de Vérulam, le revêtirent de leur livrée, le firent asseoir à leur banquet de sophistes et l'accablèrent de l'infamie de leurs louanges.

Mais ces outrages posthumes ne sauraient atteindre la mémoire de Bacon. S'il se trompa, l'erreur est chose humaine ; si dans la coupe qu'il avait préparée se glissa le poison de l'athéisme, ce fut à son insu, et il ne la vida point jusqu'au fond. Aujourd'hui l'influence funeste exercée par ses doctrines commence à s'épuiser ; la philosophie sensualiste a rendu le dernier soupir; les connaissances naturelles elles-mêmes semblent céder à une impulsion meilleure : l'heure mauvaise est passée, le bienfait subsiste. Le bienfait de Bacon, c'est d'abord d'avoir arraché les hommes de son temps au sommeil léthargique dans lequel ils restaient ensevelis, d'avoir ébranlé l'orgueilleuse paresse de l'école, porté le dernier coup à l'empire vermoulu d'Aristote, et révélé la véritable destinée de la science. C'est encore d'avoir fait comprendre que la nature déborde de toutes parts les formules où la raison voudrait l'emprisonner, et qu'on ne la subjugue qu'à condition de la connaître. C'est enfin d'avoir préparé les voies et donné l'exemple d'une exploration consciencieuse et féconde. Dès lors le monde matériel fut ouvert à toutes les recherches, ses ressorts furent mis à nu l'un après l'autre, la science s'avança à pas rapides, et, posant la main sur le merveilleux clavier de la création, en fit jaillir les innombrables combinaisons de l'industrie. L'industrie, à son tour, remplace par des machines ingénieuses le travail de l'homme, et lui donne les agents physiques pour auxiliaires et pour esclaves. Ainsi elle essuie la poussière qui déshonorait son front, et l'affranchit des grossiers labeurs qui tenaient son âme asservie. Elle peut aussi devenir la confidente et la conseillère de la charité, multiplier le soulagement des douleurs, augmenter l'abondance dont l'aumône se fait, donner à l'aumône elle-même le moyen de se cacher sous la forme du salaire. Et puis n'embellit-elle pas notre exil? ne nous rend-elle pas quelque faible image du bonheur qui environna le berceau de nos premiers pères? Et sera-ce là un présent funeste si nous n'en abusons point, si nous le rapportons à celui qui nous l'a envoyé par la main des hommes, et si, dans ce repos inespéré dont nous jouissons quelquefois au milieu des agitations de la vie, nous nous écrions comme le pasteur de Mantoue, mais avec une plus juste reconnaissance :

. . . . . . Deus nobis hæc otia fecit!

II

Nous nous sommes abandonnés avec trop de complaisance à ces grands spectacles. Il est temps de quitter cet empire de la pensée où tout est grave et solennel, où le temps ne se compte point par années ni par siècles, mais par doctrines et par découvertes, où les nationalités et les individualités s'effacent, tandis que de hautes intelligences, placées de loin en loin, dominent la multitude et servent de jalons superbes à l'œil qui veut mesurer les progrès de l'esprit humain. Descendons sur une scène plus étroite et plus tumultueuse; assistons au drame des affaires publiques dans un siècle et dans un pays. Nous venons d'entendre l'histoire d'un génie, apprenons celle d'un homme.

Élisabeth régnait en Angleterre, elle avait apporté sur le trône un singulier mélange de talents et de vices. A de vastes connaissances laborieusement acquises pendant une jeunesse solitaire, elle joignait une perspicacité et une sagesse politique dignes d'admiration; elle savait l'art de se faire toujours craindre des grands, et quelquefois aimer du peuple; il y avait en elle un désir énergique de la gloire et de la prospérité nationales, et peut-être aussi quelque germe de générosité personnelle qui ne tarda pas à se flétrir sous le poids de la couronne. Mais elle avait reçu en héritage l'orgueil farouche de son père, elle avait fait sous le règne de sa sœur un long apprentissage de dissimulation, et son âme recélait toutes les faiblesses d'une femme. Ces dispositions, encouragées par des conseillers pervers, avait grandi et formé par leur assemblage un des plus odieux caractères qui déshonorent l'histoire moderne; égoïsme au diadème doré, au cœur d'argile, à la main de fer, à qui rien ne coûte pour parvenir à ses fins. Femme jalouse de sa beauté jusqu'aux plus ridicules excès de la coquetterie; reine vierge qui aimait à traîner sa robe dans toutes les turpitudes d'une cour scandaleuse, et s'entourait de favoris marqués souvent au coin de la réprobation publique; souveraine d'une nation libre, qui mettait son honneur à prendre les allures altières du despotisme, et qui fit couler à grands flots les larmes et le sang pour assouvir son insatiable méfiance; alliée perfide qui, durant plus de quarante ans, sema à travers l'Europe les discordes civiles, et fonda la grandeur de son royaume sur les désastres de la chrétienté; parente oublieuse des droits les plus sacrés, qui prépara avec une habileté infernale les infortunes de Marie Stuart, qu'elle appelait sa bonne sœur, et la traîna de chute en chute et d'outrage en outrage jusqu'à l'échafaud; chrétienne infidèle, qui, après avoir embrassé le catholicisme sans contrainte, l'abjura sans pudeur, fit peser sur la tête de ses sujets attachés à l'ancienne croyance une persécution sans pitié, et livra au barbare supplice des traîtres une foule de personnages illustres par leur naissance ou par leur vertu, sans autre crime que d'avoir adoré le Dieu de Marie Tudor et de Marie Stuart : telle était Élisabeth. Autour d'elle rampaient les courtisans ; le parlement tremblait, la nation se taisait, et les princes étrangers frémissaient d'une stérile indignation.

Or, deux ans après l'avénement de cette princesse, et le 22 janvier 1561, il y eut une grande joie dans la maison du garde des sceaux, Nicolas Bacon, maison jadis obscure, mais enrichie, par la faveur d'Henri VIII, des dépouilles du vieux clergé. Un fils lui était né, il reçut le nom de François, et de hautes espérances reposèrent sur lui. Élevé dans l'atmosphère de la cour, il en accueillit facilement les inspirations, et de bonne heure il en prit le langage. Un jour que la reine lui demandait quel âge il avait, l'enfant adulateur répondit sans hésiter : « Juste deux ans de moins que le règne heureux de Votre Majesté (1). » Assurément, si quelque astrologue se trouvait présent à cette réponse, il dut juger que celui qui la faisait était né sous la conjonction de Mercure et de Jupiter, et en tirer un brillant horoscope.

En effet, l'instinct des affaires publiques, mer-

---

(1) *Histoire de la vie et des ouvrages de Bacon*, par M. de Vauxelles, t. I.

veilleux auxiliaire de l'ambition, devança en la personne de François Bacon l'âge et l'expérience. A dix-neuf ans, il avait rempli une mission délicate entre l'ambassadeur anglais à Paris et la reine ; il avait aussi composé un écrit sur l'*État de l'Europe*, où l'on trouve plusieurs marques d'une maturité précoce. Bientôt la mort de son père le laissa seul, pourvu d'un médiocre héritage, jouissant de quelque estime, mais peu d'humeur à s'en contenter, amoureux de l'éclat et de l'or, dévoré d'une activité qui avait besoin de se développer à l'aise. Il dédaigna la carrière du barreau restreinte et poudreuse, vers laquelle il avait d'abord tourné ses regards, et les porta avec convoitise sur les fonctions politiques. Ce fut probablement à cette époque, et peut-être pour préluder au rôle difficile qu'il ambitionnait, qu'il composa le petit ouvrage publié plus tard sous le titre de *Antitheta rerum*. Là se trouve rangé sous deux colonnes un arsenal d'arguments philosophiques et oratoires à l'usage des opinions les plus contraires sur les plus graves questions de la politique et de la morale. Là se lisent ces maximes présentées, il est vrai, comme de simples lieux communs, mais dont nous ne tarderons pas à voir la triste application : « La dis-
« simulation est l'abrégé de la sagesse ; c'est comme
« une haie vive qui protége les desseins des hommes
« habiles ; c'est une sorte de pudeur intellectuelle
« qui nous fait couvrir la nudité de nos pensées.

« Celui qui ne dissimule jamais ne trompe pas
« moins ; car, le plus grand nombre des hommes
« étant accoutumés au mensonge, rien ne les sur-
« prend et ne les met en défaut comme la vérité.
« La magnanimité n'est qu'une vertu poétique. La
« flatterie est excusable. Les grands ont droit à ne
« recevoir de leçons que celles qui se cachent sous
« les formes de la louange. — Ce que l'on nomme
« du nom odieux d'ingratitude n'est autre chose
« que la juste appréciation des motifs d'un bienfait.
« La reconnaissance envers quelques-uns nous fait
« manquer de justice envers les autres, et trahir
« notre indépendance. On ne doit point récompen-
« ser un service, puisqu'on n'en saurait estimer la
« valeur (1). »

En même temps, et pour attirer sur lui les regards de sa gracieuse souveraine, il publia l'*Éloge de la reine Élisabeth* (2), œuvre de rhéteur, où l'adulation s'élève jusqu'au cynisme de l'hyperbole. Il vante les mérites de la reine, et parmi ces mérites il ose compter « cette clémence qui distille
« sans cesse de ses belles mains, et tombe sur les
« blessures de ceux qu'avait frappés la justice de
« la loi ; » alors que ces mains avaient signé l'arrêt de mort des vertueux seigneurs de Norfolk et de Northumberland. Il loue sa religion et la douceur

---

(1) *Antitheta rerum*, opuscule inséré dans le livre *de Dignitate et Augmentis scientiarum*.
(2) *Œuvres de Bacon*, t. 1.

de sa conduite envers ses sujets catholiques, lorsque le pieux Campian et huit de ses compagnons venaient de mourir pour n'avoir pas voulu adhérer à l'Église établie (1). Il ne rougit pas de parler de la bienveillance de ses rapports avec les peuples

(1) Vers la même époque, en répondant à un libelle dirigé contre le gouvernement de la reine, Bacon écrivait ces lignes que j'aime à traduire et à citer, comme jetant quelques lumières sur les causes qui introduisirent et propagèrent le protestantisme en Grande-Bretagne.

« La pureté de la religion est un bienfait inestimable, inconnu
« au temps de nos anciens rois, jusqu'au jour du père de Sa Ma-
« jesté Henri VIII, de *fameuse* mémoire. De cette pureté de la reli-
« gion sont résultés trois avantages temporels d'une grande impor-
« tance. Le premier, c'est de retenir dans le royaume les sommes
« considérables qu'autrefois on envoyait annuellement à Rome ; le
« second, c'est d'avoir divisé les revenus immenses que les monas-
« tères dépensaient jadis inutilement, et de les avoir employés
« à élever des familles puissantes, qui sont la force de l'Etat et
« l'éclat de la couronne ; le troisième enfin, c'est d'avoir affranchi
« l'autorité royale de tout supérieur étranger, et de l'avoir affermi
« en l'isolant. »

On peut remarquer, sur le premier point, que Bacon semble appliquer ici ses principes en matière d'ingratitude : était-il bien digne de l'opulente Angleterre, après avoir reçu de Rome la magnifique aumône du christianisme et de la civilisation, de marchander ensuite le denier de Saint-Pierre et d'apostasier par économie? Sur le second point : les dépenses inutiles des monastères, c'étaient les écoles, les établissements charitables, les admirables monuments dont l'*Ile des Saints* était couverte avant l'époque de la réforme ; les héritiers de ces dépouilles, c'est le clergé marié, plus riche à lui seul que tout le clergé de l'Europe ; ce sont les lords oppresseurs, c'est cette aristocratie territoriale qui fait qu'aujourd'hui, sur vingt-quatre millions d'habitants, les trois royaumes ne comptent qu'un million de propriétaires, tandis que la septième partie de la population est inscrite au rôle des indigents. Sur le troisième point : en isolant l'autorité souveraine, on l'a rendue tyrannique, capricieuse et non pas sûre ; l'histoire des Stuarts est là pour en déposer. — Ainsi le despotisme et l'avarice, tels sont les deux génies que l'on voit accroupis auprès du berceau de l'anglicanisme.

voisins, tandis que la France et les Pays-Bas brûlaient du feu de la guerre civile qu'elle avait attisée, et que le sol de l'Écosse était couvert de ruines lamentables qu'elle y avait faites, lorsque Marie Stuart captive n'avait plus que deux ans à vivre. Puis, abordant un autre sujet d'éloges, les attraits et les grâces de cette vierge royale alors âgée de plus d'un demi-siècle, les expressions lui manquent ; il invoque Virgile à son aide, il emprunte à ce poëte, *le plus chaste et le plus royaliste de tous*, un hémistiche pour chacune des perfections de son héroïne : pour sa démarche : *Et vera incessu patuit dea ;* pour sa voix : *Nec vox hominum sonat;* pour ses yeux : *Et lætos oculis afflavit honores;* pour son teint : *Indum sanguineo veluti violaverit ostro si quis ebur* (1). Enfin, ne sachant plus que

(1) Il paraît que tout le monde n'était pas de cet avis. L'ambassadeur de Venise, qui avait vu Élisabeth dans tout l'éclat de sa beauté lors de son entrée à Londres avec sa sœur Marie, en écrit en ces termes : « Elisabeth e piuttosto graziosa che bella, *olivastra* di « complessione. » J'omets plusieurs citations de Virgile, une entre autres, sur laquelle Bacon fait une indécente équivoque ou un grossier contre-sens. Je penche pour le contre-sens, d'autant plus que d'autres faits semblent prouver que Bacon ne possédait pas d'abord une bien profonde connaissance de la langue latine. — Pour mieux faire comprendre de quel encens lourd et épais la vanité d'Élisabeth aimait à se repaître, je traduis ici une lettre que lui adressait Bacon le premier jour de l'année : « Selon l'usage solennel de ce « jour, je ne voudrais point manquer de me présenter en toute hu« milité devant Votre Majesté, et de mettre à ses pieds un modeste « cadeau. Et pour suppléer à l'insuffisance de mon offrande, je prie « Dieu de donner lui-même à Votre Majesté un présent de nou« velle année, je veux dire une année qui n'en soit pas une pour « votre personne, et qui en vaille deux pour vos coffres : puisse« t-elle d'ailleurs être joyeuse et prospère ! »

vanter, il se prend à la fortune de la reine; il dit ses adversaires confondus, les conspirations contre sa vie découvertes. « Que dirai-je, ajoute-t-il, de « la mort opportune de ses ennemis? Don Juan « d'Autriche n'est point trépassé mal à propos. Je « ne parlerai pas du décès de plusieurs qui me re- « viennent à l'esprit; seulement je maintiens que « ceux-là vivent dont la vie est utile, et que ceux-là « meurent dont la mort est souhaitable. Je ne vou- « drais pas que le roi d'Espagne s'en fût allé de « ce monde, c'est une moisson de gloire; mais, « s'il devient dangereux, lui, ou quelque autre que « lui, je suis persuadé qu'il mourra. » Au milieu de ce panégyrique, François Bacon avait jeté une phrase courte, rapide, mais qui n'était peut-être pas la moins importante selon ses vues : c'était celle où il exaltait l'habileté de la reine dans le choix de ses serviteurs, et l'art merveilleux avec lequel elle savait satisfaire les uns et tenir les autres en appétit.

Ce fut ce dernier régime qu'on adopta pour lui. A l'âge de vingt-huit ans, il fut nommé conseiller (avocat) extraordinaire de Sa Majesté, place honorable, mais sans revenus. Il obtint encore la survivance d'une charge de greffier de la chambre étoilée, d'un rapport annuel de seize cents livres; mais ce ne fut que vingt ans après qu'il entra en possession de cette charge : en attendant, il avait la coutume de la comparer au voisinage d'un grand jardin dont on n'est pas le maître, et qui agrandit la perspective sans remplir les greniers. Tout cela était donc peu pour ses désirs et peu surtout pour payer ses dettes. Encore trop éloigné de la source des grâces, il lui fallait, pour s'en approcher davantage, chercher le secours d'une main amie et puissante. Nous allons voir comment il usa de celle qui lui fut tendue.

A cette époque, deux partis divisaient la cour d'Élisabeth. L'un comptait dans ses rangs des caractères plus énergiques, des talents plus solides, des services plus laborieux et plus multipliés. Là étaient des hommes d'État, les hommes nécessaires : lord Burleigh, grand trésorier, et son fils, Robert Cecil ; l'amiral Walter Rawleigh, le plus illustre marin, et l'attorney général Coke, l'un des plus savants jurisconsultes dont l'Angleterre pût alors s'enorgueillir. C'était dans ce cercle de penseurs sévères que s'élaboraient sourdement les grandes choses de ce règne, et que se préparaient les ressorts qui, de temps à autre, touchés par des doigts invisibles, allaient ébranler les extrémités de l'Europe. Là aussi il y avait des passions jalouses et haineuses; il se faisait de détestables calculs; il se méditait des crimes politiques, qui, pour un temps, assuraient les usurpations de l'autorité royale au dedans, la prépondérance de la puissance anglaise au dehors, les rendant toutes deux également redoutables, également odieuses. De l'autre côté se pressaient de brillants courages, des âmes ardentes, tout ce que la réforme avait laissé survivre de caractères chevaleresques, tout ce que la Renaissance avait suscité d'esprits ingénieux et ornés : en même temps un amour effréné de la gloire et du plaisir, la témérité de l'âge, la corruption des mœurs et les autres vices dorés qui hantent les palais. Ce parti avide de pouvoir, mais plus encore de faveur, qui n'avait point su se rendre nécessaire au pays, mais dont la reine n'aurait su se passer, marchait sous les auspices de Robert Devereux, comte d'Essex. Le comte d'Essex, beau-fils du célèbre Leicester, était un noble et généreux jeune homme ; il avait captivé tout à la fois avec un rare bonheur les bonnes grâces de la reine et l'amour du peuple, et parcourant rapidement la route épineuse des hautes dignités de l'État, il était devenu grand maréchal du royaume (1).

Entre ces deux factions rivales, il fallait que Bacon choisît. Il se sentit d'abord entraîné vers la première, soit par des affinités morales, soit par des liens de parenté qui l'unissaient au trésorier Burleigh, et lui faisaient espérer en la personne de celui-ci un protecteur naturel (2). Après un accueil froid et de longues et inutiles sollicitations, Bacon crut devoir chercher la fortune sous une autre bannière, celle du comte d'Essex. Il lui ap-

(1) Lingard, tome VIII; de Vauxelles, *Histoire de Bacon*, tome I.
(2) Lettre de Fr. Bacon à lord Burleigh, 1591.

porta ses lumières et ses conseils, un dévouement qui semblait sans réserve, une plume habile et complaisante; il reçut en retour un patronage honorable et une amitié fructueuse. Il reçut plus encore : le comte d'Essex, n'ayant pu lui obtenir la charge de solliciteur général, lui fit présent d'un domaine de plus de dix-huit cents livres sterling. Ce jour-là, sans doute, entre le bienfaiteur et celui qui acceptait le bienfait s'échangèrent des paroles d'attachement éternel.

Enfin vint l'heure où, sur les premiers degrés du trône, les deux partis durent se livrer un combat décisif. Des présages sinistres menaçaient le comte d'Essex, une fatalité inéluctable semblait s'appesantir sur lui; d'erreurs en erreurs, il se précipita dans l'entreprise téméraire de renverser par la force le ministre Robert Cecil, et de gouverner à sa place. Le complot fut éventé, et le comte, pris les armes à la main, fut livré à la vengeance de ses ennemis par la faiblesse de la reine, qui n'osa point défendre un ami autrefois si cher. Le procès fut instruit. Coke devait porter la parole; Bacon, comme conseiller extraordinaire de Sa Majesté, fut invité à soutenir l'accusation. Ses fonctions ne lui en faisaient point un devoir; il avait même devant lui l'exemple de sir Yelverton, qui, sous le règne d'Édouard VI, avait préféré encourir la colère du roi plutôt que d'accomplir sa charge en plaidant contre le comte de Somerset, son protecteur. Cet exemple ne lui apprit qu'une chose, c'est qu'un refus appelait une disgrâce, et il accepta. — Alors on vit paraître d'un côté de la barre le comte d'Essex, dépouillé des marques de ses dignités, mais fort de sa loyauté et de sa bravoure, venant expier par une condamnation certaine sa popularité justement acquise, mais dont il était trop épris, et, de l'autre, sir François Bacon, revêtu des insignes de la magistrature, ambitieux novice, subissant le rôle ignominieux qu'on lui avait imposé, et osant à peine regarder en face celui dont plus d'une fois peut-être il avait embrassé les genoux. On le vit, lui, tant de fois dépositaire des confidences de ce noble cœur, y descendre maintenant par des voies ténébreuses pour y surprendre, s'il se pouvait, quelque intention criminelle. On l'entendit appeler la mort sur celui dont les bontés avaient embelli sa vie; il conclut à la peine capitale, et ses conclusions furent adjugées. La tête du comte tomba au milieu des murmures de la nation. Pour calmer le mécontentement, Bacon fut encore chargé de publier une justification du procès, et il le fit sous ce titre : *Déclaration des intrigues et trahisons de Robert, dernier comte d'Essex* (1). L'indignation universelle accueillit cette nouvelle bassesse. La vue de cet homme qui avait si outrageusement forfait à la reconnaissance et à l'amitié devint insupportable à ses concitoyens; il y eut

(1) Voir les *Œuvres complètes de Bacon*, en anglais.

contre sa vie des tentatives de vengeance terrible : il fallut qu'il se tînt renfermé chez lui, seul avec ses remords; et, les rôles changeant, l'accusateur fut obligé d'écrire sa propre apologie (1). Mais cette apologie, tout en constatant les scrupules qui avaient précédé sa détermination et la modération avec laquelle il s'était efforcé de l'accomplir, ne trahit pas moins les motifs qui l'avaient dictée. On en jugera par un court passage, où l'embarras du style témoigne parfaitement des inquiétudes de la conscience. « Vous pouvez vous rappeler que la
« reine connaissait sa force et regardait sa parole
« comme un ordre souverain. Vous savez qu'à
« l'exemple des plus excellents princes ses prédé-
« cesseurs, elle n'attachait point irrévocablement sa
« confiance aux charges qu'elle accordait, et sé-
« parait quelquefois ses faveurs particulières des
« offices publics. Ainsi, moi qui occupais dans le
« monde un poste envié et périlleux, moi qui sa-
« vais que la reine avait coutume de conduire jus-
« qu'au bout une fortune commencée par elle, et
« qu'elle était constante dans ses bontés; moi qui
« avais récemment reçu des preuves extraordi-
« naires de sa bienveillance, je résolus d'endurer
« cette épreuve, et de faire ce qui m'était demandé,
« dans l'attente d'un avenir meilleur. »

Cependant Élisabeth vint à mourir; Jacques Ier lui succéda, avec moins de vices peut-être, mais

(1) Cette apologie se trouve aussi dans les *OEuvres complètes*.

avec plus de faiblesses; jaloux de son savoir pédantesque, comme elle l'était de sa fabuleuse beauté; voulant, lui aussi, faire trembler, mais tremblant lui-même; s'attachant à de frêles créatures, entre les mains desquelles il abandonnait le sceptre, et qui le laissaient tomber dans la boue. Sous lui, le peuple anglais apprit à dédaigner la majesté des rois; le parlement, ne se sentant plus guidé par une main ferme, prit une attitude ombrageuse; la cour garda ses habitudes adulatrices, mais l'encens qui s'y brûlait s'adressait moins au monarque qu'aux idoles qu'il avait élevées à ses côtés, et qui disposaient de sa puissance.

François Bacon n'avait point reçu le prix du sang. On dit même qu'à ses importunités, devenues plus pressantes depuis la mort d'Essex, la reine un jour avait répondu : « Quelle autorité « peut avoir comme magistrat celui qu'on mé- « prise comme homme? » A l'entrée du nouveau règne, âgé de quarante-deux ans, il demeurait délaissé et les mains vides au dernier échelon de la hiérarchie. Il voulut se préparer des destinées plus prospères par une étude approfondie des secrets de la fortune; et quelque temps après, il donna le résultat de ses réflexions dans un opuscule intitulé : *Faber fortunæ suæ*. Cet écrit offre, sous de modestes dimensions, un traité presque complet d'ambition pratique (*Doctrina de ambitu vitæ*, comme l'appelle l'auteur lui-même). Nous croyons en devoir tracer une succinte analyse. L'histoire n'est que la révélation des âmes. C'est pourquoi toute l'histoire politique de Bacon est dans ce livre. Là sont prises sur le fait les pensées dont la réalisation va devenir pour lui l'œuvre de chaque jour. Tout ce qui dans sa vie aurait pu nous paraître commandé par les circonstances, arraché par la surprise; tout est là prévu, médité; rien n'est laissé au hasard, presque rien à la Providence : on eût aimé à chercher, à trouver des excuses au génie coupable; et voilà qu'on est confondu en présence de ses calculs et de sa désolante sagacité.

« Au premier abord, il semble insolite et nouveau d'enseigner aux hommes à devenir des artisans de leur fortune. Toutefois, si la fortune peut être l'instrument de la vertu et l'auxiliaire des bonnes actions, elle n'est point indigne de former l'objet d'une étude sérieuse. Il est d'ailleurs de l'honneur des lettres de faire savoir au vulgaire que la science n'est point pareille à l'oiseau qui s'élève solitairement dans les airs et se charme lui-même de ses propres chants; mais que plutôt elle ressemble à l'épervier, qui sait quand il lui plaît planer à de grandes hauteurs, et qui sait aussi au moment propice descendre et saisir sa proie.

« Plusieurs règles générales et quelques préceptes particuliers sont comme les premiers délinéaments de cette science de la fortune qui n'est point faite encore. Les règles générales se rapportent à la connaissance d'autrui et à la connaissance de soi-même.

« Il y a six manières d'arriver à la connaissance des hommes : l'étude de leur physionomie, de leurs paroles, de leurs actions, de leur caractère, des fins auxquelles ils tendent, enfin les rapports des tiers.

« 1° La physionomie : il ne faut point trop s'en rapporter au vieil adage : *Fronti nulla fides*. Ceci est vrai de l'aspect général du visage, qu'un homme habile peut toujours composer à son gré. Mais toujours aussi il y a dans les yeux, sur les lèvres, dans les traits, quelques mouvements légers qui trahissent l'effort; la nature prisonnière se fait comprendre par des signes qu'on n'est point maître de réprimer. Vainement l'esprit se couvre d'un triple airain, un regard exercé finit toujours par saisir le défaut de la cuirasse et par pénétrer jusqu'au nu. 2° Les paroles : il est vrai que le langage est le fard de la pensée ; mais sous ce fard la réalité se fait jour dans les paroles que la surprise arrache, ou qui échappent dans le trouble. Le chef-d'œuvre de l'art, c'est de fatiguer la dissimulation en lui opposant la dissimulation, et de lui arracher son secret par l'impatience, selon ce proverbe espagnol : « Dites un mensonge, on vous dira la vé-
« rité. » 3° Bien que les actions soient les gages les plus sûrs de la volonté, il serait imprudent de

leur accorder une foi entière avant d'en avoir mesuré la grandeur et pesé l'importance. Souvent la fraude se fait précéder d'un fantôme de loyauté, et se prépare la confiance d'autrui par sa fidélité dans les petites choses, afin de mieux tromper dans les grandes. 4° et 5° La clef qui ouvre infailliblement les plus secrètes entrées des cœurs, c'est l'examen attentif des caractères que donne la nature, et des fins vers lesquelles tendent les désirs des hommes. L'observateur doit se garder d'un excès de finesse, qui lui ferait supposer dans le commun des hommes une habileté qu'ils n'ont pas. Il en est d'autres qu'il faut scruter jusque dans les plus profonds replis de l'âme. On dit que Tigellinus, voyant qu'il ne pouvait égaler les ministres des plaisirs de Néron, descendit dans les arrière-pensées du tyran, et partagea sa puissance en se faisant le ministre de ses craintes. 6° Il faut savoir user avec discernement des observations et des rapports d'autrui. Les ennemis d'une personne vous apprendront ses défauts et ses vices; ses amis vous diront ses vertus et ses qualités; vous saurez par ses serviteurs son humeur et ses habitudes; ceux qui l'approchent de plus près et qui l'entretiennent vous feront part de ses opinions. La rumeur publique mérite peu de foi, et les jugements des supérieurs sont suspects, parce que rarement il leur est donné de voir à découvert dans l'esprit de ceux qui leur obéissent et qui les craignent.

« Après la connaissance des autres doit venir la connaissance de soi-même. Il est nécessaire de se soumettre à un examen rigoureux, de ne point se traiter avec trop de bienveillance, de se demander compte de ses facultés, de ses forces, de ses ressources, et aussi de ses défauts, de ses incapacités et des obstacles que l'on doit craindre. On se mesurera aux choses et aux hommes de son temps pour reconnaître s'il convient de s'abandonner à son naturel ou de s'imposer quelque contrainte; pour choisir entre toutes les carrières celle où l'on se sentira le pied le plus leste et le plus sûr, où l'on prévoira le moins de rivaux, où l'on aura autour de soi une plus grande solitude de talents et de vertus.

« Il est beau de se connaître, mais c'est peu si l'on ne médite ensuite l'art de se montrer et de se cacher à propos, de parler ou de se taire, de fléchir et de se relever, de modifier au degré convenable ses penchants ou sa conduite. — Ce n'est point l'œuvre d'une médiocre prudence, que de parvenir à donner aux autres une haute opinion de soi, en faisant valoir avec tact et délicatesse ses talents, ses mérites, et jusqu'aux avantages qu'on a reçus de la fortune. L'ostentation, traitée un peu sévèrement par les moralistes, doit rencontrer plus de tolérance du côté des politiques. Car, ainsi qu'on a coutume de dire : « Calomniez audacieu- « sement, il en reste toujours quelque chose; » on

peut dire encore : « Vantez-vous avec audace, tou-
« jours quelque chose en demeurera dans l'opinion
« de vos auditeurs. » Il n'est point rare de rencontrer des esprits solides qui sont punis d'une discrétion trop scrupuleuse, et qui, faute de vent, ne font point voile sur la mer de ce monde. — On ne doit pas mettre moins d'art et d'importance à cacher ses défauts, ses malheurs, ses injures. Pour dérober ses défauts à la censure publique on peut employer une triple industrie : les précautions, les prétextes et les aveux. Les précautions sont innombrables : l'usage des prétextes doit être soumis à cette règle qu'un poëte a ingénieusement tracée : *Sæpe latet vitium proximitate boni.* Si donc nous avons remarqué en nous quelque vice, cachons-le sous le masque et le manteau de la vertu voisine : la lenteur s'appellera gravité, la faiblesse se nommera douceur. Il est utile encore, en embrassant quelque entreprise, de répandre le bruit qu'on a des raisons pour ne pas faire les derniers efforts et n'employer qu'une partie de ses ressources ; ainsi passera-t-on pour n'avoir point voulu, alors qu'on n'aura point pu. L'aveu hardi d'un défaut qui ne peut se cacher est un remède peu délicat, mais d'une efficacité souveraine. Celui qui professe un mépris absolu pour les qualités qui lui manquent ressemble aux marchands habiles qui ont coutume d'exalter la valeur de leurs marchandises et de déprécier celles de leurs concurrents. Le comble

de l'habileté, mais aussi le comble de l'impudence, c'est de publier hautement ses vices et de s'en faire gloire; et, pour mieux en imposer à l'opinion, de feindre la timidité et le scrupule en des points où l'on sait qu'on excelle. Ainsi sont les poëtes qui, défendant avec chaleur un vers justement attaqué, détournent la critique et l'appellent avec une inquiétude feinte sur le passage qu'ils savent le plus beau de leur œuvre. — Il n'est point facile de déterminer dans quelles circonstances il convient de parler et dans quelles de se taire. Bien qu'une taciturnité profonde, des conseils impénétrables, des menées mystérieuses, puissent quelquefois conduire au but et sollicitent toujours l'admiration, cependant nous voyons les politiques les plus heureux dédaigner souvent de dissimuler l'objet auquel tendent leurs efforts. Sylla en est un illustre exemple. — Que l'esprit soit flexible; employez vos efforts à rendre la volonté souple et obéissante aux occasions et aux circonstances. Les caractères graves et qui ne savent pas changer ont d'ordinaire plus de dignité que de bonheur.

« Les préceptes particuliers sont nombreux : en voici quelques-uns qui serviront d'exemples : 1° On s'accoutumera à juger du prix de toute chose en raison du rapport qu'elle peut avoir avec les fins qu'on s'est proposées; les éléments de cette sorte de mathématiques intellectuelles consistent dans la connaissance exacte des puissances qui, à différents degrés, contribuent à la formation et à la multiplication de la fortune. Au premier degré je place l'empire de soi-même; au second, les richesses; au troisième, la bonne renommée : les honneurs viennent en dernier lieu. 2° Gardons-nous d'une grandeur d'âme qui nous ferait porter nos désirs au-dessus du point que peuvent commodément atteindre nos forces. Ne ramons point contre le courant des choses. Il est sage, ce conseil d'un ancien : *Fatis accede deisque*. 3° N'attendons pourtant pas toujours que l'occasion vienne nous saisir, sachons quelquefois la provoquer et marcher à la tête des événements pour les conduire au terme de nos volontés. 4° Il est téméraire de former des entreprises qui consument beaucoup de temps. La tyrannie d'une occupation trop prolongée est souvent fatale. C'est pour cette cause que les hommes adonnés à des professions laborieuses, les jurisconsultes, les orateurs, les théologiens les plus savants, ne savent point fonder leur fortune ni l'agrandir. 5° Imitons la nature, qui ne fait rien en vain. Ce ne sera point un travail difficile si nous combinons nos spéculations et nos affaires de façon que l'une soutienne l'autre, et qu'un échec reçu sur un point puisse se réparer par un avantage que nous remporterons ailleurs. Rien ne convient moins à un politique que de s'ensevelir dans la contemplation et dans le soin d'une seule chose. 6° Ne nous attachons point trop étroitement à un parti, à un poste, à une espérance, quelque solidité que nous pensions y voir. Mais ayons toujours une fenêtre ouverte pour fuir au moment de l'orage, une porte dérobée pour rentrer après. 7° Il est bien de se rappeler ce mot de Bias, pourvu qu'on n'en fasse point un usage perfide : « Aimez vos amis, sans « vous ôter le droit de les haïr un jour ; haïssez vos « ennemis en vous réservant la possibilité de les « aimer. »

On doit se tenir averti que l'auteur n'a prétendu choisir et proposer ici que des règles que la morale avoue et des moyens honnêtes ; pour ceux qui chercheraient la fortune par des voies plus courtes, mais fangeuses, il les renvoie à l'école de Machiavel (1). — Néanmoins nous trouvons dans les récits de Bacon d'autres maximes que nous ne saurions passer sous silence et qui font corps de doctrines avec celles-ci : « Quand le vice est « utile, dit-il quelque part, le fuir, c'est pé- « cher (2). » Ailleurs, à celui qui craint d'avoir offensé le prince, il conseille de rejeter la faute sur les autres (3). Enfin, dans un autre passage, il se propose pour modèle le philosophe Aristippe, qui, s'étant jeté aux pieds de Denys le tyran, répondit aux reproches d'un spectateur in-

---

(1) Voyez *Faber fortunæ suæ*, chapitre de neuf pages in-folio inséré dans le livre *de Dignitate et augmentis*.
(2) *Ornamenta rationalia*.
(3) *De dignitate et augmentis*, lib. VIII, c. II.

digné : « Est-ce ma faute si Denys a les oreilles « aux pieds (1)? »

Bacon ne tarda pas à mettre en pratique des principes et des exemples si profondément médités. Cette fortune si longtemps rêvée et si savamment poursuivie, il allait bientôt l'atteindre. Il avait su obtenir dans le parlement, par son éloquence et par son opposition modérée, autant de crédit qu'il lui en fallait pour attirer sur lui l'attention du gouvernement sans exciter sa colère. Tandis qu'avec des insinuations malveillantes il écartait ses rivaux, son humilité lui gagnait la faveur des grands. Il parvint à trouver accès auprès du roi lui-même ; il jugea probablement que ce prince avait les oreilles placées au même endroit que Denys, et il en prit le chemin. Ainsi, d'une part, il flattait la vanité de Jacques en lui dédiant ses ouvrages, en lui prodiguant dans ses pompeuses préfaces les louanges les plus démesurées, en le comparant tour à tour à Hermès Trismégiste et à Salomon ; en même temps il flattait sa paresse, par l'habileté avec laquelle il abordait les affaires les plus ardues, en dissimulait les difficultés, et faisait taire au besoin devant la volonté royale toutes les objections de la raison. C'était là ce qui convenait mer-

---

(1) *De dignitate*, préface: Propterea non sunt damnandi viri docti, ubi cum res postulat aliquid de sua dignitate remittunt sive imperante necessitate sive imperante occasione, quoad quamvis humile videatur et servile primo intuitu, tamen verius rem æstimanti censebuntur non personæ sed tempori ipsi servire.

veilleusement à l'indolence de Jacques, et ce qu'il appelait traiter les affaires *suavibus modis* (1). Aussi récompensa-t-il Bacon, en lui conférant successivement les honneurs de la chevalerie, les charges de conseiller savant, de solliciteur général, de juge de la maison du roi, d'attorney général, de membre du conseil privé. Nous ne dirons point les bassesses qui accompagnèrent le cours de cette élévation rapide (2). Enfin, après avoir longtemps mendié la succession du vieux garde des sceaux Egerton, qui ne mourait pas assez vite au gré de sa cupidité, il l'obtint; et, en 1619, il changea le titre de garde des sceaux contre ceux de lord chancelier d'Angleterre, baron de Vérulam, vicomte de

---

(1) Il n'est pas inutile d'extraire ici un passage d'un Mémoire de Bacon sur la pacification de l'Église, et de comparer le langage qu'il tient au roi Jacques avec celui dans lequel il essayait de charmer la reine Élisabeth.

« Je soumets humblement à votre jugement souverain toutes les
« idées que je propose ici : c'est comme une obole que je viens
« jeter dans le trésor de votre sagesse. De même que les astronomes
« observent que la réunion des trois astres en conjonction produit
« d'admirables effets; ainsi, puisque en Votre Majesté se réunissent
« trois lumières : la lumière de la nature, la lumière de la science
« et par-dessus tout la lumière de l'Esprit-Saint, votre règne ne
« doit-il pas être comme une heureuse constellation levée sur le
« ciel de vos États? »

(2) J'invoquerai cependant la disgrâce de son ancien rival Coke, à laquelle Bacon travailla avec une haineuse persévérance, aiguillonnant le mécontentement royal, que la fermeté de ce jurisconsulte rigide avait provoqué. Il prit aussi une part honteuse à la perte de Walter Rawleigh, qui, condamné à mort au commencement de ce règne, sortit ensuite de prison, et, mis à la tête d'une flotte anglaise, fut arrêté de nouveau au bout de quinze ans; victime d'intrigues diplomatiques, et, sur l'avis de Bacon, subit le dernier supplice.

Saint-Alban, et s'assit, courtisan impur, sur le siége de Thomas Morus.

Il était arrivé à l'apogée de ses espérances : la Providence le plaçait au poste d'honneur, et sur les frontières pour ainsi dire de la prérogative royale et des libertés publiques; il se voyait environné de la double majesté du monarque et de la nation : cependant il ne comprit ni la grandeur ni le devoir de sa nouvelle dignité, il ne parut se soucier que de deux choses, assurer sa position et remplir ses coffres. Robert Carr, comte de Somerset, le premier favori de Jacques, avait fait place à George Villiers, qui devint bientôt marquis et duc de Buckingham, et maire du palais sous ce roi fainéant : Bacon se tourna du côté de l'astre nouveau qui se levait sur l'horizon, travailla à la perte de Somerset, pour s'attacher par d'indissolubles liens à la fortune de Buckingham. Il se fit une gloire d'imprimer son nom avec le sceau du roi sur les diplômes qui donnèrent des titres magnifiques et des pouvoirs exorbitants à ce présomptueux parvenu. Il l'aida à enrichir ses parents et ses créatures par des concessions de monopoles qui écrasaient le commerce. Il alla même jusqu'à s'occuper des domaines du favori et se faire son intendant. En même temps, le luxe dont il aimait à s'environner engloutissait des sommes énormes. Il avait si longtemps baissé les yeux devant ses supérieurs, qu'il se plaisait maintenant à éblouir de son opulence les regards de ses inférieurs et de ses égaux. Jamais il n'y avait eu d'ordre dans l'administration de ses affaires privées; deux fois dans sa jeunesse ses créanciers l'avaient conduit en prison : maintenant ses domestiques infidèles se prévalaient de sa faiblesse, dilapidaient ses biens, abusaient même du sceau du roi en son absence. Devenu le premier magistrat de son pays, il ne rougit pas de tendre la main pour accepter les présents de ceux qui attendaient de lui des sentences. On dit pourtant que dans ses jugements l'équité ne fut jamais trahie; mais s'il ne vendit point la justice, il souffrit qu'elle lui fût payée. — La mesure était remplie. En vain il se cramponnait au sac de laine (1) où l'ambition l'avait fait parvenir en rampant. Un coup de foudre l'en fit descendre.

Au commencement de la session de 1621, la Chambre des communes, organe des sentiments de la nation, attaqua les monopoles; et, ne pouvant atteindre le marquis de Buckingham, qui en était le premier auteur, tourna sa vengeance contre Bacon, qui les avait sanctionnés. Le 21 mars, elles présentèrent à la Chambre des lords un acte d'accusation qui chargeait le lord chancelier de s'être laissé corrompre par des présents dans l'administration de la justice. Le lord chancelier, abandonné du patron pour lequel il avait encouru la honte,

(1) On sait que le chancelier d'Angleterre siége au parlement sur un sac de laine.

délaissé du roi, accablé par ses propres souvenirs et par l'opinion générale, qui n'avait point oublié ses turpitudes passées, le lord chancelier fut malade, demanda du temps pour se défendre, et ne se défendit pas. La commission chargée d'instruire son procès établit qu'en vingt-sept différentes occasions il avait reçu plus de six mille livres sterling, des meubles, des diamants, des prêts gratuits, et jusqu'à une douzaine de boutons : car toute proie était bonne à cette insatiable cupidité. Le lord chancelier répondit à ces incriminations par un aveu général de ses fautes et par une humble supplique où il conjurait la Chambre de ne lui infliger d'autre peine que celle de la destitution. La Chambre ne pouvait se contenter ni d'un tel aveu, ni d'un tel châtiment : elle exigea de Bacon une confession détaillée de tous les griefs portés contre lui : il la fit, et en conjurant Leurs Seigneuries « d'être mi- « séricordieuses pour un roseau brisé. » Mais Leurs Seigneuries étaient hautaines : en écrasant le roseau, elles pensaient humilier le favori dont il avait été l'instrument ; elles le foulèrent aux pieds sans compassion. Le 3 mai, les procédures étant achevées, les lords envoyèrent leur messager aux Communes pour leur faire savoir qu'ils étaient prêts à rendre jugement contre le lord chancelier, si elles venaient le requérir, leur orateur portant la parole pour elles. Les Communes se rendirent à cette invitation, l'orateur se présenta à la barre, et, après

trois profonds saluts, il dit : « Les chevaliers, ci-
« toyens bourgeois des Communes ont adressé leurs
« plaintes à Vos Seigneuries au sujet des actes
« exorbitants de corruption et de subornation com-
« mis par le lord chancelier. Nous apprenons que
« Vos Seigneuries sont prêtes à rendre leur juge-
« ment : c'est pourquoi, moi, leur orateur, je viens
« en leur nom demander humblement qu'il vous
« plaise de prononcer la sentence contre le lord
« chancelier, ainsi que la nature de ses fautes
« l'exige. » Et le lord grand juge, prenant la parole, répondit : « Monsieur l'orateur, sur la plainte
« des Communes contre le vicomte de Saint-Alban,
« chancelier du royaume, la haute cour l'a trouvé
« coupable, selon son propre aveu, des crimes et
« des actes de corruption dénoncés par les Com-
« munes, et de plusieurs autres crimes de même
« nature. En conséquence, la cour, l'ayant averti
« de se défendre et ayant reçu ses excuses, a cru
« devoir, nonobstant, procéder au jugement ; et,
« par ces motifs, la cour prononce : — 1° Que le
« lord vicomte de Saint-Alban, chancelier d'An-
« gleterre, est condamné à une amende de qua-
« rante mille livres ; 2° qu'il sera emprisonné à
« la Tour durant le bon plaisir du roi ; 3° qu'il
« sera toujours incapable de remplir aucun office,
« place ou emploi dans le gouvernement et dans
« les finances publiques ; 4° qu'il ne siégera jamais
« au parlement, et ne pourra demeurer dans le

« rayon de la cour. — Voilà le jugement et la ré-
« solution de la haute cour des lords (1). »

Il est des caractères que l'adversité retrempe :
le malheur qui venait de frapper Bacon acheva de
briser les ressorts de son âme. Après s'être tenu
trente ans courbé sur les degrés du trône, vieillard
débile, il ne put relever la tête. Durant les cinq
années qui s'écoulèrent du jour de sa disgrâce à
celui de sa mort, il ne cessa d'importuner le monarque aux gages duquel il avait été. Il en obtint
successivement sa liberté, l'exemption de son
amende, l'abrogation de la clause qui le bannissait
de la cour, et enfin les lettres de grâce qui le re-
levaient de toute incapacité. Mais ses vœux n'étaient
pas accomplis. Comme l'Orateur romain, sous les
délicieux ombrages de Tusculum, regrettait les
jours orageux de Catilina, les triomphes du Forum et les acclamations bruyantes de ses clients;
ainsi Bacon languissait dans sa docte retraite, se
rappelant avec envie le temps de son esclavage
doré, et cherchant à reprendre ce joug pesant qui
avait laissé sur son front de si déplorables cica-
trices. On souffre à le voir implorer tour à tour
Buckingham, qui l'avait payé de tant d'ingratitude;
le prince de Galles, qui ne l'aimait pas, et qu'il
appelle son rédempteur; Jacques lui-même, qu'il
nomme son créateur et presque son Dieu. Il est dé-

(1) Journal de la Chambre des lords, séance des 20 mars,
24 avril, 30 avril, 3 mai 1624. Voyez aussi Ruhwort.

chirant de lire ces lettres où le génie de l'homme et la parole divine sont profanés en même temps, et employés à des sollicitations d'autant plus dégradantes qu'elles n'étaient pas dictées par une impérieuse nécessité. — « Sire, voici un an et demi que
« dure ma misère. Mon imprévoyance ne m'a laissé
« que peu de biens, guère plus que je n'en avais
« trouvé dans la succession de mon père. Mes di-
« gnités me restent, comme des marques de votre
« faveur passée, mais aussi comme autant de far-
« deaux pour ma fortune présente. Les pauvres dé-
« bris que j'avais conservés de mon ancienne opu-
« lence, soit en vaisselle, soit en joyaux, je les ai
« distribués à de pauvres gens auxquels je devais,
« gardant à peine ce qui convenait pour ma subsis-
« tance. En sorte que, pour conclure, il faut que
« je dévoile ma misère aux yeux de Votre Majesté,
« et que je m'écrie : *Si tu deseris nos, perimus!*
« — Vous ressemblez au Créateur, qui produit et
« ne détruit pas. Aussi, moi qui ai longtemps eu
« le bonheur d'approcher de Votre Majesté, ai-je
« assez de foi aux miracles pour être assuré que
« vous ne souffrirez pas que votre créature soit en-
« tièrement défigurée, et qu'une tache efface pour
« jamais de votre livre un nom que votre main sa-
« crée s'est plu si souvent à agrandir. Ayez assez
« pitié de moi, mon seigneur et maître, pour ne
« pas permettre qu'après avoir porté les sceaux je
« sois réduit à porter la besace. — S'il arrivait

« que Votre Majesté me crût encore propre à quel-
« que chose, et voulût bien me conférer quelques
« fonctions publiques, je voudrais me conduire de
« façon que rien ne pourrait me décourager. Je
« me tiendrais heureux de me retrouver à votre
« service, ne fût-ce qu'en qualité de pionnier ou de
« garçon de charrue (1). » Et, en finissant ces lettres, il se comparait aux mendiants qui se tiennent sur la porte des églises, demandant l'obole des passants et promettant de la payer avec des prières. Le passant couronné fit comme tant d'autres, il laissa tomber l'obole dans la main du mendiant, mais il en détourna les yeux avec mépris, et ne le convia point à le suivre dans son palais.

Bacon mourut dans la solitude, en 1626, à l'âge de soixante-six ans.

III

Et maintenant ne sont-ce point deux visions différentes qui viennent de passer devant nos yeux ? D'où vient que cet homme de génie et cet homme d'État portèrent tous deux le même nom de François Bacon ? Jamais il n'y eut tant de dissemblance entre deux frères ! N'y a-t-il point là quelque erreur de la postérité, quelque confusion de deux

(1) *Lettre de Bacon*, à la fin du deuxième volume de ses œuvres en anglais.

indivuadilités distinctes; ou bien ne serait-ce pas le renouvellement de ce vieux récit mythique qui fait asseoir Hercule aux pieds d'Omphale? Non. La proximité des temps ne permet pas le doute, le symbolisme n'est ici de nul secours : ces deux hommes ne sont qu'un homme, ces deux histoires ne sont que l'histoire d'une seule vie. Oui, celui que nous avons vu, au premier réveil de sa raison, secouer si fièrement la servitude de l'école; celui qui, par la seule puissance de sa pensée, renversa une autorité usurpatrice, vieille de deux mille ans; celui de qui la science recevait des lois et devant qui la nature se plaisait à dévoiler ses mystères; celui qui s'était fait un si vaste empire et s'y mouvait avec tant d'aisance et de majesté, qui se révélait par de si admirables ouvrages, bravait si généreusement la colère et la jalousie de la multitude des esprits subalternes, et s'agenouillait si magnifiquement devant Dieu; celui enfin qui nous apparaît, exerçant une si heureuse influence sur le développement des connaissances humaines et sur la prospérité des nations, couronné de tant de rayons de gloire : c'est le même que nous avons trouvé faisant dès sa jeunesse l'apprentissage de la servitude des cours, et qui durant quarante ans se traîna dans les fangeux sentiers du pouvoir, tressaillant d'espérance ou de crainte à la parole d'une reine capricieuse ou d'un monarque imbécile, et ne s'arrêtant jamais ni devant le crime ni devant l'ignominie; c'est le même qui traçait pour son usage de si odieuses maximes, qui mendiait des bienfaits et trahissait son bienfaiteur ; c'est le même encore qui exerça une si funeste influence sur les destinées de son pays, qui reçut un affront retentissant et mérité, qui ne sut point couronner ses cheveux blancs de l'honneur d'une infortune noblement portée, et laissa planer sur son tombeau de sinistres souvenirs. C'est le même; et, si nous avons au cœur quelques sentiments de pitié ; si nous ne voyons pas sans tristesse la cognée au tronc d'un vieux chêne, le serpent dans le nid des oiseaux, un volcan sous de riantes contrées, une blessure dans un corps plein de vie ; si nous voyons avec douleur l'erreur et la folie, la souffrance et la mort, et cette infirmité qui est dans toutes les choses terrestres même les plus grandes et les plus belles, nous pleurerons ici : car il y a plus qu'erreur et folie, il y a plus que la souffrance et la mort ; il y a avilissement d'une grande âme, il y a une sublime créature à qui Dieu avait donné une mission glorieuse, et qui s'est dégradée. Vous étiez envoyé, Bacon, ainsi que le corbeau de l'arche, à de vastes découvertes : et, comme lui, vous jetant sur une honteuse pâture, vous avez oublié d'où vous étiez venu, et vos égarements ont alarmé les hommes qui vous attendaient au rendez-vous sacré du devoir. Votre exemple a pu faire maudire la science et douter de la vertu. Vous êtes grand, mais vous avez été mauvais. Et, malgré les honneurs de votre nom, nul homme de bien, vous apercevant à travers les âges, ne s'écriera avec une sainte jalousie : « Je voudrais être lui ! »

Pour nous, que le passé doit instruire, quelles leçons tirerons-nous de ces récits? Qui nous dira comment l'intelligence et la volonté peuvent former entre elles une si bizarre alliance, que l'une aperçoive le bien, et que l'autre choisisse le mal ? Comment se peut faire ce prodige, que la lumière inonde l'entendement, et que l'âme reste glacée? Qui donc a brisé l'accord qui devrait unir ces deux puissances de l'homme dans une juste proportion? Qui peut le rétablir ?... car Bacon n'est point seul, et j'entends des milliers de voix lamentables qui s'écrient avec lui :

> . . . . Video meliora proboque;
> Deteriora sequor. . . . .

Et cependant ce n'est point ici une loi fatale à laquelle tous les hommes soient sujets; il en est plus d'un qui traversèrent la vie tête levée; il en est plus d'un chez qui toutes les puissances de l'âme s'associèrent dans une harmonie parfaite pour faire des actions mémorables et montrer à l'humanité qu'elle ne doit point désespérer de soi.

C'est un de ceux-là que nous allons étudier maintenant, et dans cette étude nous trouverons les éléments nécessaires pour résoudre le problème que nous venons de poser.

S. THOMAS DE CANTORBÉRY

La philosophie est une grande et magnifique conception, mais c'est une conception humaine. Éclose aux faibles lueurs de quelque lampe solitaire, accueillie dans de savantes écoles, peu connue de la multitude, elle est adoptée de temps à autre par de rares génies qui s'en font les docteurs et les interprètes, et qui obtiennent ainsi le nom de sages. Mais la philosophie est une idée et non une puissance; elle demeure dans les régions de l'intelligence; elle n'agit guère sur le domaine de la volonté; c'est presque toujours une clarté sans chaleur. Nous en avons vu quelque preuve dans la vie de Bacon. — La religion est une conception divine; c'est plus encore, c'est une puissance; car ce que Dieu conçoit, il le veut. Depuis le commencement elle est dans le monde: elle y est visible, agissante, accessible à tous; mais toujours il se trouve un certain nombre d'hommes choisis qui se font d'une manière plus spéciale ses disciples et ses instruments ; elle ne s'enferme pas dans leur esprit, elle le déborde, s'empare de leur volonté, envahit toute leur âme et se reproduit dans toute leur vie. Les saints sont donc sur la terre les représentants de cette chose divine ; ils la représentent chacun sous un aspect différent, chacun avec un caractère qui lui est propre, selon le siècle où ils sont nés, selon la mission qu'ils ont reçue.

Saint Thomas de Cantorbéry est une de ces glorieuses figures qui nous apparaissent au moyen âge, soutenant sur leur tête l'édifice religieux. Avant donc de retracer son histoire, il importe d'exposer les principes dont la défense reposa sur lui, il importe de voir si la pensée qui le conduisit au martyre était une pensée individuelle, conçue en un jour d'orgueil, ou si c'était celle de onze siècles chrétiens qui l'avaient précédé.

I

Sur toute la face du globe il existe des sociétés où les hommes mettent en commun leurs travaux et leurs lumières pour passer le moins malheureusement possible les heures de leur pèlerinage, et pour accomplir leurs destinées terrestres. Ces sociétés sont diverses comme les besoins qui leur donnent naissance, resserrées dans d'étroites limites, vivantes quelques siècles, puis éteintes pour toujours. L'Église est une société formée pour l'accomplissement des destinées immortelles du genre humain. Présente dans tous les lieux et dans tous les âges, elle rassemble toutes les âmes qui veulent marcher sous ses auspices, elle les accompagne dans leur course et jusqu'au delà du tombeau. Elle réunit dans une alliance mystérieuse les générations qui sont encore dans les combats de la vie actuelle, et celles qui traversent les expiations de la vie future ou qui se reposent dans ses triomphes. Ainsi elle est indépendante de ces sociétés passagères qu'elle voit naître et mourir, elle n'est point soumise aux conditions de l'espace et du temps, elle se meut dans l'infini. Elle a reçu de Dieu l'infaillibilité pour dire le vrai, elle a droit de réclamer des hommes la liberté pour faire le bien. Mais, si elle doit être libre dans son action extérieure, à plus juste titre le sera-t-elle dans son organisation intime. Or l'organisation de l'Église s'appuie sur trois bases : une hiérarchie dont les membres se renouvellent et se succèdent en vertu d'une transmission légitime; une juridiction exercée aux différents degrés de la hiérarchie sur ceux qui lui sont soumis; un pouvoir répressif et pénal dont l'effet le plus rigoureux est d'exclure temporairement de la société religieuse ceux qui n'acceptent point ses lois ou ses enseignements. Liberté d'élection, liberté de juridiction, liberté d'excommunication, telles sont les trois libertés fondamentales de l'Église qui furent en elle dès ses premiers temps, dont elle peut modifier l'exercice par condescendance pour les besoins d'une époque, mais auxquelles nulle puissance humaine n'a le droit de toucher (1).

Ces libertés, déposées en germe dans le cénacle où s'assemblaient les onze pêcheurs de Galilée, portées avec la parole divine aux extrémités de la terre, prirent racine partout où fleurit une communauté chrétienne (2). Durant la saison orageuse des persécutions, elles grandirent. L'Église combattait contre le pouvoir temporel pour sa foi, non point

---

(1) Dans cette exposition des libertés de l'Église nous avons suivi scrupuleusement les décisions du droit canonique, et le savant *Commentaire* de Zallinger, imprimé à Rome sous l'approbation de l'autorité religieuse. Toutefois nous ne nous dissimulons point les difficultés du sujet, et nous prions le lecteur d'excuser les erreurs nombreuses peut-être où notre jeunesse et notre insuffisance nous auront fait tomber. — L'indépendance des deux ordres spirituel et temporel, de l'Église et de l'État, est expliquée d'une manière lumineuse dans une lettre du pape Gélase à l'empereur Anastase (*Decretum*, dist. xcvi, 10), et dans plusieurs autres textes de S. Innocent, de Félix et de Nicolas, papes. Voyez aussi S. Ambroise (*de Basilicis non tradendis*), Isidore de Péluse (liv. III, cp. 249) et Fénelon (*Discours pour le sacre de l'électeur de Cologne*, première partie). Ces questions ont encore été traitées par M. Lacordaire aux conférences de Notre-Dame, et plus d'une fois dans le cours de ce travail nous avons essayé de reproduire un souvenir imparfait de ces admirables discours.

(2) L'élection des évêques et des diacres est racontée au livre des *Actes* (i et vi). S. Paul recommande aux fidèles des chrétientés naissantes de soumettre leurs contestations à la justice paternelle de leurs vieillards et de leurs pasteurs. (*Corinth.*, I, chap. vi.) Il retranche de sa communion l'incestueux qui s'opiniâtre dans son crime. (*Ibid.*, v.)

encore pour l'intégrité de sa constitution. Le glaive des Césars ensanglantait le seuil du sanctuaire, mais ne pénétrait point au dedans. Plus tard les Césars demandèrent le baptême, ils entrèrent dans le sanctuaire, mais l'épée dans le fourreau ; ils ne disputaient point l'encensoir aux mains du prêtre, et, quand celui-ci les arrêtait sur la porte au nom de la pénitence, ils restaient dehors. Ceux d'entre le peuple qu'appelait une vocation libre allaient recevoir des évêques l'onction sacerdotale, et l'élection des évêques se faisait à son tour par le suffrage du clergé et l'assentiment du peuple. Des tribunaux ecclésiastiques s'élevaient loin du tumulte du Forum. Les prêtres y devaient terminer leurs contestations sous des formes protectrices de la majesté de leur caractère, et les laïques eux-mêmes venaient y chercher une justice pacifique et miséricordieuse. Si quelque iniquité retentissante effrayait la chrétienté, l'excommunication tonnait du haut des chaires, et les fronts les plus fiers s'inclinaient devant elle. L'Église croissait en force et en liberté sous la tutelle du pontificat romain. Ainsi elle traversa une période de sept cents ans depuis Constantin jusqu'à Charlemagne, et depuis Charlemagne jusqu'aux derniers princes de sa famille, c'est-à-dire jusqu'au dixième siècle (1).

(1) Les *Codes* de Théodose et de Justinien présentent un grand nombre de dispositions relatives à l'organisation et à l'autorité des tribunaux ecclésiastiques. Voyez au *Code*, L. 25, *de Clericis epis-*

L'Europe présentait à cette époque un spectacle solennel. — Partout des peuples enfants s'agitant dans leur berceau : non pas même des peuples, mais des débris de races barbares, des tribus venues de loin, refoulées les unes sur les autres, différentes de noms, de langues et de mœurs, pleines d'une ignorance sauvage et de passions haineuses, chaos d'où devait sortir le monde moderne. Au-dessus d'eux l'Église, étendant ses ailes sur ces éléments orageux, les rassemblant sous une même loi d'harmonie, et versant sur eux des rayons de lumière. Parmi les peuples, des seigneurs, des princes, des rois bons et mauvais, chacun tendant à se faire le centre d'un de ces tourbillons vivants, à rattacher autour de soi le plus grand nombre

---

copis, L. 7 et 8, *de Episcopali audientia*. Les *Novelles* 79, 83, 123, établissent tout un système de procédure pour les personnes consacrées à Dieu : 1° quand un procès civil est intenté contre un clerc ou un moine, la cause doit être portée d'abord devant le tribunal de l'évêque, mais les parties conservent le droit d'en appeler à la justice séculière ; 2° pour les contraventions à la discipline ecclésiastique, l'évêque est le seul juge ; 3° pour les délits qui renferment une violation de la loi civile, le clerc ou le moine dégradé par son évêque paraît devant les tribunaux ordinaires. Je doute néanmoins que cette dernière disposition ait été admise par l'Église romaine. Les évêques étaient absolument exempts de toute juridiction temporelle. La législation de l'empire leur attribuait en outre une sorte de magistrature municipale, les faisait intervenir pour la nomination des tuteurs et curateurs, etc., etc. Les capitulaires de Charlemagne et de ses successeurs confirmèrent et étendirent l'autorité des tribunaux ecclésiastiques, soumettant sans aucune exception les clercs et les religieux au jugement de l'évêque, et l'évêque au jugement de ses collègues assemblés, sauf toujours le droit d'en appeler au saint-siège. Voyez *Capitul.*, liv. V, 378, 390 ; VI, 366 ; VII, 103, 347, 434.

possible d'atomes humains, afin de les entraîner dans l'orbite incertaine de son caprice et de son bon plaisir. Au sommet de l'Église, au contraire, l'unité personnifiée dans le Pontife romain, s'efforçant de maintenir l'ordre universel, retenant d'une main virile chaque prince et chaque peuple dans le cercle sacré, de peur que la force des grands n'opprimât le droit des petits, de peur que l'esprit national, grandissant outre mesure, n'étouffât l'esprit catholique d'amour. — Alors commença la querelle entre l'Église et la féodalité, entre le sacerdoce et l'empire. La cause de l'Église était celle des pauvres et des faibles, sa liberté était leur liberté. Tous ceux qui pouvaient échapper au servage des barons venaient se réfugier autour des abbayes ou sur les terres épiscopales et y trouvaient un service facile, une protection assurée, et souvent du pain aux jours mauvais : plus d'une fois, de ces chaumières réunies sous un patronage religieux se formèrent de grandes villes. Si quelque âme généreuse ne se sentait pas faite pour sécher sur la glèbe seigneuriale, elle conquérait son indépendance en franchissant l'enceinte d'un monastère. En même temps les cours ecclésiastiques étaient les seules où siégeassent la science et la charité : elles appliquaient un système pénitentiaire d'où la peine de mort et la mutilation étaient bannies, et qui réalisait tout ce qu'on a rêvé de nos jours. Non-seulement leur juridiction s'étendait sur le clergé et quelquefois sur les nombreux vassaux du clergé, mais la confiance publique leur ramenait par des voies indirectes beaucoup d'affaires qui au premier abord semblaient leur devoir rester étrangères. L'Église se prêtait avec complaisance à ces efforts du pauvre peuple pour se soustraire à la rigueur et à la corruption des tribunaux séculiers. La féodalité se vengea de ces empiétements. Son principe était la subordination de ceux qui possédaient la terre au seigneur dont ils l'avaient reçue : la tenure des propriétés du clergé fut assimilée à celle des fiefs ordinaires ; les rois et les grands barons prétendirent intervenir dans l'élection des évêques et des abbés, et leur conférer l'investiture; on exigea d'eux l'hommage et le service militaire ; leur juridiction fut subordonnée à celle du suzerain, et le pouvoir pénal dont ils étaient armés fut paralysé sous prétexte que le vassal ne pouvait tirer contre son seigneur le glaive même spirituel. Il y eut plus : l'empereur d'Allemagne, chef de la féodalité, avait le nom de roi des Romains, et, Othon Ier s'étant fait céder par quelques nobles familles de Rome le droit qu'elles s'étaient arrogé de placer leurs créatures sur le saint-siége, l'empereur durant trois siècles créa tour à tour des papes et des antipapes, et se joua des déchirements de la chrétienté. De temps à autre pourtant se levèrent des pontifes héroïques, un Grégoire VII se rencontra. La puissance temporelle, pour s'affermir dans l'esprit des nations, avait eu besoin d'une double sanction religieuse : le serment et le sacre. La puissance spirituelle trouva là des armes légitimes pour sa défense ; et, sans vouloir discuter si la constitution générale de la société chrétienne accordait alors au souverain pontificat le droit de déposer les rois, question difficile, du moins ne put-il pas défaire ce qu'il avait fait, effacer le caractère sacré du front des princes coupables, et délier les nations de leurs serments?

Jamais peut-être ces violentes secousses, qui ébranlaient à la fois le monde politique et le monde moral, ne s'annoncèrent d'une manière plus alarmante qu'à l'avénement du pape Alexandre III, en l'an 1159. A l'Orient le schisme était assis sur le trône patriarcal de Constantinople. La jeune royauté chrétienne de Jérusalem, déjà défaillante, appelait à son secours de nouvelles croisades. A Rome même, trois cardinaux rebelles au suffrage de la majorité avaient proclamé l'antipape Octavien. L'empereur Frédéric Ier confirma ce choix illégal, et réunit dans une commune défection ses grands feudataires les rois de Danemark, de Bohême et de Hongrie, puis il s'avança contre Rome avec le fer et le feu, comme Alaric, comme Attila, ravagea la Lombardie sur son passage, rasa Milan et fit promener la charrue sur ses ruines. Alexandre III fut contraint d'abandonner la ville papale, et, portant dans ses mains débiles la fortune de l'Église, vint réclamer l'hospitalité de la France. Les deux souverains de France et d'Angleterre, Louis VII et Henri II, allèrent à sa rencontre à Courcy-sur-Loire, marchèrent à ses côtés, tenant la bride de son cheval, et consolèrent l'exil du vieillard apostolique par ce témoignage éclatant de leur fidélité. Et toutefois, si le vieillard avait pu jeter dans l'avenir un regard divinateur, il aurait vu bien des épines préparées à son front, bien des tristesses à son cœur par l'un de ces deux hommes couronnés qui maintenant conduisaient sa monture.

En effet, depuis qu'un duc normand, fortuné pirate, avait conquis l'Angleterre, cette malheureuse contrée avait été vouée à la servitude. Les vainqueurs voulaient que tout tremblât sous leur gantelet d'airain, et ils l'appesantirent sur l'Église, dernière consolatrice des vaincus. Guillaume le Conquérant avait obtenu, à force d'importunités, la déposition canonique des prélats anglo-saxons. Il voulut plus encore, il prétendit exercer un contrôle suprême sur les résolutions des synodes, sur les excommunications lancées par les évêques, sur la procédure des cours spirituelles et sur la correspondance même du clergé de son royaume avec le souverain Pontife. Guillaume le Roux et Henri Ier étendirent ces prétentions, s'emparèrent des revenus des bénéfices vacants, prolongèrent le veuvage des églises pour l'exploiter au profit du trésor, et s'attribuèrent les droits de nomination et d'investiture (1). Mais toute leur violence venait se briser contre la chaire des archevêques primats de Cantorbéry. Les grands hommes qui l'occupèrent tour à tour, entre autres Lanfranc et saint Anselme, osèrent résister en face à ces monarques normands, à ces orgueilleux descendants des rois de la mer devant lesquels tout genou fléchissait. Instruit et encouragé par cet exemple, le clergé anglais avait profité des troubles du règne d'Étienne pour raffermir son indépendance ; et Henri II, en prenant le sceptre sur l'autel de Westminster, avait dû prêter serment de respecter les immunités de l'Église. Or le caractère du prince était une faible garantie de la valeur de ses promesses. C'était un esprit élevé, riche de connaissances, éloquent dans ses discours ; prompt, courageux, infatigable dans l'action. Mais sa volonté était altière, impatiente, ses colères subites et impitoyables comme la foudre, ses ressentiments éternels. Sous les dehors d'une nature ardente il cachait une habileté froide et calculatrice qui savait trouver le chemin des consciences d'autrui et échapper à tout ce qui aurait pu engager la sienne. Religion, justice, hon-

---

(1) Voyez Lingard, *Histoire d'Angleterre*, tome II. On peut ajouter que, durant les schismes qui divisèrent la chrétienté, Guillaume le Conquérant et Guillaume le Roux défendirent à leurs évêques de décider entre les compétiteurs du saint-siége, afin de prolonger par là la vacance des bénéfices dont le trésor percevait les fruits. — Les malheurs de S. Anselme de Cantorbéry, sa vieillesse persécutée, son exil à Lyon, sont des choses assez illustres.

neur, toutes ces chaînes d'or dont les âmes généreuses aiment à se lier, glissaient sur son âme sans pouvoir l'étreindre : la crainte seule avait sur lui quelque empire; mais difficilement la laissait-il pénétrer jusqu'à soi. Il se souciait donc peu de Dieu et se jouait volontiers des hommes, et sa maxime était celle-ci : « Qu'il vaut mieux se repentir « de ses paroles que de ses œuvres (1). » Ainsi la menace qui se faisait entendre sur tous les points de l'Europe contre les libertés de l'Église allait aussi gronder en Angleterre. Tout était dans l'attente, et l'on se demandait avec inquiétude qui oserait accepter, qui pourrait soutenir ce formidable combat.

II

En ce temps-là (1161) le siége primordial de Cantorbéry fut vacant, et au bout de treize mois Henri II désigna pour y monter Thomas Becket, chancelier du royaume. A cette nouvelle, les esprits furent divisés. Il y eut une rumeur de sentiments et d'opinions contraires, et chacun chercha

(1) Voyez Lingard, *Histoire d'Angleterre*, tome II. Pierre de Blois, l'un des familiers de Henri, fait de lui le portrait suivant : *Oculi ejus dum est pacati animi sunt columbini et simplices, sed in ira et turbatione cordis quasi scintillantes ignem, et impetu fulminantes... est leo aut leone truculentior dum vehementius excandescit.*

dans les antécédents du chancelier le présage heureux ou malheureux de sa conduite future. Car le peuple possède une admirable mémoire pour se rappeler le passé des hommes qu'il voit grandir et qu'il aime ou qu'il craint : il pénètre avec une surprenante facilité les obscurités de leur première vie, et l'heure où ils s'élèvent au-dessus de lui est celle où il se plaît à faire acte de puissance en exerçant sur eux ses jugements. — Les vieux Anglais se réjouissaient de ce qu'un des leurs était porté à cet honneur suprême de l'Église d'Angleterre, auquel, depuis un siècle, des étrangers seuls avaient été promus. On aimait à raconter la naissance de Thomas Becket, et le concours de faits merveilleux qui s'étaient réunis pour faire couler dans ses veines le pur sang des Saxons avec le sang indomptable des Arabes. On disait comment un citoyen de Londres, nommé Gilbert Becket, ayant combattu en Syrie, sous l'étendard de la croix, était tombé dans les fers d'un émir infidèle; comment sa vertu prisonnière avait touché la fille de l'émir; comment, après la délivrance du croisé, la vierge sarrasine avait voulu le suivre, et s'était échappée du château paternel pour aller chercher au delà des mers le baptême et un époux chrétien. La Providence l'avait conduite jusqu'au milieu de Londres, jusqu'à la porte de celui qu'elle aimait : celui-ci l'avait présentée aux prêtres, et l'avait reçue de leurs mains devenue chrétienne et son épouse. On disait les songes prophétiques de cette femme étonnante, lorsqu'elle portait dans son sein ou berçait sur ses genoux Thomas, le fils unique de ses entrailles. On savait qu'à l'ombre du cloître de Merton cet enfant avait crû en âge, en science et en vertu, que sa jeunesse s'était passée dans de longues et fortes études aux universités d'Oxford, de Paris et de Bologne, que Théobalde, le dernier archevêque de Cantorbéry, l'avait nommé son archidiacre, lui avait confié d'importantes missions, et avait souvent reçu de lui d'utiles conseils. A la recommandation de ce prélat, Henri II l'avait choisi pour en faire le dépositaire de ses faveurs, le chancelier de son royaume et le gouverneur de son fils. Au milieu de ces hautes fonctions, Thomas avait rencontré bien des ennemis parmi les hommes, et bien des dangers dans les choses. Il lui fallait lutter tous les jours contre l'avarice du monarque et contre la rapacité des courtisans ; les tentations de l'orgueil et de la volupté devaient troubler jusqu'au repos de ses nuits. Pourtant sa justice avait rarement fléchi, le pays tout entier bénissait la sagesse de son administration, le renom de sa générosité s'était répandu au delà des mers avec ses bienfaits, et au milieu de la fange d'une cour corrompue sa chasteté était restée sans tache. Maintenant il était à la fois dans toute la force de l'âge (environ quarante-quatre ans) et dans toute la puissance de son crédit. Jamais deux âmes si différentes que celles du roi et de son ministre n'avaient été unies d'une amitié si étroite : les deux premières dignités de l'Église et de l'État confondues sur une même tête, sur une tête si chérie du prince et du peuple, semblaient promettre une réconciliation facile entre le sacerdoce et l'empire, et commencer une ère nouvelle de paix et de bonheur. Telles étaient les espérances du grand nombre (1).

Quelques-uns, au contraire, ne trouvaient dans leurs souvenirs que des prévisions sinistres. Ils ne se rappelaient point l'enfance de Thomas Becket, et faisaient peu d'estime des prodiges dont la tradition populaire entourait son berceau. Mais ils l'avaient connu à son entrée dans la vie publique ; ils l'avaient connu ardent, impétueux, changeant volontiers de séjour et de condition, point ennemi du plaisir, avide surtout de renommée. Ils ignoraient l'innocence de ses mœurs, les larmes silencieuses qu'il versait quand son grand cœur étouffait sous les insignes de la richesse et du pouvoir. Mais ils l'avaient vu, lui, diacre, oint de l'huile sacrée qui fait les hommes humbles et pacifiques, déployer autour de soi une magnificence presque royale, recevoir dans son palais doré les hommages

---

(1) *Quadrilogus*, recueil formé des extraits des quatre histoires contemporaines de S. Thomas de Cantorbéry, publié par le P. Wolf et accompagné de la correspondance du saint. Voyez aussi *Annales de Baronius*, tome XX, etc.

de nombreux et de nobles vassaux, marcher environné d'hommes d'armes. Envoyé à la cour de France pour conclure une négociation difficile, il avait étonné les peuples par son faste et les hommes d'État par son habileté. Plus d'une fois, sous les drapeaux du roi son maître, lui-même avait conduit ses tenanciers militaires. Il avait guerroyé non sans quelque bonheur devant les murs de Toulouse et de Cahors, un jour même il avait jouté contre un chevalier français et remporté une brillante victoire. Assurément pour un évêque, c'étaient là de bizarres préludes. D'un autre côté, l'amitié que le roi professait pour lui n'était guère propre à rassurer les consciences craintives. Les bontés d'un tel maître étaient rarement désintéressées, elles imposaient au favori le devoir d'une complaisance sans bornes; et on avait lieu de croire que Thomas l'archevêque payerait les dettes de reconnaissance contractées par Becket le chancelier. — Toutefois les prélats de la province et les députés des moines de Cantorbéry assemblés dans la chapelle royale de Westminster acceptèrent le candidat qui leur était désigné; Thomas Becket fut élu, et les faibles murmures de la minorité se perdirent dans un applaudissement qui devint universel.

Mais, tandis que les faux prophètes de la multitude s'épuisaient en vaines conjectures, Thomas seul avait vu devant lui se dévoiler l'avenir, un

avenir sans liaison avec son passé, plus glorieux que ne pensaient ses détracteurs, plus orageux que ne l'auguraient ses amis. Henri II l'avait mandé à Falaise, et, lui montrant la mer : « Allez, lui avait-il dit, et soyez archevêque. » Le chancelier jeta sur ses vêtements profanes un ironique regard. « Vrai-
« ment, répondit-il, vous avez fait choix d'un saint
« et religieux personnage, et bien fait pour gou-
« verner une Église si célèbre !... Si pourtant Dieu
« permet qu'il en soit ainsi, je sais très-certaine-
« ment que votre esprit se détournera de moi. Car
« vous élèverez et déjà vous avez élevé des pré-
« tentions que je ne pourrais souffrir, et mes en-
« vieux trouveront une occasion de s'interposer
« entre vous et moi ; et votre ancienne affection se
« changera en une inimitié qui ne finira point (1). »
Le roi n'accepta pas l'oracle. Thomas, entraîné par les vœux des gens de bien, se laissa conduire dans la cathédrale de Cantorbéry, et y reçut en peu de jours le sacerdoce, la consécration épiscopale et le pallium. Il avait reculé d'abord devant sa nouvelle destinée, maintenant il l'embrassait tout entière, résolu d'en remplir tous les devoirs, d'en subir toutes les conséquences.

Premièrement il se défit de ce fastueux appareil, de cette foule de soldats, de valets et d'histrions qu'il avait traînés à sa suite ; il déserta ces palais

---

(1) Voyez *Quadrilogus*, cap. xi.

si longtemps remplis de sa présence. Il s'enferma dans le monastère des chanoines réguliers de sa cathédrale, se forma dans leur nombre un cercle de savants et de pieux amis, et vécut comme l'un d'entre eux. Dans le silence de sa cellule et dans l'obscurité des nuits, il consacrait de longues heures à la lecture des livres sacrés qui illuminait son intelligence, à la méditation solitaire qui donnait une trempe vigoureuse à sa volonté, à ces rudes épreuves, que l'ascétisme chrétien inventa pour subjuguer la chair. Par cette gymnastique sublime, l'athlète de Dieu se préparait à des luttes prochaines. — Sa vie extérieure, sans trahir le secret de ses austérités, était pleine de modestie. Dans sa demeure on ne trouvait plus d'autres magnificences que celles de l'aumône et de l'hospitalité ; car il y avait beaucoup de pauvres parmi son peuple. Il conçut pour eux un immense amour : chaque jour, avant l'aurore, il en appelait douze, et lui-même leur lavait les pieds et leur rompait le pain ; chaque jour aussi plus de cent de ces malheureux étaient conviés à un banquet préparé par ses ordres. Ses charités cachées dépassaient encore ses largesses publiques ; elles allaient chercher toutes les misères, et il n'était pas de fumier si délaissé qu'elles ne visitassent. Toutes les dîmes qu'il percevait étaient consommées dans cet emploi, et les revenus de l'Église, que ses mains ne savaient pas retenir devenaient comme la rosée qui ne sort de terre que pour y redescendre. Cette admirable faiblesse pour les pauvres le rendait fort contre les puissants et les riches, soit qu'il fallût troubler leurs orgies, ou faire trembler leur despotisme, soit qu'il s'agît de soutenir contre leurs violences l'indépendance de quelque prêtre obscur, ou de revendiquer contre leurs usurpations des biens ecclésiastiques devenus le patrimoine des indigents. Il conserva d'abord sa charge de chancelier : ce fut pour la faire servir à ses généreux desseins; pour imprimer au pouvoir politique une direction bienfaisante. Un des derniers actes de son ministère fut sa courageuse opposition au rétablissement de l'odieux impôt connu sous le nom de *danegelt* (1). Puis, au bout d'un an, trouvant la crosse primatiale assez pesante, il rendit les sceaux, et brisa hardiment le dernier lien qui attachait sa fortune au trône des rois. Ainsi le génie de Thomas commençait à se manifester par l'énergie de ses actions. Une transformation rapide s'opérait en lui et devenait visible au dehors : le serviteur des princes, le compagnon des grands, l'homme opulent, léger et fragile, s'effaçait peu à peu, et l'on voyait surgir à la place un homme humble et fort, le prêtre, le pasteur des peuples, celui qui devait être le pre-

---

(1) Le *danegelt* était une taxe que les anciens rois anglo-saxons levaient sur leurs sujets pour faire face aux invasions des Danois. Quand les Normands, frères des Danois, se furent rendus maîtres de l'Angleterre, ils continuèrent de percevoir sur le peuple conquis cette taxe destinée à repousser la conquête.

mier de l'Église d'Angleterre et veiller sur le boulevard de ses libertés.

Quelque temps après, Henri II éleva ses regards vers le siége de Cantorbéry, pensant y retrouver sa créature ; il n'y rencontra plus qu'un redoutable adversaire.

L'issue de la dispute devait être terrible : l'occasion fut petite. Un chanoine, appelé Philippe de Brois, avait insulté quelqu'un des justiciers royaux. L'archevêque, ayant mandé le coupable à son tribunal, l'avait condamné à la peine du fouet et à la suspension temporaire de tout office et de tout bénéfice ecclésiastique. Le roi trouva la réparation insuffisante, et demanda que le coupable fût livré à la justice séculière pour subir un châtiment plus grave. L'archevêque répondit par un refus fondé sur la discipline des canons. Il n'en fallait pas tant pour blesser le monarque jaloux de son autorité. Henri voulait une satisfaction prompte, éclatante, durable : il convoqua à Westminster les prélats du royaume et leur fit cette proposition : « Qu'à l'a-
« venir, lorsqu'un clerc, accusé d'un délit, aurait
« été dégradé par le tribunal ecclésiastique, il fût
« livré au bras séculier et soumis au châtiment
« prescrit par la loi commune. » Les évêques, d'un accord unanime, repoussèrent cette proposition comme attentatoire à la majesté de l'ordre sacerdotal, qui depuis plusieurs siècles et par toute la chrétienté était exempt de toute juridiction tempo-

relle; comme incompatible avec la législation miséricordieuse de l'Église, qui ne pouvait acquiescer à des arrêts sanglants ; comme contraire enfin aux maximes de l'éternelle justice, qui défendait de faire peser sur le même coupable, pour le même délit, deux condamnations et deux peines (1). Là-dessus Henri sembla oublier son premier dessein, et demanda aux évêques « s'ils voudraient au moins « promettre d'observer les coutumes royales. » Les évêques tinrent conseil. Quelles étaient ces coutumes? Le roi ne les avait point énoncées, elles n'étaient consignées dans aucun acte solennel ; ce n'étaient pas de ces usages anciens, pactes tacites mais sacrés qui ne s'écrivent point, et par là même ne s'effacent pas. Si l'on interrogeait l'histoire, l'histoire de ces temps de conquête et de trouble, elle ne rapportait pas que les rois eussent gardé d'autres coutumes que celles de leur bon plaisir, elle ne parlait que de droits tour à tour reconnus et violés, de pompeux serments et d'illustres parjures. D'ailleurs, la mystérieuse brièveté des paroles d'Henri laissait place au soupçon. Demander aux évêques une soumission entière à des coutumes

---

(1) « Episcopus aut presbyter aut diaconus in fornicatione aut perjurio aut furto deprehensus deponitor : non tamen a communione excluditor. Dicit enim Scriptura : « Bis de eodem delicto vin-« dictam non exiges. Eidem conditioni consimiliter et reliqui « clerici subduntor. » (*Canones sanct. Apost.*, 24.) Dans le cas de récidive de la part du clerc dégradé, il était abandonné au bras séculier; car la dégradation lui enlevait son *bénéfice de clergie*. Il n'y avait pas de difficulté sur ce point.

inconnues, c'était leur proposer de fermer les yeux pour accepter des fers. Ils le comprirent. Le primat répondit le premier, et les autres après lui, « qu'ils « promettraient d'observer les coutumes, sauf les « droits de leur ordre : *salvo ordine suo.* » C'était en ces termes que les ecclésiastiques prêtaient serment de fidélité lors du couronnement des princes : c'était sur ces trois paroles que reposait la distinction des deux puissances, temporelle et spirituelle ; c'était l'exorcisme victorieux par lequel l'Église repoussait ce qu'il pouvait y avoir de servile dans l'obéissance : en cette formule était contenue toute l'économie du monde chrétien. La réponse des prélats n'était donc pas nouvelle ; mais, quand l'homme puissant est descendu jusqu'à la ruse, rien ne l'irrite comme de la voir découverte, parce qu'il y a là une révélation de son infirmité cachée. Le roi fut pris d'une grande colère, sortit de l'assemblée sans saluer ceux qui la composaient, et partit de Westminster le lendemain à la pointe du jour.

Mais la plupart des évêques s'effrayèrent de leur succès. Eux, accoutumés au fardeau de l'épiscopat, ne pouvaient porter la colère d'un homme. Les colonnes de l'Église s'inclinaient comme des roseaux au premier souffle de la tempête. Il leur semblait déjà sentir planer sur leur tête la vengeance royale, et, dans leur terreur, ils pressèrent le primat de retirer la clause restrictive qui avait offensé le monarque. Longtemps leurs prières demeurèrent inutiles, et le primat inébranlable. Enfin, déçu par une décision supposée du souverain pontife, il succomba comme tous les grands hommes qui ont succombé, à la trahison des siens et non pas aux assauts de ses ennemis, à des avis qu'il eût foulés aux pieds si sa générosité lui eût permis de croire à la pusillanimité de ses collègues. Thomas parut dans un concile national assemblé à Clarendon (1164), et promit, sur sa parole de vérité, « qu'il observerait les coutumes de *bonne foi.* » Le lendemain deux conseillers de la couronne présentèrent au concile une charte composée de seize articles, dont voici les plus importantes dispositions. — En principe : les terres des archevêchés, évêchés, abbayes, étaient considérées comme terres baroniales, et les titulaires de ces hautes dignités étaient déclarés tenanciers immédiats de la couronne, assujettis à l'autorité du roi leur suzerain jusqu'à ne pouvoir sortir du royaume sans son congé. En conséquence, 1° les élections des prélats devaient se faire aux temps, aux lieux, par les personnes que le roi désignerait, se réservant le droit d'accepter ou de réprouver le candidat élu ; 2° on attribuait aux tribunaux séculiers la connaissance de plusieurs classes de procès qui soulevaient des questions de droit canonique ; de plus, l'initiative, le contrôle suprême et l'application de la peine dans les procès criminels intentés contre des clercs. Les affaires même purement ecclésiastiques devaient, d'appel en appel, arriver devant la cour du roi, et ne pouvaient être portées à Rome qu'avec son assentiment; 5° aucun des tenanciers directs du roi, aucun de ses officiers ne pouvait être excommunié, aucune de leurs terres ne pouvait être mise en interdit, avant que la cause eût été soumise à l'examen de la justice séculière. Ainsi l'Église d'Angleterre était détachée de la grande société chrétienne, emprisonnée dans les limites du royaume, incorporée dans le système féodal. On l'associait aux honneurs de l'aristocratie guerrière, mais c'était pour l'associer aussi à ses turpitudes. On la revêtait malgré elle d'odieuses livrées, et on la faisait asseoir despote au milieu des peuples, esclave aux pieds des rois. Elle était dépouillée de cet héritage de libertés qu'au jour de sa naissance elle avait reçues de l'Église romaine sa mère. Plus de liberté d'élection ; le prince allait disposer à la fois des deux glaives, et régner sur le domaine des âmes par la parole du prêtre comme il régnait sur le sol par la lance de ses soldats. Plus de liberté de juridiction ; la main de fer de la justice temporelle allait s'appesantir sur les choses les plus délicates, les plus vénérables et les plus saintes, pour tirer de toutes parts de l'or et du sang. Plus de liberté d'excommunication ; et les ministres d'un pouvoir brutal et capricieux et la foule innombrable des tyrans subalternes ne connaîtraient plus désormais ces terreurs salutaires qui seules pouvaient protéger contre leurs insultes les droits de Dieu et de l'humanité. — Telle était la charte de servitude à laquelle les prélats anglais venaient de souscrire par de téméraires et trop hâtives promesses. Ils furent requis d'y apposer leur sceau. Henri avait vaincu.

L'archevêque de Cantorbéry, consterné à la lecture des coutumes royales, avait demandé un délai pour les examiner à loisir, et se retirant du concile, il s'en allait accompagné de ses clercs. Ceux-ci s'entretenaient en route des événements qui s'étaient passés, et l'un d'eux, celui qui portait la croix, se mit à murmurer à voix haute : « La « puissance publique trouble toutes choses : les « princes se sont assis et ont conspiré tous ensemble « contre le Christ Notre-Seigneur. Qui osera se « lever maintenant que le chef est tombé? Que « reste-t-il à celui qui a perdu son honneur et sa « conscience? » Ainsi parlait le porte-croix; l'archevêque l'entendit, et lui demanda : « A qui « s'adressent ces paroles, ô mon fils? — A vous, « dit le clerc, à vous qui avez aujourd'hui perdu « votre honneur et votre conscience, alors que vos « mains consacrées à Dieu se sont étendues pour « jurer l'observation de ces lois iniques. — Je me « repens, » répondit l'archevêque ; et la douleur s'emparant de lui, il versa beaucoup de larmes.

Ces larmes furent fécondes. — Pressé entre ses remords et son serment, dans une ineffable angoisse, il écrivit au pape pour le faire juge de sa situation, arbitre de son devoir. Le pape condamna les constitutions de Clarendon, flétrit d'une réprobation énergique ceux qui les avait jurées, loua Thomas de son repentir, et l'encouragea à en donner des preuves authentiques. — Thomas n'avait point brisé lui-même ses engagements, il n'osa les secouer qu'après avoir été délié par celui à qui appartient la magistrature suprême des consciences. D'ailleurs, le pacte qu'il avait conclu avec Henri était un pacte de bonne foi ; la mauvaise foi de Henri le faisait nul et rendait à Thomas sa parole. Puis, s'il y avait là quelque déshonneur, n'était-il pas plus généreux de l'accepter pour soi-même que de laisser peser sur son Église un opprobre éternel ? La paix de l'archevêque était faite avec le roi, mais elle était faite au prix des destinées religieuses d'une grande nation : il pouvait en rester à ce point et s'assurer des jours tranquilles, des jours brillants. En rompant cette paix si chèrement achetée, il allait rassembler sur lui des outrages sans nombre et des malheurs sans fin : il serait appelé traître par les hommes méchants dont il aurait rejeté le joug pour délivrer son peuple ; il soulèverait contre lui toutes les puissances de la monarchie ; il serait mis au ban de la féodalité ; beaucoup même du sein de l'Église s'élèveraient contre lui, et ses timides frères dont il voulait effacer la honte l'accuseraient d'avoir voulu leur perte. De ces deux alternatives choisir la dernière était un choix héroïque ; et, s'il y a une heure de trop dans la vie de Thomas, c'est celle où il tomba, ce n'est point celle où il se releva de la sorte. Et d'abord il refusa de sceller son ignominie en signant ces coutumes de triste mémoire ; il fit comme si elles n'existaient point, comme si cette assemblée de Clarendon n'était que le rêve d'une mauvaise nuit ; il se fit cet honneur à lui-même, au prince, à l'Angleterre, de la croire toujours libre : il agit comme si elle l'était. Il exerça dans son diocèse tous les droits qu'avaient exercés ses prédécesseurs et plusieurs de ceux que leur négligence avait laissés s'éteindre ; il frappa à coups redoublés sur tous les abus, en quelque lieu qu'ils se rencontrassent. A ce bruit, Henri, qui s'était endormi dans sa victoire, se réveilla ; il vit que son captif lui échappait, et témoigna de son dépit par des véxations de plus d'un genre. L'archevêque, averti de quelque chose de sinistre, essaya deux fois vainement de quitter l'Angleterre : le roi le sut, et demanda si le royaume n'était pas assez grand pour eux deux. Les courtisans ne manquèrent pas de répondre que Thomas voulait y commander seul : ils parlèrent de ses vastes desseins, de son inflexible volonté. Ils le firent paraître comme un fantôme qui tournait autour du trône, épiant l'heure de s'y asseoir. L'ombrageux Henri, depuis longtemps indisposé par le changement de vie de

Thomas, importuné du spectacle de cette austère vertu, jaloux peut-être de sa popularité, exaspéré sans doute par sa désobéissance récente, accueillit avec faveur ces suggestions perfides. De ces colères accumulées se forma une haine plus redoutable que la colère elle-même, une haine patiente parce qu'elle se sentait forte, savante et profonde parce qu'elle voulait plus que la mort, elle voulait de longues douleurs, le supplice moral, et par-dessus tout l'infamie de celui qu'elle poursuivait.

Un parlement fut convoqué à Northampton. Là se rassemblèrent autour du roi, d'une part, les seigneurs temporels intéressés comme lui à l'abaissement du pouvoir spirituel en la personne d'un homme qui ne laissait pas en paix leurs vices et qui n'avait voulu partager ni leur tyrannie ni leur servitude; d'une autre part, les évêques parmi lesquels il se trouvait bien des vertus, mais aussi bien des faiblesses. Là il ne devait plus être question des trop fameuses coutumes. L'archevêque devait être attaqué par ces voies détournées qui était si familières à la politique du monarque; les arsenaux ténébreux de la législation féodale allaient fournir contre lui des armes irrésistibles : on pourrait consommer sa perte sans lui laisser les honneurs du martyre. Il fut donc cité à comparaître, et comme il crut devoir faire défaut à cette citation qui violait les règles du droit canonique et les priviléges de sa propre dignité, il fut condamné à la confiscation de ses biens meubles, commuée en une amende de cinq cents livres. Le lendemain il se présenta, et deux autres condamnations pécunières intervinrent contre lui (1). Le troisième jour on rappela qu'en se démettant des fonctions de chancelier, il n'avait point rendu compte de son administration, et l'on évalua à quarante-quatre mille marcs les sommes dont il était redevable envers le trésor. L'archevêque répondit qu'au jour de sa consécration il avait été déchargé au nom du roi de toutes les obligations de son office de chancelier, et il le prouva par témoins. Cette excuse ne fut pas admise. L'archevêque demanda et obtint du temps pour délibérer. Durant cet intervalle, les conseils dont il fut environné lui firent comprendre ce qu'on voulait de lui : ce n'étaient point ces sommes énormes qu'on savait bien n'être plus en son pouvoir, et qui étaient allées se perdre au sein des pauvres; c'était son abdication, c'était l'abandon du poste sacré où il venait de combattre sous l'œil de Dieu ; c'était la remise entière de lui-même et des intérêts de l'Église à la discrétion d'Henri. Ces conseils lui venaient de ses suffragants et de ses

(1) On lui ordonna : 1° de restituer trois cents livres de rente qu'il avait perçues en sa qualité de gouverneur de deux châteaux royaux; 2° de rendre cinq cents livres que le roi lui avait remises sous les murs de Toulouse au temps qu'il était chancelier. L'archevêque alléguait : 1° que les trois cents livres avaient été dépensées aux réparations des deux places fortes; 2° que les cinq cents livres lui avaient été données en présent: qu'au reste il ne voulait point s'abaisser à des discussions d'argent, et qu'il payerait.

collègues, dont un petit nombre seulement, restés fidèles à son infortune, soutenaient en secret son courage (1). Son courage ne défaillit point. Il lui vint une noble et audacieuse inspiration.

Au jour fatal marqué pour son jugement, ayant dit la messe de saint Étienne premier martyr, vêtu de ses vêtements pontificaux, portant le Viatique sur son cœur, et dans ses mains la croix archiépiscopale; armé de toutes les armes du ciel contre toutes les terreurs de la terre, intrépide au milieu des funestes pressentiments de ses serviteurs et de ses amis, il se rendit au palais, et s'assit dans le vestibule, tandis que ses juges, effrayés de cette solennelle apparition, se précipitaient en désordre dans la salle du conseil. Alors se succédèrent des scènes déchirantes de douleur, admirables de majesté. Tandis que la salle du conseil retentissait de violentes accusations, de paroles furieuses, de menaces et de blasphèmes, l'archevêque était seul dans la compagnie de quelques-uns de ses clercs et de ses moines, et sous

(1) Il faut compter dans ce nombre les évêques de Salisbury, de Vigorn et de Hereford. L'évêque Henri de Wincester déploya aussi dans ces jours d'alarme un caractère digne de louanges. Il répondit à l'évêque de Londres, qui demandait au nom du roi la démission de Thomas : « Un semblable conseil conduirait l'Église à sa ruine.
« Car, si notre primat et notre père nous laisse cet exemple qu'un
« évêque au premier signe menaçant d'un prince irrité abdique le
« soin des âmes qui lui sont soumises, que reste-t-il à l'avenir,
« sinon le renversement de toutes les règles, la confusion de toutes
« choses au gré des grands, et l'esclavage pour le clergé comme
« pour le peuple? »

la garde de plusieurs satellites. Or l'archevêque pencha la tête et dit à l'un de ses disciples assis à ses pieds : « Je crains pour toi ; mais toi ne crains « rien : tu partageras ma couronne. » Le disciple répondit : « Il n'y a de crainte ici ni pour vous ni « pour moi ; car vous arborez cet étendard triom- « phal que toute puissance humaine redoute, et « sous lequel beaucoup ont vaincu. » Et, après quelques moments de silence : « Seigneur, ajouta- « t-il, s'ils portent sur vous une main impie, ne « manquez point de jeter sur eux la sentence d'ex- « communication. » Un autre clerc, qui était assis de même aux pieds de l'archevêque, murmura assez haut pour pouvoir être entendu : « Loin de lui une « pareille conduite ! Ainsi n'ont point fait les apô- « tres et les martyrs de Dieu. Mais plutôt, si ses en- « nemis en viennent là, qu'il prie pour eux et qu'il « leur pardonne. Car, s'il lui arrive de souffrir pour « la cause de la justice et de la liberté ecclésiastique, « son âme sera en repos et sa mémoire en bénédic- « tion. » En écoutant ces mots, l'archevêque les recueillait dans son cœur, et les autres pleuraient. Un peu après, le même qui avait parlé le dernier, voulant converser encore, en fut empêché par un officier du roi, qui était là avec sa verge et qui défendit d'adresser la parole à l'archevêque. Alors il lui fit signe avec les yeux et les lèvres, de regarder la croix et l'exemple du crucifié dont elle portait l'image, et de prier : l'archevêque comprit le

signe, et il fit ainsi, et il fut rempli de consolation.
— Tandis que le maître et les disciples s'entretenaient de la sorte, Roger, archevêque d'York, sortit de la salle du conseil et se retira, ne voulant pas, disait-il, assister à l'effusion du sang. L'évêque d'Exeter vint se jeter aux genoux de Thomas en s'écriant : « Mon père, pitié pour vous, pitié pour « nous ! » Puis la porte s'ouvrit, et l'épiscopat anglais tout entier se présenta. Dans l'impuissance de juger leur chef sans violer ouvertement la discipline des canons, les prélats complaisants avaient promis de renier son autorité, de l'accuser devant le saint-siége, et d'obtenir sa déposition solennelle : à ce prix seulement ils avaient pu satisfaire le courroux du roi. Hilaire de Chichester parla au nom de tous : « Vous fûtes jadis notre archevêque, « nous fûmes tenus de vous obéir. Mais parce que « vous avez juré fidélité au roi, c'est-à-dire que « vous feriez ce qui serait en vous pour la conser-« vation de sa vie, de ses membres et de sa dignité « terrestre, et que cependant vous travaillez à dé-« truire les coutumes transmises par ses ancêtres « et maintenues par lui dans l'intérêt de sa dignité, « à cause de cela, nous vous accusons de parjure. « A un archevêque parjure nous ne devons plus « d'obéissance. C'est pourquoi, nous plaçant sous « la protection du souverain pontife, nous vous ci-« tons à son tribunal. — J'écoute, » dit l'archevêque. Et les prélats se rangèrent de l'autre côté

du vestibule, et s'assirent dans le plus profond silence. — Enfin la porte du conseil s'ouvrit encore une fois, et les comtes et les barons s'avancèrent ensemble, et une grande troupe de nobles avec eux. Le comte de Leicester marchait à leur tête, et prit la parole : « Écoutez votre sentence. — Ma sen-
« tence? » dit l'archevêque ; et, se levant, il reprit :
« O comte! ô mon fils! écoute toi-même. Tu n'i-
« gnores pas, mon fils, combien j'ai été cher et
« fidèle au roi au temps où je gouvernais les affaires
« de ce monde. C'est pour cela qu'il lui a plu de
« m'élever au siége archiépiscospal de Cantorbéry,
« malgré ma résistance, Dieu le sait, car je connais-
« sais mon infirmité, et je me suis soumis plutôt
« pour l'amour de mon roi que pour l'amour de
« mon Dieu. En ce temps-là je fus déchargé de
« toute obligation séculière, et là-dessus je ne dois
« plus aucun compte, et n'en veux rendre aucun...
« Mon fils, écoute encore. Autant l'âme est plus pré-
« cieuse que le corps, autant je dois obéir à Dieu
« plutôt qu'au roi de la terre. Ni la loi, ni la raison
« ne permet aux fils de juger leur père. C'est pour-
« quoi je décline le jugement du roi, et le tien, et
« celui des autres, ne pouvant être jugé que par le
« Pape après Dieu. J'en appelle devant vous tous à
« son tribunal, et je me retire sous la protection du
« Siége apostolique et de l'Église universelle. » Il se retira calme et majestueux au milieu des vociférations des gens de cour, et personne n'osa l'arrêter.

Il sortit du palais. Une immense multitude l'attendait au dehors et commençait déjà à déplorer sa perte comme celle d'un père. Quand il parut, il fut salué d'une acclamation universelle : « Béni soit « Dieu qui a sauvé son serviteur de devant la face « de ses ennemis! » Et la foule des pauvres, et le peuple, et le clergé, l'accompagnèrent en triomphe jusqu'au monastère qu'il avait choisi pour sa demeure. Pour lui, voyant la joie du peuple et des pauvres, il ordonna qu'on leur ouvrît les portes et qu'on leur fît un grand festin ; et les cloîtres furent remplis de gens qui mangeaient, et lui-même prit son repas au milieu d'eux. Ensuite, ayant appris que quelques scélérats de haut parage avaient conspiré sa mort, il se fit préparer un lit dans l'église, et, se levant au milieu de la nuit, il quitta la ville, erra pendant plusieurs jours à travers l'Angleterre, dénué de tout, mourant de fatigue : enfin une barque de pêcheur le recueillit et le porta aux rivages de Flandre, d'où il parvint, non sans périls, sur le territoire français (1).

III

Aux trois assemblées de Westminster, de Clarendon et de Northampton, une cause importante

---

(1) *Quadrilogus*, l. I.

avait été débattue avec des fortunes diverses. Mais jusqu'ici tout s'était passé à huis clos, et, si les choses en fussent restées là, les peuples, dont les yeux ne pénétraient pas encore dans les palais des rois, n'eussent point su ce qui avait été fait pour eux. L'histoire elle-même n'y aurait vu qu'une dispute entre deux hommes, une querelle entre un prince et un prêtre dans un coin de l'Europe. Le beau caractère de Thomas de Cantorbéry se serait perdu parmi la multitude de ces vertus ignorées, qui, à chaque siècle, traversent la terre sans y laisser d'autres traces que celles de leurs bienfaits. La Providence ne voulait point qu'il en fût ainsi; elle avait préparé pour cette génération un grand spectacle. Il fallait que la scène devînt plus vaste, il fallait que les peuples s'éveillassent pour voir, entendre et s'instruire; il fallait que les deux adversaires parussent, non plus comme les avocats de quelques droits individuels, comme les héritiers d'un trône ou d'un siége isolé, mais comme les représentants de deux principes : il fallait que l'Europe se rangeât à droite et à gauche, et se partageât entre eux, afin qu'ils fussent les délégués de deux factions rivales de l'humanité.

Tous deux étaient présentement dignes de leur rôle et dignes aussi l'un de l'autre. En la personne d'Henri, l'esprit de tyrannie s'était élevé par degrés à sa plus haute puissance. Il avait pensé d'abord tirer vengeance d'un homme obscur, d'un simple chanoine. Celui-ci s'était réfugié sous la protection d'une loi : Henri avait demandé l'abrogation de la loi. On avait répondu en lui montrant qu'elle tenait au système entier de la législation ecclésiastique d'Angleterre : il s'en était pris à cette législation. L'archevêque de Cantorbéry avait embrassé la défense des institutions de son Église : Henri avait tourné contre lui tous ses coups. Il ne tardera pas à s'apercevoir que l'archevêque de Cantorbéry a derrière lui l'Église universelle ; alors il attaquera l'Église universelle elle-même, il tentera de renverser l'éternel édifice, parce qu'une humble pierre a blessé quelque peu son pied royal. Thomas de son côté, en se faisant dans sa terre natale le défenseur de la liberté religieuse, s'était rendu capable d'exercer ce patronage au nom et à la face de la chrétienté tout entière. Il avait connu dans ses controverses avec le roi quel prix lui coûterait ce dangereux honneur. Il avait beaucoup appris : beaucoup par ses premiers succès, plus encore par la faute qui suivit, beaucoup par son repentir. Tant de traverses et d'afflictions avaient été comme une expiation des prospérités de sa première vie ; il s'était purifié de tout ce qui pouvait rester dans son âme d'alliage terrestre ; il était initié maintenant à tout ce que le Christianisme renferme de plus généreux sacrifices et de plus sublimes souffrances ; il était digne d'un ministère auguste et extraordinaire. Homme de douleurs, il devait devenir par excellence l'homme de Dieu.

Aussitôt que l'évasion de l'archevêque fut divulguée, le roi d'Angleterre somma ses évêques de tenir leur promesse, et fit partir quatre d'entre eux pour aller poursuivre devant le souverain pontife la déposition de leur primat. En même temps il adressa des lettres à plusieurs princes du continent, pour leur montrer dans son ennemi l'ennemi commun de toutes les couronnes, et lui fermer ainsi la porte de tous les empires.

Les quatre prélats anglais, ayant passé la mer, se rendirent à Sens, où le pape Alexandre III résidait alors. Là, l'éloquence de leurs discours, le crédit du roi dont ils étaient les mandataires, et aussi les riches présents qu'ils distribuaient, leur concilièrent au sein de la cour romaine de nombreux partisans. Ils exposèrent avec beaucoup d'habileté le sujet de leur ambassade, et conclurent en demandant l'envoi d'un légat *a latere* en Angleterre, avec pouvoir de juger la cause et de prononcer la condamnation de Thomas. Mais l'incorruptibilité du pape était au-dessus de toutes les séductions. La vérité ne lui était point inconnue : il comprenait d'ailleurs la portée d'une telle demande, et quel pourrait être le rôle d'un légat dans un royaume où « résister au monarque, c'é-
« tait faire comme un homme en prison qui résis-
« terait à son geôlier (1). » Il refusa donc de pren-

(1) Ces paroles sont de S. Thomas lui-même. *Quadrilogus*, lib. V.

dre une décision avant d'avoir entendu Thomas lui-même ; et les prélats accusateurs, qui se souciaient peu d'avoir à soutenir les regards et les interpellations de celui qu'ils poursuivaient, retournèrent vers leur maître sans avoir rien fait pour l'accomplissement de ses désirs.

Cependant le vénérable fugitif avait quitté l'habit emprunté et l'humble nom de frère Christian, sous lequel il avait traversé la Flandre. En mettant le pied sur la frontière de France, il avait repris sans hésiter ce titre d'archevêque de Cantorbéry qui le dénonçait à la malveillance des princes. Il alla trouver Louis VII à Soissons, et se confia à sa loyauté. Louis VII le reçut avec honneur, et, en lui promettant son appui, lui adressa ces nobles paroles : « Si le roi d'Angleterre, dans l'intérêt de
« sa dignité royale, maintient les coutumes qu'il
« dit être celles de ses ancêtres, et qui offensent la
« loi divine, moi aussi je conserverai les coutumes
« de France pour lesquelles j'ai reçu avec le trône
« un respect héréditaire. Or, c'est la coutume de la
« France, depuis les temps les plus anciens, de
« nourrir et de défendre tous ceux qui souffrent,
« ceux-là surtout qui sont exilés pour la justice. A
« un tel usage, si Dieu m'est en aide, moi vivant,
« il ne sera jamais dérogé. »

Sous ces auspices, Thomas se présenta devant la cour pontificale. Plus d'une fois il y avait paru dans des temps plus prospères, alors surtout que, dans les premières années de son archiépiscopat, dans tout l'éclat de sa récente fortune, il était venu au concile de Tours. A cette époque, tous les hauts dignitaires de l'Église, présents dans cette ville, étaient sortis au-devant de lui et lui avaient fait une magnifique réception. Cette fois il trouva parmi les cardinaux une froideur inaccoutumée ; mais le pape lui témoigna toute la tendresse d'un père. Il fut beau de voir ces deux pontifes, tous deux bannis de leur patrie et de leur siége, l'un par le despote d'Allemagne, l'autre par le tyran de l'Angleterre, se rencontrer tous deux dans un même exil pour une même cause, dans une même hospitalité sur notre terre de France, justement fière de ce droit d'asile qu'elle exerçait en faveur des vertus proscrites : il fut beau de les voir, l'un portant la couronne d'épines de la Papauté, l'autre qui devait bientôt ceindre l'auréole du martyre, épancher dans le cœur de l'un et de l'autre de pieuses tristesses, se consoler et s'affermir par un échange de courageuses pensées. Thomas parut devant un consistoire avec une majestueuse candeur ; il raconta la conduite qu'il avait tenue ; il produisit les constitutions de Clarendon, et après qu'une réprobation unanime les eut condamnées, il se confessa coupable, non d'avoir désobéi au souverain et troublé le royaume, mais coupable d'avoir reçu l'épiscopat sans autre vocation qu'un caprice royal, et d'avoir sacrifié à ce caprice ses devoirs sacrés. Puis, quittant l'anneau pastoral qui ornait sa main, il le remit au Pape en le conjurant de le placer en une main plus digne. A cet aspect, toute l'assembblée fut émue. Plusieurs cependant inclinaient à recevoir une abdication qui semblait sauver à la fois l'honneur et la paix de l'Église, et peut-être aussi la vie de l'archevêque. Alexandre rejeta ces avis pusillanimes ; il voulut que Thomas reprît sa dignité, et il lui en conféra de nouveau l'investiture, acceptant ainsi, par un témoignage éclatant, la solidarité du péril. Enfin, pour assurer à l'exilé une retraite qui convînt à sa situation présente, il l'envoya dans une abbaye de l'ordre de Cîteaux, à Pontigny, près de Sens.

De même qu'en prenant possession de la chaire de Cantorbéry Thomas avait rejeté loin de soi l'appareil des grandeurs terrestres, en entrant dans sa cellule de Pontigny il laissa sur le seuil ces pompes modestes et religieuses que sa haute dignité ecclésiastique l'avait jusqu'ici contraint de retenir. Le grand primat d'Angleterre, accoutumé à recevoir l'obéissance de quatorze évêques, vécut sous le vêtement de bure d'un pauvre moine, et sous la règle d'un supérieur étranger. Il redoubla d'austérités et de prières ; la Bible, les Canons, l'histoire de l'Église, occupaient ses longues et silencieuses journées. Entretenues dans une sphère si haute, ses idées prirent un essor que rien n'arrêta plus ; il vit avec indignation ces géants de la terre, appelés princes et seigneurs, élever leurs misérables institutions comme une seconde Babel pour affronter les cieux : il lança la foudre ; il condamna canoniquement les coutumes de Clarendon et prononça l'anathème sur leurs fauteurs.

A la nouvelle de ces événements, Henri II fut prompt à la vengeance. Il rendit d'abord plusieurs ordonnances d'une incroyable barbarie pour interrompre toute relation de son royaume avec l'archevêque, et défendit de le nommer dans les prières publiques. Les biens de Thomas furent confisqués ; ses parents et ses amis, dépouillés de tout, furent bannis au nombre de plus quatre cents : il n'y eut de grâce ni pour les vieillards, ni pour les malades, ni pour les femmes, ni pour les enfants au berceau ; et ces quatre cents infortunés furent contraints de promettre par serment qu'ils iraient les uns après les autres visiter l'archevêque dans sa retraite, et l'affliger du récit de leurs malheurs. Ils partirent, et ce lamentable cortége vint frapper tous les jours à la porte du proscrit, comme pour le punir cruellement du plaisir secret qu'il devait éprouver naguère, lorsque la multitude des indigents se pressait dans le vestibule de sa demeure archiépiscopale, et s'en retournait les mains pleines d'aumônes et la joie sur le front. Jamais peut-être l'imagination des persécuteurs ne fut si ingénieuse pour le mal, et jamais la charité ne reçut un défi plus honorable. Voici un roi qui imagine pour un évêque une torture plus cruelle que la mort, et cette torture, c'est de lui montrer des pauvres qu'il ne puisse secourir ; c'est de l'environner de plaintes déchirantes qu'il ne puisse consoler! Mais la charité accepta le défi : Thomas recueillit ces malheureux, partagea avec quelques-uns le pain de l'exil, adressa les autres aux nombreux admirateurs que sa réputation lui avait faits. Aucun ne manqua d'assistance, et plusieurs trouvèrent sur la terre étrangère une aisance qu'ils n'avaient point connue dans leurs foyers.

Quand les gémissements eurent cessé de se faire entendre dans la solitude de Pontigny, Henri sut encore en troubler le repos. Il fit savoir aux religieux de Cîteaux qu'il supprimerait tous les couvents de l'ordre en Angleterre, si Thomas restait plus longtemps dans leur abbaye. Ils eurent la faiblesse de faire part de cette menace à leur illustre commensal ; et lui, se retirant aussitôt, alla demeurer dans la ville de Sens, que Louis VII lui assigna pour séjour. Mais les respects et les bontés dont le roi de France entourait l'archevêque étaient pour Henri comme un reproche public. Il jura d'y mettre un terme, et concerta une ruse où la générosité de Louis VII ne pouvait manquer d'être surprise. Il le pria de se faire médiateur entre l'archevêque et lui, et les convia tous deux à une entrevue dont le lieu fut fixé sur les confins de la Normandie. Au jour convenu, en présence des deux cours réunies,

l'archevêque fut introduit, et alla se jeter aux pieds de son souverain, lui demandant la paix et se remettant à sa discrétion pour l'avenir, sauf l'honneur de Dieu. Henri reconnut dans ces paroles la restriction qui déjà, une première fois, avait irrité sa colère; il s'en montra mécontent, et proposa à l'archevêque l'arrangement que voici : « Vous pro-
« mettez de me garder la même obéissance que les
« plus saints des archevêques vos prédécesseurs ont
« gardée au moindre des rois mes ancêtres. » En entendant cette proposition, les grands des deux royaumes s'écrièrent : « Le roi s'humilie assez. » Cependant Thomas ne pouvait consentir à une semblable proposition; car il y a dans le Christianisme un type de perfection qui ne réside point sur la terre; il y a une fierté sainte qui ne permet pas de s'asservir sans réserve à l'imitation d'un homme, quelque grand qu'il ait été, et d'accepter ses fautes par respect pour ses mérites. Le refus de Thomas étonna Louis VII et les nobles qui l'entouraient; ils crurent y découvrir la marque d'une humeur hautaine et indomptable, et dès ce jour ils manifestèrent ouvertement leur déplaisir. Pour lui, il vit sans alarme s'écarter ce bras royal et protecteur, sous l'abri duquel il avait respiré. Et quand ses amis lui demandèrent où il pensait désormais aller reposer sa tête, il répondit : « J'ai ouï dire
« que sur les bords de la Saône, et jusqu'au pays
« de Provence, les hommes sont plus libres qu'ail-

« leurs (1), je m'y rendrai à pied avec l'un des
« miens : peut-être, en voyant notre affliction, on
« aura pitié de nous, et on nous donnera ce qui
« sera nécessaire pour vivre jusqu'à ce que le Sei-
« gneur nous ait visités. Il est pire qu'un mécréant
« celui qui désespère de la miséricorde de Dieu. »

Il ne restait plus à Thomas d'autre protection que la majesté du Siége apostolique. Cet asile moral, qu'alors les potentats étaient contraints de respecter, était le seul qui maintenant dérobât au roi d'Angleterre sa victime. Il essaya d'abord de le violer à force ouverte. Il enveloppa dans un même ressentiment et dans une même guerre le Pape et l'archevêque. Il interdit l'entrée de ses États aux messagers de la cour de Rome, défendit sévèrement les appels au Saint-Siége ; il retint le denier de saint Pierre, vieux symbole de la fidélité des catholiques anglais : il le retint, ce qui n'est pas à dire qu'il déchargea les peuples de cet impôt, mais qu'il le perçut à son profit. Il alla plus loin. L'antipape Octavien étant mort, l'empereur Frédéric Ier lui avait donné un successeur en la personne de Guido de Crema, et avait réuni dans une diète à Würtzbourg tous les grands vassaux de l'empire pour leur

(1) Cette honorable désignation se rapporte au Lyonnais, qui était alors soumis au gouvernement des archevêques de Lyon. Une tradition, sur laquelle nous reviendrons ailleurs, veut que S. Thomas, comme S. Anselme, ait habité cette ville au temps de ses malheurs. Il était digne de ces grands évêques de venir méditer au tombeau des S. Pothin et des S. Irénée la science du martyre.

faire reconnaître le pontife de sa création. Deux députés du roi d'Angleterre se trouvèrent à ce rendez-vous de l'iniquité. Ils se soumirent en son nom à l'antipape et promirent l'adhésion de tout le clergé du royaume. En effet, le roi d'Angleterre ordonna que tous ceux de ses sujets qui avaient passé l'âge de douze ans abjurassent l'autorité d'Alexandre III; et cet ordre reçut son exécution. Toutefois les évêques anglais trouvèrent moyen de se soustraire à cette mesure impie qui les aurait fait descendre au dernier degré de l'avilissement.

En même temps qu'Henri ébranlait l'Église au dehors en se liguant avec ses ennemis, il travaillait avec non moins d'opiniâtreté à sa ruine intérieure. On eût dit que le démon de la politique perfide, qui devait quatre siècles plus tard apparaître au Florentin Machiavel et lui dicter le livre des mauvais princes, se tenait maintenant aux côtés de ce roi du Nord, veillait à son chevet, assistait à ses conseils et conduisait ses desseins à leur accomplissement par les voies les plus mystérieuses et les plus sûres. Personne, jusque-là, n'avait déployé une connaissance plus profonde des infirmités du cœur humain et des ressorts qui frappent sur chacune d'elles. Protée aux mille formes, Henri changeait à toute heure d'attitude et de langage; il dissimulait son alliance avec les schismatiques, protestait de sa soumission filiale à l'Église romaine, formait des vœux pour la paix, déplorait amèrement les dissensions qui l'avaient séparé de l'archevêque, autrefois son ami. Il contrefaisait à merveille l'innocence, et, ce qui est plus difficile encore à contrefaire, le remords. Un jour il pleura avec tant de perfection devant deux cardinaux, que l'un se mit à pleurer avec lui, l'autre éclata de rire. D'autres fois il faisait gronder l'orage : dans sa fureur, il se roulait par terre, déchirait les courtines de son lit, en arrachait la paille et la rongeait entre ses dents. A la suite de pareils accès, il écrivait à Rome des épîtres menaçantes, il annonçait une rupture prochaine : c'était peu de parler de schisme; il faisait entendre qu'il pourrait bien prendre le turban et soumettre l'Angleterre à la loi de Mahomet. Car, se donnant le choix des apostasies, une instinctive sagacité lui révélait du premier coup, entre tant de religions fausses, la religion des tyrans. Ces alternatives d'espérance et de terreur, qu'il savait ménager à propos, entretenaient dans leur servitude les évêques de son royaume, et même à l'étranger tenaient en suspens beaucoup d'entre les plus considérables personnages du clergé catholique. On voyait, d'une part, l'Angleterre, accoutumée à une obéissance d'esclave, prête à se séparer de l'unité catholique au premier signe de son maître redouté ; d'une autre part, on avait devant les yeux les bonnes grâces d'un monarque puissant, précieuses en ces jours mauvais, faciles à obtenir au prix d'une seule concession; puis des promesses magnifiques, l'Angleterre pacifiée, l'antipape abandonné, la Terre-Sainte secourue. On pensait qu'il fallait céder au malheur des temps, fléchir pour n'être pas brisé. On oubliait que l'Église peut bien accepter le manteau royal comme un ornement, mais n'en a pas besoin pour se couvrir; que sa nudité est variable, et que, si elle montre des blessures, ces blessures, comme celles du Christ, rayonnent d'amour et de gloire. C'est ainsi qu'Henri pénétrait dans les esprits, et, quand ses conseils étaient épuisés, il trouvait des ressources dans ses trésors. Il acheta avec des sommes considérables l'appui de plusieurs villes et de plusieurs princes d'Italie. Il sut employer à son service la simonie que Grégoire VII et ses successeurs s'étaient efforcés de chasser du sanctuaire, mais qui y conservait encore de secrètes entrées. Un jour il se vanta effrontément de tenir le sacré collége dans sa bourse; il osa même proposer au Pape un injurieux marché. Alexandre III fit justice de cette tentation grossière. Cependant les efforts du roi ne restèrent pas toujours sans quelques succès; durant sept ans, il sut éluder à la fois et les censures ecclésiastiques que ses persécutions appelaient sur lui, et la réconciliation, qui seule devait lui épargner cette juste flétrissure. Il obtint l'envoi en Normandie de deux légats, dont l'un lui était dévoué, et qui eussent condamné l'archevêque si le Pape n'eût limité leurs pouvoirs. Il paya de paroles plusieurs autres légats qu'il ne put gagner à prix d'argent. Ainsi il prolongeait l'exil de Thomas, le harcelait de vexations, l'abreuvait d'amertumes. Enfin, ce qui lui importait le plus, il accoutumait peu à peu le simulacre d'Église qui subsistait dans ses États à se détacher de l'autorité papale et primatiale, au point qu'ayant voulu associer son fils aîné à la couronne, il le fit sacrer par l'archevêque d'Yorck, au mépris des priviléges de l'Église de Cantorbéry et des prohibitions formelles du souverain pontife (1).

Contre tant d'ennemis, contre tant d'attaques savamment combinées, Thomas n'avait pour lui que les vœux du pauvre peuple dont on ne se souciait guère, l'amitié de quelques moines qui partageaient son infortune, la bienveillance de plusieurs personnages haut placés, mais qui ne pouvaient rien sur son persécuteur, et l'approbation d'un vieillard entouré de piéges et opprimé comme lui. Mais ce vieillard était le Pape, et avec lui était le droit, et le droit, c'est la force morale contre laquelle la force physique ne peut prévaloir. C'est pourquoi ce qu'il y a de plus redoutable sur la terre, l'or et le fer, ce qu'il y a de plus dangereux parmi les hommes, l'intrigue et la peur, tout vint se briser devant l'intrépidité de Thomas. Tandis que son génie, porté sur les ailes de la foi, décou-

(1) *Quadrilogus*, l. II, et les autres auteurs contemporains, *passim.*

vrait dans des contemplations sublimes les desseins providentiels dont il devait être l'instrument, sa prudence, toujours attentive, suivait pas à pas les menées souterraines de ses ennemis, déconcertait les calculs de leur politique, et son inflexible résolution tenait en échec toute leur violence. Son histoire, pendant ces sept années, est courte comme l'histoire de tout ce qui ne change point. Il excommunia les ministres des volontés royales qui avaient engagé l'Angleterre dans la ligue schismatique ; il rappela le peuple sous l'autorité d'Alexandre par une lettre pleine de douceur et d'énergie ; plusieurs fois il écrivit au roi et lui donna de salutaires et rigides avertissements; en même temps il aiguillonnait l'inertie de ses suffragants et de ses collègues, ou bien il venait jeter le poids de sa parole au milieu des hésitations et des lenteurs circonspectes de la cour de Rome. Voici quelques fragments de ces lettres immortelles ; on y voit ce qui se passait dans cette grande âme ; mais il ne faut point oublier que celui qui les traça était prince de l'Église, qu'il parlait à ses égaux ou à ses inférieurs; que le malheur et la sainteté l'ont revêtu d'une double consécration et lui ont donné le privilége de dire beaucoup.

Au roi d'Angleterre.

PREMIÈRE LETTRE.

« J'ai désiré d'un grand désir de voir votre face
« et de converser avec vous ; car vous êtes mon
« seigneur, vous êtes mon roi, vous êtes mon fils
« spirituel. Mon seigneur, je vous dois et je vous
« offre mes conseils et tous les services qu'un
« évêque peut rendre, sauf l'honneur de Dieu et de
« la sainte Église ; mon roi, je suis tenu de vous
« respecter toujours, et de vous avertir à l'heure
« du péril ; mon fils spirituel, mon devoir est de
« vous reprendre dans vos égarements... Vous
« devez savoir que vous êtes roi par la grâce de
« Dieu. Or, les rois, au jour de leur sacre, reçoivent
« trois onctions : à la tête, à la poitrine, au bras, ce
« qui signifie la gloire, la science et la force. Quand
« les rois des anciens âges prévariquèrent contre la
« loi de Dieu, Dieu leur ôta la force, la science et la
« gloire ; il rendit ces dons à ceux qui se repen-
« tirent... Écoutez encore : l'Église de Dieu se com-
« pose de deux ordres : le clergé et le peuple. Dans
« le clergé sont les apôtres et les papes, hommes
« apostoliques, et les évêques et les autres docteurs
« à qui est confié le soin de l'Église, afin que tout
« soit ramené au salut des âmes. C'est pourquoi il
« a été dit à Pierre et aux autres pasteurs, et non

« pas aux rois et aux princes : « Vous êtes Pierre,
« sur cette pierre j'édifierai. » Dans le peuple sont
« les rois et les princes, les ducs et les comtes, et
« les autres puissances auxquelles est dévolue l'ad-
« ministration des affaires séculières, afin que
« tout soit ramené à la paix et à l'unité de l'É-
« glise... Que mon seigneur écoute donc le conseil
« de son fidèle, l'avertissement de son évêque, les
« exhortations de son père. N'ayez plus désormais
« d'alliance avec les schismatiques; ne dérobez
« point à l'Église ce qui lui appartient. Permettez-
« lui de jouir, dans votre royaume, de la même li-
« berté qui lui est assurée dans les royaumes étran-
« gers. Souvenez-vous de la charte qu'au jour de
« votre couronnement vous posâtes, écrite de votre
« main, sur l'autel de Westminster : vous promîtes
« alors de conserver à l'Église son indépendance.
« Rendez à l'Église de Cantorbéry, de laquelle
« vous avez reçu l'onction sainte, son antique pros-
« périté. Rendez-lui et rendez-nous ses biens et les
« nôtres : je dis mal en les appelant les nôtres ; ce
« sont les biens des pauvres, le patrimoine du cru-
« cifié, que nous avons, non point en propriété,
« mais en garde et en tutelle. Permettez aussi, si
« tel est votre plaisir, que nous retournions à notre
« siége en toute sûreté, et que nous remplissions
« librement nos fonctions, ainsi que le devoir le
« commande et que la religion l'exige. Et nous, en
« retour, nous sommes prêts à vous servir comme

« notre seigneur très-cher et notre roi, à vous servir
« avec dévouement et fidélité, selon notre pouvoir.
« Autrement, tenez pour certain que vous éprou-
« verez la sévérité de Dieu. »

DEUXIÈME LETTRE.

« Nous avons attendu avec une tendre sollicitude
« que le Seigneur vous regardât, et que, vous re-
« pentant de votre faute, vous abandonnassiez la
« voie perverse où des hommes mauvais vous avaient
« entraîné... Présentement, nous vous adressons
« ces lettres monitoires, afin de vous rappeler, s'il
« se peut, à des sentiments meilleurs... Si vous
« êtes un roi bon et catholique, si du moins, comme
« nous l'espérons, vous avez la volonté d'en mériter
« le titre, souffrez que je vous le dise : vous êtes
« fils et non ministre de l'Église. Vous recevez l'en-
« seignement des prêtres, vous n'en avez point à
« leur imposer. Vous avez les priviléges de votre
« puissance : Dieu vous l'a donnée. Soyez recon-
« naissant de ses bienfaits, et n'entreprenez pas
« contre l'ordre établi d'en haut. C'est pourquoi,
« rendez aussitôt ce qui appartenait à l'Église, et
« que vous avez usurpé plutôt par les conseils des
« méchants que par l'impulsion de votre cœur...
« Laissez la fille de Sion régner libre avec son époux,
« afin que Dieu nous fasse du bien ; que votre

« royaume prenne de nouvelles forces; que la honte
« qui pèse sur cette génération soit effacée, et qu'il
« se fasse en nos jours une grande paix... Je vous
« écris ceci, mon seigneur, et je me tairai encore
« pour attendre l'effet de mes paroles. Plaise à
« Dieu qu'il me vienne des messagers, et qu'ils
« me disent : Votre fils le roi était mort et il est
« ressuscité ; il était perdu et il est retrouvé ! Que
« si vous ne m'écoutez point, moi, qui chaque jour
« prie pour vous devant la majesté du Christ, avec
« une grande abondance de gémissements et de
« larmes, je crierai contre vous : et le Christ vien-
« dra avec la verge. Alors il jugera sévèrement les
« justices d'ici-bas; car il sait, quand il veut, en-
« lever aux princes l'esprit de vie, et il est terrible
« dans ses vengeances contre les rois de la terre. »

Aux évêques ses suffragants.

« Mes frères, longtemps j'ai gardé le silence, es-
« pérant qu'avec l'inspiration de Dieu vous repren-
« driez courage, vous qui êtes retournés en arrière
« au jour du combat, que du moins quelqu'un
« d'entre vous se lèverait et ferait quelque démons-
« tration généreuse contre les ennemis du Ciel.
« J'ai attendu, personne ne s'est levé ; je me suis
« tu, personne n'a parlé. Désormais tout le poids
« de la querelle retombe sur moi... Si j'ai offensé

« quelqu'un d'entre vous au temps de ma fortune,
« qu'il se nomme, et je réparerai au quadruple le
« tort dont il m'accusera. Mais, si je n'ai fait injure
« à personne d'entre vous, pourquoi me laissez-vous
« seul dans la cause de Dieu? Retournez-vous vers
« moi, mes frères, et soutenons-nous les uns les
« autres contre ceux qui en veulent à la vie de
« l'Église, c'est-à-dire à sa liberté. Hâtons-nous,
« de crainte que la colère divine ne s'élève sur
« nous comme sur des pasteurs négligents et pa-
« resseux, et que nous soyons traités comme des
« chiens muets qui n'ont pas la force d'aboyer...
« Eh quoi ! une tempête furieuse agite la barque,
« le gouvernail est dans mes mains, et vous m'en-
« gagez à dormir !... Vous remettez sous mes yeux
« les bienfaits du souverain ; vous dites que je leur
« dois mon élévation ; vous rappelez mon origine
« obscure. Il est vrai que je ne compte pas des rois
« dans ma lignée ; mais j'aime mieux être de ceux
« qui, par leur mérite, se font une noblesse véri-
« table, que du nombre de ceux qui déshonorent
« par leur vie la noblesse empruntée de leur nais-
« sance. Peut-être suis-je né dans une chaumière
« et de parents pauvres ; mais la miséricorde di-
« vine se plaît à choisir les humbles pour confon-
« dre les forts. C'est parmi les pêcheurs que Pierre
« a été élu pour devenir le prince de l'Église, lui
« qui s'est acquis par son sang une couronne au
« Ciel et une grande gloire sur la terre. Dieu fasse

« que nous suivions cet exemple! Nous sommes les
« successeurs de Pierre, non ceux d'Auguste. Nous
« ne vous écrivons point ceci, mes frères, pour ré-
« pandre la confusion sur votre visage, mais parce
« que nous désirons que vous agissiez mieux à l'a-
« venir, dans l'intérêt de la paix et de notre liberté.
« Priez pour nous, et que toute l'Église d'Angle-
« terre prie, pour que dans cette tentation notre foi
« ne défaille point. »

Aux cardinaux.

« A ses vénérables seigneurs et pères, par la
« grâce de Dieu, cardinaux, évêques, prêtres et
« diacres, Thomas, par la même grâce, humble
« ministre de l'église de Cantorbéry et misérable
« exilé, salut et obéissance.—Il est difficile à celui
« qui souffre de garder de justes bornes dans ses
« discours. Vous aviez commencé à combattre avec
« nous, et déjà la victoire était à nos portes, si vo-
« tre religion n'avait été circonvenue par l'habi-
« leté du roi, qui vous a donné de fausses espéran-
« ces de paix. La paix s'obtient des tyrans par des
« démonstrations de guerre, non par des ambassa-
« sades. Ne vous fiez point aux princes et aux en-
« fants des hommes dans lesquels il n'y a pas de
« salut... Pourquoi donc nous avez-vous délaissé?
« Notre cause n'est-elle point la vôtre? Faites à

« autrui ce que vous désirez qu'il vous soit fait,
« afin d'éviter le péril qui est proche. Autrement,
« que Dieu soit juge entre vous et moi et mes com-
« pagnons d'exil, orphelins, veuves, enfants au
« berceau : qu'il soit juge, lui qui ne considère pas
« la qualité des personnes ! Vous nous avez exposés,
« nous innocents, comme un but pour la flèche.
« Vous nous avez fait un opprobre pour les passants
« et un objet de dérision pour ceux qui nous entou-
« rent. Voici qu'on crie sur les places publiques et
« qu'on dit tout haut dans les villes et dans les
« bourgs qu'il n'y a pas de justice à Rome contre
« les puissants... Que si vous traitez ce mal avec
« lenteur, n'est-il pas à craindre qu'il devienne
« contagieux et que tous les rois de la terre en
« soient atteints? Car la servitude amère de l'Église
« est douce à tous les tyrans... L'Église ne doit
« être régie ni par la dissimulation ni par des con-
« seils habiles, mais par la vérité et par la justice.
« Faites ainsi et Dieu vous aidera, et ne vous
« inquiétez pas pour moi de la malice des hom-
« mes (1).

(1) Cette lettre est postérieure aux précédentes : c'est pourquoi on y trouve un accent plus douloureux et plus sévère. Elle est insérée dans les *Annales ecclésiastiques* du cardinal Baronius, t. XX. L'illustre apologiste de l'Église n'a pas craint de rapporter ces paroles dures adressées à un corps dont lui-même faisait partie. Nous, simple fidèle, nous n'avons pas cru être plus timide. — Les épîtres de S. Thomas sont sa plus complète justification contre le reproche de fanatisme que certains auteurs modernes lui ont adressé : certes, celui qui écrivait de la sorte était bien au-dessus

Mais peut-être dans cet énergique langage se mêle-t-il quelques accents d'orgueil : peut-être dans la solitude cette austère vertu a-t-elle pris quelque chose de farouche ; à force de respirer l'air des cloîtres, elle s'est endurcie ; et si elle est inébranlable comme le rocher, c'est qu'elle est âpre et froide comme lui ? — Pourtant pénétrez dans l'humble demeure d'où sortent ces lettres foudroyantes, destinées à troubler le sommeil des grands ; soyez admis à la familiarité de cet homme fort, et voyez. — C'est bien le même qui a passé vingt ans de sa vie dans les palais : en répudiant son ancienne opulence, il ne s'est point dépouillé de l'élégance de ses mœurs. Sous cette laine grossière, on retrouve celui qui a porté la soie et l'hermine. Plus d'une fois la grâce exquise de ses manières l'a trahi quand il voulait rester inconnu. On dit qu'au temps où déguisé il traversait la Flandre, comme il prenait son repas chez de simples paysans, la délicatesse de ses habitudes, les

---

des préjugés sociaux de son siècle, et son dévouement à la cause de l'Église romaine n'était rien moins que servile et passionné. — D'un autre côté, l'Église ne porte point la responsabilité des fautes que peuvent commettre quelques-uns de ses ministres : elle les pleure, mais n'a pas à en rougir. Il n'y a même peut-être point de spectacle plus rassurant pour ses destinées futures que celui de ses épreuves passées. Quelle merveille que l'Évangile ait été livré entre des mains rapaces sans qu'il en ait été déchiré une page ! que la parole divine ne se soit point altérée en se transmettant par des bouches impures ! que tant de séductions n'aient jamais pu faire rendre un oracle menteur, et que l'autel, miné dans ses fondements, soit resté debout soutenu par une invisible main !

caresses qu'il faisait aux petits enfants, son grand front, ses belles mains, le décelèrent à ses hôtes rustiques, qui tombèrent à ses genoux et s'écrièrent : « Il faut que vous soyez le grand archevêque « de Cantorbéry ! » Son esprit, exercé à la culture des belles-lettres, en a conservé une sorte de parfum, et, docteur du moyen âge, il ne dédaigne pas de semer dans ses écrits les fleurs de la poésie virgilienne. Dans les écoles les plus célèbres de la chrétienté, il a étudié la théologie et la science des lois sous la direction de Pierre Lombard et de Gratien : souvent dans son exil il retourne à ses livres chéris comme à de bons et fidèles amis du temps passé. Une des plus douces consolations de sa solitude, c'est le commerce épistolaire qu'il entretient avec deux des hommes les plus remarquables de ce temps, Pierre de Blois et Jean de Salisbury (1). On croit même qu'il fut initié dans sa jeunesse aux mystères de l'architecture gothique, dont l'enseignement traditionnel se conservait dans le clergé ; car le Dauphiné se glorifie de posséder une église bâtie sur ses plans. — C'est bien encore le même à qui les pauvres furent si chers ; il les chérit plus encore depuis qu'il est devenu semblable à eux.

---

(1) Il paraîtrait résulter d'une lettre de Pierre de Blois à S. Thomas, que celui-ci aurait composé un livre *de Nugis curialibus*, où il aurait flagellé avec une puissante ironie l'école naissante des légistes. Les centuriateurs de Magdebourg lui attribuaient aussi un *Encomium Mariæ Virginis*. Tous nos efforts n'ont pu nous faire découvrir aucun vestige de ces deux ouvrages.

Quand il tourne des yeux pleins de tristesse vers son Église en deuil, tous ses regrets sont pour les malheureux que son absence a rendus orphelins ; quand il regarde autour de lui, c'est pour s'occuper des compagnons de sa disgrâce ; il intéresse en leur faveur les princes et les prélats étrangers, il ne se lasse jamais de demander pour eux, lui qui ne sait pas demander pour soi-même. Tous ceux qui l'approchent vantent la douceur et l'agrément de ses discours. Il passe en faisant le bien ; car partout il laisse derrière lui l'admiration et la reconnaissance. Ceux qui l'assistent à l'autel ont été témoins des effusions de sa piété. Personne plus que lui n'aima Dieu et les hommes.—C'est le même, enfin, qui dans son humilité repoussait le calice amer de l'épiscopat et ne le prit qu'en tremblant ; qui succomba au commencement de la lutte, parce que son cœur fut victime d'une honorable surprise ; qui se confessa coupable, et pleura aux reproches d'un porte-croix. En déposant aux pieds du pape les insignes de sa dignité, il avait assez témoigné combien toute pensée ambitieuse était loin de lui. Il semble que cet homme simple et bon ne soit point fait pour ce ministère de vigilance et de sévérité. Il lui en coûte beaucoup de se défier, et plus encore de se défendre et de combattre. Trois fois il fut forcé d'exercer la puissance de l'anathème, et cependant on dirait d'autres fois qu'il eût voulu n'être évêque que pour bénir. Souvent, en présence de ses terribles devoirs, il est saisi d'une profonde mélancolie : seul, suspendu sur tant d'abîmes, tandis que le ciel et la terre sont remués contre lui, il sent sa vue se troubler et son âme défaillir. Alors il répand la surabondance de ses douleurs dans l'âme d'un ami. Mais c'est surtout vers le souverain pontife qu'il tourne ses regards désolés ; c'est devant lui qu'il dévoile avec confiance toute sa détresse. Les deux lettres suivantes sont deux échos de ces gémissements secrets du proscrit.

A l'évêque de Hereford.

« Je vous rends grâces de m'avoir visité dans
« mon affliction. Je pleure sur notre très-cher sei-
« gneur le roi. La terreur m'a accablé, et mon es-
« prit est couvert de ténèbres parce que j'ai vu la
« tribulation et l'opprobre s'accumuler sur la tête
« du roi, mon seigneur : car il a ébranlé l'Église
« de Dieu. Le Seigneur montrera au clergé des
« choses dures et l'abreuvera du vin de la tris-
« tesse... Où sont maintenant les sages qui disaient :
« Celui qui n'observe pas les coutumes n'est pas
« l'ami de César ; c'est l'ennemi de la couronne, il
« est digne de jugement? Où sont-ils, ces sages ?
« qu'ils viennent et qu'ils disent quel dessein le
« Dieu des armées a conçu au sujet de l'Angleterre.
« Les sages de ce pays sont devenus insensés ; ses

« princes se sont flétris : ils ont trompé l'Angle-
« terre. Dieu a répandu au milieu de ce peuple un
« esprit de vertige. L'Angleterre a erré dans ses
« voies : elle chancelle comme un homme ivre. »

Au pape.

« Nous envoyons à Votre Sainteté, avec ces pré-
« sentes, deux des malheureux compagnons de
« notre pèlerinage, afin que vous soyez instruit par
« eux de nos misères qui sont immenses, afin que
« nous recevions de Votre Sainteté notre délivrance
« et celle de notre église, et le soulagement de nos
« maux. Car il est à craindre que nous ne succom-
« bions sous le poids écrasant d'une persécution
« sans exemple. Nous sommes traînés de délais en
« délais et de tristesse en tristesse, avec non moins
« de cruauté que d'injustice. Inclinez donc votre
« oreille, Seigneur, et écoutez : ouvrez les yeux, et
« voyez s'il y eut jamais une iniquité pareille à
« celle-ci, une douleur semblable à notre douleur.
« Nous avons attendu l'effet de vos promesses, et
« voici qu'il nous est venu un surcroît de trouble
« et d'affliction. Ayez pitié, Seigneur, ayez pitié de
« nous ; car personne ne combat pour notre salut,
« personne après Dieu, si ce n'est vous et les vôtres.
« Ayez pitié de nous, afin que Dieu vous fasse mi-
« séricorde au jour où vous rendrez compte de vo-

« tre administration. La longueur du mal a épuisé
« nos ressources et nos forces : il ne nous en reste
« plus assez pour supporter désormais la tribulation
« la plus légère. Que Votre Grandeur nous secoure
« donc, nous et notre Église, et qu'elle ne tarde
« pas, car il en est temps. Hâtez-vous pour que
« nous sentions le bienfait de votre grâce avant
« de mourir... Pour vous, Très-Saint-Père, que
« votre vie soit heureuse et longue, votre vie qui
« nous est chère et nécessaire par-dessus toutes
« choses, hormis l'amour de Dieu (1). »

IV

Voilà l'homme. Mais ses destinées approchaient
de leur accomplissement. La bonne cause devait
obtenir un triomphe public, et ce triomphe devait
être ensuite consacré par une immolation sanglante. Les événements se précipitaient. Le roi de
France avait rendu à l'archevêque de Cantorbéry sa
première amitié et s'efforçait d'effacer par ses em-
pressements et par ses bons offices les souvenirs
d'un refroidissement passager. Le pape Alexandre III
était rentré dans Rome, où il régnait paisible. Les
rois de Danemark et de Hongrie s'étaient détachés

---

(1) Voyez la *Correspondance* de S. Thomas à la suite du *Quadrilogus*, et avec plus de détail, dans le recueil publié à Bruxelles
par le P. Ch. Wolf.

du schisme. La ligue lombarde avait affranchi l'Italie du joug impérial. Et dans un concile tenu à Saint-Jean de Latran, le pape avait excommunié Frédéric Ier et délié ses sujets du serment de fidélité. Henri fut averti que la pourpre ne le mettrait point à l'abri du glaive spirituel. S'il comptait sur la servilité de l'Angleterre, il avait tout à redouter pour ses possessions de Normandie, d'Anjou et d'Aquitaine, qui dans leurs rapports étroits avec le royaume de France conservaient les traditions de fidélité du pays très-chrétien. Il trembla donc à son tour, et, après d'inutiles tergiversations, il consentit à une réconciliation officielle.

Elle eut lieu à Freitville, non loin des frontières de la Touraine, le jour de sainte Madeleine; c'était la fête du repentir, en l'an 1171. Le rendez-vous était dans une prairie très-agréable, que les gens du pays nommaient le *Champ des Traîtres*. Là se trouva réunie une grande assemblée de nobles personnages. Aussitôt que l'archevêque parut, Henri courut à sa rencontre : et tous deux, à cheval comme ils étaient, se promenèrent quelque temps ensemble à l'écart. L'archevêque exprima le vœu d'être reçu dans les bonnes grâces du roi et de pouvoir retourner en paix dans son diocèse; il demanda la restitution des biens de son Église et la liberté d'exercer les censures ecclésiastiques contre ceux qui avaient usurpé sa prérogative en couronnant le jeune prince héritier du trône. Le roi lui accorda sa requête. L'archevêque descendit de cheval pour s'agenouiller et témoigner ainsi sa gratitude. Le roi le releva et lui tint courtoisement l'étrier pour remonter en selle, puis l'invita à demeurer quelques jours auprès de lui, afin de laisser des preuves incontestables du bon accord qui venait de se rétablir. L'archevêque obtint la permission d'aller faire ses adieux à ses amis de France et promit un prompt retour. Ainsi se passa l'entrevue, à la grande admiration de ceux qui en furent témoins. — Le matin même Henri avait juré en présence de quelques personnes de ne jamais donner à Thomas le baiser de paix. Et en effet il ne le lui avait point donné.

Depuis ce temps Thomas se présenta deux fois à la cour, deux fois il y trouva un accueil douteux et sollicita sans succès les restitutions promises. Enfin, impatient de revoir son église bien-aimée, assailli d'avis alarmants et de funestes prévisions qui déjà n'étaient plus incertaines, il dit à ses amis : « Je vais mourir en Angleterre, » et fit les préparatifs de son départ. Il avait reçu du pape des lettres de suspension et d'excommunication pour en user contre l'archevêque d'Yorck et les autres évêques compromis dans l'affaire du couronnement. Il envoya ces lettres comme pour être les avant-coureurs de son arrivée (1), et lui-même s'embar-

(1) Cette mesure de S. Thomas a été sévèrement blâmée. Cependant c'était rendre à l'Église d'Angleterre un grand service que de

qua peu de temps après. Bientôt son vaisseau, portant en proue la croix primatiale, aborda au port de Sandwich, où le peuple en foule s'était rendu pour le recevoir. Son voyage jusqu'à Cantorbéry fut une longue et magnifique ovation. Les routes étaient couvertes de gens accourus à sa rencontre : des paroisses s'étaient levées et étaient venues en procession avec leurs bannières, et l'air retentissait de ces cris mille fois répétés : « Béni soit celui qui vient au nom du Seigneur ! » Mais dans cette foule pieuse s'étaient mêlés des hommes pervers. C'étaient des soldats apostés par les évêques excommuniés pour arrêter le primat à son débarquement et lui arracher les bulles dont ils le croyaient muni. Après l'avoir vainement attendu à Douvres, ils s'étaient rendus à Sandwich ; mais, n'osant pas l'attaquer en ce lieu à cause de la multitude, ils le suivirent jusqu'à Cantorbéry. Là ils lui demandèrent avec menace l'absolution des évêques excommuniés ou suspendus. Thomas y consentit, pourvu toutefois que ces prélats fournissent la caution d'usage, afin de garantir leur obéissance future au jugement de l'Église. Les évêques auraient accepté cette condition ; mais l'archevêque d'York, esprit satanique acharné à la perte de Tho-

---

suspendre l'autorité d'un prélat scandaleux comme Roger d'York. Les historiens contemporains nous donnent sur ses mœurs des détails dont l'horreur est telle, que nous n'oserions les rapporter. Le savant Jean de Salisbury le nomme *non archiepiscopus, sed archidiabolus*.

mas, les entraîna dans une voie dont ils ne virent point l'issue. Ils passèrent la mer, et allèrent à la cour de Henri II, en Normandie, porter des plaintes et chercher des armes contre celui qui, dans la grande famille chrétienne, était leur supérieur immédiat et leur père.

Thomas se retrouvait parmi les siens, et cependant il ne découvrait autour de soi que des sujets de chagrin et de dégoût. Son église était envahie par des pasteurs mercenaires qui en son absence s'étaient glissés dans le bercail; ses terres étaient dévastées, ses maisons délabrées, ses greniers vides, ses serviteurs dépouillés et battus par des malfaiteurs qui se disaient gens du roi. Chaque jour lui apportait quelque fâcheuse nouvelle, et, s'il en appelait à la justice publique, elle restait sourde à son appel. Il résolut donc d'aller présenter ses réclamations et ses hommages au jeune prince, fils aîné d'Henri, et autrefois son élève, qui résidait à Woodstock, près de Londres. Mais la porte du château lui fut interdite, il reçut ordre de retourner à Cantorbéry, et plusieurs personnages influents de Londres furent punis pour lui avoir rendu quelques honneurs. Les fêtes de Noël approchaient; il les attendit dans le recueillement et dans la prière, captif entre les murs de sa maison archiépiscopale. Le jour de Noël, il monta en chaire, parla au peuple assemblé, annonça sa mort prochaine. Des sanglots répondirent à ses paroles : la vaste cathédrale fut remplie de gémissements et de voix qui criaient : « Père, pourquoi nous abandonnez-vous? » Ensuite il rapporta avec indignation les injures que l'Église avait souffertes dans ces derniers temps, et retrancha de la société des fidèles plusieurs de ceux qui s'étaient signalés par leurs violences.

Pendant ce temps-là, Henri II avait prêté l'oreille aux récits envenimés de l'archevêque d'York, il avait senti se réveiller ses ressentiments mal assoupis, et dans un mouvement de colère il s'était écrié : « Maudits soient ceux que je nourris de mes « bienfaits, s'ils ne peuvent me venger et délivrer « mon royaume de ce prêtre turbulent! » Et il ajouta : « Un homme qui a mangé mon pain a levé « son pied contre moi! Un homme qui la pre- « mière fois s'est présenté à ma cour sur un cheval « boiteux, triomphe maintenant en dépit de la di- « gnité royale et sous les yeux des compagnons de « son ancienne fortune! » En entendant ces mots, quatre chevaliers conçurent le projet de tuer l'archevêque afin de plaire au roi. Ces quatre chevaliers étaient : Réginald Fitz-Urce, Guillaume de Tracy, Richard Breton, Hugues de Moreville. La tradition rapporte que l'arbre sous lequel ils se réunirent pour conjurer, frappé de malédiction, se dessécha.

Ils arrivèrent à Cantorbéry le jour de la fête des Innocents. Le lendemain (29 décembre 1171), vers la onzième heure, l'archevêque étant assis au mi-

lieu de ses clercs et de ses moines, les quatre chevaliers entrèrent dans sa chambre, et, négligeant de le saluer, allèrent s'asseoir à terre devant lui. Là, après quelques moments de silence, ils prirent la parole et commencèrent par des propositions arrogantes, par des reproches vagues et provocateurs, comme des hommes qui cherchent à engager une querelle. Puis ils le sommèrent au nom du roi d'absoudre sur-le-champ les évêques excommuniés et suspendus. Comme il répondait que l'excommunication avait été lancée par le souverain pontife et publiée avec l'autorisation royale, ils se répandirent en discours injurieux. Alors l'archevêque leur dit : « Depuis que j'ai remis le pied sur cette terre
« avec le consentement et presque sous les auspices
« du roi, j'ai été en butte à des outrages sans
« nombre ; mes gens ont été arrêtés, mes biens
« livrés au pillage ; on m'a fait tort en mille autres
« manières, et par-dessus tout cela vous êtes venu
« me menacer ! » Réginald répliqua : « Si quel-
« qu'un a osé vous insulter, pourquoi n'avez-vous
« pas exposé vos griefs, afin d'en obtenir le redres-
« sement selon la raison et selon le droit ? — Mon
« ami, reprit l'archevêque, je me suis assez plaint,
« j'ai assez vainement travaillé pour obtenir satis-
« faction ; c'est pourquoi tous les jours on comble
« pour moi la mesure des iniquités : on me prodigue
« l'insulte avec tant de persévérance, les plaintes
« de mes pauvres retentissent si nombreuses à mes

« oreilles, que je ne saurais trouver un messager
« pour chacun de mes malheurs. Et quand j'en au-
« rais, qu'en ferais-je? on empêche ceux que j'en-
« voie de passer la mer et de parvenir auprès du
« souverain. Mais puisque nulle part je ne puis
« trouver justice, je la rendrai moi-même, telle
« qu'un archevêque peut et doit la rendre, et je ne
« reculerai devant aucun homme! » Là-dessus,
les chevaliers s'écrièrent : « Des menaces! des me-
« naces! nous vous annonçons que vous avez parlé
« au péril de votre tête. » L'archevêque répondit :
« Êtes-vous donc venu pour me tuer? j'ai remis
« ma cause entre les mains de Celui qui est le juge
« de tous; c'est pourquoi je ne vous crains point;
« car vos glaives ne sont pas plus prêts à frapper
« que mon âme à souffrir le martyre. Cherchez qui
« vous fuie; pour moi, je ne fuirai point : vous me
« trouverez pied contre pied au combat du Sei-
« gneur. » Ils se levèrent en faisant grand bruit et
commandèrent aux moines de garder l'archevêque
avec soin pour le représenter au bon plaisir du roi.
L'archevêque les accompagna vers la porte et dit
encore : « Je ne sortirai d'ici ni par crainte du roi,
« ni par crainte d'aucun homme; je ne suis point
« venu pour fuir; c'est ici, c'est ici (et il montrait
« sa tête), que je vous donne rendez-vous. » Les
chevaliers se retirèrent en tumulte.

Bientôt après, des coups redoublés se firent entendre au dehors; c'étaient les quatre conjurés et

leurs hommes d'armes qui voulaient forcer l'entrée du monastère. Le déclin du jour permettait à l'archevêque une fuite facile : ses clercs effrayés l'y exhortaient avec des pleurs. Il resta impassible et ne sortit de sa chambre que lorsqu'on lui eut annoncé l'heure des vêpres. Alors on voulut l'entraîner vers l'église ; mais lui s'avançait lentement à travers les cloîtres et les couloirs, marchant le dernier de tous, comme le berger qui pousse ses brebis devant soi. Ni son geste ni sa démarche ne trahissait un sentiment de crainte. Enfin il entra dans l'église, où déjà quelques moines assemblés chantaient l'office. On voulut fermer les portes derrière lui ; mais, les rouvrant de ses mains, il fit entrer quelques-uns de ses serviteurs qui étaient restés dehors, et il ajouta : « Nous vous ordonnons au « nom de la sainte obéissance de laisser les portes « ouvertes : car il ne convient pas de faire de la « maison de Dieu un château fort. »

Tout à coup les quatre meurtriers s'élancèrent dans l'église, le glaive et la hache à la main. « Où « est le traître ? » criaient les uns. « Où est l'arche- « vêque ? » criaient les autres. Thomas descendit les degrés de l'autel qu'il avait déjà montés, et se présenta en disant : « Me voici : je suis l'archevêque, « et non le traître. » A ce moment ses clercs l'abandonnèrent et se réfugièrent au pied des autels : il n'en resta que trois auprès de lui, entre lesquels Édouard Grim, le porte-croix, le même qui lui avait parlé si librement au sortir de l'assemblée de Clarendon. Un des meurtriers s'avança et mit la main sur l'archevêque : « Suivez-nous, lui dit-il, vous êtes « pris. » L'archevêque, arrachant son manteau des mains du soldat, répondit : « Vous me ferez ici ce que « vous voulez faire. » Puis il s'adressa à Réginald : « Réginald, qu'est ceci ? Je vous ai fait autrefois « beaucoup de bien, et vous venez à moi avec des « armes dans l'église ? Si c'est ma tête que vous « cherchez, je vous défends de la part de Dieu de « toucher à aucun des miens, moine, clerc ou laï- « que, grand ou petit. Pour moi, je reçois volontiers « la mort si dans l'effusion de mon sang l'Église « peut trouver la paix et la liberté. » On le somma d'absoudre les évêques excommuniés ; il répondit : « Jusqu'à ce qu'ils aient satisfait aux saints canons, « je ne les absoudrai pas. » Puis l'homme de Dieu se mit à genoux et proféra cette dernière prière : «Je « recommande à Dieu, à la bienheureuse Marie, aux « saints patrons de ce lieu et au bienheureux mar- « tyr saint Denis, mon âme et la cause de l'Église. » Alors un coup d'épée frappa le bras du porte-croix qui avait voulu protéger l'archevêque, et atteignit l'archevêque lui-même à la tête, un second coup le renversa par terre, un troisième lui abattit une grande partie du crâne. Et l'un des meurtriers, s'approchant avec son glaive, fit jaillir la cervelle et la répandit sur le pavé. Ils sortirent ensuite de l'église, poussant des vociférations contre leur victime, et allèrent piller le monastère. — Ainsi périt, à l'âge de cinquante-trois ans, Thomas Becket, archevêque de Cantorbéry (1).

V

Lorsque deux hommes, au moyen âge, s'en remettaient au jugement de Dieu, ils combattaient en champ clos : le bon droit devait se trouver du côté où se rangerait la victoire, et l'ignominie accompagnait la défaite ou la mort. C'était peut-être un vieux reste de paganisme, de culte de la nature qui, donnant à tout phénomène physique une portée mystérieuse, divinisant la force brutale, faisait plier toute chose sous une loi de terreur. La querelle de Thomas avait fini par une sorte de combat où la vertu s'était trouvée aux prises avec le crime : le crime avait vaincu par le fer. D'après la législation barbare de ce temps, Thomas ne vivait plus, il était condamné.

Mais il est une autre loi, une loi d'amour selon laquelle le droit est dégagé du fait, qui reconnaît une justice invisible, qui ne s'arrête point devant le silence de la mort, et qui entend la voix du sang versé. Devant cette loi, celui-là triomphe qui a le

---

(1) Ce récit tout entier est emprunté littéralement au *Quadrilogus*, dont les auteurs furent témoins oculaires des derniers moments de S. Thomas, et durent en garder un inaltérable souvenir.

plus aimé et celui qui a aimé jusqu'à mourir est appelé martyr et se couronne d'une triple gloire; car, dans le martyre, il y a trois choses. Premièrement, un acte d'indépendance morale : l'âme, abandonnant sa chair, comme autrefois Joseph, le pieux esclave de Putiphar, abandonna son manteau, échappe à la violence qu'on méditait contre elle. Secondement, un acte de charité : le martyre est un témoignage qu'un homme rend, non point à sa propre doctrine, mais à celle de ses frères croyants comme lui, et par lequel il rassure en eux ce qu'il y a de plus précieux et de plus fragile, la foi : rien ne rassure la foi comme le témoignage d'un homme de bien, et rien ne donne plus de valeur à cette affirmation que le sceau de la mort. Enfin, et pardessus tout, un sacrifice, un sacrifice offert à Dieu, qui en retour donne la victoire et la paix : il faut que la croix soit ensanglantée sur le Calvaire avant de régner au Capitole (1). Voilà comment Thomas fut justifié à l'heure où il tomba massacré au pied des autels. La veille il était grand sur la terre, mais d'une grandeur périssable qu'un faux pas pouvait renverser : maintenant il dominait la terre de toute la hauteur des cieux, il était placé hors

---

(1) Cette doctrine est celle de S. Jean Chrysostome : Θάνατος μαρτύρων, νίκη μαρτύρων. Μαρτύρων γὰρ θάνατος πιστῶν ἐστι παράκλησις, ἐκκλησιῶν παρρησία, χριστιανισμοῦ σύστασις θανάτου κατάλυσις, ἀναστάσεως ἀπόδειξις, διαβόλου κατηγορία, φιλοσοφίας διδασκαλία, πάντων τῶν ἀγαθῶν ῥίζα, καί πηγὴ καί μήτερ. (Homélie sur les martyrs.)

des limites de la fragilité humaine, au-dessus des atteintes de ses ennemis, comme le soleil que toute la poussière que nous faisons ici-bas ne peut obscurcir. Le peuple, avec un admirable instinct de reconnaissance, courut aux funérailles de ce pasteur, qui avait donné sa vie pour lui ; des miracles nombreux illustrèrent sa sépulture ; l'Angleterre tomba à genoux et le proclama saint ; toute la chrétienté répéta le cri de l'Angleterre, et l'Église ratifia le vœu de la chrétienté. Cette décision fut accueillie avec transport, et l'enthousiasme revêtu d'une sanction légitime redoubla. Des liturgies sacrées, des hymnes, des panégyriques, furent composés à sa louange ; sa légende vint s'ajouter comme une perle de plus au poétique trésor des légendes des Saints ; les simples et les pauvres célébrèrent son nom dans des cantiques populaires. De longues processions de pèlerins s'acheminèrent vers Cantorbéry, et, jusque dans les contrées les plus lointaines, des basiliques s'élevèrent sous l'invocation de saint Thomas. Une récompense encore plus magnifique lui fut décernée : son sang avait payé la rançon de l'Église, l'Église reconquit sa liberté. Le tombeau de saint Thomas fut placé entre elle et les rois comme un abîme que ceux-ci n'osèrent franchir, et il y eut une longue trêve. Henri II lui-même s'humilia et abjura les prétentions qui avaient engagé la lutte fatale. Mais ce n'était pas assez pour l'enseignement du monde.

Tandis que l'invincible apothéose du martyr était manifestée aux hommes par une effusion de grâce et de bénédictions, la présence d'un génie infernal sembla se révéler dans la maison de ses persécuteurs. On put contempler alors quelque chose de pareil à ces furies vengeresses que l'antiquité avait vues s'attacher aux familles criminelles des Œdipe et des Atrée. Le roi d'Angleterre déshonorait sa vieillesse dans de honteuses débauches. Éléonore, sa perfide épouse, qu'il avait reçue sortant toute souillée d'adultère de la couche du roi de France, conçut contre lui une jalousie mortelle, forma ses fils au parricide, et, disparaissant tout à coup, leur donna le signal. A la tête de la rébellion était ce fils aîné, dont le couronnement s'était fait en haine de l'archevêque, et qui maintenant arguait de cet acte pour réclamer le trône. Henri, entouré de trahisons, s'effraya; il alla, dépouillé de ses ornements royaux, s'agenouiller devant les reliques de sa victime, et recevoir sur ses épaules superbes les coups de verge des moines. Quelque temps suspendue, la guerre domestique recommença bientôt. Le fils aîné et le troisième fils de Henri moururent dans leur révolte. Richard, son héritier présomptif, lui trouva la vie trop longue et s'arma contre lui : et quand ce père infortuné, forcé d'accepter la paix, demanda la liste des conjurés, le premier nom qu'il y lut fut celui de Jean sans Terre, le plus jeune et le plus aimé de ses fils, et qu'il croyait du moins fidèle. Accablé de ce dernier coup, peu de jours après il expira dans le désespoir. Mais cette fatalité qui pesait sur sa famille ne finit point avec lui. Richard avait coutume de dire : « Nous venons du diable, au diable il faut que « nous retournions ! » Cet oracle sinistre sembla poursuivre à travers les siècles la dynastie des Plantagenets, dynastie odieuse qui porta partout avec elle, en France, en Espagne, en Irlande, en Angleterre, le deuil et la désolation, perdit avec le temps le vaste domaine de l'impure Éléonore, se déchira elle-même, donna à l'Europe occidentale le spectacle des égorgements du Bas-Empire, et s'éteignit dans la guerre des *deux Roses*, ensevelie dans la boue et dans le sang, vouée à la haine des contemporains et de la postérité. — Tel fut le jugement de Dieu.

Trois cent soixante-sept ans après la mort de saint Thomas, un homme se rencontra qui osa réformer ce jugement. Au temps où toutes les pensées d'Henri VIII étaient tournées vers l'établissement de sa suprématie spirituelle, le souvenir de saint Thomas de Cantorbéry lui revint. Il vit se dresser devant lui l'ombre de cet athlète de l'Église romaine qui avait terrassé un roi. Alors, pour se délivrer de cette apparition importune, il conçut le dessein de tenter ce qui est impossible au Tout-Puissant lui-même, et de défaire le passé. Par une dérision impie des formes de la justice, il fit citer le saint à comparaître dans trente jours devant le grand conseil « pour avoir à s'expliquer sur les « causes de sa mort et sur les scandales qu'il avait « donnés en Angleterre ; comme aussi pour ouïr « dire qu'il s'était faussement arrogé le nom de « martyr, méritant plutôt celui de rebelle (1). » Cette citation fut signifiée par un huissier au tombeau du saint. Comme celui-ci n'eut garde de comparaître à l'époque fixée, on lui nomma un avocat, et les débats ayant suivi leur cours ordinaire, le grand conseil du roi rendit l'arrêt suivant : « Henri, par la grâce de Dieu roi d'Angleterre, de « France et d'Irlande, défenseur de la foi et chef « suprême de l'Église anglicane. Ayant pris con-« naissance de la cause de Thomas, autrefois ar-« chevêque de Cantorbéry ; attendu que, cité « devant notre conseil, personne n'a comparu pour « lui ; attendu qu'il n'est point mort pour l'hon-« neur de Dieu et de l'Église, de l'Église dont le « gouvernement suprême appartient aux rois de « ce royaume, et non à l'évêque de Rome comme le « soutenait ledit Thomas, au préjudice de notre cou-« ronne ; attendu que le peuple le tient pour martyr « et professe pour lui un superstitieux respect ; afin « que ceux qui se rendent coupables de tels cri-« mes soient punis, et que les ignorants reconnais-

---

(1) Cette citation et l'arrêt qui suit sont rapportés dans Wilkins. *Concilia,* tome III, p. 836.

« sent leur erreur : nous jugeons et décidons que
« ledit Thomas, autrefois archevêque de Cantor-
« béry, à dater de ce jour, ne doit plus être consi-
« déré comme saint, ni appelé martyr ; que ses
« images doivent être arrachées des temples, son
« nom effacé des prières de la messe, des calen-
« driers, des litanies. Nous jugeons qu'il s'est
« rendu coupable du crime de lèse-majesté, de
« trahison, de parjure et de rébellion. En consé-
« quence nous ordonnons que ses ossements seront
« tirés de leur sépulture et brûlés publiquement :
« l'or, l'argent, les pierreries et les autres dons
« que les hommes simples croyant à sa sainteté lui
« ont offerts autrefois, nous les confisquons comme
« ses biens personnels au profit de la couronne,
« ainsi que le veulent les lois et coutumes de notre
« royaume : et nous défendons, sous peine de
« mort, qu'à dater de ce jour aucun de nos sujets
« le nomme saint, lui dise des prières, porte de ses
« reliques et entretienne sa mémoire directement
« ou indirectement. Car ceux qui en agiront de la
« sorte seront mis au nombre de ceux qui conspi-
« rent contre notre personne royale, ou qui favo-
« risent et assistent les conspirateurs. Donné à
« Londres, le 2 juin 1538, par le roi en son con-
« seil. » — Le voyez-vous, ce grand roi devant qui
l'Angleterre tremble, dont l'alliance, briguée par
François Ier et par Charles-Quint peut incliner d'un
côté ou de l'autre les destinées de l'Europe, le

voyez-vous comme il a peur? Il a peur de la mémoire des peuples, il a peur des prières des femmes et des enfants, il a peur de quelques vieux ossements dans un sépulcre, il a peur de deux syllabes dans un calendrier ; il a peur ; car en tout cela il découvre une idée puissante, et pour se défendre contre cette idée il entasse accusation sur accusation, sentence sur sentence ; il appelle à son secours le sacrilége et la rapine, il s'environne d'échafauds. Mais l'impitoyable histoire l'atteint derrière ces sacs d'or et ces cadavres dont il s'était fait un retranchement, et, tout hideux de bassesse et de férocité, elle traîne au grand jour le digne fondateur de l'Église anglicane.

Cet arrêt cruel et stupide devint le mot d'ordre du protestantisme, et fut répété d'échos en échos pendant plus de trois siècles par l'ignorance ou la méchanceté des écrivains hérétiques. Car, de même que parmi les fils des anciens patriarches il s'en trouve toujours un impie et déshérité, Caïn entre les enfants d'Adam, Cham parmi ceux de Noé, Ismaël parmi ceux d'Abraham, Ésaü à côté de Jacob : ainsi, pour les grands hommes, pour les illustres bienfaiteurs du genre humain, il y a à côté d'une postérité reconnaissante, une autre postérité ingrate, et qui répudie l'héritage, et qui maudit ses pères. Cette postérité mauvaise ne manqua point à saint Thomas, et lui rendit une sorte d'hommage involontaire en l'associant dans ses blasphèmes à la religion divine qu'il avait défendue (1).

Ensuite vinrent les philosophes, qui jugèrent convenable à leur dignité de répudier le langage passionné des sectaires. Hume, l'un des plus célèbres d'entre eux, voulut bien reconnaître que l'archevêque de Cantorbéry avait montré quelque grandeur d'âme, et qu'il eût pu n'être point inutile à sa patrie, si le fanatisme papiste et l'ambition sacerdotale ne l'avaient précipité dans des voies perverses (2). De nos jours deux hommes dont nous admirons les vastes et pénibles travaux, sans partager leurs doctrines, ont employé leur plume verveuse à la réhabilitation de cette vertu méconnue. Mais l'un, M. Augustin Thierry, nous semble s'être attaché d'une manière trop exclusive à faire de Becket le champion de la nationalité anglo-saxonne, l'ennemi politique de la cour anglo-normande (3); l'autre, M. Michelet, tout en appré-

---

(1) Les centuriateurs de Magdebourg, après avoir raconté avec autant de sécheresse que de brièveté la mort de S. Thomas, ont le courage de chercher dans cette grande tragédie quelque chose de comique, et voici ce que leur imagination leur suggère : c'est qu'on trouva parmi les vêtements du défunt « cilicium bestiolis sexipedi-« bus refertum et femoralia iisdem bestiolis referta. » Il faut observer que les centuries de Magdebourg ne sont point un pamphlet écrit dans un moment de colère, ce sont les annales de l'Église officiellement rédigées en douze volumes in-folio par une société savante, sous la direction de Francowitz, l'un des grands maîtres du protestantisme.

(2) Hume, *Histoire de la maison de Plantagenet.*

(3) Thierry, *Histoire de la conquête de l'Angleterre par les Normands,* tome III.

ciant saint Thomas d'une manière plus large et plus profonde, nous paraît avoir encore sacrifié sur l'autel d'une divinité trop adorée de nos jours, l'esprit de système (1). Le Catholicisme seul peut apprécier les services de ses héros ; seul initié à la mission providentielle qui leur fut confiée, il la transcrit dans ses incorruptibles annales.

C'est pourquoi nous viendrons après tous les autres, nous aussi, dire notre pensée au sujet de celui dont nous avons esquissé la vie. Quelque petit que nous soyons, la foi nous a donné le droit de le dire notre frère, et de parler de lui sans profaner son nom.

Considérons d'abord ce que saint Thomas de Cantorbéry a fait pour l'Angleterre. Il l'empêcha de se précipiter dans le schisme à une époque où son baptême ne datait que de six siècles, où elle était loin d'en avoir recueilli les bienfaits dans leur plénitude. Alors ses universités étaient à peine écloses ; elles ne devaient se développer que sous l'influence durable et vivifiante de la Papauté. Sa Grande Charte n'était point encore écrite, et la puissance de ses communes ne pouvait naître et grandir qu'en vertu de l'impulsion générale qui suscita les communes par toute l'Europe catholique. Ses mœurs étaient pleines d'une barbarie que les haines de race et les guerres d'extermination

(1) Michelet, *Histoire de France*, tome II.

ne pouvaient manquer de nourrir. Si donc l'Église, qui seule allait semant par le monde les germes de la civilisation, eût trouvé les portes de l'Angleterre fermées ; si les relations bienveillantes que la religion seule à cette époque pouvait entretenir entre les peuples toujours armés eussent cessé pour le peuple anglais, et qu'il n'eût vu désormais ses voisins que sur les champs de bataille ; si la suprématie spirituelle et le sceptre des consciences se fussent trouvés entre des mains comme celles de Jean Sans-Terre, de Richard II, de Henri IV, d'Édouard IV, de Richard III ; si, en un mot, le règne de Henri VIII eût été avancé de quatre siècles, cette contrée fût descendue à un degré d'abrutissement comparable à l'état de la Russie, du jour où elle se fit schismatique jusqu'aux jours de Pierre le Grand. L'Europe aurait vu de loin cette île enveloppée dans son ignorance, pareille à ces contrées hyperboréennes et ténébreuses que les anciens connaissaient à peine et dont ils fuyaient les rivages : aujourd'hui encore la sueur des serfs arroserait les glèbes de Lancastre et les chantiers de Liverpool ; et Londres, comme Moscou, viendrait nous mendier nos lumières. Mais non : Dieu, qui a fait les nations, avait sur l'Angleterre quelque magnifique dessein ; il lui envoya un saint pour la sauver de l'apostasie ; il voulut qu'elle restât longtemps encore unie à l'Église immortelle, et que dans cette étreinte d'amour elle puisât une vie glorieuse et féconde que l'embrassement impur des Henri VIII et des Cromwell ne pût étouffer. Et si, dans cette île fameuse, des générations entières se sont conservées inébranlables dans la loi de leurs ancêtres ; si, après trois cents ans de persécutions et d'opprobres, le Catholicisme a relevé son front et se déploie maintenant avec une force merveilleuse qui fait trembler la réforme jusque dans ses palais dorés ; si l'Irlande a brisé ses liens par un effort sublime ; si un homme étonnant s'est levé du milieu de ses frères catholiques, et a protesté en leur nom contre les satrapes de l'hérésie, c'est que, parmi ces générations fidèles, dans cette Irlande, et sur cet homme peut-être, plane la grande âme de saint Thomas de Cantorbéry. — A Dieu ne plaise que je compare un homme mortel, et qui n'est pas encore jugé, avec celui dont la mémoire a reçu une consécration solennelle ! Mais lui aussi, l'invincible archevêque, ses ennemis l'appelaient le Grand Agitateur !

Saint Thomas n'est point seulement le bienfaiteur de l'Angleterre, l'Europe entière lui doit de solennelles actions de grâces, son héroïque résistance arrêta un fléau qui se préparait alors dans tous les royaumes, un dessein qui se méditait dans tous les châteaux et dans toutes les cours : l'incorporation de l'Église dans le système féodal. Le système féodal, qui ne devait point être inutile à la chrétienté, pourvu qu'il fût renfermé dans de justes limites de puissance et de durée, rencontra trois sortes d'obstacles qui l'y continrent ; savoir : l'Église, la royauté, le tiers état. Au douzième siècle, le tiers état n'était point encore, à peine quelques communes venaient de se former, à peine ressentait-on quelques secousses au lieu où devait s'élever le volcan. La royauté était faible, elle-même était féodale, et, dans sa naïveté, elle conservait encore un respect profond pour son principe : le roi n'était que le seigneur suzerain, et les ducs, les comtes et les barons étaient ses pairs. Restait l'Église, seule, mais forte de son antiquité, forte de son incorruptibilité. En présence d'un tel adversaire, la féodalité était contrainte de se tenir dans ses bornes, et si parfois elle essayait une sortie furtive, elle était bientôt repoussée, non sans un notable dommage pour son honneur et pour son crédit. Avec un tel auxiliaire, elle eût envahi la société tout entière, écrasé toute opposition, doublé l'intensité de son pouvoir, et prolongé de plusieurs âges l'ère de son règne. Saint Thomas de Cantorbéry empêcha que cette alliance ne fût conclue ; et comme les puissants d'alors étendaient des mains avides, et qu'il fallait les remplir, il leur donna sa vie ; et pendant ce temps-là l'Église sauvait dans un pan de sa robe la liberté des nations.

Et remarquons ici que cette scène imposante du douzième siècle se représente avec une sorte d'heureuse monotonie à chaque époque de l'histoire. A chaque époque, il existe des formes sociales variées, des pouvoirs différents. A chaque époque ces pouvoirs, tendant à s'assimiler tout ce qui les environne, convoitent, non pas l'amitié de l'Église, mais l'identification de l'Église avec eux, et toujours ils se plaignent de ce qu'elle n'y consent pas. Ce sont d'abord les empereurs chrétiens d'Orient qui voudraient faire de l'Église un patriarcat soumis à leur autocratie; ce sont les barbares qui la pressent de s'unir avec eux pour le pillage du vieil empire romain; ce sont les grands seigneurs féodaux qui essayent de la barder de fer; puis les rois qui l'invitent à s'asseoir dans leurs royaumes à côté de ces parlements qu'ils gouvernent avec le fouet et l'éperon; enfin ce sont les modernes fondateurs des constitutions représentatives qui daignent bien lui ménager un banc dans une chambre haute, et qui s'irritent de ce qu'elle ne se prête pas au mécanisme étroit de leurs administrations, de ce qu'elle ne parle point le langage passionné de leurs tribunes, de ce qu'elle n'arbore point sur ses basiliques séculaires leurs drapeaux d'un jour. Mais l'Église n'a jamais voulu entendre à être impériale, ni barbare, ni féodale, ni royale, ni libérale, parce qu'elle est plus que tout cela; elle est catholique. Vainement, comme les prétendants de Pénélope, la voyant seule en ce monde, ils ont pensé la séduire et régner sous son nom, et ils lui ont offert richesse et puissance. L'épouse immortelle a un autre époux qui est vivant et qui reparaîtra un jour ; elle répudie ces noces indignes, elle repousse ceux qui la poursuivent, et, en attendant, elle achève de tisser ce voile précieux de science et de vertu dont elle doit se parer au jour où l'époux viendra pour célébrer avec elle la fête nuptiale.

Allons plus loin. La Providence n'avait point créé une âme aussi prodigieuse que celle de saint Thomas pour lui donner un rôle passager, pour en faire la pierre d'achoppement d'une institution politique. La féodalité, comme toute chose terrestre, recèle deux principes, dont l'un est bon, l'autre mauvais : un principe de générosité, d'honneur, de chevalerie, et aussi un principe d'égoïsme, qui tend à tirer tout à soi, à multiplier le travail et l'obéissance du grand nombre pour accroître le bien-être de quelques-uns. L'Église, chose céleste, n'a qu'un principe unique, un principe excellent, la charité. Égoïsme et charité, ce sont deux forces rivales qui, depuis le commencement, se disputent le monde. L'égoïsme se produit dans les sociétés sous deux formes qui lui sont chères : despotisme et anarchie. La charité dans l'Église oppose tour à tour la liberté au despotisme, et à l'anarchie l'autorité. Si elle protége aujourd'hui la vieillesse des royautés européennes, si elle met à l'abri de l'insulte la tête blanchie des souverains, elle protégea au moyen âge l'enfance des peuples, elle empêcha que leurs langes ne devinssent des chaînes. Quand donc saint Thomas se fit le défenseur de la liberté religieuse, il acceptait un ministère de charité, et cette charité embrassait dans son expansion, non-seulement ses clients, mais ses adversaires et ses juges. Car le Christianisme est ainsi fait; il ne permet pas de ramper aux pieds des grands, mais il ne permet pas non plus de les mépriser et de les haïr. Aimer ceux qui souffrent, ceux qui sont faibles, pauvres, humbles, au-dessous de nous, c'est la joie de notre nature, c'est un instinct auquel notre orgueil même n'est pas étranger. Mais ceux qui sont riches, puissants, superbes, qui font autour d'eux trembler et souffrir, ceux-là, ne les point haïr, les aimer, c'est le triomphe, c'est le miracle de la charité catholique.

Saint Thomas fut ainsi; sa charité fit sa force, et sa force lui valut l'honneur d'être le soutien de l'Église. L'Église a reçu d'en haut des promesses d'éternité, et celui qui les a faites les maintiendra; mais il s'est réservé le choix des moyens par lesquels ses promesses s'accomplissent. Et, tandis que la société chrétienne poursuit son émigration mystérieuse de la terre vers le ciel, son salut est assuré par une assistance toujours présente, mais diverse dans ses manifestations. Aujourd'hui c'est la manne miraculeuse, demain c'est l'eau du rocher; c'est la nuée pendant le jour, la colonne de feu pendant la nuit. Quand Israël combattait dans la plaine, Moïse sur la montagne étendait les mains, et la victoire descendait ; mais Ur et Josué supportaient les mains fatiguées du prophète. De même, pendant que l'Église luttait contre le schisme et la servitude, le Pape était au sommet, veillant et priant, et l'esprit de Dieu était avec lui : saint Thomas de Cantorbéry se tenait à ses côtés et soutenait ses bras, pour qu'il ne défaillît point dans ce labeur, et l'aidait à porter le poids des destinées du monde.

Dieu donc, au douzième siècle, pour sauver l'Église, se servit d'un homme ; et, si ce fut pour cet homme un sujet de louange, ce ne fut point un déshonneur pour l'Église, pas plus que pour une mère de s'appuyer sur l'épaule de son fils. Car c'était elle qui l'avait fait si généreux et si fort ; c'était elle qui l'avait nourri de saines doctrines ; il n'avait point goûté le lait de l'étrangère, il n'avait pas grandi sous le portique de la philosophie, mais à l'ombre de l'autel : ce fut elle dont la pensée le soutint dans les jours d'épreuves, pour elle fut sa dernière parole et son dernier soupir ; ce fut elle enfin qui vint réclamer sa dépouille et l'enveloppa d'un linceul de gloire. Qu'elle jouisse donc de son heureuse maternité ! Saint Thomas de Cantorbéry n'appartient plus ni à un système, ni à une nation, ni à une époque. Il appartient, par un partage magnifique, à Dieu et à l'humanité ; il appartient à la grande, à la sainte, à l'impérissable Église romaine.

Aussi est-il temps de mettre un terme à ces discours; aussi est-ce pitié d'entreprendre une inutile apologie, et de vouloir répondre aux incriminations de quelques-uns et aux erreurs de quelques autres. Une réponse est là, éclatante, sublime. Depuis six cents ans, cent millions de catholiques environnent de respect et d'amour la mémoire de cet évêque d'un autre âge; et, lorsque dans les supplications solennelles, rappelant au Ciel les vertus que la terre lui a données, nous répétons la longue litanie de nos saints; alors, ô Thomas de Cantorbéry! vous aussi nous vous invoquons, et nous vous saluons du plus beau nom qui soit dans la langue des hommes : nous vous saluons martyr !

CONCLUSION

Souvenons-nous maintenant de Bacon, et mesurons dans notre pensée ses œuvres et sa gloire avec la gloire et les œuvres de saint Thomas; pesons dans la même balance les cendres des deux chanceliers. — La cendre du philosophe a été trouvée légère. Pourquoi cela? ces deux âmes ne sont-elles pas sorties de la main de Dieu, toutes deux sœurs, toutes deux noblement douées, toutes deux envoyées pour habiter le même limon, et pour s'agiter, à quatre cents ans de distance, dans le tourbillon social? L'Angleterre était pourtant plus éclairée au seizième siècle, plus libre sous le sceptre capricieux d'Élisabeth et de Jacques Ier que sous la massue de plomb de Henri Plantagenet. Si Bacon trouva dans sa patrie ces habitudes serviles auxquelles Henri VIII l'avait façonnée, la fortune de saint Thomas commença au sein de cette cour anglo-normande, où ses yeux ne rencontrèrent que des spectacles de corruption et d'iniquité. Cette infirmité naturelle du chancelier de Vérulam, qui l'empêchait de se tenir debout sur les degrés du trône, nous l'avons retrouvée dans les premières irrésolutions, dans la condescendance extrême, dans les défaillances secrètes de Becket. Enfin, l'ignominie du premier, comme l'héroïsme du second, nous apparaît avec ce *je ne sais quoi d'achevé* que donne le malheur.

Mais qu'importent les circonstances, les caractères et les personnes? L'histoire de Bacon est celle du plus grand nombre des philosophes. Voici Platon, selon qui le genre humain n'a de bonheur à espérer que sous le gouvernement d'un philosophe-roi; et lui-même s'assied, couronné de fleurs, à la table de Denys. Voici Aristote aux pieds d'Alexandre: Cicéron déshonorant son exil par un pusillanime désespoir, ou bien brûlant devant César le parfum avili de son éloquence; Sénèque mourant trop tard pour se faire pardonner la familiarité de Néron. Voici Luther qui signe en faveur du landgrave de Hesse la consécration de la polygamie ; Voltaire, admis aux petits soupers de Frédéric de Prusse ; le dix-huitième siècle tout entier et ses inénarrables turpitudes ; et maintenant, sous nos yeux, des hommes dont je tairai les noms, parce qu'ils vivent ou qu'ils vivaient naguère, mais qui, eux aussi, nous ont fait connaître ce qu'on peut attendre du rationalisme en fait d'honneur et de liberté. Il n'est peut-être pas de tyran qui n'ait eu à son service quelques philosophes, soit pour en faire les apologistes de ses actes, soit comme ces bêtes superbes et curieuses qu'on entretient dans les jardins des rois.

L'histoire de saint Thomas est celle de beaucoup d'entre les saints ; c'est celle de plusieurs myriades de martyrs devant les proconsuls, d'Athanase devant Julien, d'Ambroise devant Théodose, de Chrysostome devant Arcadius, de Grégoire VII devant Henri IV, de Népomucène devant Wenceslas, de l'évêque Fisher et de Thomas Morus devant Henri VIII ; et aussi, pourquoi ne le dirais-je point ? de Pie VII devant Napoléon. Car, en ce temps-là, nous avons appris par un grand exemple que, dans l'Église de Dieu, les traditions d'une juste et religieuse indépendance ne s'étaient point perdues.

Ce ne sont donc plus deux hommes qui sont en présence, ce sont deux types : c'est le philosophe et c'est le saint ; et il faut dire ici pourquoi l'un se dégrade avec tant de génie, pourquoi l'autre conserve inviolable la virginité de sa vertu. Les choses humaines étant égales de part et d'autre, du côté qui l'emporte il faut bien qu'il y ait quelque chose de divin.

L'âme, disait un ancien sage, est une harmonie. Mais cette harmonie est brisée, et les éléments qui la composaient sont entrés en discorde. L'intelligence, appuyée sur la raison, veut dominer; la volonté, fascinée par des illusions perfides, refuse d'obéir : de là ces combats de tous les jours qui se livrent au fond de la conscience; de là ces déchirements et ces larmes intérieures dont la vie est pleine. Et parce que rien ne nous est plus humiliant et plus pénible que ce désaccord entre nos pensées et nos œuvres, il faut que l'intelligence se modifie, et qu'elle tempère la sévérité de ses lois pour que la volonté s'y soumette. Mais ces lois ainsi faites et défaites à son gré, la volonté s'y soustrait encore parce qu'elle les méprise. Voilà donc deux parties de nous-mêmes qui s'entraînent et se poursuivent l'une l'autre dans des aberrations infinies, sans jamais se réunir. Les doctrines philosophiques sont venues et ont fait selon leur pouvoir. Elles ont ramené l'intelligence dans des voies meilleures, elles l'ont formée à de hautes et vastes spéculations, elles l'ont agrandie, fortifiée de toute la puissance logique qui est en elles; mais en elles il n'y a point une puissance d'amour, et celle-là est la seule à qui la volonté sache obéir. Dès lors la volonté leur échappe; elle reste dans les abîmes de corruption où elle était descendue : elle y reste abandonnée à ces enchanteresses qui l'enivrent d'ignominieuses jouissances et de plaisirs douloureux, et qui sont si bien nommées Passions. Aussi ce divorce fatal qui se voit dans toutes les âmes se retrouve plus éclatant, plus triste encore dans l'âme du philosophe : il y a en lui deux vies, celle de la tête et celle du cœur; c'est la statue d'or aux pieds d'argile; c'est un homme divisé, c'est-à-dire un homme faible.

Le Christianisme a eu pitié de notre nature : il a pris au ciel deux rayons, dont l'un s'appelle Foi, l'autre Charité, et ces deux ne sont qu'une même flamme ; mais l'un est lumière, l'autre chaleur. Par la foi le Christianisme s'empare de l'intelligence et la tire de ses ténèbres; par la charité il régénère la volonté et la relève de ses turpitudes. Ce qu'il fait croire à la première, à la seconde il le fait aimer : il les fait toutes deux se rencontrer sur la route pour tendre ensemble à une même fin, qui est Dieu. Voilà comment il rétablit l'harmonie primitive de l'âme : et, pour que l'harmonie ne soit pas troublée, pour que la foi ne chancelle point, pour que la charité ne défaille jamais, une société est instituée, croyante, aimante, harmonieuse, et cette société, c'est l'Église. C'est là l'origine de cette inébranlable fermeté de pensée, de cette immense expansion d'amour qui fait les saints. Le saint est un homme jeté en bronze, mais en bronze vivant ; c'est un homme un, c'est-à-dire un homme fort.

Et maintenant vous avez devant vous deux grandes figures. Le rationalisme a fait l'une, le catholicisme a fait l'autre ; c'est à vous de voir auquel des deux vous voulez livrer votre âme.

FIN DU TOME SEPTIÈME.

TABLE DES MATIÈRES

Un Pèlerinage au pays du Cid.   1
Du Progrès par le christianisme. 97
Des Devoirs littéraires des chrétiens.. 137
Du Divorce. 159
Les Origines du socialisme. 197
Extraits de *l'Ère nouvelle* 246
Réflexions sur la doctrine de Saint-Simon. 289
Les Deux Chanceliers d'Angleterre. 385

FIN DE LA TABLE.

www.ingramcontent.com/pod-product-compliance
Lightning Source LLC
Chambersburg PA
CBHW070828230426
43667CB00011B/1716